D1728507

Die Poesie der Dinge

Frühe Neuzeit

—

Studien und Dokumente zur deutschen Literatur
und Kultur im europäischen Kontext

Herausgegeben von
Achim Aurnhammer, Wilhelm Kühlmann,
Jan-Dirk Müller, Martin Mulsow und Friedrich Vollhardt

Band 237

Die Poesie der Dinge

Ziele und Strategien der Wissensvermittlung
im lateinischen Lehrgedicht der Frühen Neuzeit

Herausgegeben von
Ramunė Markevičiūtė und Bernd Roling

DE GRUYTER

Diese Publikation wurde ermöglicht durch die Förderung der Deutschen
Forschungsgemeinschaft (DFG) und eine Ko-Finanzierung für Open-Access-Monografien
und -Sammelbände der Freien Universität Berlin.

ISBN 978-3-11-072068-6
e-ISBN (PDF) 978-3-11-072282-6
e-ISBN (EPUB) 978-3-11-072296-3
ISSN 0934-5531
DOI https://doi.org/10.1515/9783110722826

Library of Congress Control Number: 2020951701

Bibliografische Information der Deutschen Nationalbibliothek
Die Deutsche Nationalbibliothek verzeichnet diese Publikation in der Deutschen
Nationalbibliografie; detaillierte bibliografische Daten sind im Internet über
http://dnb.dnb.de abrufbar.

Satz: Integra Software Services Pvt. Ltd.
Druck und Bindung: CPI books GmbH, Leck

www.degruyter.com

Danksagung

Die in diesem Band gesammelten Beiträge gehen aus der Tagung „Herausforderungen der Poetisierung von Wissenschaft" hervor, die im Rahmen des Projekts der DFG-Forschungsgruppe 2305 *Diskursivierungen von Neuem. Tradition und Novation in Texten und Bildern des Mittelalters und der Frühen Neuzeit* vom 31. Januar bis zum 1. Februar 2019 an der Freien Universität Berlin ausgerichtet worden ist. Wir bedanken uns herzlich bei Sabine Greiner, Béatrice De March, Matthias Stelzer und Anja Schwarzbach für die Unterstützung bei der Organisation und Ausrichtung der Tagung sowie allen Teilnehmerinnen und Teilnehmern der Tagung für die anregende Zusammenarbeit und die schöne gemeinsame Zeit an der Freien Universität Berlin.

Matthias Stelzer und Orla Mulholland danken wir für ihre unentbehrliche Arbeit bei der Vorbereitung des Sammelbandes. Dank schulden wir außerdem der DFG für die Möglichkeit, die Ergebnisse unserer Arbeit zu publizieren, dem De Gruyter Verlag für die Aufnahme in die Reihe „Frühe Neuzeit" sowie der Freien Universität Berlin für die großzügige Förderung der Open-Access-Publikation.

Nicht zuletzt bedanken wir uns bei unseren Kolleginnen und Kollegen der FOR 2305 und im Besonderen ihrem Sprecher Bernhard Huß, die unser Teilprojekt durch Diskussionen und wertvolle Anregungen bereichern.

Inhaltsverzeichnis

Ramunė Markevičiūtė
Einleitung

Destillierkolben, Kanonen, Zuckerrohrmühlen, cartesianische Wirbel und das Gehirn – beflügelt durch die technologischen und geistigen Errungenschaften der
wissenschaftlichen Revolution weiteten die Dichter der Frühen Neuzeit das The-
menspektrum antiker sowie mittelalterlicher Lehrdichtung noch einmal erheblich
aus,[1] bevor man im zwanzigsten und einundzwanzigsten Jahrhundert gänzlich
den Geschmack an der Poesie der Dinge als didaktischer Epik verlor. Spätestens ab
dann war eine ernstzunehmende Darstellung wissenschaftlicher Inhalte in einem
poetischen Modus nicht mehr denkbar, denn der von jeglicher Rhetorik und Stilistik befreite faktuelle Wissenschaftsbericht und die nebulöse Mehrdeutigkeit einer
von Metaphorik durchzogenen Dichtung standen sich diametral gegenüber. Bis
heute zeugt der Usus in der sprachlichen Gestaltung wissenschaftlicher Beiträge
(zumindest derer, die sich als solche ausweisen wollen) von der Überzeugung,
dass die Objektivität von Tatsachen durch eine sprachliche Ästhetisierung und
Fiktionalisierung kompromittiert wird.[2] Wissenschaftliche Inhalte können in der
modernen Literaturpraxis verbrämt, allegorisch ausgestaltet, anthropomorphisiert oder im besten Falle popularisierend simplifiziert werden, jedoch gelten sie
infolgedessen für gewöhnlich nicht mehr als wissenschaftlich im professionell
akademischen Sinne.

Das moderne Zeitalter zeichnet sich durch eine Vorliebe für Trennungen aus.
Mit der Ausformulierung der modernen Wissenschaftsmethode trat auch die unwi-
derrufliche Scheidung von Subjektivität und Objektivität, Gesellschaft und Natur
sowie Geisteswissenschaft und Naturwissenschaft zutage.[3] Der englische Philosoph des späten neunzehnten Jahrhunderts, Alfred North Whitehead, hatte der
zeitgenössischen Wissenschaft vorgeworfen, die Natur unter den Vorzeichen der
Bifurkation zu behandeln. Das wollte heißen, dass die moderne Naturphilosophie
im Lichte eines durch übermäßig abstraktes Denken konstruierten Materiebegriffs

---

1 Thomas Haye sieht die Offenheit für immer neue Themen als ein Merkmal der Gattung, das
ihr nicht zuletzt einen über 2000 Jahre währenden Erfolg beschert hat, vgl. Thomas Haye: Das
lateinische Lehrgedicht im Mittelalter. Analyse einer Gattung. Leiden 1997 (Mittellateinische
Studien und Texte 22), S. 166–167.
2 Dass dies auch für die Geschichtswissenschaft gilt, hat nicht zuletzt Hayden White gezeigt,
vgl. Hayden White: The practical past. Evanston, Illinois 2014 (Flashpoints), dort bes. S. 19–20.
3 Vgl. Bruno Latour: Wir sind nie modern gewesen. Versuch einer symmetrischen Anthropologie. Berlin 1995, S. 22–67; Bruno Latour: Die Hoffnung der Pandora. Untersuchungen zur Wirklichkeit der Wissenschaft. Frankfurt am Main 2000.

dazu gelangt war, im Kant'schen Sinne zwei Wirklichkeitssysteme im Prozess der Naturerkenntnis anzunehmen: die Dinge an sich und die Dinge, wie sie sich dem Geiste offenbaren.[4] Die moderne Wissenschaft entwickelte daraus eine Hierarchie von primären, auf der vermeintlichen Realität von Zeit, Raum, Festigkeit und Trägheit beruhenden Objekteigenschaften, die sie zu untersuchen hatte, und sekundären Objekteigenschaften, die akzidentelle individuelle Eindrücke betrafen und somit ignoriert werden mussten. Im Gefolge Whiteheads, der im zwanzigsten Jahrhundert bezeichnenderweise in Vergessenheit geraten war, stellte zuletzt unter anderem Bruno Latour den Modernen die große Trennung als Diagnose. Dabei sieht er gerade in der modernen Wissenschaftspraxis den Ausgangspunkt für das kulturelle Phänomen, die Welt in Sphären passiv objektiver (Natur-)Dinge und dynamisch aktiver Menschenhandlungen zu teilen.[5] Während die Schmieden moderner Wissenschaft als Produktionsstätten objektiver, von Werturteilen, Politik und Subjektivität bereinigter Fakten dienen und einen Pol der neutralen und unerschütterlichen Natur konstruieren, ziehen sich die flüchtigen, wandelbaren von Subjektivität und Relativismus gezeichneten menschlichen Angelegenheiten in den Pol der Gesellschaft zurück. Dieser Mechanismus führt laut Latour von der philosophischen Unversöhnbarkeit von Subjekt/Objekt sowie menschlichen und nicht-menschlichen Wesen, von der Illusion einer von Rhetorik befreiten Wissenschaftssprache und einer trägen Natur bis hin zur Unfähigkeit einer politisch effizienten Handhabung der Klimakrise.[6] Das Vermischen der Bereiche assoziiert sich dem modernen Denken hingegen mit der Rückkehr in ein naives und unaufgeklärtes Zeitalter, das noch nicht im Stande gewesen ist, zu differenzieren.[7]

Die frühneuzeitliche Lehrdichtung, in der eine antike Gattungsstruktur auf das bereits vertraute Arsenal einer modernen Wissenschaftskultur trifft, stellt für die von Trennung geprägte Weltsicht des einundzwanzigsten Jahrhunderts eine Herausforderung dar. Dinge der objektiven Natur, deren Erschließung man wohl in einem nüchternen, mit Formeln und Diagrammen versehenen Traktat erwarten würde, bevölkern erstaunlicherweise eine literarische Menschenwelt der Handlung, Poesie und Rhetorik. Das Lehrgedicht vereint darüber hinaus nicht nur das vermeintlich ‚Alte' mit dem ‚Neuen',[8] es ist auch ein Hybrid aus

---

4 Vgl. Alfred North Whitehead: Der Begriff der Natur. Weinheim 1990 (Schriften zur Naturphilosophie. Bd. 5), S. 5–39.

5 Vgl. Latour: Wir sind nie modern gewesen (Anm. 3), S. 71–77.

6 Vgl. Bruno Latour: Kampf um Gaia. Acht Vorträge über das neue Klimaregime. Berlin 2017, S. 77–131.

7 Vgl. Latour: Wir sind nie modern gewesen (Anm. 3), S. 98–101.

8 Die in diesem Band gesammelten Beiträge wurden im Rahmen der Tagung „Herausforderungen der Poetisierung von Wissenschaft" am 31. Januar und 1. Februar 2019 an der Freien

Wissenschaft und Literatur, aus Natur und Gesellschaft, ein vielgesichtiges Mixtum, das sich sowohl einer klassifizierenden Gattungsbestimmung als auch einer eindeutigen Zuordnung in schöne oder Sachliteratur entzieht. Über die durch das aristotelische Urteil verursachten Debatten zum poetologischen Status des Lehrgedichts in Renaissance und Früher Neuzeit hinaus, wird auch die moderne Gattungsdiskussion von dem Versuch bestimmt, die Lehrdichtung unter einen sinnvollen Begriff zu fassen. Wenngleich im Allgemeinen Konsens über den instruktiven Charakter des Lehrgedichts herrscht,[9] scheiden sich gegenüber der Möglichkeit, eine epochenübergreifende sowie konzise Gattungsbestimmung aufzustellen, die Geister. So sieht Peter Toohey die antike Lehrdichtung als eine spezifisch auf den Geschmack der damaligen Leserschaft ausgerichtete Form des intellektuellen Entertainments, das folglich auf den modernen Leser befremdlich wirken muss,[10] und auch Bernd Effe beschränkt seine Typologie der Lehrdichtung explizit nur auf antike Texte.[11] Demgegenüber hat sich Thomas Haye in Auseinandersetzung mit dem Lehrgedicht des Mittelalters bemüht, eine sowohl zur Antike als auch zur Frühen Neuzeit hin offene Gattungstradition nachzuzeichnen.[12] Speziell dem frühneuzeitlichen Lehrgedicht gewidmete Studien finden sich damit vor der Aufgabe, einerseits die Bedeutung der klassischen Textvorlagen[13] sowie der mittelalterlichen Tradition für die Gattung zu bestimmen, und andererseits das Phänomen der Lehrdichtung mit den turbulenten Entwicklungen der Zeit im Bereich der Wissenschaften in Einklang zu bringen. In diesem Zusammenhang sind unterschiedliche Schwerpunkte gesetzt worden. Während die Arbeiten von Yasmin Haskell, die die wissenschaftliche Dichtung der Jesuiten als Aus-

---

Universität Berlin vorgestellt. Die Tagung wurde von dem Teilprojekt 06 der DFG-Forschungsgruppe 2305 „Diskursivierungen von Neuem. Tradition und Novation in Texten und Bildern des Mittelalters und der Frühen Neuzeit" ausgerichtet. Das von Bernd Roling geleitete Teilprojekt beschäftigt sich mit dem traditionsreichen Genre der lateinischen Lehrdichtung und dessen Gestalt zu Zeiten der wissenschaftlichen Paradigmenwechsel in der Frühen Neuzeit.

9 Vgl. hierzu besonders Alexander Dalzell: The Criticism of Didactic Poetry. Essays on Lucretius, Virgil and Ovid. Toronto u. a. 1996, S. 8–34 sowie Katharina Volk: The Poetics of Latin Didactics. Lucrecius, Vergil, Ovid, Manilius. Oxford, New York 2002, S. 246–249.

10 Vgl. Peter Toohey: Epic Lessons. An Introduction to Ancient Didactic Poetry. London u. a. 1996, S. 250–251.

11 Vgl. Bernd Effe: Zur Rezeption von Vergils Lehrdichtung in der karolingischen «Renaissance» und im französischen Klassizismus: Walahfrid Strabo und René Rapin. In: Antike und Abendland 21.1 (1975), S. 140–163, dort S. 148 u. 159–160.

12 Vgl. Haye (Anm. 1), S. 166–167.

13 Für eine Typologie der frühneuzeitlichen Lehrdichtung sieht Walther Ludwig antike Prototypen beispielsweise als entscheidend, vgl. Walther Ludwig: Neulateinische Lehrgedichte und Vergils Georgica, In: From Wolfram and Petrarch to Goethe and Grass, Studies in Literature in Honour of Leonard Foster. Hg. von Dennis H. Green u. a. Baden-Baden 1982 (Saecula Spiritalia 5), S. 151–180.

druck apostolischer Wertevorstellungen und des elitistischen Zeitvertreibs verhandelt,[14] und Claudia Schindler, die das Lehrgedicht als Mittel institutioneller Einflussnahme untersucht hat,[15] das Augenmerk auf den gesellschaftlichen Aspekt der Wissensvermittlung richten, versucht Martin Korenjak eine Eingrenzung genuin wissenschaftlichen Darstellungen gewidmeter Dichtung in der Frühen Neuzeit vorzunehmen.[16] Dass die Lehrdichtung dabei als ein für strukturelle Synkretismen offenes Textformat zu betrachten ist, betont Wilhelm Kühlmann in seiner Arbeit zur frühneuzeitlichen Lehrdichtung im deutschen Kulturraum des 16. und 17. Jahrhunderts.[17]

Der Bandbreite an Textformen und Funktionen, die der Begriff der Lehrdichtung mit sich bringt, wird durch die in diesem Band gesammelten Beiträge Rechnung getragen. Karl Enenkel bespricht Ludovico Lazzarellis Werk *De gentilium deorum imaginibus* als Versuch der Revalorisierung einer frühhumanistischen Mythenallegorese durch den Einbezug bildhafter Medien und einer Mischung aus den Textformen des Lehrgedichts, der Herrscherpanegyrik und dem gelehrten Kommentar. Von der Strukturoffenheit der Lehrdichtung zeugen unter anderem auch die von Marc Laureys aufgezeigten Schwierigkeiten, die *Bombarda* des Bartholomaeus Latomus einem eindeutigen Genre zuzuordnen, zumal der Dichter sich als erster der dichterischen Bearbeitung der Kanone in einem lateinischen Gedicht widmet und sich daher verschiedener Textvorlagen bedient. Auch Alexander Winkler antwortet auf die Frage, ob es sich bei Raphael Thorius' *Hymnus Tabaci* um „ein literarisches Spiel, einen medizinischen Traktat oder ein politisches Manifest" handele, mit einer Analyse, die die eindeutige Festlegung auf eines dieser Texttypen verbietet. Schließlich zeigt Juliane Küppers Beitrag zu den drei redaktionellen Überarbeitungen von Edmond Halleys Widmungsgedicht im Vorspann zu Newtons *Principia*, welche enorme Reichweite die Chiffren der *De rerum natura* im literarischen, wissenschaftlichen und politischen Diskurs der Zeit besaßen.

Wenn im Weiteren von Lehrdichtung als Gattung gesprochen werden soll, dann nur unter Berücksichtigung ihrer Vielfältigkeit hinsichtlich Struktur, Form und Kommunikationsabsicht. Die moderne Gattungstheorie hat sich seit geraumer

---

14 Vgl. Yasmin Haskell: Loyola's Bees. Ideology and Industry in Jesuit Latin Didactic Poetry. Oxford 2003, S. 5–9.

15 Vgl. Claudia Schindler: Wissen ist Macht! Nicolò Partenio Giannettasio (1648–1715) und die neulateinische Gelehrtenkultur der Jesuiten in Neapel. In: Scientia Poetica 18.1 (2014), S. 28–59.

16 Vgl. Martin Korenjak: Explaining Natural Science in Hexameters. Scientific Didactic Epic in the Early Modern Era. In: Humanistica Lovaniensia 68.1 (2019), S. 135–175.

17 Vgl. Wilhelm Kühlmann: Wissen als Poesie. Ein Grundriss zu Formen und Funktionen der frühneuzeitlichen Lehrdichtung im deutschen Kulturraum des 16. und 17. Jahrhunderts. Berlin, Boston 2016 (Frühe Neuzeit 204), S. 1–2.

Zeit von einem Verständnis der Gattung als Klasse entfernt, die mittels einer defini-
ten Liste an Eigenschaften die Zugehörigkeit oder Nicht-Zugehörigkeit eines Textes
zu einer Gattung bestimmt.[18] So wird es auch im vorliegenden Band nicht um die
Herausarbeitung eines abstrahierenden Gattungskonzeptes im Sinne von „Was ist
diese Gattung?" gehen, sondern um eine Bestandsaufnahme hinsichtlich dessen,
was diese Gattung leisten kann, d. h. ihrer Ziele und Strategien der Wissensvermittlung, wobei Unschärfen in der Gattungsbestimmung und etwaige Verläufe
zwischen unterschiedlichen Textarten bewusst angesprochen und problematisiert
werden. Indessen lässt sich beobachten, dass es gerade diese Ziele und Strategien
der Lehrdichtung sind, die im Verlauf der Frühen Neuzeit zu einer verstärkten Pro-
blematisierung der Gattung bis hin zu ihrem Ableben in der Moderne geführt
haben. Die Antike hatte der abendländischen Literatur die wohl bekanntesten Exemplare der Lehrdichtung beschert, deren Tradition unter Erweiterung des The-
menrepertoires im Mittelalter selbstbewusst und innovativ weitergeführt wurde.
Gründe für das Verschwinden des Lehrgedichts als lebendiger Gattung und Praxis
aus dem modernen Literaturbetrieb lassen sich auf die Entwicklungen im Bereich
der Wissenschaftstheorie in der Frühen Neuzeit zurückführen, mit der die Geschichte der Lehrdichtung wie in einer Supernova zu einem Ende kommt.

In den Anfangsversen seiner 1767 in Rom erschienenen *Electricorum libri*
äußert sich Giuseppe Maria Mazzolari zu seiner poetischen Behandlung von
Elektrizität wie folgt: *Res est impatiens tractari carmine, & exlex, / Quam medi-
tor, divae, numeris includere vestris.*[19] Es ist erst einmal der Gegenstand selbst,
der neuartig ist und sich dagegen sträubt, in Verse gebunden zu werden. Die
Klage des Dichters über die neuartigen Vokabeln und den schwer zu bändigen-
den Stoff mag nun besonders in der frühneuzeitlichen Lehrdichtung topisch erscheinen, zumal man in Mazzolaris Fall im Angesichte eines knapp 5000 Verse
umfassenden Werkes steht. Jedoch referiert auch der Herausgeber und Kommentator der *Electricorum libri*, der Jesuit und Griechischprofessor am Collegio
Romano, Girolamo Lagomarsini,[20] in der Vorrede zum Werk die Bedenken des
Dichters, mit dem er, nach seiner eigenen Aussage, bei der Herausgabe des
Werks eng zusammengearbeitet hatte:

> Saepe enim auctorem ipsum propalam affirmantem audivi; qui hanc partem recentissimam
> nobilissimamque, nosse voluerit, eum profecto, si sapiat, neque se, neque poetam scripto-

---

18 Vgl. Klaus W. Hempfer: Literaturwissenschaft. Grundlagen einer systematischen Theorie.
Stuttgart 2018 (Abhandlungen zur Literaturwissenschaft), S. 180–181.
19 Iosephus Maria Pathenius = Giuseppe Maria Mazzolari: Electricorum libri VI. Roma 1767,
S. 13.
20 Zu Lagomarsini und der Herausgabe der Electricorum libri, vgl. Yasmin Haskell (Anm. 14),
S. 195 u. 204.

rem quemquam; sed tot clarissimos viros aditurum, qui de illa suis in libris luculentius uberiusque scripserunt. [...] Et sane qui Poetas legunt delectari volunt, non erudiri.[21]

> Oft habe ich den Autor selbst offenkundig sagen hören, dass, wer diesen äußerst ak-
> tuellen und noblen Bereich der Physik verstehen will und Verstand hat, nicht ihn selbst
> und nicht irgendeinen Dichter oder Schriftsteller, sondern die ganzen kompetenten Män-
> ner zu Rate ziehen wird, die darüber in ihren Büchern weitaus deutlicher und umfassen-
> der geschrieben haben. [...] Und natürlich wollen diejenigen, die die Dichter lesen,
> unterhalten und nicht belehrt werden.

Auch wenn die Leser der *Electricorum libri* zum Schluss also zumindest eine Ah-
nung haben sollten, worum es sich bei dem Phänomen der Elektrizität handelt,
so liegt die Aufgabe des Dichters, laut Lagomarsini, in erster Linie darin, zu unterhalten und nicht zu belehren.

Noch im Mittelalter stand man der dichterischen Vermittlung komplexer Inhalte optimistischer gegenüber. Im Lehrdialog des dreizehnten Jahrhunderts
Carmen de mundo et partibus drückte der Schüler seine Freude über den ver-
ständlichen und angenehmen Stil des Lehrers aus, der ihm die Theorie über die
Elemente, den Makrokosmos und meteorologische Phänomene in deutlicher
Weise darlegen konnte.[22] Der englische Gelehrte des späten zwölften Jahrhunderts, Alexander Neckham, fasste in seinem Lied *Laus divinae sapientiae* Kosmologie, Elementarlehre, Naturgeschichte und das Wissenssystem der *septem
artes liberales* zusammen und widmete das Werk den Schülern in den Abteien
Gloucester und St. Albans[23] als sein *mentis speculum prolesque*[24]. Im vierzehnten Jahrhundert verfasste der französische Mathematiker Jean de Murs das
Quadripatitum numerorum,[25] eine mathematische Abhandlung in Vers und Prosa,
deren Verspassagen der Autor solche Operationen wie das Wurzelziehen, Bruch-

---

21 Editor operis: Lectori benevolo. In: Mazzolari (Anm. 19), S. 10–11. Alle Übersetzungen, sofern nicht anders angegeben, stammen von der Autorin.
22 „Non satis ille sapit, qui, quicquid in os venit, efflat: / cui precium frontis vena recussa
tulit; / set sale qui propriam novit condire loquelam, / aspera mitigat et turpia pulcra facit; /
more tuo loqueris commiscens utile dulci, / blanda bonis, duris mollia, certa iocis", Carmen
de mundo et partibus. Ein theologisch-physikalisches Lehrgedicht aus der Oxforder Handschrift Bodleian Digby 41. Hg. von Axel Bergmann. Frankfurt am Main u. a. 1991 (Lateinische
Sprache und Literatur des Mittelalters 26), V. 1031–1036.
23 Vgl. Thomas Wright: Preface. In: Alexander Neckam: De naturis rerum et De laudibus divinae
sapientiae. Hg. von Thomas Wright. London 1863 (Rerum Britannicarum medii aevi scriptores, or
chronicles and memorials of Great Britain and Ireland during the Middle Ages 34), S. lxxv.
24 De laudibus divinae sapientiae (Anm. 23), 10,279.
25 Johannes de Muris: Le Quadripartitum numerorum de Jean de Murs: introduction et édition
critique. Hg. von Ghislaine L'Huillier. Genève, Paris 1990 (Mémoires et documents. Société de
l'École des Chartes 32).

rechnung und das Auflösen quadratischer Gleichungen problemlos anvertraute. Die Wiederentdeckung von Manilius' *Astronomica* durch Poggio Bracciolini sowie dem griechischen Text der *Phainomena* Arats im fünfzehnten Jahrhundert[26] beflügelten die astronomische Lehrdichtung und markierten den Beginn eines Zeitalters, in dem die wissenschaftliche Dichtung besonders unter der Feder jesuitischer Autoren florierte. Doch gegen Ende des siebzehnten Jahrhunderts mehrten sich in den poetologischen Äußerungen der Lehrdichter Zweifel an der Möglichkeit der Versifizierung und Poetisierung ihrer wissenschaftlichen Gegenstände.[27] Von dieser Entwicklung zeugen in diesem Band die Beiträge zu Kardinal Melchior de Polignacs *Anti-Lucretius* und Roger Boscovichs Lehrgedicht über die Sonnen- und Mondfinsternisse. Reinhold Glei illustriert Polignacs Strategie der Poetisierung naturwissenschaftlicher Inhalte anhand des Phänomens der Präzession der Erdachse, das der Kardinal in Widerstreit zum Newton'schen Ansatz mithilfe der cartesianischen Wirbeltheorie zu erklären sucht. Es fällt jedoch auf, dass dieser ungefähr einhundert Verse umfassende Passus weitestgehend sachlich und verhältnismäßig unrhetorisch gestaltet wird, was von Glei als Bemühung des Autors interpretiert wird, die Schwierigkeit des Gegenstandes und dessen Erklärung nicht durch stilistische Mittel zu verschleiern. Weitaus expliziter äußert sich Roger Boscovich zu den Gefahren und Grenzen der Poetisierung von Wissenschaft. Thomas Haye präsentiert gleich mehrere Textstellen aus der Vorrede, dem Gedicht sowie den Anmerkungen zu den *De Solis ac Lunae defectibus*, in denen der Autor einerseits eine genuin wissenschaftliche Auseinandersetzung mit dem Thema ankündigt, sich aber andererseits auch offenkundig zu seiner Ohnmacht bekennt, besonders mathematische Inhalte sowohl sachgetreu als auch poetisch in Verse zu fassen. Da die in Prosa verfassten Anmerkungen, die Boscovich zur Kommentierung sachlicher Ungenauigkeiten in seinen Versen eingefügt hatte, knapp die Hälfte des Gesamttextes ausmachen, scheint es aus Thomas Hayes Sicht zu kurz gegriffen, Boscovichs Werk als Lehrgedicht im engeren Sinne zu bezeichnen.

Woher kam dieses Mistrauen gegenüber der dichterischen Form? Warum schien Poesie als Medium zur Vermittlung komplexer wissenschaftlicher Zusammenhänge ab dem Ende des siebzehnten Jahrhunderts zunehmend an Vertrauen

---

26 Vgl. Benedetto Soldati: La poesia astrologica nel Quattrocento. Ricerche e studi. Firenze 1906, S. 93–94.

27 Francesco Savastano sieht der Poetisierung eines widerspenstigen und komplexen Gegenstandes zu Anfang des achtzehnten Jahrhunderts nichtsdestotrotz optimistisch entgegen, vgl. Haskell (Anm. 14), S. 116–117.

einzubüßen?[28] Natürlich, schon Hesiods Musen haben sowohl Lügen erzählen, wie auch Wahres berichten können, doch war man mit dieser Ambiguität in der wissenschaftlichen Dichtung bis dahin gut ausgekommen. Diese spezifische Entwicklung kann durch einen Blick auf die Herausbildung der Methodik und Praxis in den Naturwissenschaften der Frühen Neuzeit sowie auf deren problematisches Verhältnis zur Sprache beleuchtet werden. In diesem Zusammenhang hatten besonders Francis Bacons Überlegungen zur neuen Wissenschaftsmethode, die er im *Novum Organum* angestellt hatte, folgenschwere Konsequenzen. Eines der vier darin besprochenen Idole, mit denen laut Bacon der menschliche Verstand behaftet war, sodass sie die Wahrheitssuche sowie wissenschaftlichen Fortschritt verhinderten, waren die *Idola Fori*, mit denen Bacon die Sprache meint:

> Homines enim per sermones sociantur; at verba ex captu vulgi imponuntur. Itaque mala et inepta verborum impositio miris modis intellectum obsidet. Neque definitiones aut explicationes, quibus homines docti se munire et vindicare in nonnullis consueverunt, rem ullo modo restituunt.[29]

> Denn Menschen kommunizieren durch Sprache; doch Wörter werden aus dem gemeinen Verständnis heraus besetzt. Deshalb trübt diese schlechte und unpassende Besetzung der Wörter den Verstand auf wundersamste Weise. Und auch Definitionen oder Erklärungen, mit denen sich die studierten Leute gewöhnlich wappnen und die sie weitläufig benutzen, geben den Gegenstand in keiner Weise wieder.

Diese Sprachidole waren laut Bacon die lästigsten, denn obwohl der Mensch dachte, er hätte die Macht über die Worte, so waren es hingegen diese selbst, die dem Menschen ein Denken aufzwangen. Die schlimmsten Begriffe waren diejenigen, die auf etwas verwiesen, was in der Natur nicht existierte: *Substantia, Qualitas, Agere, Pati, Esse.*[30] Das waren Begriffe, mit denen die alten Scholastiker operierten, um über die Natur zu sprechen, und sie beeinträchtigte laut Bacon sowohl die Wahrheitssuche im Allgemeinen als auch seine Vision von

---

28 Diese Tendenz zeigt sich besonders in der lateinischsprachigen Dichtung. Hingegen erlebt z. B. deutschsprachige Lehrdichtung ihre Blütezeit im achtzehnten Jahrhundert, vgl. Wilhelm Kühlmann (Anm. 17), S. 153–154. Spätestens mit Goethes gescheitertem Versuch eines großen Naturgedichts neigt sich die Lehrdichtung zu Beginn des neunzehnten Jahrhunderts jedoch auch in Deutschland ihrem Ende zu, vgl. Barbara Mahlmann-Bauer: Poetische Darstellungen des Kosmos in der Nachfolge des Lukrez. In: Der Naturbegriff in der Frühen Neuzeit: semantische Perspektiven zwischen 1500 und 1700. Hg. von Tomas Leinkauf. Tübingen 2005 (Frühe Neuzeit 110), S. 109–186, hier S. 172–186.

29 Francis Bacon: Novum Organum. Hg. von Wolfgang Krohn. Teilband 1. Hamburg 1990 (Philosophische Bibliothek), 1,43.

30 „In notionibus nil sani est, nec in logicis nec in physicis; [...] sed omnes phantasticae et male terminatae", ebd. 1,15.

einer modernen Naturwissenschaft. Diese Position artete unter den Baconianern der Royal Society später, wie Richard F. Jones gezeigt hat, in ein besonders spöttisches Verhältnis zu Sprachen aus.[31] Man ärgerte sich, dass diejenigen, die sich im Bereich der Naturwissenschaften betätigen wollten, seit jeher gezwungen waren, das langwierige und lästige Latein- und Griechischstudium auf sich zu nehmen. Robert Boyle gestand in einer autobiographischen Note, dass er sich nicht nur nicht dazu durchringen konnte, die Sprachen der ganzen Länder zu lernen, die er bereist hatte, sondern dass er als Ire nicht einmal das Englische richtig beherrschte.[32] Selbst die Philologen begannen, sich für ihr Fach zu schämen. Der Orientalist Edward Bernard schrieb in einem Brief an den Mathematiker John Collins seine Studien seien: „literal, and so beside the fame and regard of this age and inferior, in the nature of the thing, if I may speak as fits the schools, to real learning."[33] Das Erlernen von Sprachen, besonders der alten, wurde mehr und mehr als Zeitvergeudung und dem wissenschaftlichen Fortschritt als Hindernis angesehen. Gemäß Bacons Überzeugung sollte das Experiment den Syllogismus ablösen und zum alles entscheidenden Beweismittel in den Naturwissenschaften werden. Allerdings musste auch dieses sprachlich irgendwie kommuniziert werden.

Das inspirierte die Mitglieder der Royal Society dazu, Sprache auf die simpelsten Termini zu reduzieren. William Petty verfolgte das Vorhaben, ein *Dictionary of Sensible Words* anzulegen, das Sprache auf eine materialistische Basis zurückführen sollte, um allen Überfluss und Unverständlichkeit zu beseitigen, die manche Worte mit sich führen. Das Benutzen von Ausdrücken wie Essenz oder Qualität wurde als wahrhaftiger Rückschritt gedeutet. Die in der Royal Society angebrochene stilistische Reformation der Sprache verfolgte nichts Geringeres, als eine objektive Basis für Sprache zu schaffen.[34] Dabei erwies sich das unter anderem durch Descartes verfeinerte Instrumentarium der Mathematik als eine wünschenswerte Zielvorstellung. So wie in der mathematischen Kommunikation jedes Symbol einem Wert entsprach, so wollte man auch die Sprache auf eine mathematische Simplizität zurückführen, um schließlich in den Gebrauch einer Universalsprache zu kommen, die ohne den Umweg des mühsamen Spracherwerbs und des Missverständnisses die Wissenschaft in kürzester Zeit vorantreiben könnte. Im *Essay towards a Real Character and a Philosophical Language* trieb John Wilkins das Vorhaben 1668 auf die Spitze.[35] Er visierte eine Inventarisierung

---

31 Richard F. Jones: Science and Language in England of the Mid-Seventeenth Century. In: The Journal of English and Germanic Philology 31 (1932), S. 315–331.
32 Ebd., S. 316–317.
33 Ebd., S. 317.
34 Ebd., S. 319–320.
35 Ebd., S. 325–326.

des ganzen Universums an, die schließlich dazu führen sollte, einem jeden Ding das ihm entsprechende Symbol zuzuführen. Dinge der Phantasie, wie z. B. Feen, sollten hingegen unbezeichnet bleiben, schließlich existierten sie nicht und verdienten es somit nicht, in der Sprache repräsentiert zu werden. Die Anklage, die die modernen Naturwissenschaftler der Sprache machten, bestand in der Vieldeutigkeit der Wörter, ihrer missverständlichen Bedeutung, in Synonymen, Metaphern, grammatikalischer Irregularität und darin, dass sie in der Lage ist, die materiellen Dinge der Welt irgendwie lebendig werden zu lassen.[36]

Dieser Vorwurf ist besonders in Bezug auf das Lehrgedicht, in dem oft von dem rhetorischen Mittel der Prosopopoeia Gebrauch gemacht wird, nicht von der Hand zu weisen. In Latomus' Werk kommt die Kanone selbst zu Wort, sogar Polignac erlaubt sich in seiner sonst nüchtern gehaltenen wissenschaftlichen Passage eine Personifizierung der Erde, die staunend den Fixsternhimmel betrachtet. Claudia Schindler beschäftigt sich in ihrem Beitrag mit der Darstellung von technischen Gerätschaften im Lehrgedicht und bemerkt, dass deren poetische Behandlung mitunter dazu führen kann, dass sich das beschriebene Objekt aus seiner Passivität befreit und zu einem handelnden Akteur wird. Doch genau diese die leblosen Dinge animierende Lehrdichtung stellt einen Affront gegen die moderne Weltsicht dar, in der die träge, von Naturkräften gesteuerte Materie eindeutig von der durch bewusstes und willentliches Handeln gezeichneten Menschenwelt getrennt ist. Sobald in einer modernen sachlichen und wenigstens zum Teil wissenschaftlichen Darstellung mit Begriffen operiert wird, die dem menschlichen Handlungsraum entnommen sind, wenn es also um Kommunikation zwischen Bäumen, Schuldgefühle bei Tieren oder das Eigenleben von Darmbakterien geht, ist der Vorwurf einer unzulässigen Anthropomorphisierung des Objekts nicht weit.[37] Die

---

36 Ebd., S. 327.

37 Ein anschauliches Beispiel dafür sind Peter Wohllebens Publikationen, von denen es keine Rezension ohne den Hinweis auf Anthropomorphismus gibt, vgl. z. B. Katharine Norbury: The Inner Life of Animals by Peter Wohlleben – Review; The Beauty of Beasts Is That We Will Never Quite Understand Them – but This Book Gives It a Decent Shot. https://link.gale.com/apps/doc/A512014561/AONE?u=fub&sid=AONE&xid=9b744ebb Observer, 29 Oct. 2017. Gale Academic OneFile (19. Februar 2020) oder Jakob Simmank: „Das geheime Leben der Bäume": Mein Freund, der Baum. https://www.zeit.de/kultur/film/2020-01/geheime-leben-der-baeume-peter-wohlleben-dokumentarfilm. Zeit Online, 22. Januar 2020 (19. Februar 2020). Sharon Elisabeth Kingsland erinnert in ihrer Rezension zu Wohllebens Buch über den Wald an eine ähnliche Kontroverse um die Anthropomorphisierung von Natur zu Beginn des zwanzigsten Jahrhunderts, die von Ralph H. Lutts im Buch The Nature Fakers: Wildlife, Science and Sentiment. Charlottesville, London 1990 (Under the Sign of Nature: Explorations in Ecocritisim) dargestellt worden ist, vgl. Sharon Elisabeth Kingsland: Facts or Fairy Tales? Peter Wohlleben and the Hidden Life of Trees. Bulletin of

Fundamente für diese radikale moderne Trennung zwischen Subjekt und Objekt werden in der Frühen Neuzeit mit der Herausbildung der experimentellen Methode und dem Wandel des naturphilosophischen Ansatzes gelegt.

Peter Dear hat in seiner Monographie *Discipline & Experience* dargelegt, wie die von der aristotelischen Philosophie geprägten Grundlagen in den Naturwissenschaften durch einen dezidiert materiellen, empirisch-mathematischen Ansatz abgelöst wurden. In der von der scholastisch-aristotelischen Methode beherrschten Wissenschaft arbeitete man mit dem Verstand unmittelbar zugänigen Universalien, aus denen die Theorie deduktiv gewonnen wurde. Aus der Beobachtung eines einzelnen akzidentellen Geschehens konnte somit keine universelle Wahrheit gezogen werden, vielmehr war es die Gesamtheit der Beobachtungen, die durch das Gedächtnis zu einer universellen Erfahrung führte. Diese Erfahrungen mussten nicht persönlich sein, sondern konnten auch auf einer Autorität beruhen. Wie sehr diese Beweismethode verinnerlicht war, wird nicht zuletzt daraus ersichtlich, dass die vergleichsweise einfach experimentell zu falsifizierende These des Aristoteles über die unterschiedliche Fallgeschwindigkeit von verschieden schweren Körpern sich bis in das siebzehnte Jahrhundert halten konnte. Das aristotelische Naturverständnis erschwerte eine experimentell begründete Wissenschaft. Naturwissenschaft lag in der Erkenntnis der Finalursachen der Natur. Ziel der Eichel war es, zur Eiche zu wachsen, doch nicht jede Frucht musste notwendig zu einem Baum werden. Die Beobachtung eines individuellen Falls, bei dem die Eichel von einem Eichhörnchen gefressen wurde, konnte nicht zu der Erkenntnis des *finis*, ihrer letzten Absicht führen.[38] Dieses Prinzip sollte durch die Formulierung der experimentellen Methode grundlegend auf den Kopf gestellt werden. Francis Bacon sprach sich im Rahmen seines modernen methodologischen Ansatzes in den Naturwissenschaften für ein manipulatives Verhältnis zur Naturerkenntnis aus, in der die natürlichen Prozesse den menschlichen Zielen untergeordnet werden sollten. Ziel der Wissenschaft sollte es daraufhin nicht mehr sein, die *fines* der Natur aufzudecken, sondern lediglich ihre Prozesse zu verstehen, um diese aus mensch-

---

the Ecological Society of America 99.4 (2018), S. 1–5, hier S. 4. Die Debatte um die Beseeltheit der Natur wird jedoch schon seit dem Anbeginn des Materialismus geführt, vgl. dazu Bernd Roling, Ramunė Markevičiūtė: Die Beweiskraft der Dichtung in der frühneuzeitlichen Debatte um die animalische Intelligenz. Working Papers der FOR 2305 „Diskursivierungen von Neuem" 13. http://www.for2305.fu-berlin.de/publikationen-berichte/publikationen/wp13/FOR-2305—Working-Paper-No_-13-Roling-Markeviciute.pdf (19. Februar 2020).

38 Vgl. Peter Dear: Discipline and Experience. The Mathematical Way in the Scientific Revolution. Chicago, London 1995 (Science and its Conceptual Foundations), S. 154.

lichem Interesse heraus manipulieren zu können. Dieses Konzept von Naturwissenschaft stellte Natur nicht mehr als ein nach Intentionen agierendes Subjekt dar, sondern als ein System, das nach bestimmten Gesetzen geordnet ist.[39] Ein Gesetz aber impliziert Regelmäßigkeit, es ist allgemeingültig und lässt sich somit auch im Einzelfall erschließen. Das öffnete der experimentellen Methode die Pforten. Doch das Experiment selbst ist eine Art Metapher: was in der konstruierten Form passiert, das passiert, so wird angenommen, auch in der Natur.[40] Die Vakuumpumpe auf dem Labortisch wird zum Abbild der Welt, einer Miniaturwelt, die man ansehen, steuern, handhaben, reparieren und beherrschen kann. Die Welt selbst wird zu einem (Forschungs-)Objekt, einer *res extensa*. Darin liegt das Wesen des mechanistischen Weltbildes, in dessen Rahmen man sich die Frage stellen muss, ob dieser Welt und den Dingen in ihr, die nur Gegenstand sind, in poetischer Darstellung Handlung zugesprochen werden kann, die sie in die menschliche Sphäre der willentlichen Aktivität verlagert, sie, wie man sagen würde, anthropomorphisiert.[41] Genau vor solchen Darstellungen, die Naturdingen, Tieren, Pflanzen, sogar Steinen Leben, Gefühle und Entscheidungsmacht einhauchen, warnt Polignac im *Anti-Lucretius*. Allein zu Vorführungszwecken legt er seinem Dialogpartner derartige Geschichten dar: die vom schlauen Habicht, von dem organisierten Bienenstaat und dem kriegerischen Fuchs. Sie alle können von der Beseeltheit der Naturobjekte zeugen und bilden das Gegenstück zu einer mechanistischen Erklärung von neurologischen Prozessen, die Polignac aus seiner cartesianischen Position heraus für die richtige und angemessene hält. Damit bringt Polignac auf den Punkt, worin sich die poetische und wissenschaftliche Darstellungsweisen im Hinblick auf ihren Gegenstand unterscheiden. Während die eine ihre Objekte im wahrsten Sinne des Wortes vergegenständlicht und entseelt, haucht die andere ihnen Leben und Handlung ein.[42] Schon Aristoteles wies darauf hin, wie Homer es durch eine metaphorische Sprechweise gelang, in Waffen, Steinen und anderen seelenlosen Dingen Tätigkeit darzustellen.[43] Solch ein Sprachgebrauch ist gemäß Polignac jedoch in höchstem Maße irreführend, da er das seelenlose Objekt, wie es unter anderem das Tier sei, mit Begriffen behaftet, die allein der menschlichen Gefühls- und Geisteswelt zustehen:

> Ergo nullus amor, nullus timor esse putetur
> In brutis, quanquam id suadent *fallacia signa*.

---

39 Ebd., S. 158.
40 Ebd., S. 159.
41 Vgl. Latour: Kampf um Gaia (Anm. 6), S. 98–106.
42 Vgl. dazu Roling, Markevičiūtė (Anm. 37).
43 Rhet. 1411b 25–1412a 10.

Nam timor est odium mortis, quae creditur instans;
Nullo viva modo norunt animalia mortem:
Ignoti nullus timor est, ut nulla cupido.[44]

Man soll also keine Art von Liebe oder Furcht bei den Tieren annehmen, obwohl die *trügerischen Zeichen* es nahelegen. Furcht ist die Angst vor dem bevorstehenden Tod, aber keinesfalls können Tiere verstehen, was der Tod ist: das Wesen von niederer Herkunft kennt weder Furcht noch Begehren.

Die trügerischen Zeichen, von denen hier die Rede ist, umfassen sowohl diejenigen, die von Tieren ausgesendet werden und gegebenenfalls zu Anthropomorphisierungen verleiten, als auch die Schriftzeichen, mit denen das Tierverhalten versprachlicht und womöglich mit einem dem Menschengeschlecht vorbehaltenen Vokabularium besetzt wird. Sinnliche Wahrnehmung ist in der cartesianischen Philosophie jedoch die Fehlerquelle schlechthin und die Sphären der *res extensa* und der *res cogitans* inkommensurabel. Obwohl Polignac als Cartesianer die wissenschaftlich-mechanistische Beschreibung von Tieren für die wahrheitsgetreuere hält, lebt seine eigene Lehrdichtung interessanterweise auch von den von ihm getadelten Gegenbeispielen. Wie sollte wissenschaftliche Dichtung im Anbruch eines Zeitalters der Bifurkation, in dem eine Dingwelt und eine von ihr abgeschottete Geisteswelt keine gemeinsame Sprache finden können, also aussehen?

In den nicht zuletzt durch die breitere Rezeption der aristotelischen Poetik ausgelösten Debatten um den poetischen Status der Lehrdichtung wurde auf verschiedene Weisen darum gerungen, die Poesie der Dinge als dichterische Praxis zu retten.[45] In seinem den *Philosophiae recentioris libri* Benedict Stays angehängtem Dialog zur Lehrdichtung betrachtete dessen Bruder Christopher Stay die Objekte der Wissenschaft im Gefolge Fracastoros[46] als den der Poesie angemessensten Gegenstand, der dem aristotelischen Ideal von Dichtung in ihrer Aufgabe, universelle Erkenntnis zu vermitteln, am nächsten kam. Antonius, den ehrwürdigsten der Gesprächsteilnehmer im Dialog, lässt Stay die Ansicht vermitteln, dass ein Lehrdichter in der Lage sei, dem Leser die komplexesten wissenschaftlichen Zusammenhänge durch die poetische Sprache fast intuitiv

---

44 Melchior de Polignac: Anti–Lucretius. Amsterdam 1748, 6,729–733. Hervorhebung von mir.
45 Vgl. Bernhard Fabian: Das Lehrgedicht als Problem der antiken und modernen Poetik. In: Die nicht mehr schönen Künste. Hg. von Hans R. Jauss. München 1968 (Poetik und Hermeneutik 3), S. 67–89.
46 Vgl. Girolamo Fracastoro: Naugerius sive de poetica dialogus. In: Hieronimi Fracastorii Opera omnia. Venedig 1555, S. 153–164.

begreiflich zu machen.[47] Wie diese poetische Sprache jedoch aussehen sollte, wird zum Teil einer Auseinandersetzung zwischen den Gesprächsteilnehmern. Die den Versen von Christophers Bruder Benedict Stay innewohnende lukrezianische *gravitas* stellte wohl einen Versuch dar, dem sich herausbildenden Verständnis von einer Wissenschaft gerecht zu werden, die ihre Komplexität und ihren Wahrheitsanspruch durch sprachliche Spielereien, metaphorische Zweideutigkeiten und antropomorphisierende Überformung gefährdet sah. Benedicts Stays Werk entsprach wohl dem von seinem Bruder geformten Ideal einer wissenschaftlichen Dichtung, die den Gegenstand selbst ohne künstliche, digressive Ablenkungsmanöver im Vertrauen auf dessen inhärente Schönheit in den Vordergrund stellte und dadurch zu einer überaus anspruchsvollen, komplizierten und bewusst elitistischen Beschäftigung wurde.[48] Nicht umsonst äußert einer der Gesprächspartner in Stays Dialog sein Unbehagen über den fehlenden Unterhaltungsfaktor – was ist mit den Mythen?

Die in diesem Band versammelten Dichter legen unterschiedliche Strategien der Wissensvermittlung an den Tag. Antonietta Iacono zeigt in ihrem Beitrag zu den *De hortis Hesperidum*, wie die Mythopoeia, das Schaffen neuer Mythen und deren Symbolik für Giovanni Pontano den Innbegriff der wissenschaftlichen Gelehrsamkeit darstellen und wie die anschauliche Mythenerzählung verschiedene Wissensgebiete aufgreift, um diese schließlich zu einem tieferen Verständnis der Bedeutung des Gegenstandes zu verbinden. Auch der französische Dichter Claude Griffet greift bei der Vermittlung eines so komplexen Gegenstandes wie der Funktionsweise des menschlichen Gehirns auf ein breites Instrumentarium dichterischer Mittel, u. a. des Mythos, Kunstmythos und der Allegorese, zurück. Johanna Luggin arbeitet in ihrer Analyse die Bemühungen des Dichters heraus, dem Leser oder auch Zuhörer das Zusammenspiel von Blutzirkulation und Nervenimpulsen näherzubringen, ohne dabei dessen Aufmerksamkeit zu verlieren. Thorius' Gedicht über den Tabak zeigt schließlich, dass ein epischer Überbau mit komisch-ironischer Note dem wissenschaftlichen Prestige eines Werkes noch zu Beginn des siebzehnten Jahrhunderts keinen Abbruch tat – der *Hymnus Tabaci* wurde als Beitrag zu diesem Thema mitgezählt und neben anderen Prosatraktaten abgedruckt. Fast eineinhalb Jahrhunderte später entfacht sich in Stays Dialog hingegen eine heiße De-

---

47 Christopher Stay: De poesi didascalica dialogus. In: Benedict Stay: Philosophiae recentioris versibus traditae libri X, vol. III. Rom 1792, S. i–xxx, hier S. xv–xvi.

48 Vgl. dazu Claudia Schindler: Didactic Poetry as Elitist Poetry: Christopher Stay's De poesia didascalica dialogus in the Context of Classical and Neo-Latin Didactic Discourse. In: Neo-Latin and the Vernaculars. Bilingual Interactions in the Early Modern Period. Hg. von Florian Schaffenrath, Alexander Winkler. Leiden, Boston 2019, S. 237–239.

batte über den Einsatz von Mythen im Lehrgedicht. Während die eine Seite, vertreten durch den Gesprächsteilnehmer Balbus, den Gebrauch von Mythen zur Erhellung von schwierigen wissenschaftlichen Gegenständen begrüßt und wünscht, moderne Lehrdichter würden dieses Mittel öfter heranziehen, bestreitet Antonius auf der anderen Seite, dass es irgendwie möglich wäre, die komplexen Zusammenhänge der modernen Wissenschaft mithilfe von Geschichten zu erhellen:

> Unum hoc defendimus: quo magis fictis his commentis involutae sint, eo impeditiorem earumdem intelligentiam fore, atque ita fabulas ad occultandam philosophiam opportunas esse posse, ad illustrandam non posse. [...] nos si a didascalicis illustrari philosophiam volumus, isthaec integumenta ab eorundem versibus arceamus. Quo enim pacto fabulae veritatis interpretes esse possunt, si ipsae interpretes alio interprete indigebunt?[49]

> Halten wir eines fest, je mehr sie (die Disziplinen) in diese fiktiven Geschichten gehüllt sind, desto schwieriger wird es, sie zu verstehen, daher können Mythen eher dazu dienen, die Wissenschaft zu verdecken, als sie zu beleuchten. [...] Wenn wir wollen, dass Lehrdichter uns die Wissenschaft erklären, halten wir solche Umhüllungen von ihren Versen fern. Wie sollen nämlich Mythen Ausleger der Wahrheit sein, wenn sie selbst als Ausleger eines Auslegers bedürfen?

An solchen Aussagen wird deutlich, wie die literarische Überformung zunehmend als Bedrohung für die wahrheitsgemäße Darstellung empirischer Phänomene betrachtet wurde. Die bis hin zur Sprachskepsis reichende Aversion der Baconianer gegen rhetorische Mittel in der Vermittlung der äußeren Welt, wie sie angeblich wirklich war, sollte zukunftsweisend werden. Die moderne Naturwissenschaft entwickelte ihre eigene höchst formalisierte und anti-rhetorische Sprechweise.[50] Jedoch musste auch das, was zukünftig als wissenschaftliches Schreiben Glaubwürdigkeit erringen sollte, erst mal ausgearbeitet werden. Zunächst ging es darum, eine Vorgehensweise bei der Verschriftlichung zu finden, die Garant einer wahrheitsgetreuen Darstellung des Beschriebenen sein würde. Peter Dear führt das Beispiel zweier jesuitischer Naturwissenschaftler, Niccolò Cabeo und Rodrigo de Arriaga, an, die jeweils um das Jahr 1630 ihre Erfahrungen zu Experimenten mit Magneten und der Schwerkraft veröffentlichten.[51] Cabeo gibt in der Vorrede zu seiner *Philosophia magnetica* an, alles nach Art der Mathematiker in kürzesten

---

49 Ch. Stay (Anm. 47), S. xvi.
50 Vgl. dazu Jürg Niederhauser: Rhetorik und Stilistik in den Naturwissenschaften. In: Rhetorik und Stilistik. Ein internationales Handbuch historischer und systematischer Forschung. Bd. 2. Hg. von Ulla Fix, Andreas Gardt, Joachin Knape. Berlin, New York 2009 (Handbücher zur Sprach- und Kommunikationswissenschaft 31.2), S. 1949–1965, hier S. 1950–1955.
51 Vgl. Dear (Anm. 38), S. 67–71.

und klarsten Worten wiedergeben zu wollen. Unter anderem mithilfe von Diagrammen schildert er seine experimentelle Erfahrung, ohne sich allerdings in historische Details zu vertiefen. Die Darstellung bleibt allgemein. Auf diese Weise verfährt auch Arriaga, wenn er im *Cursus philosophicus* seine Erfahrungen beim Herunterwerfen von sehr harten und trockenen Brotkrusten sowie Steinen von verschiedenen Türmen beschreibt. So oft er es auch nur probierte, die Steine fielen stets zeitgleich mit den Brotkrusten zu Boden. Beide Forscher verzichten auf die Wiedergabe der genauen Umstände, unter denen sie die Experimente durchgeführt haben im Vertrauen darauf, dass ihr Augenzeugenbericht ausreichen würde, um den universellen Charakter der Beobachtungen, die sie wiederholt gemacht hatten, zu stützen. Dieses Autoritätsvakuum nutzte der jesuitische Astronom Giovanni Battista Riccioli, der das aristotelische Axiom der ungleichen Fallgeschwindigkeiten von unterschiedlich schweren Körpern aufrechterhalten wollte, aus und wandte sich in seinem *Almagestum novum* 1651 gegen Cabeo und Arriaga. Dabei ging er so vor, dass er die allgemeinen Aussagen von Cabeo und Arriaga, wie „sie schlagen gleichzeitig auf", in modale Aussagen, wie „sie behaupten, sie würden gleichzeitig aufschlagen", umwandelte.[52] Er stellt die Glaubwürdigkeit und Autorität der beiden Wissenschaftler in Frage, indem er nachfragt, von welcher Höhe die Gegenstände fallengelassen worden sind und mit welchen Messgeräten gearbeitet wurde, um den Kollegen schließlich Inkompetenz vorzuwerfen. In seiner eigenen Beschreibung betont Riccioli seine Position als Professor, benennt die Zeugen seiner Experimente nicht nur, sondern zitiert sie auch und gibt die Höhe eines jeden Turms in Bologna an, von dem er je etwas heruntergeworfen hat. Seine Darstellung konzentriert sich vor dem eigentlichen Experiment darauf, wie die Geräte einzurichten sind, um genaue Messergebnisse zu liefern, und seine aufgeführten Tabellen geben bereits seine eigenen erwünschten Messergebnisse an. Alles in Ricciolis Text ist darauf hin konzipiert, ihn selbst und seinen Text mit Autorität auszuweisen.[53] Auf den detailreichen Bericht setzte, wie Shapin und Schaffer gezeigt haben, auch Robert Boyle circa dreißig Jahre später in den *New Experiments* bei seinen Versuchen mit der Luftpumpe. Obwohl Boyle angekündigt hatte, in seiner Darstellung kurz und klar zu bleiben, schlängeln sich seine parataktischen Bausteine zur präziseren Schilderung der Umstände in endlose Perioden, sodass er sich sogar gezwungen sieht, sich für diesen Duktus zu entschuldigen. Doch das

---

52 Zu modalisierten Aussagen in der Wissenschaftssprache vgl. Bruno Latour: Science in Action. How to follow scientists and engineers through society. Cambridge, Massachusetts 1987, bes. S. 21–29 sowie Bruno Latour, Paolo Fabbri: La rhétorique de la science. Pouvoir et devoir dans un article de science exacte. In: Actes de la recherche en sciences sociales. L'économie des biens symboliques 13 (1977), S. 81–95.
53 Vgl. Dear (Anm. 38), S. 71–85.

krampfhafte Anführen von Zahlen, Details und Zeugen war ein Versuch, ein Substitut für den Wahrheitsgaranten zu finden, der in der ‚alten' Tradition der scholastischen Argumentation der Anführung von fremder und eigener Autorität zugekommen war.[54] Diesen Autoritätsglauben hatte nicht zuletzt Bacon kritisiert und auf der Selbstevidenz experimenteller Resultate bestanden:

> sed omnis verior interpretatio naturae conficitur per instantias, et experimenta idonea et apposita; ubi sensus de experimento tantum, experimentum de natura et re ipsa judicat.[55]

> Doch jede wahrhaftigere Deutung der Natur wird durch Beständigkeit und durch passende Experimente zusammengetragen, wobei der Sinn über das Experiment allein, das Experiment aber über die Natur und das Objekt entscheidet.

Das Einmischen von persönlichen Ambitionen oder die Abhängigkeit von Autoritäten, Schulen oder Institutionen wie der Kirche oder der Monarchie, welchen Macht über die Sanktionierung von Wissenschaftsergebnissen zukam, hatte Bacon als fatal für den wissenschaftlichen Fortschritt gewertet. Doch wie konnte man die wissenschaftliche Darstellung mit Glaubwürdigkeit ausstatten, ohne dabei gegen das Prinzip der modernen wissenschaftlichen Methode zu verstoßen gemäß der die Tatsache allein von ihrer Wahrhaftigkeit zeugen würde? Die Antwort auf dieses Dilemma lag darin, eine Instanz zu schaffen, die für die Rechtmäßigkeit des Geschriebenen einstand, deren Einbezug in die Arbeit am Forschungsgegenstand jedoch verschwiegen werden sollte, sodass nur die gewünschten Ergebnisse in Form von allgemeinen, universellen Aussagen übrigblieben. Mit anderen Worten: man lernte die Tatsachen herauszudestillieren, den Prozess ihrer Herstellung, für dessen Richtigkeit die Institution garantierte, jedoch aus dem wissenschaftlichen Narrativ zu eliminieren. Modellbildend für diese Strategie des wissenschaftlichen Schreibens, das bis heute im Wissenschaftsbetrieb vorherrscht, war nach Ansicht Frederic L. Holmes' die Französische Akademie der Wissenschaften.[56] Am Beispiel des von der Akademie im späten siebzehnten Jahrhundert getragenen, mehrere Forscher und mehrere Jahrzehnte umfassenden Großprojekts einer *Geschichte der Pflanzen* zeichnet Holmes eine Entwicklung der Methode zur Verschriftlichung von Forschungsergebnissen nach. Bei einem Großprojekt solcher Ausmaße kristallisierten sich bald die Methoden der wissenschaftlichen Arbeit heraus, die den Wissen-

---

54 Vgl. Steven Shapin, Simon Schaffer: Leviathan and the Air-pump: Hobbes, Boyle, and the Experimental Life. Princeton 1989, S. 63–65 und 72–76.

55 Bacon (Anm. 29), 1,50.

56 Frederic L. Holmes: Argument and Narrative in Scientific Writing. In: The Literary Structure of Scientific Argument. Historical Studies. Hg. von Peter Dear. Philadelphia 1991, S. 164–181.

schaftsbetrieb auch heute noch prägen. Um die Arbeit effizienter zu verteilen, widmeten sich einzelne Mitglieder der Akademie im Laufe des Projekts individuellen Forschungsbereichen, statt gemeinsam an einer einzigen Grundfrage zu arbeiten. Die Vermittlung der Forschungsergebnisse richtete sich in der Regel an ein Publikum von Experten, wodurch Zeit und Papier gespart wurde, da Wesentliches nicht mehr erklärt werden musste. Das hatte auch den Vorteil, dass erschöpfende Detailbeschreibungen von Aufbau und Durchlauf von Experimenten nicht mehr nötig waren, um Glaubwürdigkeit zu generieren. Die Mitglieder stellten vielmehr eine Kontrollinstanz für sich selbst dar und konnten den Experimenten der Kollegen direkt beiwohnen oder zumindest jederzeit den Laborbericht einsehen. Glaubwürdigkeit und Autorität wurde innerhalb der Akademie somit durch das jederzeit verifizierbare Vertrauensverhältnis zwischen den Mitgliedern geschaffen, deren Verbund auch nach außen hin für die Rechtmäßigkeit und Wahrhaftigkeit der dort durchgeführten Forschung einstand. Eine Form von Autorität wurde somit durch eine andere Form von Autorität ersetzt.[57]

Wandte sich eine Veröffentlichung an ein breiteres Publikum, wie im Falle von Denis Dodarts 1676 veröffentlichter *Histoire des plantes*, so war ganz klar, dass es die Darstellung gesprengt hätte, wenn Versuche aus fast zehn Jahren im Einzelnen dargelegt und detailliert beschrieben werden sollten. Vielmehr musste der Bericht Ergebnisse einzelner Experimente zu allgemeinen Prinzipien und Funktionsweisen formulieren, wodurch das Experiment nicht mehr zu einem singulären, sondern einem wiederholbaren Ereignis mit Anspruch auf Allgemeingültigkeit wurde.[58] Diese Vorgehensweise zeichnet den modernen Wissenschaftsbetrieb bis in unsere Zeit: die gewünschten Ergebnisse stehen im wissenschaftlichen Artikel auf ein paar wenigen Seiten als Tatsachen, der Prozess ihrer Herstellung verschwindet jedoch in einem Archiv von Laborberichten, über das die wissenschaftliche Institution wacht und deren Rechtmäßigkeit sie garantiert.[59] In der wissenschaftlichen Erzählung über die Welt und die Natur spielt die Institution jedoch keine Rolle mehr, denn sie gehört dem Pol der dynamischen menschlichen Sphäre von Handlung und Aushandlung an. Der wissenschaftliche Bericht hingegen ist frei von Handlung und Rhetorik, denn er hat sich allein den universellen und unumstößlichen *matters of fact* zu widmen. Die Bereiche der Politik und Gesellschaft sind im modernen Verständnis somit von dem Bereich der Wissenschaft gesondert zu betrachten.[60] Auch hier stellt das frühneuzeitliche Lehrgedicht für die moderne Sicht auf Wissenschaft ein Problem

---

57 Ebd., S. 171.
58 Ebd., S. 168–171.
59 Vgl. Latour, Fabbri (Anm. 52), S. 83.
60 Vgl. Latour: Wir sind nie modern gewesen (Anm. 3), S. 40–43.

dar, indem es diese getrennten Bereiche permanent vermischt.[61] Mehr als die Hälfte der Gedichte in François Oudins Sammlung der *Poemata didascalica* verweisen mindestens einmal auf Ludwig XIV., die große Mehrheit der anderen Hälfte richtet sich an Mitglieder von Akademien oder andere Prominente der Zeit. Zuweilen bestimmt die Vermischung den Inhalt eines Lehrgedichts so grundlegend, dass nicht mehr ersichtlich wird, was das eigentliche Ziel der Wissensvermittlung ist. Zusammen mit Vergils *Georgica* oder Arats *Phainomena* könnte man diese Texte im Rahmen von Bernd Effes Typologien dem transparenten Typus des Lehrgedichts zuordnen. Dieses Phänomen tritt besonders deutlich in Giovanni Aurellis alchemistischem Werk, der *Chrysopoeia* zutage. Da sich Aurelli seinem titelgebenden Gegenstand darin nur unzureichend zu widmen schien, nebensächlichen oder scheinbar gar nichts mit der Alchemie gemeinhabenden Handwerken hingegen umso mehr Raum gab, wurde das Gedicht zuweilen als Allegorie oder literarischer Spaß gelesen. Nikolaus Thurn zeigt, dass Aurellis Gedicht jedoch im besten Sinne als vergilianisch gelten kann, zumal es ein raffiniertes Lob der venezianischen Produktion darstellt, deren Verfahren ein ingenieurtechnisches Knowhow erfordern, das einem arkanen Wissen der Goldherstellung gleichkommt. Auch in John Philips *Cider* wird eine Nation in vergilianischem Pathos durch ihr Markenprodukt gefeiert. Anhand des einzigen in diesem Band vorgestellten nicht-lateinischen Lehrgedichts macht Bernd Roling deutlich, dass die an antiken Modellen orientierten Ziele der Wissensvermittlung durch das Lehrgedicht auch in volkssprachlicher Dichtung dieser Art weiterlebten und es zu nunmehr vergessenem Ruhm und Bekanntheit brachten. John Philips Nationalepos versammelte eine ganze Reihe von Nachahmern hinter sich und bot sogar Anlass zu einigen spöttischen Parodien. Die unverdeckte Vermengung von wissenschaftlicher Erzählung und einer institutionellen Gemeinschaft in frühneuzeitlicher Wissenschaftsdichtung legt ferner Yasmin Haskell anhand eines Überblicks über jesuitische Lehrgedichte zu der für den Orden schwierigen Zeit von dessen Aufhebung dar. Dabei wird deutlich, dass die Poetisierung von Wissenschaft einerseits zur Bewältigung des emotionalen Traumas sowie zum Ausdruck der gemeinschaftlichen Solidarität betrieben werden und andererseits als politisches Mittel eingesetzt werden konnte, durch das es den Jesuiten möglich war, ihren Beitrag zu den wissenschaftlichen Errungenschaften der Zeit hervorzuheben.

Die hier aufgeführten Merkmale, welche die Ziele und Strategien der dichterischen Wissensvermittlung artikulieren, finden sich vereinzelt in jedem Lehrgedicht

---

61 Vgl. Ramunė Markevičiūtė: La mobilisation des choses. La guerre et Louis XIV dans le poème didactique latin en France. In: La Guerre et la paix dans la poésie épique en France (1500–1800). Hg. von Roman Kuhn, Daniel Melde. Stuttgart 2020, S. 185–202.

und sollten nicht als Versuch gewertet werden, die frühneuzeitliche Lehrdichtung nach bestimmten Kriterien zu ordnen. Vielmehr sollte man vor Augen haben, dass die Lehrdichtung der Frühen Neuzeit an einer Schnittstelle von Bereichen der Natur und Kultur operiert, die in der Welt der Moderne unversöhnbar voneinander getrennt sind. Aus diesem Grund mag uns alles an dieser Literatur befremdlich, unwissenschaftlich und zugleich nicht poetisch genug erscheinen: die Ausdehnung menschlicher Handlungsfähigkeit auf Gegenstände der Natur und Technik, die Vermischung voneinander getrennter Textarten, das Torpedieren der wissenschaftlichen Neutralität durch Rhetorik, der politisierte wissenschaftliche Diskurs und die durch Mythen getrübte Simplizität der Fakten. Anhand der Entwicklungen im poetologischen Diskurs über das Lehrgedicht können wir beobachten, wie sich der Zweifel an der Vereinbarkeit dieser Bereiche im Gleichschritt mit der Ausformulierung der modernen wissenschaftlichen Methode in der Frühen Neuzeit ausbreitete, bis wir heute schließlich selbst vor der Frage stehen, wie wir diese Texte zu verstehen haben. Was kann uns die Poesie der Dinge in unserer technologisch und wissenschaftlich fortgeschrittenen, im Hinblick auf alle vermeintlich nicht-menschlichen Bereiche jedoch stark mitgenommenen (Um-)Welt noch sagen? Solange sie nicht als vormoderne Spielerei, als Zeugnis eines unterentwickelten Stadiums von Naturerkenntnis abgetan und in ihrem wissenschaftlichen Ansatz ernstgenommen wird, schafft sie einen Gegenentwurf zu der von Bifurkation geprägten Naturwissenschaft, die wir letztendlich als nur eines von vielen Konzepten anerkennen müssen, die Natur zu erforschen und Gesellschaft zu organisieren. Sie kann uns daran erinnern, dass sowohl die Dinge der Natur als auch die Dinge der Technik es unserem Menschenkollektiv ermöglichen, das zu sein, was es denkt, aus eigenem menschlichen Antrieb zu konstituieren.

Karl Enenkel
Ludovico Lazzarellis Lehrgedicht *De gentilium deorum imaginibus*

Was hat ein Lehrgedicht mit einem Kartenspiel, was ein Kartenspiel mit einem gelehrten Kommentar zu tun, was ein gelehrter Kommentar mit Bildern? Diese Frage führt direkt zu Ludovico Lazzarellis Lehrgedicht *De gentilium deorum imaginibus*,[1] ein anspruchsvolles, künstlerisch hochwertiges und von seiner Form her reizvolles Werk, das Einblicke in die Kultur der Wissensvermittlung im italienischen Humanismus in der zweiten Hälfte des 15. Jahrhunderts bietet. Das Interesse, das es verdient, wird dadurch erhöht, dass es verschiedene literarische und kognitive Perspektiven in sich vereint und an den Schnittstellen verschiedener Medien angelegt ist. Die reizvolle Gemengelage, die Lazzarelli in dem Gedicht herstellt, ergibt sich aus den Traditionslinien eines didaktischen Kartenspiels, in dem kosmisches und enzyklopädisches Wissen vermittelt wird, des Unterrichtstraktates, des metrischen Lehrgedichtes nach der Art des Aratus, Germanicus und Manilius, weiter von den Traditionslinien dialogisch inszenierter Texte, der Ekphrasis,[2] des gelehrten Kommentars und der humanistischen Herrscherpanegyrik. Weiter ist das Gedicht von einer reizvollen Überschneidung der wissensvermittelnden Instanzen gekennzeichnet: Nur in einem relativ kleinen Teil des ersten Buches spricht der Autor in *propria persona*; der größte

---

1 Für den lateinischen Text sehe man die ausgezeichnete kritische Ausgabe von C. Corfiati (Ludovico Lazzarelli: De gentilium deorum imaginibus. Hg. von Claudia Corfiati. Messina 2006 [Biblioteca umanistica 6]), die hier im Weiteren benutzt und zitiert wird. Die frühere Ausgabe von William J. O'Neal (Ludovico Lazzarelli: De gentilium deorum imaginibus. Hg. von William J. O'Neal. Lewiston 1997) leidet unter einer Reihe von Lese- und Druckfehlern, vgl. die Ausführungen von Corfiati in der Einleitung ihrer Textausgabe. Zu Lazzarellis Schrift vgl. weiter Monica Meloni: Ludovico Lazzarelli umanista settempedano e il ,De gentilium deorum imaginibus'. In: Studia picena 66 (2001), S. 91–173, und, insbesondere für den Aspekt der Ekphrasis als Darstellungsmodus meinen Aufsatz: Mythography as Ekphrasis: Ludovico Lazzarelli's *De gentilium deorum imaginibus*, and the *Poetics* of Humanism. In: Prospectus: Ekphrastic Image Making in Early Modern Europe and in the Americas. Hg. von Arthur di Furia, Walter Melion, Leiden, Boston 2021 (im Druck).
2 Für die Ekphrasis vgl. die einschlägige Diskussion in meinem Aufsatz „Mythography as Ekphrasis" (Anm. 1).

Teil wird von einigen der Darstellungsgegenstände des Werkes vorgetragen, von den Musen Kalliope, Polyhymnia und Urania. Während der Autor in seinem Werk anscheinend zunächst die Rolle des Zuhörers übernimmt, erhält der Widmungsadressat, Herzog Federico da Montefeltro, die Gestalt einer wissensvermittelnden Instanz, die nicht nur mit ihrer Autorität die Wahrheit und Gültigkeit des Inhaltes verbürgt, sondern das vermittelte Wissen persönlich *verkörpert.* Die Anwesenheit des Federico ist *in nuce* eine andere Art der Wiedergabe des Inhaltes des Lehrgedichtes. Dieser Aspekt wiederum verleiht dem Gedicht eine stark panegyrische Ausrichtung.

Lazzarelli wurde im Jahr 1447 in dem Städtchen San Severino in den Marche geboren, als Sohn eines Arztes und einer Edelfrau aus Campli (bei Teramo) in der Provinz Abruzzi.[3] Nach dem frühen Tode des Vaters übersiedelte die Familie nach Campli, wo Lazzarelli seinen ersten Unterricht erhielt; sein Lehrer in Campli war Cristoforo da Montone. Nach Hanegraaff soll Lazzarelli eine typisch humanistische Ausbildung genossen haben,[4] was jedoch nicht gesichert ist. Jedenfalls aber war seine Ausbildung dergestalt, dass sie eine Tätigkeit als Lehrer und Erzieher ermöglichte. In den Jahren 1462–1464 verdingte sich Lazzarelli als Prinzenerzieher am Hof des Condottiere Matteo di Capua.[5] Als dieser seine Macht verlor, mußte sich Lazzarelli nach einer neuen Stelle umsehen. Diese fand er in Teramo, wo er zum ersten Mal mit dem progressiven Humanismus der Römischen Akademie in Berührung kam. Ein Mitglied der Akademie, Giannantonio Campano, war

---

3 Für Lazzarellis Biographie vgl. Guido Arbizzoni: Lazzarelli, Ludovico. In: Dizionario Biografico degli Italiani (DBI) 65 (2005). http://www.treccani.it/enciclopedia/ludovico-lazzarelli_(Diziona rio-Biografico)/ (20. Februar 2020); Wouter J. Hanegraaff: Lazzarelli's Early Years, sowie Poetic Maturity. In: Ludovico Lazzarelli (1447–1500), The Hermetic Writings and Related Documents. Hg. von Wouter J. Hanegraaff, Ruud M. Bouthoorn. Tempe, Arizona 2005, S. 1–104, dort S. 8–12 sowie S. 12–16; Maria P. Saci: Ludovico Lazzarelli: Da Elicona a Sion. Rom 1999; Nicola Tenerelli: Ludovico Lazzarelli e il rinascimento filosofico italiano. Bari 1991; Vittorio E. Aleandri: La famiglia Lazzarelli di San Severino. In: Giornale araldico-genealogico-diplomatico 22 (1894), S. 272–279. Eine wichtige Quelle für Lazzarellis Leben ist die lateinische Biographie, die sein Bruder Filippo verfasste: Lazzarelli Philippus: Vita Lodovici Lazzarelli Septempedani poetae laureati per Philippum fratrem ad Angelum Colotium. Aesium 1765; für eine Ausgabe dieser Biographie mit engl. Übers. vgl. Wouter J. Hanegraaff, Ruud M. Bouthoorn (Hg.): Ludovico Lazzarelli (1447–1500), The Hermetic Writings and Related Documents. Tempe, Arizona 2005, S. 284–309.
4 Hanegraaff: Lazzarelli's Early Years (Anm. 3), S. 9.
5 Ebd., S. 10.

von Papst Pius II. zum Bischof von Teramo erhoben worden. In der Zeit, in der Campano dort residierte, fungierte Lazzarelli als Erzieher seines jüngeren Bruders. Campano hat möglicherweise eine formative Rolle in Bezug auf Lazzarellis Bildungsweg gespielt; jedoch wurde diese von Filippo in seiner hagiographischen Biographie wohl übertrieben. Man muss bedenken, dass Lazzarelli nicht der Schüler des Campano war, sondern eben der Hauslehrer seines Bruders. Nach Saci soll Lazzarelli schon in der Periode in Teramo mit dem *Corpus hermeticum* vertraut gewesen sein, was jedoch nicht wahrscheinlich ist.[6] Zweifellos bedeutend für Lazzarellis humanistische Ausbildung war jedoch sein Aufenthalt im Veneto (Venedig – Padua) 1466–1468, wo er bei dem Humanisten Giorgio Merula Unterricht genoss. Auf Anregung Merulas verfasste er ein *Bucolicum carmen* mit religiösem Inhalt. Als Kaiser Friedrich III. im Jahr 1468 in Pordenone Halt machte, hielt Lazzarelli vor ihm eine Rede *De laudibus poesis et de dignitate poetica*; der Kaiser, dem die Rede gefiel, krönte ihn daraufhin zum *poeta laureatus*.[7] *De gentilium deorum imaginibus* war das erste Werk, das Lazzarelli nach seiner Dichterkrönung in Angriff nahm. Er verfaßte es wohl zum größten Teil in Venedig;[8] es muß 1471 in erster Version so gut wie fertig gewesen sein, denn Lazzarelli entschied sich, es dem gerade erst zum Herzog ernannten Borso d'Este zu widmen. Dieser jedoch segnete bereits im August desselben Jahres das Zeitliche. Lazzarelli suchte nach einem neuen Adressaten und fand Federico da Montefeltro, dem er die korrigierte und erweiterte Version des Werkes widmete, die 1473 fertiggestellt war. Aus einem wohl erhofften Engagement in Urbino wurde jedoch nichts. In der Folge treffen wir Lazzarelli in Rom an, wo er sich weiter als Lehrdichter profilierte, nunmehr mit einem Werk in der Nachfolge von Ovids *Fasti*, den *Fasti Christianae religionis*, die er Ferrante, dem König von Neapel, widmete (Abb. 1).

---

6 Vgl. Saci (Anm 3), S. 30; Hanegraaff: Lazzarelli's Early Years (Anm. 3), S. 11.
7 Vgl. Hanegraaff: Lazzarelli's Early Years (Anm 3), S. 13–14.
8 Vgl. ebd., S. 14. Filippo Lazzarelli teilt mit, dass sein Bruder das Werk unmittelbar nach seiner Dichterkrönung in Pordenone schrieb, und zwar, als er von Pordenone wieder nach Venedig zurückgekehrt war.

Abb. 1: Ludovico Lazzarelli überreicht, begleitet von der Muse Thalia, sein Werk *Fasti Christianae religionis* Ferdinand I. von Aragonien (Ferrante), dem König von Neapel. Illumination der Dedikationsszene in der Handschrift Yale, Beinecke 391. Public domain.

Der Ausgangspunkt des Gedichtes *De gentilium deorum imaginibus* ist materieller Natur: Es handelt sich um Spielkarten, die in Kupferstichtechnik angefertigt waren, die sogenannten *tarocchi* des Andrea Mantegna (Abb. 2–5 u. 9).[9]

---

[9] Für die sogenannten „Mantegna tarocchi" vgl., *inter alia*, Cristina Dorsini: I Tarocchi del Mantegna. Mailand 2017; Dino Debenetti: Soothsaying Tarot and the Mantegna Revealed. (E-book) 2018; Kristen Lippincott: Mantegna's Tarocchi. In: Print Quarterly 3 (1986), S. 357–360; Giordano Berti, Andrea Vitali (Hgg.): Le carte di corte. I Tarocchi. Gioco e magia alla corte degli Estensi. Bologna 1987; Claudia Cieri Via: I Tarocchi cosidetti del Mantegna: Origine, si-

Allerdings geht es dabei weder um Tarock-Karten im eigentlichen Sinn noch war der Künstler, der sie entworfen hat, Mantegna. Die Karten waren wohl um 1466 in Nord-Italien für den venezianischen Bereich angefertigt worden, da der Dialekt der Beischriften venezianisch ist (Abb. 2: „Zintilomo").

Lazzarelli hat die Karten höchstwahrscheinlich zur Zeit seines Aufenthaltes in Venedig und Padua, 1466–1468 oder vielleicht auch noch 1469, erstanden.[10] Die genauen Regeln des Spiels sind unbekannt, während so viel klar sein dürfte, dass darin Trümpfe verwendet wurden. Man tendiert heute zu der Annahme, dass das Spiel einen *edukativen* Zweck hatte und dass es um das Erlernen der Menschenwelt und des Kosmos ging,[11] deren einzelne Teile auf den insgesamt 50 Spielkarten dargestellt waren: die Ränge und Stände der menschlichen Gesellschaft vom Bettler bis zu Kaiser und Papst (siehe u. a. den Edelmann, Abb. 2), die sieben *Artes liberales*, die sieben Tugenden, die sieben Planeten zuzüglich der achten Sphäre und des ersten unbewegten Bewegers, „primo mobile" genannt, sowie Apoll und die neun Musen (z. B. Klio, die Muse der Geschichtsschreibung, Abb. 3).

---

gnificato e fortuna di un ciclo di immagini. In: Le carte di corte. Hg. von Giordano Berti, Andrea Vitali. Bologna 1987, S. 49–77; Giannino Giovannoni: Mantova e i Tarocchi del Mantegna. Mantua 1987, Ausstellungskatalog Mantua, Casa del Mantegna; Alberto C. Ambesi: I Tarocchi del Mantegna. In: L'Esopo 12 (1981), S. 49–63; Uwe Westfehling: Johann Ladenspelders Tarocchi. Die Kölner Fassung der sogenannten Tarock-Karten des Mantegna. Einführung und Spielanleitung. Köln 1988, Austellungskatalog Köln, Wallraf-Richartz-Museum, „Tarocchi". Menschenwelt und Kosmos. Ladenspelder, Dürer und die Tarock-Karten des Mantegna, S. 62–63; Lamberto Donati: Le fonti iconografiche di alcuni manoscritti urbinati della Biblioteca Vaticana. Osservazioni intorno ai cosidetti ‚Tarocchi di Mantegna'. In: La Bibliofilia 60 (1958), S. 48–129; Heinrich Brockhaus: Ein Edles Geduldsspiel: Die Leitung der Welt oder die Himmelsleiter. Die sogenannten Tarocks Mantegnas vom Jahre 1459–60. In: Miscellanea di storia dell'arte in onore di Igino Benvenuto Supino. Hg. von Leo S. Olschki. Florenz 1933, S. 397–416; Stuart R. Kaplan: The Encyclopedia of Tarot, New York 1978, S. 35–47; Detlef Hoffmann: Kultur- und Kunstgeschichte der Spielkarte. Marburg 1995, S. 62–63; Paul Huson: Mystical Origins of the Tarot: From Ancient Roots to Modern Usage. Rochester, Vermont 2004, S. 48–49; Emil H. Richter: The Tarocchi Prints. In: The Print Collector's Quarterly 6 (1916), S. 37–88; Arthur M. Hind: Early Italian Engraving. A Critical catalogue with Complete Reproduction of all the Prints described. Bd. 1. Ndr. 1978. New York, London 1938, S. 221–240; Corfiatis „Introduzione", in: Lazzarelli, De gentilium deorum imaginibus. Hg. von Corfiati, S. X–XX; Ausstellungskatalog Pavia, Museo Civico: I Tarocchi detti del Mantegna. Pavia 1992; Jay A. Levenson u. a. (Hg.): Early Italian Engravings from the National Gallery of Art. Washington 1973, S. 81–157; William H. Willshire: A Descriptive Catalogue of Playing and other Cards in the British Museum. London 1876, S. 65–73; Émile Galichon: Observations sur le recueil d'estampes du XVe siècle improprement appelé Gioco di Tarocchi. In: Gazette des Beaux-Arts 9 (1861), S. 143–147; Cellulosa d'Italia, Celdit: Antiche carte italiane da tarocchi. Rom 1961.

10 Arbizzoni: Lazzarelli (Anm. 3); Corfiati: Introduzione (Anm. 9), S. XVIII–XIX.

11 So die *communis opinio* seit Brockhaus, „Ein Edles Geduldsspiel".

Abb. 2: „Mantegna tarocchi",
Karte Nr. 5: „Zintilomo". Stich,
18.5 x 10.6 cm. London, National
Gallery of Art. Rosenwald
Collection, 1943.3.9510. Public
domain.

Lazzarelli präsentiert nun jedes Kapitel von *De gentilium deorum imaginibus* als *Ekphrasis* einer bestimmten Spielkarte. Lazzarelli beschreibt nicht alle 50 Karten, sondern ausschließlich jene mit den antiken Göttern und den Musen sowie mit den Personifikationen der Poesie und der Rhetorik. Die Tatsache, dass das um die Jahrhundertmitte entstandene Spiel Mode geworden war, nimmt Lazzarelli zum Anlaß für sein Lehrgedicht. Er war gar nicht damit einverstanden, dass eine Kategorie des elitären, nur für die gelehrten und allegorieverständigen Humanisten bestimmten Wissens plötzlich zu einer Art Bildungsallgemeingut verkommen war. Nach Lazzarelli waren die hochhehren antiken Göttergestalten dadurch beschmutzt worden, dass sie „in die Hände des ungebildeten Volkes" und „der unwissenden Knaben" gelangt waren. Dieses Beschmutzen versteht Laz-

Abb. 3: „Mantegna tarocchi",
Karte Nr. 19: „Clio". Stich,
17.8 x 10 cm. London, National
Gallery of Art. Rosenwald
Collection, 1969.6.10. Public
domain.

zarelli sowohl im wörtlichen als im metaphorischen Sinn: wörtlich, insofern die Karten mit den Göttergestalten beim Spielen „abgegriffen" wurden, metaphorisch, weil nach seiner Ansicht die Spieler nicht über das erforderliche mythographische, philologische und philosophische Wissen verfügten, um die Göttergestalten richtig zu deuten. Dies bringt er gleich in der Einleitung zu seinem Werk, in dem an Federico da Montefeltro adressierten Widmungsgedicht, zum Ausdruck:

> Nunc quas vulgus inhers et nescia turba triumphos
>   Appellat tactu commaculatque rudi,
> Priscorum formas sequor et simulachra deorum:

Pictores tabulis, nunc ego signo sonis.
Inter enim pueros dum versarentur et inter
Indoctos visa est Pieris alma cohors (I 1,7–12).[12]

Jetzt wende ich mich den Gestalten und Bildern der antiken Götter zu, welche die unwis-
sende und unkundige Masse des Volks „Trümpfe" nennt und mit roher Berührung beschmutzt. Die Gestalten der Götter, die die Maler auf ihren Tafelbildern darstellen,
zeichne ich mit Worten. Denn die nährende Schar der Musen erschien vor meinen Augen,
als sie sich unter Knaben und Ungebildeten aufhielt.

Lazzarelli betrachtet es als die Hauptaufgabe seines Lehrgedichtes, das in Vergessenheit geratene mythographische Wissen wiederherzustellen. Aus dieser Perspektive kann man das Gedicht bis zu einem gewissen Grad als Kommentar,
vielleicht auch als Anleitung zu dem Kartenspiel verstehen. Die Struktur der Kapitel wird dadurch bestimmt, dass Lazarelli jede einzelne Karte mit Angaben zu
dem richtigen Namen der Gottheit, ihrer genealogischen Herkunft, ihren wich-
tigsten Leistungen sowie zu ihren Eigenschaften und Attributen versieht. Um die
ekphrastische Ausrichtung seines Lehrgedichtes zu verstärken, ließ Lazzarelli die
handschriftlichen Exemplare, u. a. das Dedikationsexemplar Urb. Lat. 717, mit ge-
malten Kopien der Spielkarten ausstatten. Ein wichtiger Bestandteil jedes einzelnen Kapitels ist, dass die dargestellten Attribute benannt und in der Folge deren
allegorische Bedeutungen systematisch erklärt werden. Man könnte sich vorstellen, dass derartige Erklärungen auch den Spielern abverlangt wurden.

Wichtig ist festzuhalten, dass dieser ekphrastische Darstellungsansatz nicht
nur durch die Spielkarten eingegeben wurde, sondern die Struktur des mythographischen Traktates des Fulgentius[13] aus dem sechsten Jahrhundert widerspiegelt,
die für die mittelalterliche Mythographie grundlegend war, bis zum vatikani-
schen *Mythographus tertius*[14] und Boccaccios *Genealogiae* im 14. Jahrhundert.[15]
Schon Fulgentius geht in den einzelnen Kapiteln von bildhaft dargestellten
antiken Göttergestalten aus, deren Attribute er sodann allegorisch deutet. Sowohl
Fulgentius als auch der *Mythographus tertius* als auch Boccaccio verquicken in
ihren kommentierenden Erläuterungen stoische und peripatetische Mythenexegese
mit dem euhemeristischen Erklärungsmodell. Dieselbe Deutungsmethode besitzt
auch für Lazzarellis Lehrgedicht Gültigkeit. Allerdings bildet die Beschreibung des

---

12 Ed. Corfiati (Anm. 1), S. 3. Übersetzung des Autors.
13 Fulgentius: Mitologiae. In: Fabii Planciadis Fulgentii V.C. opera. Hg. von Rudolfus Helm.
Leipzig 1898, I 2 (S. 17).
14 Mythographus tertius: De diis gentium et illorum allegoriis. In: Scriptores rerum mythi-
carum Latini tres Romae nuper reperti [...]. Hg. von Georg H. Bode. Celle 1834, S. 152–256.
15 Vgl. dazu die ausführliche Diskussion in meinem Aufsatz „Mythography as Ekphrasis"
(Anm. 1).

Götterbildes im engeren Sinn für Fulgentius und den *Mythographus tertius* nur die Rolle eines Deutungsansatzes: das Wichtigste ist die allegorische Exegese selbst. Lazzarelli legt seine Kapitel jedoch so an, dass sie sich insgesamt als Ekphrasis verstehen lassen; das erreicht er dadurch, dass er ikonographische Angaben nicht jeweils am Anfang des Kapitels kurz zusammenfassend nennt, sondern auf verschiedene Stellen der jeweils ca. 100 Verse langen Kapitel verteilt.

Bedeutend ist, dass sowohl bei Fulgentius als auch Lazzarelli die Stilfigur der *personificatio / prosopopoeia* eine wichtige Rolle spielt.[16] In beiden Fällen geht es um das Erscheinen einer grundlegenden Vermittlergestalt des Wissens, die in beiden Fällen selbst auch zum Gegenstand des Wissens gehört, einer Muse. Bei Fulgentius ist es Kalliope, die Muse der Rhetorik, Philosophie, der epischen Dichtung und der Wissenschaft, die in sein Haus einkehrt, vor ihm erscheint und mit ihm das Gespräch angeht. Dabei stellt sich heraus, dass die Muse eine lange, schwere Reise hinter sich hat, mitgenommen ist und im Hause des Fulgentius Zuflucht sucht. Es ist die Muse, die durch ihr Erscheinen den Autor beauftragt und autorisiert, zum Dichter weiht und das Entstehen des Werkes einleitet:

> Hoc itaque sacrificali carmine Gorgonei fontis adspargine madidas et praepetis ungulae rivo merulentas Pierides abstraxit. Adstiterant itaque sirmate nebuloso tralucidae terneae viragines edera largiore circumfluae, quarum familiaris Calliope ludibundo palmulae tactu meum vaporans pectusculum poeticae proriginis dulcedinem sparsit; erat enim gravido, ut apparebat, pectore, crine neglecto, quem margaritis praenitens diadema constrinxerat, talo tenus bis tinctam recolligens vestem, quod credo et itineris propter et ne meandricos tam subtilis elementi aliquatenus limbos aculeati herbarum vertices scinderent. Adstitit propter; erectus ergo [...] veneratus sum verbosam viraginem [...].[17]

Bei Lazzarelli ist es Klio (vgl. Abb. 3), die Muse der Geschichtsschreibung, die durch ihr Erscheinen den Autor beauftragt und das Werk einleitet. Auch sie hat eine schlimme Zeit hinter sich und sie erklärt dem Autor seufzend den Grund ihres Übelbefindens. Sie macht sich große Sorgen darüber, dass in der letzten Zeit die Kenntnis der Mythologie abhandengekommen sei; alles sollte nunmehr versucht werden, dieses gefährdete Wissen zu „retten" und den Zeitgenossen sowie kommenden Generationen zu vermitteln. Deshalb ist sie über die Tatsache, dass sich Lazzarelli mit einem so lächerlichen Zeitvertreib wie mit dem Abfassen von Theaterstücken hingibt, gar nicht erfreut. Er soll den jambischen Vers aufge-

---

16 Für die Figuration der Personifikation in Literatur und bildender Kunst der Frühen Neuzeit vgl. den rezenten Band von Walter S. Melion, Bartholomeus Ramakers (Hgg.): Personification. Embodying Meaning and Emotion. Leiden, Boston 2016 (Intersections. Interdisciplinary Studies in Early Modern Culture 41).
17 Fulgentius: Mitologiae, S. 8.

ben, und stattdessen ein Poem über die Götter des Altertums schreiben.[18] Mit ihrer *indignatio*-Rede beauftragt die Muse Klio den Autor Lazzarelli.

Die Tatsache, dass Lazzarelli die ekphrastische Darstellungsweise dadurch gewissermaßen maximiert, impliziert im Übrigen nicht, dass er sich auf die auf den Karten dargestellten Bildelemente beschränkt. Er bringt auch andere, auf den Karten nicht gezeigte Elemente: Z. B. beschreibt er im der Venus gewidmeten Kapitel die Geburt der Göttin aus den ins Meer fallenden Geschlechtsteilen des Caelus sowie das Paris-Urteil, weiter als ihre Attribute den weißen Schwan (*albus holor*) und die stachelige purpurne Rose und als Attribute Amors Pfeile mit goldenen und bleiernen Spitzen, während nichts davon auf der Spielkarte zu sehen ist (Abb. 4). Ähnlich beschreibt Lazzarelli im Saturn-Kapitel die erbitterten Kämpfe des Saturn mit seinem Sohn Jupiter, Saturns Gefangennahme, seine Flucht nach Italien, sein Wirken in Latium als König und Kulturbringer, Erfinder von Landbau und Viehzucht und als Gründer des Goldenen Zeitalters, seinen blaugrünen Mantel und seine Verschleierung, obwohl all dies auf der Karte nicht zu sehen ist (Abb. 5).

Auf diese Weise bereitet Lazzarelli ekphrastisch verbrämt das mythographische Wissen auf, wie es im Wissensspeicher der Prosa-Mythographie von Fulgentius bis Boccaccio vorrätig war. Was die Anzahl der einzelnen Beschreibungselemente und den durchschnittlichen Umfang der Kapitel betrifft, orientiert sich Lazzarelli vor allem an der jüngsten und ausführlichsten Mythographie, Boccaccios *Genealogiae deorum gentilium*.

Wichtig ist, dass Lazzarelli dem Lehrgedicht insgesamt, dem Lehrdichter sowie dem Lehrgedichtempfänger eine zentrale Rolle in der Kulturstiftung und -entwicklung zuweist. Seine Rolle definiert Lazzarelli *in nuce* damit, dass er in Vergessenheit geratenes, jedoch unverzichtbares Kulturgut wieder zum Leben erweckt, wobei dieser Ansatz zunächst dem allgemeinen Anspruch des Renaissance-Humanismus, das Wissen der Antike wiederherzustellen, ähnelt. Denn als Quellen des verlorengegangenen Wissens affichiert Lazzarelli demonstrativ die großen Dichter der Antike, Homer, Hesiod, Vergil, Ovid usw., auf die er immer wieder demonstrativ den erhabenen augusteischen *vates*-Begriff anwendet. Diese *vates* erscheinen als die Grundleger des zivilisations- und kulturstiftenden Wissens, wobei es die heilige Aufgabe des neuzeitlichen *poeta doctus* ist, dieses in Vergessenheit geratene Wissen der ungebildeten Gegenwart, die mit ihren Fingern die antiken Götterbilder beschmutzt, wiederzubringen. Die Definition des Lehrdichters und des Lehrgedichtes hat in Lazzarellis Darstellung einen universalistischen Anstrich: *Seiner Meinung waren alle bedeutenden Dichter der Antike*

---

18 I 1, S. 19–22 (=Teil des Widmungsgedichtes an Federico da Montefeltro).

Abb. 4: „Mantegna tarocchi", Karte Nr. 43: „Venus". Stich, 18.4 x 10.6 cm. London, National Gallery of Art. Rosenwald Collection, 1964.8.32. Public domain.

Lehrdichter, woraus er implizit abzuleiten scheint, dass auch die bedeutende Dichtung der Gegenwart wesentlich Lehrdichtung zu sein habe. Da alle bedeutenden Dichter der Antike Lehrdichter waren, spielten sie – in seiner Darstellung – bei der Stiftung der antiken Zivilisation eine wesentliche Rolle, eine Rolle, die Lazzarelli an mehreren Stellen in seinem Lehrgedicht mit den mythischen Gründergestalten der antiken Dichtkunst autorisiert: mit Orpheus, Amphion, Linus und Arion, angereichert mit den biblischen Sängern, Zivilisationsbringern und Gesetzgebern David, Salomon und Moses.

Diesen universalistischen Anspruch von Lehrdichter und Lehrgedicht untermauert Lazzarelli durch die Rolle, die er dem Widmungsadressaten Federico da Montefeltro (Abb. 6) zuschreibt. Denn Federico fungiert in dem Werk keines-

Abb. 5: „Mantegna tarocchi", Karte Nr. 47: „Saturnus". Stich, 17.8 x 10 cm. London, National Gallery of Art. Rosenwald Collection, 1969.6.20. Public domain.

wegs als Schüler, sondern vielmehr als Inspirations- und Wissensquelle, Autorisierungsinstanz und exemplarischer Wahrheitsbeleg. Der universalistische Anspruch von Lazzarellis Lehrgedicht ist von der euhemeristischen Konzipierung unterfüttert, nach der die antiken Götter außerordentliche Menschen waren, die sich durch zivilisationsstiftende Leistungen auszeichneten: Nach ihrem Tode wurden sie von dem dankbaren Volk vergöttlicht. Aufgabe der antiken Dichter war es in diesem System, die Leistungen der Kulturstifter der Nachwelt zu überliefern. Saturn etwa erfand die Landwirtschaft, führte die ziellos herumirrenden Menschen in Dörfer und Städte zusammen, lehrte sie Ackerbau und Viehzucht, befriedete sie und regulierte ihr Dasein. Die berühmten antiken Sänger überlieferten diese seine Großtaten durch den Mythos des Goldenen Zeitalters der

Abb. 6: Piero della Francesca, Porträt von Federico da Montefeltro, Öl auf Holz, 47 x 33 cm. Florenz, Uffizien. Inv. 1890 nn. 1615, 3342. Public domain.

posteritas. In seinem mythographischen Lehrgedicht unternimmt Lazzarelli nunmehr den Versuch, Federico den euhemeristisch gedeuteten Göttern der Antike gleichzusetzen; Federico soll, damit er den ihm gebührenden ewigen Ruhm erntet, unter die Sterne versetzt werden, wie einst Julius Caesar. Im Zuge dieser Vergöttlichungsaktion vermag Federico schließlich den unumstößlichen Beleg zu liefern, dass die euhemeristische Exegese nicht nur richtig sei, sondern auch noch in der Gegenwart greife. Durch diese Strategie wird offenbar, wie Lazzarelli in seinem Lehrgedicht den universalistischen Anspruch des Lehrgedichtes unauflöslich mit Herrscherpanegyrik verquickt.

Die Verbindung des Lehrgedichts mit Herrscherpanegyrik tritt in *De gentilium deorum imaginibus* in verschiedenen Gradationen und Figurationen hervor. Im Widmungsbrief präsentiert Lazzarelli den topischen Vorwortgedanken, dass er Federico, wenn ihm das vorliegende Werk gefallen sollte, später im epischen Versmaß verherrlichen wolle; jedoch ist bemerkenswert, dass eine ganz ähnliche panegyrische Verherrlichung *schon im Lehrgedicht selbst* stattfindet. Denn bereits im *prooemium* wagt sich Lazzarelli mit dem Gedanken vor, dass Federico göttlichen Ursprungs sei: *ausim te diva dicere stirpe satum*; in der Folge erhebt er den

Widmungsempfänger zur göttlichen Inspirationsquelle seines Werkes, die er gewissermaßen um eine Epiphanie ersucht: „Du seist meine Gottheit; steh mir bitte bei meinem Vorhaben bei, wenn ich dich nun anrufe" – *Numen eris nobis, coeptis et adesto vocatus* (I 2,96–97). Ähnlich hatte Germanicus in seiner Aratos-Übersetzung Augustus als Inspirationsgottheit ausersehen.[19] Im Kapitel „Prima causa" bezeichnet Lazzarelli Federico „als einziges Beispiel der Gegenwart, welches das antike Herrscherlob in Erinnerung rufen könne", d. h. er betrachtet Montefeltro hier als Gegenstand von Herrscherpanegyrik, welche er nunmehr bereits im mythologischen Lehrgedicht vorexerziert. In Kapitel I 8 bestätigt die Muse Urania feierlich Lazzarellis Wunschvorstellung, dass Federico göttlich sei, indem sie ihn als „Jupitersohn" bezeichnet (V. 48): Wer, wenn nicht er, sagt die Muse, verstünde es, hervorragende Männer um sich zu sammeln; die Tugenden der Keuschheit, Gerechtigkeit und Treue in Ehren zu halten; den Bedürftigen Hilfe und den Dichtern ein Zuhause zu bieten?[20] In Kapitel II 4 veranlasst das Lob der Muse Klio Lazzarelli dazu, Federico – wie es seinem Plan entspricht – „unter die Sterne zu versetzen" (*Federice, tuum tollere ad astra decus*). Exemplarisch für diesen Prozess, in dem Federico da Montefeltro innerhalb des Lehrgedichtes selbst als epischer Heros verherrlicht wird, ist das Schlusskapitel II 18. Dort richtet sich Lazzarelli an die Siegesgöttin Victoria. Dieses Kapitel ist nun nicht mehr, wie der Rest des Werkes, im elegischen Distichon geschrieben, sondern im epischen Vers, in Hexametern: Das Gedicht endet mit einem gebetartigen Abschnitt, in welchem Lazzarelli bittet, Montefeltro möge noch lange seine Feinde in Schach halten und in Frieden regieren; schließlich, nach einem langen Leben, nachdem er alle Feinde der Tugend bezwungen habe, möge er im Himmel aufgenommen und unter die Sterne versetzt werden (*Virtutis demum superatis hostibus astris / Gaudeat et caeli foelici sede receptus*).

Interessant ist es zu betrachten, auf welche Weise Lazzarelli seinen Anspruch, das verlorengegangene mythologische Wissen mit Hilfe der antiken Dichter wieder zum Leben zu erwecken, umgesetzt hat. Zunächst darf man festhalten, dass ein derartiges Unterfangen durchaus sinnvoll gewesen wäre. Die gängige mittelalterliche Mythographie von Fulgentius bis auf Boccaccio und darüber hinaus stellte jedenfalls eine spezielle bis kuriose Art des Wissens dar, insofern die Beschreibungen der Götterbilder mit ihren Attributen nicht den gängigen antiken Ikonographien entsprachen. Z. B. wird Saturnus mit einem blaugrünen Umhang (der auch sein Haupt bedeckt) wiedergegeben, während er in der rechten Hand einen Drachen bzw. eine Schlange hält, welche sich in den Schwanz

---

19 Aratea, v. I 1–4.
20 V. 51: „Quis recipit vates?".

beißt, wobei der Gott mit der anderen Hand ein Kind zum Munde führt, um es zu verspeisen.[21] Zudem speit die Schlange, obwohl sie sich in den Schwanz beißt, Feuer. In der antiken römischen Ikonographie hingegen wurde Saturnus lediglich *capite velato* mit einer Sichel wiedergegeben (Abb. 7). Einige dieser bizarren Attribute, die in der mittelalterlichen Mythographie überliefert wurden, waren auch auf den Spielkarten zu sehen (Abb. 5). Das gilt auch für Mars, der in der Ikonographie der mittelalterlichen Mythographien stets auf einem Streitwagen und in Begleitung eines Wolfes dargestellt wurde, während die antiken Götterbilder diese Attribute nicht aufweisen (Abb. 8). Die Spielkarte zeigt eine kuriose Variante, bei der sich der Wolf auf dem Streitwagen befindet und seinem „Herren" wie ein Hund zu Füßen liegt (Abb. 9). Die Ikone der Venus wurde in der mittelalterlichen Mythographie mit Tauben als Begleitvögel versehen, weil

Abb. 7: Saturnus, nach einem römischen Intaglio der Kaiserzeit. Public domain.

---

21 Vgl. Mythographus tertius: De diis gentium et illorum allegoriis, S. 153: „Saturnum [...] caput glauco amictu coopertum habentem, filiorum suorum voratorem, falcemque ferentem, draconem etiam flammivomum, qui caudae suae ultima devorat, in dextra tenetem, inducunt".

Abb. 8: Antike römische Statue des Mars (*Mars Ultor*), Marmor, 2. Jh. n. Chr., Rom, Musei Capitolini, inv. MC0058. Wikimedia commons. Von Andrea Puggioni – Pirro – Marte ai Musei Capitolini, CC BY 2.0, https://commons.wikimedia.org/w/index.php?curid=6408153 (20. Februar 2020).

diese Vogelart ständig Geschlechtsverkehr betreibe und brüte,[22] sowie mit einem oder mehreren Schwänen, entweder, weil deren weiße Farbe mit der als Schönheitsideal geltenden bleichen Hautfarbe des weiblichen Geschlechtes überein-

---

[22] Boccaccio: Genealogiae deorum gentilium. Hg. von Jon Solomon. Cambridge, Massachusetts 2011, III 22,16, S. 392–393: „Que quidem columbe eo Veneri in tutelam date sunt, quia aves sunt coitus plurimi et fere fetationis continue, ut per eas crebro coeuntes Veneri obsequentes intelligantur". Boccaccio beschreibt in seiner Mythographie übrigens mehrere Göttinnen dieses Namens; a.a.O. beschreibt er „Venus, die sechste Tochter des Celus".

Abb. 9: „Mantegna tarocchi" – Nr. 35: Mars auf seinem Streitwagen mit dem kleinen, hündchenähnlichen Wolf. London, National Gallery of Art. Public domain.

stimme oder ihr schöner Gesang jenem von Verliebten ähnle, besonders wenn sie von Liebeskrankheit ergriffen dahinsiechen und dem Liebestod nahe sind, wie etwa Boccaccio angibt,[23] der die Schwäne weiter als Zugtiere von Venus' Götterwagen einspannt und ihr als weitere Attribute den „Myrtenbaum"

---

23 Boccaccio: Genealogiae deorum gentilium, III 22,17, S. 392–395: „Quod a cignis eius trahatur currus, duplex potest esse ratio, aut quia per albedinem significant lautitiam muliebrem, aut quia dulcissime canant, et maxime morti propinqui, ut demonstretur amantum animos cantu trahi, et quod cantu amantes fere desiderio nimio morientes passiones explicent suas".

und Rosen zuteilt,[24] die sich ikonographisch nicht leicht mit dem von Schwänen gezogenen Götterwagen in einem Bilde vereinigen lassen, es sei denn, man pflanzt den vermeintlichen Baum auf den Götterwagen auf und lässt es zugleich Rosen regnen. Die Myrte soll nach Boccaccio ein Attribut der Venus sein, entweder weil sie am Meer wächst, aus dem die Göttin geboren sei, oder, weil das Gewächs wohlriechend sei und sich Venus an seinem Geruch erfreue.[25] Als weiteres ikonographisches „Begleitpersonal" tauchen die drei Grazien auf, die Boccaccio als leibliche Töchter der Venus bezeichnet.[26] Ein Teil von Boccaccios Angaben geht auf Fulgentius' Ikonographie zurück,[27] ein Teil stammt aus anderen Quellen. Schon aus diesen wenigen Beispielen geht hervor, dass im 15. Jahrhundert der Gedanke nicht abwegig gewesen wäre, es sei nunmehr die Zeit gekommen, die antiken Götter im Sinn des neueren Humanismus von ihrem mittelalterlichen Beiwerk und Ballast zu befreien.

In Mythographien, die dem fortgeschrittenen Humanismus zugehören, etwa Pietro Giacomo da Montefalcos *De cognominibus deorum* (1525) oder Lilio Gregorio Giraldis *De deis gentium varia et multiplex historia* (ca. 1520–1548) fehlen die obengenannten verwirrenden Attribute bzw. wurden durch andere, plausiblere, ersetzt. Da Montefalco nennt in seinem Kapitel über Saturn als Attribut nur die Sichel,[28] wie es der tatsächlichen antiken Ikonographie entspricht; im Kapitel über Venus gibt er als Attribute nur die „zyprische Muschel" (*concha Cypria*)[29], d. h. die Meeresmuschel als Symbol ihrer Geburt, sowie jene des römischen Standbildes der Venus Verticordia[30] und der spartanischen „Venus armata", der „Gewappneten Aphrodite"[31] an. In seinem Kapitel über Mars werden die mittelalterlichen Attribute des Streitwagens und des Wolfes übergangen.[32] Lilio Gregorio Giraldi beschränkt sich in seinem Kapitel über Saturnus ebenfalls auf das belegbare antike Attribut der Sichel, das er zurecht als Symbol einer Landbau- und

---

24 Ebd., III 22,3, S. 382–383: „Et cum eidem [sc. Veneri] currum tribuant, illum a cignis trahi volunt, mirtumque arborem illi sacram statuunt et ex floribus rosam". Anzumerken ist, dass die Myrte eigentlich ein Strauchgewächs ist, jedoch kein Baum („arbor").
25 Ebd. III 22,17, S. 394–395.
26 Ebd. III 22,8, S. 386–387.
27 Fulgentius: Mitologiae, II 1, S. 40: „Hanc etiam nudam pingunt [...]. Huic etiam rosas in tutelam adiciunt [...]. In huius etiam tutelam columbas ponunt [...]. Huic etiam tres adiciunt Carites [...]. Hanc etiam in mari natantem pingunt [...]. Conca etiam marina portari pingitur [...]".
28 Petrus Iacobus Montifalchius: De cognominibus deorum opusculum. Perugia 1525, Fol. 3v.
29 Ebd., Fol. 21v.
30 Ebd., Fol. 22v.
31 Ebd., Fol. 23r.
32 Ebd., Fol. 26r–v.

Fruchtbarkeitsgottheit deutet;[33] weiter zitiert er die von Fulgentius präsentierte Ikonographie *velato capite, falcem gerens*, die im Übrigen die oben genannten skurrilen Attribute nicht enthält.[34] Von der Erklärung, dass das Attribut der Sichel daher abzuleiten sei, „dass die Zeit alles ernte", distanziert sich Giraldi (*quidam [...] putant*).[35] Weiter beschreibt Giraldi den authentischen römischen Brauch, dass das Götterbild des Saturn wollene Fußfesseln trug, die ihm nur z. Z. seines Festes, der *Saturnalia*, abgenommen wurden.[36] Die kuriose Ikonographie mit dem blaugrünen Umhang und dem Drachen, der sich in den Schwanz beißt und zugleich Feuer speit, hebt Giraldi von der authentischen antiken Ikonographie ab und stellt sie als eine Erfindung des Martianus Capella dar.[37] Aus diesen und ähnlichen Beobachtungen ergibt sich, dass in der Mythologiebetrachtung des fortgeschrittenen Humanismus ein Paradigmenwechsel stattgefunden hat, der darauf ausgerichtet war, authentische, antike Angaben von mittelalterlichem „Machwerk" zu unterscheiden.

Bemerkenswert ist jedoch, dass dies nicht die Methode ist, nach der Lazzarelli vorgeht. Vielmehr wandelt er auf dem von Fulgentius, dem *Mythographus tertius* und Boccaccio vorgezeichnetem Weg weiter, indem er die traditionellen, mittelalterlichen Attribute und Eigenschaften sämtlich bestätigend übernimmt und allegorisch erklärt. Ab und zu flicht Lazzarelli Phrasen römischer Dichter ein, jedoch geht es dabei niemals um tatsächliche Korrekturen der mittelalterlichen Mythographie. Zudem ist ihm der Erklärungsmodus der Allegorie, verquickt mit dem Euhemerismus, heilig. Die allegorischen Erklärungen stellen den Kern des vermittelnden Wissens dar. Soweit sich feststellen lässt, hat Lazzarelli keine selbständigen philologischen, archäologischen oder historischen Forschungen zur antiken Mythologie unternommen. In seine Mythographie fließt weder der im 15. Jahrhundert aufkommende archäologische Antiquarianismus noch die ebenfalls relativ neue Gräzistik mit ein. Er nennt Homer und Hesiod, ohne ihre Werke tatsächlich zu zitieren. Unter den lateinischen Dichtern ist Ovid wichtiger als Vergil, besonders die *Metamorphosen*; was vielleicht überraschen mag, ist die herausragende Rolle, die Petrarcas *Africa* spielt, welche die *Aeneis* weit überschattet. Das lässt sich dadurch begründen, dass in der *Africa* die antike Mythologie nach denselben Prinzipien, nach denen Lazzarelli

---

33 Giglio Gregorio Giraldi: De deis gentium varia et multiplex historia. Hg. von Ioannes Oporinus. Basel 1548, S. 181: „[...] quod [...] agriculturae praeesse putabatur, unde et cum falce pingebatur".
34 Ebd., S. 182.
35 Ebd., S. 182–183.
36 Ebd., S. 182.
37 Ebd., S. 184.

vorgeht, gestaltet ist: d. h. nach den Angaben der antiken Mythographen, mit denselben allegorischen Erklärungen.[38] In seiner Darstellung der Venus folgt Lazzarelli mit großer Treue jener der *Africa*, welche im Übrigen geradezu pass-genau das Bild der Spielkarte zu erklären scheint, III 212–223 (Abb. 4):

> Nuda Venus pelagoque natans, ubi prima refertur
> Turpis origo dee, concam lasciva gerebat
> Purpureis ornata rosis volucresque columbas
> Semper habens, nudisque tribus comitata puellis,
> Quarum prima quidem nobis aversa, sed ambe
> Ad nos conversos oculos vultusque tenebant
> Innixe alternis praecandida brachia nodis.
> Nec puer alatus nec acutis plena sagittis
> Post tergum pharetra deerat nec mortifer arcus.
>
> (III 212–220, ed. N. Festa)

Insgesamt ergibt sich, dass in Lazzarellis Lehrgedicht gegenüber der mittelal-terlichen Mythographie von Fulgentius bis zu Boccaccio *kein Paradigmen-wechsel* festzustellen ist. Man muss im Grunde die Frage neu stellen, was Lazzarelli genau meint, wenn er das Ziel seines Lehrgedichtes formuliert. Was war es, was ab der Mitte des 15. Jahrhundert in Vergessenheit zu geraten drohte? Es handelte sich wohl nicht einfach um die antike Mythologie als sol-che; auch nicht um die großen antiken Sänger: Vergil und Ovid wurden ja nach wie vor gelesen, und neuerdings zusätzlich Homer, Hesiod und andere griechische Dichter. Ein Paradigmenwechsel fand um die Mitte des 15. Jahr-hundert jedoch erstens im lateinischen Stil- und Grammatikbewusstsein statt, zweitens durch den gerade in Rom durch Flavio Biondo aufkeimenden Anti-quarianismus und drittens in der humanistischen Poetik. In der neueren Poe-tik betrachtete man die Allegorese nicht mehr als das Alpha und Omega der Dichtkunst; der Antiquarianismus strebte in der Antikenbetrachtung nach größerer Authentizität und Quellentreue, die man durch die Miteinbeziehung archäologischer Erkenntnisse, Verbesserung der philologischen Methode und die Förderung der Gräzistik zu erzielen trachtete; dem neuen lateinischen Stil-und Grammatikbewusstsein lag ebenfalls ein erhöhter Authentizitätsanspruch zugrunde. All dies bewirkte, dass man der Mythenallegorese von Fulgentius bis Boccaccio weniger Wert zumaß, die Poetik des Boccaccio und Petrarca nicht mehr für verbindlich ansah und überhaupt die Werke des Frühhumanis-mus wie Boccaccios *Genealogiae* als überholt betrachtete. Die neu aufkom-

---

38 Für diesen Aspekt vgl. die einschlägige Diskussion in meinem Aufsatz „Mythography as Ekphrasis" (Anm. 1).

mende antike Götterlehre wird zuerst in Biondos *De Roma triumphante* (1459) greifbar – sie läuft über die Beschreibung der römischen religiösen Kulte, kultischen Institutionen, Priesterkollegien, Opfergebräuche, religiösen Feste, Altäre und Tempel und über die genaue Auswertung von Werken wie Ciceros *De natura deorum* und *De divinatione*, Plinius' *Naturalis historia*, Livius' Geschichte, Ovids *Fasti*, Plutarchs *Moralia* usw.

Ich glaube, dass man Lazzarellis Lehrgedicht *De gentilium deorum imaginibus* im Rahmen dieser Entwicklungen verstehen sollte. Er war kein Anhänger des hier skizzierten progressiven Humanismus und des von ihm initiierten Paradigmenwechsels. Als um die Jahrhundertmitte die Mode von den Spielkarten mit den antiken Götterbildern aufkam, empfand es Lazzarelli als schmerzlich, dass die von ihm als sakrosankt aufgefasste allegorische Mythographie von Fulgentius bis Boccaccio in Vergessenheit geraten war und die allegorische Poetik, die Boccaccio in seinen *Genealogiae* festgeschrieben und Petrarca vorexerziert hatte, ihre Verbindlichkeit verloren hatte. Sein Lehrgedicht stellt einen Versuch dar, diese Entwicklungsgänge umzukehren und dem seit alters her sanktionierten mythographischen Wissen zu neuen Ehren zu verhelfen.

Antonietta Iacono

Mythopoeia und Wissenschaft in *De hortis Hesperidum* von Giovanni Gioviano Pontano

Giovanni Pontanos *De hortis Hesperidum*, ein Lehrgedicht in zwei Büchern von insgesamt ca. 1200 Hexametern,[1] erhebt in der zeitgenössischen Literatur zu Recht den Anspruch auf absolute Originalität hinsichtlich Form und Inhalt sowie der Kombination von wissenschaftlich-botanischem Thema und mythologischer Komponente. Das Neuartige besteht vor allem in der Wahl des Themas, nämlich den Zitrusgärten und insbesondere ihrer Pflege, wobei das botanische Regelwerk von einer musiven Konstruktion verschiedenster Materialien gestützt wird, welche zudem die ursprüngliche Sage des Adonis, die Ovid in etwas mehr als 200 Hexametern erzählt (*Met.*, 10,503 ff.), erweitern und erneuern.

Der Dichter entwirft Ursprungsmythen, die in einer ‚persönlichen‘ Geographie verortet, doch überaus innovativ[2] und anspielungsreich[3] sind. So schlägt Pontano in Anlehnung an eine Reihe von klassischen Quellen in diesem den (goldenen) Äpfeln der Hesperiden geweihten botanischen Lehrgedicht eine Identifikation von Zitrusfrüchten[4] mit den Äpfeln der Hesperiden vor, wobei er

---

1 De hortis Hesperidum wurde erstmals 1505 durch Aldo Manuzio publiziert (Ioannis Ioviani Pontani: Opera. Urania, sive de stellis libri quinque. Meteororum liber unus. De hortis Hesperidum libri duo. Lepidina sive pastorales, pompae septem. Item Meliseus, Maeon Acon. Hendecasyllaborum libri duo. Tumulorum liber unus. Naeniae duodecim. Epigrammata duodecim. Venetiis, in aedibus Aldi Romani, mense augusto 1505). Mein Text bezieht sich auf die moderne Ausgabe Ioannis Ioviani Pontani: Carmina. Hg. von Benedetto Soldati. Bd. 1. Florenz 1902, S. 229–261. Die Übersetzungen stammen, wenn nicht anders angegeben, von der Autorin.
2 Dazu Donatella Coppini: Le Metamorfosi del Pontano. In: Le Metamorfosi di Ovidio tra Medioevo e Rinascimento. Hg. von Gian Mario Anselmi, Marta Guerra. Bologna 2006, S. 75–108.
3 Giuseppe Germano: Giovanni Pontano e la costituzione di una nuova Grecia nella rappresentazione letteraria del Regno Aragonese di Napoli. In: Spolia. Journal of Medieval Studies 1 (2015), S. 36–81.
4 Die heute mit dem wissenschaftlichen Namen ‚Hesperidium‘ versehenen Früchte nennt Pontano zum ersten Mal unter der Bezeichnung *acrumen* in Hesp. II 4; Orangen, d. h. die süße Art der Zitrusfrüchte, werden vom Dichter unter der Bezeichnung *arangaeae silvae* zum ersten Mal in Hesp. I 592 genannt und aufgrund der Para-Etymologie (arangio/aragonesi) als Anspielung für das Haus Aragon verwendet, s. u.

Ich danke Barbara Pfister für die Übersetzung aus dem Italienischen.

eine nicht überlieferte mythographische Variante einbaut, welche die *mala Hesperidum* aus dem Körper des vom Keiler getöteten Adonis entstehen lässt. Das Aition birgt in sich eine Vielzahl von Anspielungen, vor allem auf die Fülle der Zitrusfrüchte im Königreich von Neapel und die Rolle der Orange als Symbol der Herrscherdynastie der Trastámara von Aragon.[5] Die durch den Willen der Venus aus dem Körper des Adonis entstandene Pflanze wird – gerade deshalb – vom Dichter als unvergängliches und zur Ewigkeit bestimmtes Gewächs zelebriert (*De hortis Hesperidum*, I 527–531):

> Est citrio aeternum genus, immortalis origo,
> Et species aeterna quidem. Stirps citria longum
> Ipsa manet secla exsuperans, et iungere seclis
> Secla parans, trunco extincto mox surgit et alter,
> Inde alter victrixque diu sua robora servat.

Die Zitronatzitrone ist von ewiger Art, ihr Ursprung unsterblich, ihre Gattung bestimmt zur Ewigkeit. Der Baum der Zitronatzitrone lebt lange, die Jahrhunderte überdauernd und aus seinem abgestorbenen Stamm entsteht, bereit, Jahrhunderte um Jahrhunderte zu vereinen, unvermittelt ein anderer und hierauf noch einer, sodass er siegreich auf lange Zeit seine Kraft bewahrt.

Pontano, der unbestrittene Meister des neapolitanischen Humanismus, bekräftigte stolz, dass sein Lied keine Vorläufer habe (*De hortis Hesperidum*, I 125–127):

> Nunc, age, qui cultus citriis, qua certa serendi
> Tempora quaeque illis regio magis apta ferendis
> Expediam nullique loquar memorata priorum.[6]

Nun auf! Welche Anbauarten sich für die Zitronatzitronen eignen, welches die Zeiten der Aussaat sind, welches die geeignetsten Orte sie zu züchten werde ich erklären und erzählen, wovon keiner vor mir gekündet hat.

Der Mythos von der Liebe der Venus zu Adonis bildet den Kern des Werks ungeachtet dessen vorwiegend botanischen Inhalts. Pontano baut das Gedicht

---

5 Vgl. dazu Antonietta Iacono: Il *De hortis Hesperidum* di Giovanni Pontano tra innovazioni umanistiche e tradizione classica. In: Spolia. Journal of Medieval Studies 1 (2015), S. 188–237.
6 Pontano zelebriert im Verlauf des Gedichtes die Originalität seines Werkes, indem er die Seltenheit der Pflanze unterstreicht, *rarum decus hortis* (De hortis Hesperidum, II 261), die auf das Gedicht zurückstrahlt, deren Gegenstand sie ist, womit dieses zum *rarus labor* wird (De hortis Hesperidum, II 218–219): „tertia iam superat limonis cura colendae / et rarus labor et coepti meta ultima nostri". Auch im Dialog *Aegidius* bekräftigte der Humanist noch einmal die Originalität dieses Werkes: Giovanni Pontano: Dialoghi, a cura di Carmelo Previtera. Florenz 1943, S. 261.

auf einer aus der klassischen Mythologie bekannten Metamorphose auf, jedoch mit signifikanten Unterschieden: während Ovid (*Met.*, 10,735–739) den jungen Liebhaber der Venus in eine Anemone verwandelt und Bion von Smyrna in eine purpurfarbene Rose (*Epitafio*, V. 66), wird Adonis hier zu einem Zitronatzitronenbaum. Im ersten Buch, das einem ausführlichen Regelwerk zur Kultivierung der Zitronatzitrone vorangestellt ist, erklären eine Reihe von neuen Aitia, wie diese Pflanze nach Italien und im Speziellen an die Küsten und in die Gärten Neapels gelangte: sie erzählen vom Tod des Adonis und seiner Metamorphose in einen Zitronatzitronenbaum; dass die Frucht von Herkules der Nymphe Ormiale anvertraut wurde (I 102–124), die in Pontanos mit gelehrten Verweisen gekoppelter Neuschöpfung wiederum einen bestimmten Ort darstellt, Formia, das antike *Hormiai*;[7] dass die Pflanze durch das Aufbegehren Junos, die sich für den Raub der Äpfel aus dem ihrem Schutz unterstellten Garten der Hesperiden rächen wollte, *e Medorum divite sylva* den Nachfahren des Aeneas überbracht wurde (I 168–188); das Buch endet unerwartet und faszinierend mit einem Zauber der Parzen (I 526–607), einem großartigen Ursprungsmythos zur Erklärung, weshalb die Zitronatzitronenbaum eine ewige Pflanze ist. Nach der komplexen mythologisch-ätiologischen Einleitung mit der Metamorphose des Adonis und der Erzählung der Ankunft der Zitronatzitrone in Italien beginnt die Entwicklung eines ausführlichen und detailgenauen Regelsystems zum Anbau der Zitrusfrüchte, das folgende Themen behandelt: die geeigneten (125–146) und nicht geeigneten Orte zum Anbau (147–167); die zur Pflanzung geeignete Zeit (189–199); die aufgrund von Kälte nicht geeigneten Regionen (200–231); die Tiefe der Pflanzlöcher (232–240); der zur Pflanzung geeignete Boden (241–253); der Beschnitt der Pflanzen (254–259); die Beschaffung von Saatgut (260–280); die Art der Aussaat (281–310); saure und süße Zitrusfrüchte (336–373); wie man besonders große Früchte erhält (374–379); wie man ganzjährig Früchte erhält (380–386); die Pflege der Zitrusgärten (387–451); kein Beschnitt der Pflanze nach der kalten Jahreszeit (452–464); die Ordnung und Verteilung der Bäume im Garten (465–494); die Planung eines Gartens (495–525).

Auch die erzählerische Entwicklung des zweiten Buches ist bestimmt von der Schichtung neu erfundener oder auf dem Kern antiker Mythen erneuerter Aitia und deren Verflechtung mit lehrhaften Inhalten. In dieser symmetrischen Struktur wechseln sich die ätiologischen mit den botanischen Abschnitten ab, wobei erstere wiederum den erzählerischen Unterbau und die fabulös-phantastische

---

7 Siehe Plin. Nat., 3,59: „Formiae, Hormiae prius dictae olim, antiqua sedes Lestrigonum"; und Strab. 5,3,6.

Legitimation liefern. Nach einer langen und komplexen Einleitung mit erneutem Anruf der kampanischen Nymphen und nochmaliger Widmung an Gonzaga (1–51), entwickelt Pontano eine Reihe von Regeln zu den Zitrusfrüchten und deren Anbau (52–179); erklärt den Unterschied zwischen *citrius* (Gurke) und *citrus* (Zitronatzitrone: 180–217); fokussiert sich auf den Anbau der Zitronen (218–308); erklärt die Art und Weise der Veredlung (309–384); unterscheidet zwischen süßen und sauren Zitrusfrüchten (432–499); geht schließlich auf die Verwendung der Früchte ein (500–523), um dann zur langen Schlussstrophe überzuleiten (524–581). Im Abschnitt, der den Zitronen gewidmet ist, gibt es weitere Teilabschnitte: zunächst die genaue Bestimmung von drei Arten von Zitronen (246–252); weiter ein Rezept zur Herstellung einer Salbe aus dem Saft von sauren Zitronen, die der Haut der Frauen wieder Glanz schenkt (253–256); schließlich die Etablierung von Mergellina als Kultstätte der Zitrusfrüchte – Mergellina, das Sannazaros Exil in Frankreich beweint (289–308). Der mythologische Exkurs von der Liebe Alkyones zu Neptun, und wie es der Nymphe dank des Duftes der Orangenblüten gelingt, den Meeresgott zu betören (196–217), fügt sich nicht zufällig in einen Abschnitt zum Anbau der Zitronatzitrone, in dem Pontano auch den Unterschied zwischen *citrius* und *citrus* erklärt (180–217). Eine Reihe von mythischen und ätiologischen Bildern findet sich auch im Abschnitt zum Anbau der Zitronen (218–308): so die Apostrophe, in welcher der kleine Amor seine in der *fons Nisaeius* badende Mutter Venus aufruft, mit ihm nach Amalfi zu fliegen (230–239); oder auch die Entscheidung der Grazien, den Jungvermählten als Brautgabe Orangenblüten darzureichen (240–268). Und schließlich der eindeutige Bezug des Abschnitts zu den Veredelungstechniken (309–406) auf den Lobpreis menschlicher Arbeit und Mühen – *Laudes Industriae humanae* – als Streben nach Erlösung und Fortschritt im darauffolgenden dichterischen Abschnitt (407–431).

Pontanos Erfindung des Adonis-Mythos stellt nicht die einzige Neuheit dar, um die herum das Gedicht entwickelt wird: ein wichtiges Verbindungsglied ist die Gleichsetzung der Zitrusfrucht-Gärten mit den Gärten der Hesperiden. Diese ist zweifellos Ausgangspunkt des Mythos und des Werkes. Gemäß dem heutigen Stand meiner Forschung war Pontano der Hauptverfechter dieser Identifikation der mythologischen Gärten mit einem konkreten geographischen Ort, nämlich Kampanien, das aufgrund dessen sprichwörtlicher Fruchtbarkeit und der Produktivität seines Territoriums zum Mythos der Hesperiden und dem Reichtum ihrer Gärten passte. Diese Adaptation wird von klassischen Quellen unterstützt, wie zum Beispiel Athenaios (*Deipnosofisti*, III 83), der die Zitronatzitrone als μῆλον Ἑσπερικόν bezeichnet, als Frucht, die von Herkules nach Griechenland gebracht wurde (μῆλον Ἑσπερικόν, ἀφ᾽ ὧν καὶ Ἡρακλέα κομίσαι εἰς τὴν Ἑλλάδα τὰ χρύσεα διὰ τὴν ἰδέαν λεγόμενα μῆλα); oder auch Martial 13,37 („Aut Corcyraei sunt haec de frondibus horti, / Aut haec Massyli poma draconis erant"), der die Zitronatzitronen als *poma draconis* identifiziert und damit auf den Wächter des Gartens der Hesperiden anspielt.[8]

Neben den eindeutigen kosmologischen Bezügen des Adonis-Mythos, die im Detail von Macrobius in den *Saturnalia* (21,1) erklärt werden (eine Quelle, die Pontano aufgrund seiner astronomisch-astrologischen Interessen studierte)[9], war der Humanist sicher von der symbolischen Vielfalt des Mythos und der Figur des Adonis fasziniert: eine aus einem Inzest geborene Kreatur, Sohn der Myrrha und damit Personifikation jenes Harzes, das der Einbalsamierung diente und der ewigen Reise der Toten ins Jenseits; auch Symbol der Teilung des Lebens in Jahreszeiten; das Objekt einer unglücklichen, leidenschaftlichen Liebe; Protagonist eines Mythos, der den verfrühten Tod eines Jünglings vorsah; nicht zuletzt verbunden mit den Festen der Adonia, die in der gesamten Antike, in der semitisch wie griechisch-römischen Welt verbreitet waren und von denen Pontano vermutlich durch die Lektüre von ihm geschätzter Autoren Kenntnis hatte.[10] Die Gründe für die Wahl des Adonis als Protagonisten eines Gedichtes, das die Wesenszüge eines Epyllions trägt, sind also nicht zuerst in der Wiederentdeckung Theokrits und der griechischen Bukolik im Europa des fünfzehnten Jahrhunderts zu suchen, die die Adonis-Figur in neues Licht rückte und wieder einziehen ließ in alle Literaturgattungen,[11] sondern vielmehr im Bestreben des Humanisten, den antiken und vergänglichen Gärten der Adonia[12] die neuen und unsterblichen Gärten des Adonis mit ihren Zitronatzitronen (anspielungsreiches Symbol) sowohl literarisch als auch konkret entgegenzusetzen.

---

8 Die Gleichsetzung der Zitronatzitronen mit den *mala Hesperidum* erlaubt es Pontano, seine Neuschöpfung an die Taten des Herkules zu binden, eines Helden, für den er auch aus persönlichen Motiven eine besondere Vorliebe nährte. Siehe hierzu Iacono (Anm. 5), S. 197–198.

9 Wie zum Beispiel die beeindruckende Verwendung des Autors durch Pontano in dessen Gedicht *Urania* zeigt. Siehe hierzu Dennis Weh (Hg.): Giovanni Pontanos Urania Buch 1. Wiesbaden 2017, *passim*.

10 Zum Beispiel Plat. Phaedr., 276b; Lucian. De dea Syr., VI; Suda s.v. Ἀδώνιδος κῆποι; Apollod. Bibl., 3,14,4.; Plin. Nat., 19,19,49.

11 Zur breiten Rezeption von Theokrit im Bereich der *Schola Neapolitana* siehe Carlo Vecce: Un codice di Teocrito posseduto da Sannazaro. In: L'antiche e le moderne carte. Studi in memoria di Giuseppe Billanovich. Hg. von Antonio Manfredi, Carlo Maria Monti. Padua 2007, S. 596–616 sowie Carmela Vera Tufano: Il Polifemo del Pontano. Riscritture teocritee nella *Lyra* e nell'*Antonius*. In: Bollettino di Studi Latini 40/1 (2010), S. 22–43.

12 Die Ἀδώνιδος κῆποι wurden zur Bezeichnung alles ephemer Vergänglichen auch im geflügelten Sinn eingesetzt: Stefano Amendola: I giardini di Adone. Plut. Ser. Num. 560 B-C ed Erasm. Adag. I 1, 4. In: Paroimiakos. Il proverbio in Grecia e a Roma. Hg. von Emanuele Lelli. Bd. 3. Pisa, Rom 2010 (=Philologia Antiqua 4 [2011]), S. 123–132.

Pontano liebte es zeitlebens, seinen Hang zum Landbau auszustellen und sich als Eigentümer einer Villa nebst Gärten in Antignano auf dem Hügel des Vomero in Neapel wie auch eines Hofes im Gebiet von Paturchio, in dem man Vergils Villa vermutete, zu präsentieren.[13] So sieht man den Dichter auch in *De hortis Hesperidum* zum Beispiel bei der Pflege seines Gemüsegartens an der Seite seiner Ehefrau (I 195–198), wobei die Erinnerung an die gemeinsame Pflege ihres Zitrusgartens die Gelegenheit bietet, der Trauer um ihren Tod Ausdruck zu verleihen (I 318–335). Überdies kodifiziert der Humanist in den 1490er Jahren den Garten als Ort der Zerstreuung und Schauplatz von Festen, ganz in Übereinstimmung mit der hedonistischen Ethik des aragonischen Hofes von Neapel. In *De splendore*, 1498 publiziert zusammen mit anderen kleinen Traktaten (*De liberalitate*, *De beneficentia*, *De magnificentia*, *De conviventia*), die als Kapitel einer den Tugenden des Herrschers und Edelmannes gewidmeten Sammlung konzipiert sind, bezeichnet Pontano die Zitronatzitrone als ornamentale Pflanze, die sich aufgrund ihrer prächtigen Üppigkeit besonders gut für die fürstlichen Gärten eignet:

> Erunt autem horti hi ex peregrinis et egregiis arbusculis artificiose decenterque dispositi. In quibus e myrto, buxo, citrio, rore marino topiarum opus potissimum commendatur.

> Diese Gärten werden mit exotischen und seltenen Pflanzen kunstvoll und mit der gebotenen Sorgfalt angeordnet sein. Besonders erwünscht ist in diesen die achtsame und genaue Anordnung von Myrten, Buchsbäumen, Zitronatzitronen und Rosmarin.[14]

Pontanos Lehrsamkeit und Kompetenz in Sachen Botanik ist nicht verwunderlich. Der Humanist hatte eine besondere Vorliebe für die Wissenschaftskultur, wie schon das frühe Debüt im Genre des Lehrgedichts mit den Werken *Meteororum liber* und *Urania*[15] und ebenso seine wissenschaftlich-astronomische Produktion, die durch das Studium der spezifischen griechisch-lateinischen Literatur

---

13 Erasmo Percopo: Vita di Giovanni Pontano, a cura di Michele Manfredi, Napoli 1938, S. 42.
14 Giovanni Pontano: I libri delle virtù sociali, a cura di Francesco Tateo. Roma 1999, S. 241–244. Es handelte sich bereits um einen etablierten Trend, wie es im Fall der Villa Poggio Reale zu sehen ist, deren Bau von Alfons, dem Herzog von Kalabrien und Sohn von Ferrante I. angeordnet wurde. Der Garten der 1488 eingeweihten Villa war mit Zitrusfrüchten bepflanzt. Hierzu Paola Modesti: Le delizie ritrovate. Poggioreale e la villa del Rinascimento nella Napoli aragonese. Firenze 2014, S. 29–61, und S. 46 Tabelle 1.
15 Die beiden Gedichte wurden erstmals von Aldo Manuzio in der bereits zitierten Ausgabe von 1505 (Anm. 1) gedruckt. Siehe hierzu Benedetto Soldati: La poesia astrologica nel Quattrocento. Ricerche e Studi. Firenze 1906; Mauro de Nichilo: I poemi astrologici di Giovanni Pontano: storia del testo, con un saggio di edizione critica del Meteororum liber. Bari 1975; Weh (Anm. 9).

unterstützt wurde, zeigt. Im Bereich der Botanik gab es natürlich, trotz der vom Autor wiederholten Beteuerung der absoluten Originalität und des Primates, bereits Vorläufer in der antiken Literatur: das zweite Buch der *Georgica* von Vergil, das zehnte Buch der *De re rustica* von Columella;[16] das kleine Gedicht zur Veredelung der Pflanzen von Palladio, das wiederum als 15. Buch der *De re rustica* überliefert ist. Im Bereich der umfangreichen lateinischen Prosaliteratur ist an die Werke (oder was davon übrig ist) von Varro, Cato dem Älteren, die *Naturalis Historia* von Plinius dem Älteren (insbesondere die der Botanik gewidmeten Bücher XII–XIII–XIV–XVI–XVII–XIX–XX–XXI–XXII–XXIII) zu erinnern. Aus der griechischen Fachliteratur verdienen die botanischen Abhandlungen von Theophrast (*Historia Plantarum* und *De causis plantarum*)[17] und die *Geoponica*, eine regelrechte Enzyklopädie des Pflanzenbaus von außerordentlicher Popularität,[18] Erwähnung.

In diesem Panorama illustrer Vorläufer ist auch auf die Tradition der *Schola medica Salernitana* und ihre außergewöhnliche Kompetenz auf dem Feld der Botanik und Pharmazeutik zu verweisen. Pontano nährte für die *schola* eine

---

16 Columella, wiederentdeckt von Poggio Bracciolini, galt wohl als wertvoller Autor, der sowohl auf dem Feld der Exegese als auch der literarischen Nachbildung besonderer Aufmerksamkeit würdig war. Einer der ersten Kommentare zum zehnten Buch der *De cultu hortorum* ist jener von Pomponio Leto, erstmals im Jahr 1472 in anonymer Form publiziert (=H 5497; *IGI* 3067): Giancarlo Abbamonte: Intuizioni esegetiche nel suo commento alle Georgiche e all'Eneide di Virgilio. In: Esegesi dimenticate di autori classici. Hg. von Carlo Santini, Fabio Stok. Pisa 2008, S. 135–210, hier S. 154–157. Die Verbreitung von Columella in Neapel ist überdies dokumentiert durch eine Bilderhandschrift im Bestand der aragonischen Bibliothek (heute: Valencia, Biblioteca Universitaria, ms. 740): Tammaro de Marinis (La biblioteca dei re d'Aragona. Bd. 2. Milano 1947, S. 51).

17 Man erinnere sich, dass es von Theophrasts *De causis Plantarum* eine lateinische Übersetzung von Teodoro Gaza gab, 1483 gedruckt in Treviso, die Pontano mit aller Wahrscheinlichkeit bekannt war: Daniela Gionta: Il codice di dedica del Teofrasto latino di Teodoro Gaza. In: Studi Medivali e Umanistici 2 (2004), S. 167–214. Im Übrigen wird ein „Theophrasto, in greco, ad stampa" im Inventar der Bibliothek Pontanos gelistet, die seine Tochter Eugenia der Bibliothek von San Domenico Maggiore in Neapel vermachte: Michele Rinaldi: Per un nuovo inventario della Biblioteca di Giovanni Pontano. In: Studi Medievali e Umanistici 5–6 (2007–2008), S. 163–201, hier S. 182.

18 Ein Kodex der Sammlung existierte in der Privatbibliothek von Lorenzo de' Medici (=Laur. Plut. 59.32) bereits im Jahr 1491. Zu dieser Handschrift siehe Sebastiano Gentile: I codici greci della biblioteca medicea privata. In: I luoghi della memoria scritta. Manoscritti, incunaboli, libri a stampa di Biblioteche statali italiane. Hg. von Guglielmo Cavallo. Rom 1994, S. 115–121, hier S. 117.

besondere Bewunderung wie die wiederholten Zitate in *De luna*[19] und im archäologisch-antiquarischen Zusatz von *De bello Neapolitano*[20] zeigen.

Dass das Interesse an der salernitanischen Wissenstradition von den am aragonischen Hof aktiven Intellektuellen geteilt wurde, findet einen bedeutenden Beleg im Druck des *Opus Pandectarum Medicinae* (einer Sammlung von Mineralstoffen mit Angabe ihrer pharmazeutischen Qualitäten) von Matteo Silvatico, einem der bekanntesten Vertreter der *Schola Salernitana,* der im Jahr 1474 von Angelo Catone, dem Arzt Ferrantes I. von Aragon und Dozenten am *studium* Neapels[21] veranlasst wurde. Catone ließ die *Pandette* nach dem Wiederauffinden einer Kopie in der königlichen Bibliothek unter dem Titel *Liber cibalis et medicinalis pandectarum Mathei Silvatici. Angelus Cato curavit*[22] drucken. Im Vorwort erläutert er Anlass und Beweggründe für den Druck des in überaus schlechtem Zustand aufgefundenen Textes:

> Quod cum fuerit per ea tempora magno studio in regia bibliotheca asservatum, nequaquam est ita vulgatum ut transcribi a multis commode potuerit. [...] Sed quoniam indignum est ut auctoris eius nomen excellensque ingenium atque industria penitus ab hominum memoria deleta videatur, ut etiam pateat fructus quem eo duce possunt adipisci mortales, inventum fere nuper et ad nostrum seculum revocatum, opus magna tamen ex parte depravatum emendare et dare in lucem atque in communem usum nuper institui.[23]

> Das Werk ist lange Zeit mit großer Sorgfalt in der königlichen Bibliothek verwahrt worden, jedoch war es nie so verbreitet, dass es leicht hätte abgeschrieben werden können. [...] Da

19 Michele Rinaldi: Il *De luna liber* di Giovanni Pontano, edito con traduzione e commento secondo il testo dell'*editio princeps* napoletana del 1512. In: Atti della giornata di studi per il V centenario della morte di Giovanni Pontano. Hg. von Antonio Garzya. Neapel 2004, S. 72–119, hier S. 101.
20 Antonietta Iacono: Geografia e storia nell'Appendice archeologico-antiquaria del VI libro del *De bello Neapolitano* di Giovanni Gioviano Pontano. In: Forme e modi delle Lingue e dei testi tecnici antichi. Hg. von Raffaele Grisolia, Giuseppina Matino. Neapel 2012, S. 160–214, hier S. 194–195.
21 Zu Angelo Catone siehe Bruno Figliuolo: La cultura a Napoli nel secondo Quattrocento. Udine 1997, S. 279–407.
22 Corinna Bottiglieri: Le *Pandette* di Matteo Silvatico dalla corte di Roberto d'Angiò alla prima edizione a stampa (Napoli 1474). In: Farmacopea antica e medioevale. Atti del Convegno Internazionale di Studi di Salerno, 30 novembre-2 dicembre 2006. Salerno 2009, S. 251–268; Corinna Bottiglieri: Appunti per un'edizione critica del *Liber Pandectarum medicinae* di Matteo Silvatico. In: La scuola Medica Salernitana. Gli autori e il testo. Convegno internazionale, Università degli Studi di Salerno, 3–5 novembre 2004. Hg. von Danielle Jacquart, Agostino Paravicini Bagliani. Florenz 2007, S. 31–58.
23 Ich übernehme hier die von C. Bottiglieri in Il testo e le fonti del *Liber pandectarum medicinae* di Matteo Silvatico. Osservazioni e rilevamenti di una ricerca in corso. In: Kentron 29 (2013) vorgeschlagene Textvariante *fructus quem eo duce.*

es aber nicht rechtens wäre, wenn der Name, das hervorragende Talent, der Intellekt und die Mühe des Autors ganz aus dem Gedächtnis der Menschheit gestrichen würden, damit aber der Ertrag, dessen die Sterblichen unter seiner Führung habhaft werden können, sichtbar werde, habe ich beschlossen, nachdem ich das zu großen Teilen beschädigte Werk jüngst wiedergefunden und unserer Zeit zurückgegeben habe, es aufzuarbeiten und zu drucken und allen zum Gebrauch zur Verfügung zu stellen.

Die Edition der *Pandette* des Silvatico entsteht demnach innerhalb der philologischen Werkstatt der königlichen Bibliothek,[24] aufgrund der spezifischen Interessen Angelo Catones, aber auch dank der am Hof allgemein verbreiteten Aufmerksamkeit für die mit einer illustren Tradition des Reiches verbundene Wissenschaftskultur, die in Funktion eines klaren Vorhabens – der Nobilitierung des Regno und seiner Geschichte – wiederbelebt wurde. Pontano zitiert also nicht zufällig die *Schola Salernitana* und ihre Doktoren im Verlauf der *De hortis Hesperidum*. Er bezeichnet sie dabei ausdrücklich als berühmte Vorläufer (II 519–23):

Caetera te antiqui doceant exculta Salerni
Pectora, quis artes medicas monstravit Apollo,
Quis rerum notae causae, quorum inclyta in agris
Silva nitet fulgentque auro radiantia culta,
Ac nemora Hesperiis vinci indignantur ab hortis.

Das Übrige werden dich die gebildeten Herzen des antiken Salerno lehren, denen Apollo die medizinischen Künste zeigte, denen die Ursprünge des Kosmos bekannt sind, deren ruhmvoller Wald auf dem Lande strotzt, deren Felder von Gold erstrahlen und deren Haine sich empören, von den Gärten der Hesperiden übertroffen zu werden.

Der abschließende Vers beansprucht auffällig den Primat der *Schola Pontiniana* (gleichgesetzt meiner Ansicht nach mit *horti Hesperii*) über die *Schola Salernitana*. Dieser Anspruch hat mehrfache Bedeutungen (vielleicht auch in Bezug auf eine traditionelle Feindschaft zwischen salernitanischem und neapolitanischem *Studium*), bezeichnet hier aber wohl auch einen unterschiedlichen Ansatz in der botanischen Wissenschaft, die in der *Schola Salernitana* rein pharmazeutischen Zwecken diente, während die Botanik in Pontanos Lehrgedicht als universelle Wissenschaft dargestellt wird: sie erfährt Anwendung bei der Kultivierung der Zitrusfrüchte und der mit Zitrusfrüchten bestellten Gärten, trägt jedoch auch dem Kult des Schönen Rechnung, der Harmonie und der *voluptas*, welche der Humanist in all seinen Werken als konnotative Chiffren des Regno di Napoli feiert.

---

24 Zu den Beziehungen der königlichen Bibliothek (auch *scriptorium*) mit einer Reihe von in Neapel tätigen Druckern siehe Gabriella Albanese: Tra Napoli e Roma. Lo scriptorium e la biblioteca dei re d'Aragona. In: Roma nel Rinascimento. 1997, S. 73–86.

Pontano kreiert also ein Gedicht, in dem Mythos und Wissenschaft eng miteinander verflochten sind. Aus dem Adonis-Mythos – der Liebhaber der Venus, getötet vom Eber und durch die Göttin verwandelt in einen Zitronatzitronenbaum, erfährt in dieser Form seine Bestimmung zum Schmuck fürstlicher Gärten und zum Gegenstand sublimer Dichtung – entwickeln sich eine Reihe von komplementären Mythen, die dazu dienen, spezifische Eigenschaften der Zitrusfrüchte zu erläutern (zum Beispiel das Vorkommen von süßen wie sauren Zitrusfrüchten), ihre Ankunft und Verbreitung in bestimmten Orten zu erklären (wie zum Beispiel die Zitronen von Amalfi) sowie ihre Verwendung zu legitimieren (wie zum Beispiel die Orangenblüten als Schmuck der Brautgemächer). Die Schichtung dieser Ursprungsmythen ist engmaschig, detailreich, sie formt das Gedicht als narratives Kontinuum sagenhafter Segmente, die sich in den wissenschaftlichen Lehrinhalt einweben – als Vorgeschichte, als Aition der Praxis von Anbau, Verwendung und Verbreitung von Zitrusfrüchten.

Einige Beispiele:

Die Verbreitung von süßen Zitrusfrüchten (äußerst selten in Italien und nur verbreitet in der Gegend von Gaeta-Formia,[25] das Teil des Königreichs Neapel war) beziehungsweise sauren, nicht essbaren Früchten (allgemein verbreitet in Italien und Griechenland), ist direkt verbunden mit dem Mythos des Adonis, seinem Tod und der Rolle, die Venus der aus dem Körper ihres Geliebten entstandenen Zitruspflanze zuweist (*De Hortis Hesperidum*, I 335–345):

> Est vero et duplex citrii genus, et quod amores
> Iucundos referat dulces et Adonidis ignes,
> (Sic placitum Veneri) dulce hoc; quodque acre dolores
> Et tristes luctus et lamentabile funus
> Sorte refert, suus ut lacrimis ne desiit amaror.
> Rara sed Ausonio Lamiaeque in litore foetus
> Dat dulces, succosque frequens meditatur acerbos;
> Contra solis ad ortum atque in Gangetide terra
> Sponte sua dulcem victum ac redolentia ramis
> Mella liquat, fluit eque indis liquor atticus hortis.

Doppelt ist in der Tat die Gattung der Zitronatzitrone: die erste ist süß, da sie an die Liebe und die verspielte Glut des Adonis erinnert (so wie es Venus gefiel); und die andere ist sauer, erinnert den Schmerz und das traurige Sterben, die Klage und Tränen der Totenfeier, auf dass den Tränen niemals die Bitternis fehle. Doch selten ist in Italien und an Ausoniens und Lamias Gestade die Pflanze, die süße Früchte schenkt, oft stellt sie saure

---

25 *Ausonio Lamiaeque in litore* bezeichnet die Küste von Kap Circeo, insbesondere das Gebiet von Formia, in Übereinstimmung mit den klassischen Quellen, darunter Ov. Met., 14,233. Siehe auch De hortis Hesperidum, I 582.

Säfte bereit; im Orient dagegen und im Land des Ganges schenkt sie freiwillig süße Nahrung und träuft aus Ästen duftend süße Säfte, aus den Gärten Indiens strömt ein Likör gleich dem Honig Attikas.

Pontano lässt sich bei der Unterscheidung der Früchte, die er mit Schlüsselmomenten aus dem Mythos des Adonis, seinem verfrühten Tod und den Verfügungen der Venus zu untermauern scheint, ebenfalls von den geographischen Entdeckungen seiner Zeit inspirieren: so beschreiben die folgenden Zeilen (346–361) das Vorkommen von süßen Zitrusfrüchten in Indien an den Ufern des Ganges, womit die Umsegelung Afrikas durch Vasco da Gama bis hin zum Ganges erinnert und poetisch umformt wird:[26]

Nuper enim hesperio oceano Calletia pubes
Digressa, ignotosque locos et inhospita sulcans
Aequora, non solitos tractus, nova litora obivit,
Et procul arentis Libyae penetravit arenas
Audax, nec notas, pontus quas circuit, urbes.
Hinc Austro approperans coeloque intenta cadenti
Sideraque adverso servans labentia mundo,
Incidit obscurum gelidi Aegocerontis in orbem
Attonita et rerum novitate umbrisque locorum;
Inde pedem referens Prassi convertit ad oras,
Barbaricumque fretum exsuperans Rhaptique procellas,
Tandem gemmiferos Indi defertur ad amnes
Litoraque e citriis semper fragrantia silvis,
E quibus hyblaeosque favos et hymettia foetu
Mella dari, dulcemque refert e cortice rorem
Sponte quidem at succos longe indignanter amaros:
Usque adeo coelique situs solaque abdita terrae
Et soles variant ipsi positusque locorum.

Vor Kurzem brach die Jugend Portugals[27] auf vom westlichen Ozean und durchquerte unbekannte Orte und feindliche Meere, begegnete nie zuvor gesehenen Ländern und Ufern und drang kühn ein in den brennenden Sand Afrikas und in unbekannte Städte, die das Meer umschließt. Von hier gen Süden, mit Blick zum westlichen Himmel, den Sternen der gegenüberliegenden Hemisphäre folgend, stieß sie vor in den unbekannten Wendekreis des Steinbocks, erstaunt über die unbekannten Dinge wie auch die Schatten der Orte. Von dort fuhr sie in entgegengesetzter Richtung hinauf zu den Küsten des Prasso (Cabo Delgado),

---

26 Liliana Monti Sabia: Echi di scoperte geografiche in opere pontaniane. In: Columbeis V. Hg. von Stefano Pittaluga. Genua 1993, S. 283–303, jetzt in: Studi su Giovanni Pontano, a cura di Giuseppe Germano. Hg. von Liliana Monti Sabia, Salvatore Monti. Bd. 2. Messina 2010, S. 1135–1157.
27 Das Adjektiv *Calletia* zu *pubes* ist eine Prägung Pontanos auf das klassische *Callaeca/Callaica* (Plin. Nat., 3,28; 8,166; Mart. 4,39,7; 10,37,4; Sil. 3,353).

und den indischen Ozean und die Stürme des Raptus[28] überwindend, erreicht sie endlich des Indus Ströme voller Edelsteine und die stets duftenden Ufer voller Zitrusbäume und berichtet, dass aus diesen Früchte gewonnen werden, süß wie der Honig der hybläischen Berge und des Hymettos, und dass aus der Rinde ein süßer Likör tropft, der Saft dagegen widerlich sauer sei: so sehr variieren Sonnenstand und Standort, Klima und Boden.

Es existieren also zwei verschiedene Typen von Zitrusfrüchten: die süße Zitrus-pflanze, die in Italien nur im Königreich Neapel und in einer bestimmten Ge-gend vorkommt, und die saure Pflanze. Zu dieser Unterscheidung gibt Pontano zwei Begründungen: die erste, mythologischen Charakters, besagt, dass die aus dem Körper des Adonis geborene Pflanze einerseits, in ihrer Bitterkeit, den Schmerz der Venus über den Verlust ihres Geliebten erneuert, und andererseits, in ihrer Süße, die Freude der Liebe; die zweite, wissenschaftliche Erklärung ver-bindet die süße oder bittere Ausformung der Frucht mit verschiedenen sie bedin-genden Faktoren wie Klima, Bodenbeschaffenheit, Sonnenstand und Standort.

Im zweiten Buch der *De hortis Hesperidum* (V. 218–230) erzählt Pontano, wie die Zitronen der Nymphe Amalphis als Hochzeitsgabe dargebracht wurden: Amor erinnert seine Mutter in Vers 236–245 daran, sich nach Italien zu bege-ben, wo sie von Hymeneus und Amalphis an den Küsten der Sirenen erwartet wird, das heißt an den Küsten Kampaniens und, insbesondere, der Küste von Sorrent.[29] Die Nymphe Amalphis schmückt mit den ihr geschenkten Zitronen und Orangenblüten Altäre und Brautlager (II 264–268):

> Hinc et stirpis honos, hinc et Chariteis Amalphis
> munere limonum et nemorum redolentibus auris
> ornavit thalamos felixque Hymenaeos et aras
> pinxit flore novo sparsitque Atlantide fronde
> et passim stratis laetata est alga metallis.

> Daher kommt der Ruhm des Stammes, und von daher schmückte Amalphis die Chariten mit Zitronen und dem duftenden Hauch jener Wälder und färbte glücklich Hochzeitsge-mächer und Altäre mit jener exotischen Blüte und bestreute sie mit Atlantes Blättern und hier und da erfreute sich die Meeresalge an jenem Gold, das alles bedeckte.

---

28 Ptolemäus (Geogr., 9,1; 4,7,12; 28) spricht von einem Kap Rapton, von einem Gipfel Rapta, und einem Fluss Raptos, heute jeweils identifiziert mit Kap Ras Tontwe, mit der Stadt Pangani und dem Panganifluss in Tanganjika.
29 Nach Pontanos Überzeugung herrschten die Sirenen über die urzeitlichen Küsten ganz Kampaniens, insbesondere über die Stadt Sorrent, die – in einer persönlichen freien Etymolo-gie des Humanisten – von ihnen den Namen bezog: *Surentum quasi surenetum*, insofern *sedes* der Sirenen. Dazu Iacono (Anm. 20), S. 183–184; 207.

Die Verse erklären wiederum in ätiologischer Funktion die Verbreitung des Zitronenanbaus entlang der Küste Amalfis. Eine Stadt, bekannt für die Heilquellen, das wohltuende Klima und eben die Fülle an Zitronen, wie auch Pietro Summonte, Schüler und Kurator der posthumen Ausgabe der *Opera inedita* des Pontano in einer Anmerkung zu *Urania* I 1015 (S. 3704) erinnert:

> Amalphis urbs maritima in Picentinis, citriorum copia, fontibus atque aeris salubritate nobilis, clara e Adreae Apostolis sepulchro.

> Amalfi, Seestadt im Gebiet der Picentini, ist edel durch die Fülle der Zitrusfrüchte, die Quellen und das heilsame Klima und berühmt für das Grabmal des Apostels.

Der Abschnitt greift wiederum eine Anspielung aus dem Gesang der Parzen auf, der das erste Buch abgeschlossen hatte: ein Zauber, welcher der dem Körper des Adonis entsprungenen Pflanze Ewigkeit und Unsterblichkeit verleiht. Die Parzen prophezeiten das Schicksal des *nova arbos* (I 570–579): der Baum der Zitronatzitrone würde Schmuck aristokratischer und fürstlicher Paläste sein, das Holz für die Brautbetten liefern, seine Blüten würden Bräute schmücken,[30] seine Frucht wäre Festmählern bestimmt und als Monument und Symbol der Venus, der Göttin der Liebe, würde er all jene, die in seinem Schatten verweilen, verliebt machen:

> Tum Parcae auspicio cecinerunt omnia laeto:
> „Et fructu felix et flore et fronde recenti
> Vive, arbor, supera et seclis labentia secla,
> Hortorumque honor et nemorum ac geniale domorum
> Delicium, tua vel reges umbracula captent,
> Ipsaque continuis iuvenum celebrere choreis;
> Te convivia, te thalami nuptaeque frequentent,
> Semper ament, quicumque tua versantur in umbra,
> Assiduum referant frondes ver, aemulus aurum
> Foetus et argento niteat flos concolor albo.“

> Also verkündeten die Parzen in froher Verheißung all das: „Und du, Baum, lebe reich an Früchten, Blüten und immer frischen Blättern, überdaure die Jahrhunderte, die vorüberziehen, und (sei) Ehre der Gärten und Gehölze und festliche Wonne der Häuser; auch die Könige werden deinen kleinen Schatten suchen und du wirst gefeiert werden von nicht

---

30 Dass die Zitronatzitrone den Bräuten bestimmt war, kann zurückgeführt werden auf die antike Herkunft der Frucht aus dem Garten der Hesperiden, der unter Junos Schutz stand, da sie Hochzeitsgabe der Göttin zum Anlass ihrer Vermählung mit Zeus war: vgl. Apd. Bibl., 2,5,11; Serv. Ad Aen., 4,484.

endenden Tänzen der Jugend; auf dich wird man zurückgreifen für Festmähler und Brautgemächer; wer in deinem Schatten verweilt, wird unaufhörlich lieben, deine Blätter
mögen dem ewigen Frühling nacheifern, deine Frucht sei Rivale des Goldes und deine
Blüte strahle von gleicher Farbe wie weißes Silber. "

Die sich auf die Nymphe Amalphis beziehenden Verse eröffnen – gemäß einer
präzisen diegetischen und strukturalen Praxis – einen Abschnitt mit ausführlichen Vorschriften zur Kultivierung der amalfitanischen Zitronen. Diesem geht
aufgrund seiner Bedeutung eine Apostrophe an die Chariten voraus und an
Nymphen, die dem klassischen Olymp unbekannt sind (*De hortis Hesperidum*,
II 220–229):

Adsitis, nymphae Cyrenides, o mihi, nymphae
Masitholae, aspirate, o quae Paliurides umbra
Gaudetis: iuvat et fluvios habitare recessus.
Et citri iuvet umbra, iuvent limonides aurae,
Hesperidum et veteres cantu renovemus honores.

Seid mir wohlgesonnen, ihr kyrenischen und masitholischen Nymphen, schenkt mir Ein-
gebung, oh ihr Paliuriden, die ihr Gefallen findet am Schatten: es erfreut auch, die verborgenen Winkel der Flüsse zu bewohnen. Und so mag der Schatten der Zitronatzitrone
helfen, der duftende Hauch der Zitronen, und wir erneuern durch unseren Gesang die antike Ehre der Hesperiden.

Diese Zeilen zur Beschreibung der Herkunft der Zitronen an den Küsten Amalfis
sind voller Anspielungen, zu deren Exegese es notwendig ist, ein wenig näher
auf den gelehrten Hintergrund der Konstruktion einzugehen.[31] Während sich bei
den *Cyrenides* die direkte Verbindung zur antiken griechischen Kolonie Kyrene
im heutigen Libyen recht problemlos herstellen lässt, muss man zur Identifikation der sogenannten *Masitholae* und *Paliurides* eine Ausgabe der *Geogra-
phike Hyphegesis* des Ptolemäus[32] (insbesondere *Geogr.*, 4,6,8) in den Händen

---

31 Siehe Antonietta Iacono: Territorio, poesia ed erudizione nel *De hortis Hesperidum* di Giovanni Pontano. In: Acta Conventus Neolatini Vindobonensis (Proceedings of the Sixteenth International Congress of Neo-Latin Studies – Vienna 2015). Hg. von Astrid Steiner, Franz Roemer.
Leiden, Boston 2018, S. 358–368.
32 Zu Pontanos wissenschaftlichen und astronomischen Interessen siehe Michele Rinaldi: La
lettera di dedica a Federico da Montefeltro del primo libro delle *Commentationes in centum sen-
tentiis Ptolemaei* di Giovanni Gioviano Pontano. In: Cahiers de Recherches Médiévales et Hu-
manistes 25 (2013), S. 341–355; Pontano e le tradizioni astrologiche latine medievali: le postille
dell'umanista al codice CLM 234 della Bayerische Staatsbibliothek di Monaco e nel Barberi-
niano latino 172 della Biblioteca Apostolica Vaticana. In: Atti Accademia Pontaniana 52 (2003),
S. 295–324.

haben. Demnach sind die *Masitholae* eine Transfiguration eines unbekannten libyschen Flusses, des Masitholos, während die *Paliurides* die Sümpfe in der Nähe von Kyrene darstellen, das wiederum in der Nähe des Gartens der Hesperiden verortet wurde. Die Verflechtung der Quellen dient zur Schaffung eines Aition, das besonders wichtig ist zur Einführung der monographischen Sektion, die den Zitronen von Amalfi gewidmet ist, denn diese werden von Pontano *Masitholi* genannt, d. h. Früchte antiken libyschen Ursprungs, die als Brautgabe der Venus an die Nereide Amalphis nach Amalfi gelangten.

Erst in den Versen 386–411 des ersten Buches wird schließlich der Körper des Adonis in seiner Unversehrtheit und ganzen Schönheit beschrieben. Adonis steht hier sinnbildhaft für die Schönheit, die Venus in ihren Zitrusgärten sehen will, denn diese – so betont der Dichter – sollen zugleich Spiegel und Bild der Schönheit des Geliebten Adonis sein:

> Nunc, quae sit formae ratio et quae cura, docendum,
> Undique quo decor ipse sibi et nova gratia constet,
> Nec frustra veteres Veneris referentur amores.
> Non alias cultu maiore incessit Adonis
> Venatum, non Niliacas spectatior unquam
> In silvas, non ante Venus maiore paratu
> Ornarat, quam luce quidem, qua fossus ab apro
> Concidit et nigras tabe madefecit arenas.
> [...]
> Talibus ornatum in silvas dea mittit opacas,
> Osculaque in roseis linquit signata labellis;
> Arboreos igitur cultus dea poscit et ipsis
> Ornatu atque auro longe splendescere in hortis.

Jetzt ist es Zeit zu lehren, welches das Kriterium und die Pflege der Schönheit sein sollte, wie überall Eleganz und ungewöhnliche Anmut sich bilden, und dass die alten Liebesgeschichten der Venus nicht umsonst erzählt werden. Ebenso begab sich Adonis mit größtem Aufzug zur Jagd, nie schöner, in die Gehölze des Nils, nie zuvor hatte Venus ihn prächtiger geschmückt als an jenem Tag, an dem er zerrissen vom Eber niedersank und die schwarze Erde mit seinem Blut tränkte. [...] So prunkvoll geschmückt sandte ihn die Göttin in die schattigen Wälder und mit den Zeichen ihrer Küsse auf seinen rosigen Lippen; also fordert die Göttin die Pflege jener Bäume, und dass sie in Pracht und Gold auf lange Zeit eben in diesen Gärten erstrahlen.

Die Darstellung des zur letzten Jagd gekleideten Adonis dient einem ausführlichen, didaktischen Abschnitt zur Kunst des Formschnitts, der eingefasst ist zwischen dieser poetischen Szene und dem Epilog des ersten Buches mit dem Gesang der Parzen. Die Schönheit des Adonis und seines Körpers werden als Kriterien zur Anlage der Zitrusgärten ausgewiesen, im Sinne einer *eurythmia*, der Idee von Anmut und Harmonie, die auf den idealisierten Maßverhältnissen des menschlichen Körpers gründet und in der humanistischen Renaissance weit verbreitet war.[33] Die vollständige, detaillierte Beschreibung des jungen Liebhabers der Venus von Kopf bis Fuß entspricht ganz dem Regelsystem der *artes poeticae.* Mit malerischen Effekten überhöht sie die Figur des Adonis, und auch die verzögerte Darstellung des vollständigen Portraits des Jünglings durch den Dichter verstärkt ihre Bedeutung (*De hortis Hesperidum*, I 394–407):

Cingebat crinem myrrae de palmite ramus,
Ad frontem roseus diffulgebat hyacinthus,
Succincta et nitidum velabat purpura pectus,
Collaque fulgentes variabant candida baccae
Sparsim purpureis et coeruleis immistis,
Cingulaque auratis radiabant aspera bullis;
Elatis humeris pendebat aheneus ensis,
Ad capulum viridis fulgebat in orbe smaragdus,
Interstincta auro vagina, argentea cuspis,
Crura leoneae vestibant levia pelles,
Distinctique auro Tritones et aurea cymba,
Qua quondam paphias Venus ipsa enavit ad arces;
Horrebant manibus duro venabula cornu
Et paribus nodis paribusque nitentia gemmis.

Sein Haar schmückte ein vom Baum gepflückter Myrrhenzweig, auf der Stirn leuchtete eine scharlachrote Hyazinthe, ein kurzes purpurfarbenes Hemd bedeckte die reine Brust und auf seinem weißen Hals funkelten schillernd leuchtende Perlen und hier und da rote und himmelblaue Edelsteine; und am rauen Gürtel strahlte eine goldene Schnalle; von den hohen Schultern hing ein bronzenes Schwert, an dessen Griff leuchtete grün die Kugel eines Smaragdes, von Gold gezackt war die Scheide und von Silber die Spitze, die schlanken Beine waren in Löwenfell gekleidet und geziert mit goldenen Beschlägen von Tritonen und jenem Kahn, mit dem einst Venus selbst hinfuhr zum Felsen von Paphos; in seinen Händen hielt er aufrecht die Jagdspieße aus hartem Horn, gleichermaßen von Knoten und Edelsteinen strahlend.

Venus in Person hat ihren Liebhaber zu jener Jagd eingekleidet, die mit dessen Tod enden wird. Der Myrrhenzweig im Haar des Adonis evoziert seine Geburt aus einem Inzest und aus dem Leib einer Frau, die in einen Baumstamm verwandelt wurde (nach Ov. *Met.*, 10,299–503), ist aber auch das Vorzeichen des kommenden Todes und der Metamorphose. Die Stirn schmückt eine scharlachrote Hyazinthe, eine zweideutige Anspielung, insofern sie die Metamorphose eines jungen Liebhabers des Apoll und seine Tötung durch den Gott

---

33 Zum Ideal der anthropozentrischen *concinnitas* siehe Rudolf Wittkower: Principi architettonici nell'età umanistica. Turin 1964.

selbst erinnert (wiederum Ov. *Met.*, 10,162–219),[34] und andererseits ein rötlicher Edelstein ganz ähnlich dem Amethyst (Plin. *Nat.*, 37,125). Dass die Hyazinthe als Edelstein zu interpretieren ist, der die Stirn des Adonis nach der Mode des fünfzehnten Jahrhunderts schmückt, bestätigt eine stimmungsvolle Passage in der *Hypnerotomachia Poliphili*,[35] einem Werk, das Pontano meines Erachtens bekannt gewesen sein dürfte: hier ist zu lesen von einer *petra pretiosa di Iacyntho, di colore vermiglio transparente cum grande corruscatione di flammeo splendore*, die das Grabmal des Adonis schmückt. Brust und Hals des Adonis zieren eine purpurfarbene Stola, die seinen strahlenden Teint betont und eine Kette aus Perlen und Edelsteinen, ein Ornat, der eher einer adligen Dame zukommt als einem Jüngling.[36] Die visuelle Dimension dieses Abschnitts scheint die *effictio Adonidis* auf ein weibliches Modell zu stimmen, die den Epheben in eine Art ‚Double' der Venus verwandelt. Die prunkvolle *magnificentia*, mit der Venus Adonis auf die letzte Jagd vorbereitet, weist auf jene hin, die die Göttin für die Zitrusgärten fordert: im lebendigen, toten, vergöttlichten, in einen Baum verwandelten Adonis spiegeln sich Vorliebe und Genuss am Schönen sowie der Wille der Göttin. Diese *magnificentia* zeichnet auch Kleidung und Jagdwaffen des Jünglings aus: Adonis trägt ein typisches Jagdkleid, jedoch aus Löwenfell, weiter ausgeschmückt mit Schnallen in Gestalt von Tritonen und des Kahns von Paphos. Ein Gürtel mit einer goldenen Schnalle, ein Bronzeschwert mit Spitze aus Silber und einem Griff, den ein Smaragd ziert, eine Schwertscheide aus Kettengold, Jagdspieße aus

---

34 Pontano verwendet die Hyazinthe in seiner Dichtung mehrfach in Verbindung mit Tod und Trauer, zum Beispiel in Tum., II 24: *Tumulus Ariadnae Saxonae Neapolitanae. Viator, Genius et Hyacinthus colloquuntur*, zum Tod seiner Ehefrau Adriana Sassone, auch in Lyra, VIII 19. Zur Symbolik der Botanik bei Pontano siehe Carmela Vera Tufano: Lingue tecniche e retorica dei generi letterari nelle Eclogae di G. Pontano. Neapel 2015, *passim*; Hélène Casanova-Robin: Des métamorphoses végétales dans les poésies de Pontano: *Mirabilia* et lieux de mémoire. In: La mythologie classique dans la littérature néo-latine. Hg. von Virginie Leroux. Clermont-Ferrand 2011, S. 247–268; Dies.: Dendrophories d'Ovide à Pontano: la nécessité de l'hypotypose. In: Ovide. Figures de l'hybride. Illustrations littéraires et figurées de l'esthétique ovidienne à travers les âges. Hg. von Hèléne Casanova Robin. Paris 2009, S. 103–124.
35 Francesco Colonna: Hypnerotomachia Poliphili. Hg. von Giovanni Pozzi, Lucia A. Ciapponi. Padua, Antenore 1980, S. 386 = z6v.
36 Die vornehme Portraitkunst des fünfzehnten Jahrhunderts bietet zahlreiche Vergleichsmodelle: Maria Giuseppina Muzzarelli: Ma cosa avevano in testa? Copricapi femminili proibiti e consentiti fra Medioevo ed Età moderna. In: Un bazar di storie. A Giuseppe Olmi per il sessantesimo Genetliaco. Hg. von Claudia Pancino, Renato G. Mazzolini. Trient 2006, S. 13–28; Dora Liscia Bemporad: Il gioiello al tempo di Piero. In: Con gli occhi di Piero. Abiti e gioielli nelle opere di Piero della Francesco. Catalogo della mostra (Arezzo, basilica inferiore di San Francesco 11 luglio-31 ottobre 1992). Hg. von Maria Grazia Ciardi Duprè, Giuliana Chesne, Dauphiné Griffo. Venedig 1992, S. 81–87.

Horn, von Edelsteinen geziert, vervollständigen die Armatur. Die visuelle Komponente, verstärkt durch das Nebeneinander und den Wechsel der Farben,[37] steigert die Anschaulichkeit und bildliche Potenz dieser Verse – diese Ekphrase ist eines der schönsten Beispiele der *enargheia* Pontanos und der humanistischen Dichtung allgemein.[38] Pontano erhöht die Adonis-Figur hiermit zum Modell jener *magnificentia*, die die repräsentativste Chiffre des neapolitanischen Hofes war und allgemein der aristokratischen Identität des edlen Fürsten und des Edelmannes,[39] wobei die Stilisierung gleichermaßen zur literarischen wie malerischen Rezeption einlädt.

Diese drei Beispiele können leider nur eine vage Idee geben von der kühnen Konstruktion, die Pontano mit *De hortis Hesperidum* realisiert hat. Alle Ursprungsmythen haben zugleich ätiologischen wie funktionalen Charakter: die ersten beiden dienen dazu, einzelne Abschnitte einzuführen, wie die Kultivierung der Zitronen von Amalfi und die Kunst des Formschnitts angewandt auf Zitrusgärten; das dritte Aition dient der Unterscheidung zwischen süßen und sauren Zitrusfrüchten, denen der Dichter einen ausführlichen Abschnitt im zweiten Buch widmet.

---

37 Siehe Antonietta Iacono: *Nitidum velabat purpura pectus*. La vestizione di Adone nel *De hortis Hesperidum* di Pontano. In: L'esegeta appassionato. Studi in onore di Crescenzo Formicola. Hg. von Mario Lentano, Olga Cirillo. Mailand, Udine 2019, S. 139–151.

38 Gemäß den klassischen Rhetorikregeln (vgl. im Besonderen Quintilians Inst., 8,3,61–71) verwirklichen die Verse Pontanos das Ideal der Dichtung als sprechender Malerei, wie sie die humanistische Poetik theorisiert, vgl. Marcello Ciccuto: *Spirantia signa*. Cultura ecfrastica di Agnolo Poliziano, In: Ecfrasi: Modelli ed esempi tra Medioevo e Rinascimento. Hg. von Gianni Ventura, Monica Farnetti. Rom 2004, S. 123–138.

39 Siehe Amedeo Quondam: Forma del vivere. L'etica del gentiluomo e i moralisti italiani. Bologna 2010, S. 249–431; Matthias Roick: Pontano's virtues. Aristotelian moral and political Thought in the Renaissance. London 2017.

Nikolaus Thurn

Die *Chrysopoeia* des Giovanni Augurelli

Giovanni Augurelli ist unter den Renaissancedichtern des ausgehenden fünfzehnten und beginnenden sechzehnten Jahrhunderts einigermaßen bekannt; er lebte
von 1456 bis 1524 in Norditalien, zwischen Rimini, Venedig und Treviso, und er
veröffentlichte (neben einer Reihe italienischer Sonette) lateinische Oden, Sermones und jambische Dichtung nach Horaz, vor allem aber die nach Vergils *Georgica*
gestaltete *Chrysopoeia* in 3 Büchern, welche 1515 in Venedig erschien.[1] Inhalt ist,
wie der Titel sagt, die Kunst des Goldmachens, der Literatur in Prosa vor allem
aus dem vierzehnten und dem späteren sechzehnten Jahrhundert, weniger hingegen aus Augurellis Zeit gewidmet ist, vor allem auf Französisch und Latein.

    An zentraler Stelle beklagt sich Augurelli darüber, wie schwer es ihm falle,
die Wörter einer barbarischen Fachsprache an den Leser eindeutig weiterzuge-
ben,[2] da seine Quellen selbst dadurch Verwirrung stifteten, daß sie bewußt für
einzelne Gegenstände eine Vielzahl an Benennungen anführten. Und er endet sein
Werk mit dem Bekenntnis, er habe seinen Bericht aus einer Pforte irgendwie
zwischen der elfenbeinernen und hörnernen herausgetragen, habe also – nach
der gängigen Interpretation der Vergilstelle – bewußt auch in seine Darstellungen Lügen eingestreut.[3] Hieraus könnte man konstruieren, daß angesichts des

---

[1] Benutzt wurde die Ed. princ. Chrysopoeia lb. III et Geronticon lb., Venedig 1515. Es folgten
nicht weniger als 21 Neuauflagen. Daß sie jedoch stark gefragt wäre, muß eingeschränkt werden: weniger ihrer selbst willen wurde sie nachgedruckt, vielmehr als notwendiger Teil bei
Sammelausgaben zur Alchemie. Darüber hinaus aber wurde die Chrysopoeia ins Französische
und Deutsche übersetzt: François Hambert: Les trois livres de la Chrysopoeia, Paris 1626
(=1549); Valentin Weigel (1533–1588): Gülden-Vließ, Hamburg 1716. Scaligers Kritik: Poet. 6,4
(S. 785): „Augurelli multa vidimus, Lyrica, Sermones, Chrysopoeiam, Iambica. Sane prae se
fert egregiam animi aequabilitatem. parum potest, parum praestat, parum conatur. [...] Elabo-
ratior ipsius Chrysopoeia. caeterum vix adeo spirat: ita languida omnia, ac pene emortua.
trepidationis potius quam limae agnoscas vestigia." Paracelsus schätzte das Werk und fragt
nach der allegorischen Botschaft beispielsweise der Nymphe ‚Glaura'; hierzu der Kommentar
des Leo Suavius: Theophrasti Paracelsi Philosophiae et Medicinae [...] Compendium, Basel
1568, hier: Scholia in De vita longa lb. 3 zu Glaura = Mandragora, S. 288–293.
[2] Chrys. 2,318–321 (f. e4r): „Utrunque innumeris prisci involvere tenebris | Barbaraque occultis
rebus coniungere verba | Haud dubii: centum statuerunt nomina, quorum | Quodcunque incer-
tam signaret remque modumque." Er spezifiziert allerdings nicht, wie dies genau gemeint ist:
Fachwörter oder Fremdsprache?
[3] Chrys. 3,695–697 (f. k3r): „Qua data porta inter geminas, quae somnia servant. | Cornea nec
nobis patuit, nec prorsus eburnea | Emissus cecini falsis insomnia verbis." Der Sinn ist nicht
ganz klar.

---

neuen, der Antike völlig fremden Gegenstandes mit Vorgängen wie der Destillation und dafür Glas-geblasenen Instrumenten wie der Retorte, mit dem Repertoire der Alchemie also ‚der Humanist' vor einem unüberwindlichen Hindernis
stand. Daß er sich deswegen nicht anders helfen konnte, als antike Kinder-
schuhe über die Füße eines Pubertierenden zu zwängen. Man könnte also annehmen, Augurelli habe seine Materie mit den dichterischen Gerätschaften der
Antike (naturwissenschaftliches Wissen, poetische Vorbilder, klassisches Vokabular) bearbeitet und wäre dabei unweigerlich immer wieder an eine Grenze des Möglichen gestoßen: dort wo das Wissen der Antike den Realitäten der Gegenwart
nicht mehr entsprechen konnte. Und schon bei einer ersten Durchsicht hätte man
die Bestätigung darin gefunden, daß ein Großteil des angeblich aktuellen Wissens
lediglich aus den Berichten des Plinius rekonstruiert wird, während die modernen
Verfahren vernachlässigt oder gar unterschlagen werden, oder daß Augurelli gar
Wissen vortäuscht, das in einen antikisierenden Mythos gekleidet, gleichwohl
verschwiegen werden kann. Aber ein solches Ergebnis, so sehr es Erwartun-
gen erfüllen würde, ist vorschnell und wird sich als falsch erweisen.

Vor allem in jüngerer Zeit ist dem Werk hinderlich gewesen, daß man Au-
gurellis Lehrepos nicht so recht in ein Sub-Genre einordnen kann: schon im
achtzehnten Jahrhundert von Tiraboschi wurde die *Chrysopoeia* als literarischer
Spaß aufgefaßt,[4] als allegorisches Epos dagegen im letzten Jahrhundert von
Zweder von Martels.[5] Beides hat bisher nicht überzeugen können, so daß Robert
Weiss' Bemerkung aus den 60ern, bis heute fehle eine das Ganze vereinbarende

---

4 Girolamo Tiraboschi: Storia della Letteratura Italiana, Modena 1776, 6,2, S. 231. Sein Urteil
übernommen von Georg Roellenbleck: Das epische Lehrgedicht Italiens im fünfzehnten und
sechzehnten Jahrhundert, in: Beitrag zur Literaturgeschichte des Humanismus und der Renaissance (Münchener Romanistische Arbeiten, Bd. 43), München 1975, S. 123–125. Literarisch
vergleichbar wären die – nur wenig später entstehenden – Capitoli Berneschi (Berni Rime 54:
Capitolo in lode d'Aristotele).
5 Zweder von Martels: The Chrysopoeia (1515) of Ioannes Aurelius Augurellus and the importance
of alchemy around 1500. In: Studi Umanistici Piceni 13 (1993), S. 121–130. Ders.: The Allegorical
Meaning of the ‚Chrysopoeia' by Ioannes Aurelius Augurellus. In: Acta Conventus Neo-Latini Haf-
niensis. Proceedings of the Eight International Congress of Neo-Latin Studies. Copenhagen 12 August to 17 August 1991. Hg. von Rhoda Schnur et al. Birmingham, New York 1994, S. 979–988.
Ders.: Augurello's ‚Chrysopoeia' (1515): A Turning Point in the Literary Tradition of Alchemical
Texts. In: Early Science and Medicine 5,2 (2000), S. 178–195. Beides überzeugt nicht: Satirische
Passagen über das Unwesen der Alchemisten lassen sich leicht erklären als entweder Verurteilung
eben der falschen Quacksalber an eben rechter Stelle im Epos oder, häufiger noch, als Mißver-
ständnis heutiger Interpreten, denen die Gepflogenheiten der derzeitigen alchemistischen Literatur nicht hinreichend bekannt waren.

Interpretation des Epos, auch jetzt noch gültig ist.[6] Ich will sie hier nicht geben, glaube aber, daß das Problem überschätzt wird und wir es mit einem gewöhnlichen Epos in der Nachfolge Vergils zu tun haben, dessen Außergewöhnlichkeiten sich durch die literarische Tradition der Materie erklären lassen, die es behandelt.

Zumindest für Augurelli ist erklärtermaßen Vergil der poetische Führer, der, wie er zu Beginn des 2. Buches erklärt,[7] ihn zu dem Musenquell leiten wird: das erinnert zwar zuerst an Dante, ist aber ganz klassisch im Sinne der *Imitatio*

---

6 Robert Weiss, DBDI 4 (1962) = http://www.treccani.it/enciclopedia/giovanni-aurelio-augurelli_%28Dizionario-Biografico%29/ (14. Mai 2019): „Manca una interpretazione risolutiva sul carattere della Chrysopoeia: che il poema sia allegorico parrebbe certo; incerto è invece il significato preciso dell'allegoria e se il poema non sia sopratutto un esercizio di virtuosità metrica, un tentativo di dar veste poetica ad una matena [in der digitalisierten Version dieses Artikels auf Treccani online steht tatsächlich „matena", was wohl ein Fehler der Texterkennung ist, denn es sollte "materia" heißen] oscura ed arida."

Hieraus jedoch (mit Zweder v. Martels, 1991) den Schluß zu ziehen, beim Werk handele es sich vielmehr um ein durchweg allegorisches, wie es der Fall für ein anderes, früheres von Augurelli ist, das Vellum Aureum, geht – wie ich meine – zu weit: zwar finden sich durchweg allegorische Bilder, darunter auch neu gebildete; aber das Wichtigste für eine Allegorie der Alchemie im Rahmen einer neuplatonischen Weltsicht fehlt: nirgendwo wird behauptet, die Befreiung des *Spiritus* aus der Materie habe analoge Folgen für die Befreiung des *Spiritus* des Alchemisten. Auch wenn betont wird, daß der Alchemist ein ethisch einwandfreies Leben zu führen habe, ist dies nicht Vorbedingung zum Gelingen des *Opus Magnum*. Ganz im Gegenteil steht immer zu fürchten, daß ein moralisch Minderwertiger das Werk vollende und dem gemeinen Volk zur Kenntnis bringe. Insofern kann man die vielen praktischen Anweisungen des Epos nicht einfach als Digressionen eines eigentlich allegorischen Werkes subsummieren, und man muß fragen, warum es denn nicht möglich sein sollte, das Werk analog zu denen der klassischen Antike als tatsächlich der poetischen Vermittlung einer Techne Gewidmetes zu erklären?

7 Chrys. 2,8–11 (f. d3r): „Tuque ades, o cultum Musis et Apolline pectus, | Ante alios olim cunctos, divine poeta, | Quo duce secretum per iter procedere tantum | Ipse queam [...]." Augurelli stellt sich damit nicht in die Nachfolge des Lukrez, obwohl er dessen Klage der schwierigen Übersetzung, auch die Präsenz physikalischer Ausführungen mit ihm teilt, sondern vielmehr der Georgica, deren Gegenstand ein ganz traditioneller war, welcher letztlich keine besondere Rechtfertigung erforderte. Von ihrer Struktur übernimmt Augurelli die Zweiteilung seiner Bücher: das erste teilt sich in die Theorie der Alchemie und die praktische Verwirklichung durch Adepten; das zweite in die falsche und richtige Vorgehensweise des alchemistischen Prozesses. Das dritte schließlich kann grob in die Herstellung des Elixirs zuerst, dann die der *Tinctura* eingeteilt werden; es geht aber darüber hinaus. Hier findet sich ein längerer Exkurs über Nebenprodukte, die Alchemisten bei ihrer Suche entwickelten: der Titel Chrysopoeia scheint damit nicht mehr zu korrespondieren. Aber auch der auf die Tätigkeit des Landwirts sich beziehende Titel Georgica ist, spätestens wenn es um die Bienen geht, zu eng gefaßt, um das Ganze zu repräsentieren: Augurelli bleibt also in den Fußstapfen seines Vorbildes.

zu verstehen. Am Beginn seines dritten Buches erwähnt Augurelli, daß, nachdem Vergil die Natur oberhalb der Erde poetisiert habe, er sich dagegen der Natur unterhalb der Erde widme.[8] Ich halte es insofern für eindeutig gesichert, daß eine Erklärung der *Chrysopoeia* nur innerhalb der Parameter einer klassischen, durch die *Georgica* vorgegebenen Tradition möglich ist; für die *Georgica* sind aber zu Augurellis Zeiten weder Erklärungen als satirisches noch allegorisches Werk belegbar. Hieraus folgt, ganz unabhängig davon, wie hoch ein satirischer bzw. allegorischer Anteil sein mag, daß auch die *Chrysopoeia* grundsätzlich dem poetischen Darstellen, im Anspruch nach auch dem wirklichen Vermitteln einer Fertigkeit gewidmet ist.

Dies ist eine erste Erklärung für das Vermeiden von alchemistischen Fachbegriffen, auch wenn alchemistische Praxis beschrieben wird: wer den älteren Cato, Varro und vor allem Columella mit Vergil vergleicht, sieht unschwer die Forderungen, die eine Poetisierung an die Realität stellt: kaum ist in den *Georgica* die doch unverzichtbare Rolle der Sklaven thematisiert; gar nicht wird – vor lauter Ulmen, von denen Trauben hängen – die doch gängige Praxis der Rebenstöcke erwähnt; das Konservieren der Ernte für den Winter, das Anlegen eines Gartens, Rechenschaftsberichte eines *Vilicus*, Steuerabgaben von Pächtern – all dies weicht, wohl als unpoetisch, einem Buch über den Bienenstaat mit mythologischem Epyllion. Tatsächlich werden Fertigkeiten behandelt, aber eben mit poetischen Mitteln, die mehr den Kern der Fertigkeit freilegen als sich in Details zu verlieren, deren Aufzählung einem Prosahandbuch vorbehalten bleiben sollte. Unter dieser Gleichsetzung bräuchte es tatsächlich keiner anderen Begründung für das Verfassen der *Chrysopoeia*: wie viele andere zeitgenössische Lehrepen wirbt sie für eine Fertigkeit, die derzeit real in die Tat umgesetzt wurde.

Allerdings kann Augurelli ein Lehrepos im Sinne einer *De Re Metallica* weder verfassen noch ein solches verfaßt haben wollen, da ihm elementare Kenntnisse der Mineralurgie tatsächlich zu fehlen scheinen.[9] Das Wissen um die Fundorte der

---

8 Vgl. Chrys. 3,16–22 (f. g2v): „Extremam tantorum operum ne desere curam | Hanc nostram, oramus: nec, si quae maximus olim | Ille tuus cecinit vates ornantia supra | Tellurem complexa foves, contemnere prorsus | Inducas animum, quae nos imitamur, et ipsis | Illius impressis quae nunc vestigia signis | Ponimus internae scrutati viscera terrae."
9 Anstelle solcher Beispiele, welche einen Leser der Chrysopoeia bestimmt beeindruckt hätten, behilft sich Augurelli im zweiten Buch mit dem Mythos des Lynkeus, der kraft seiner Augen die Innereien der Erde durchschauen konnte. Dies ist zwar mit dem Mythos vereinbar, nicht jedoch Gegenstand des antiken Mythos selbst gewesen. Dem Lynkeus bereitet Arethusa dann auch einen Seesturm zur Strafe, daß er mit seinem Superblick bei den Nymphen gespannt hatte, aber erreicht damit nichts, denn weiter schaut sich Lynkeus die Gebirgsformationen von innen an. Das Resultat ist ein irritierter Leser, der sich mehr erwartet hatte und beim besten Willen auch keine allegorische Erklärung in der Erwähnung dieses Lynkeus finden kann.

Metalle erklärt Augurelli mythologisch mit dem Wirken des Argonauten Lynkeus, der sie dank seines Scharfblickes kartographieren konnte; den Fundort des Urmetalls lokalisiert er bei der Grotte der Nymphe Glaura, deren Betreten allerdings die Trennung von Seele und Leib, den Tod, zur Folge haben würde.[10] Der lange Exkurs zum Abbau von goldhaltigem Gestein im zweiten Buch ist fast wörtlich aus der *Naturalis Historia* des Plinius gezogen;[11] die dort geschilderte Technik wurde längst nicht mehr angewendet.[12] Einerseits hatte der Silberbergbau untertage in der Nähe von Innsbruck bei Schwaz zu Augurellis Zeit immense Fortschritte gegenüber der Antike gemacht;[13] andererseits war der Goldbergbau – etwa in den zu Salzburg gehörigen Hohen Tauern, dessen Gold Ende des fünfzehnten Jahrhunderts nach Venedig exportiert wurde – bei weitem nicht so aufwendig, wie bei Plinius für Las Médulas beschrieben, sondern beschränkte sich auf kleine Stollen unterirdisch und oberirdische Goldwäschereien durch die ansässigen Bauern.[14] Auch zum Tauchen nach Perlen wiederholt Augurelli

---

10 Der Name ist vielleicht mit Augurellis Freund zu erklären, dem Humanisten Pomponius Gauricus (1481/82–1530), oder dessen Bruder Luca (1476–1558), beide geboren in Gauro, seit 1501 Studenten in Padua und mit astrologischen bzw. alchemistischen Interessen; die Mutation des Namens in Glaura erklärte sich dann als (petrarkistisches) Spiel mit Begriffen wie: Gloria/Aurum bzw. Laurus/Laura/L'oro.

11 Plin. nat. hist. 33,70–78.

12 Allerdings weiß Augurelli offensichtlich Neues vom Donaugold: Chrys. 2,302ff. (f. e4r): „Ut Istri | Accola felicis saepe illud stirpibus herens | Capreoli in morem nati circundare truncos: | Implicitumque etiam saxis invenit obesis."

13 Franz-Heinz Hye: Stadt und Bergbau in Tirol mit besonderer Berücksichtigung der Städte Hall und Schwaz, in: Das kulturelle Erbe in den Montan- und Geowissenschaften. Bibliotheken – Archive – Sammlungen. 8. Internationales Symposium vom 3. bis 7. Oktober 2005 in Schwaz. Geschichte der Erdwissenschaften in Österreich. 5. Arbeitstagung vom 3. bis 7. Oktober 2005 in Schwaz. Hg. von Tillfried Cernajsek, Wien 2005 (Berichte der Geologischen Bundesanstalt 65), S. 81–89; Gert Amman (Hg.): Silber, Erz und weißes Gold. Bergbau in Tirol. Tiroler Landesmuseum Ferdinandeum (Ausstellungskatalog. Tiroler Landesausstellung in Schwaz, Franziskanerkloster und Silberbergwerk, 20. Mai bis 28. Oktober 1990), Innsbruck 1990.

14 Fritz Gruber: Der Edelmetallbergbau in Salzburg und Oberkärnten bis zum Beginn des 19. Jahrhunderts, in: Schatzkammer Hohe Tauern. 2000 Jahre Goldbergbau. Hg. von Wilhelm Günther, Werner Paar, Salzburg 2000, S. 261f. Die Fugger aus Augsburg hatten 1484 sowie 1489 die ‚Kammer der Judenburger' im ‚Fondaco dei Tedeschi' in Venedig inne; Salzburger Gold wurde in diesem Zeitraum nach Venedig verkauft: Karl-Heinz Ludwig: Gold und Edelmetall in der europäischen Montangeschichte unter besonderer Berücksichtigung des Erzstifts Salzburg, S. 89–112, hier S. 102; der Verkauf nach Venedig endete 1501: Christoph Mayrhofer, Peter F. Kramml: Empfang ich aus der Minz ... Zu Münzprägung und Bergbau in Salzburg von 1400 bis 1600, S. 157–167, hier S. 160, beides in: Das Tauerngold im europäischen Vergleich. Archäologische und historische Beiträge des Internationalen Kongresses in Rauris vom 7. bis 9. Oktober 2000. Hg. von Gerhard Ammerer, Alfred S. Weiß, Salzburg 2001.

‚seinen Plinius' selbst dort, wo er vom ominösen Muschelkönig schreibt;[15] über den Export und Import indischer Perlen erfährt der Leser allerdings nichts, noch viel weniger von etwaigen Perlen aus der Neuen Welt. Von der Gewinnung der Rohstoffe hatte Augurelli also keine über das Oberflächliche hinausgehende Kenntnis; er hatte auch offensichtlich kein Interesse, sein aus Plinius gewonnenes Wissen zu aktualisieren.

Dagegen kann er sich in der Vier-Elemente-Theorie sicher bewegen und auch innerhalb der Alchemie eine bestimmte Lehre gegen andere vertreten. Dies ist Gegenstand der jeweils ersten Hälften des ersten wie zweiten Buches: Augurelli weist in einem theoretischen Teil zuerst nach, daß auf dem Boden der derzeit gültigen Physik eine Transformation der Elemente denkbar ist; er nimmt einen *Spiritus* auch in den mineralischen Dingen an, der durch alchemistische Behandlung eine Fortpflanzung vollziehen kann; er nennt Beispiele für unglaubliche Transformationen, etwa aus dem Tierreich die Metamorphose der Raupe zum Schmetterling. Im zweiten Buch verfolgt Augurelli zuerst teils mit satirischer Ader die gescheiterten Versuche, Alchemie unter Verwendung abseitiger Materialien zu betreiben; er setzt sich dagegen für das Prinzip des *Simile* ein, also die Gewinnung und Bearbeitung eines verwandten, aber philosophischen Urmetalls: während alchemistische Autoritäten wie Ps-Lullus hierin den Mercurius, das Quecksilber, identifizieren, nennt Augurelli das Gold selbst. Dies aber ist nur eine Frage des Vokabulars, denn gemeint ist nicht das uns bekannte Element, sondern sein philosophisches Gegenstück, das Urmetall.

Trotzdem hat man – besonders im gewesenen Jahrhundert – ihm unterstellt, daß er vermutlich nie das Studio eines wirklichen Alchemisten gesehen haben mag, und zeugt die berühmte Anekdote, auf seine Widmung habe er vom Papst eine leere Börse erhalten, daß es ihm auch bei einer Vielzahl von zeitgenössischen Lesern nicht gelungen ist, sich als Sachverständigen zu profilieren. Dies liegt nicht daran, daß es ihm an Quellen mangelte: neben Ps-Lulls[16]

Zum Tauerngold auch: Wilhelm Günther, Werner Paar: Schatzkammer Hohe Tauern, Salzburg u. München 2000. Das Versiegen der Goldquelle Venedigs 1501 könnte mit ein Motiv für Augurelli gewesen sein. Weiter von Augurelli erwähnt wird Seifengold aus dem Donaugebiet, Chrys. 2,303–306: „[...] ut Istri | Accola felicis saepe illud stirpibus haerens | Capreoli in morem nati circundare truncos, | Implicitumque etiam saxis invenit obesis." Ungarngold war im Rahmen der europäischen Produktion der bedeutendste Sektor im sechzehnten Jahrhundert.

15 Plin. nat. hist. 9,104–124, hier 111: „quidam tradunt sicut apibus, ita concharum examinibus singulas magnitudine et vetustate praecipuas esse veluti duces, mirae ad cavendum sollertiae."

16 Raimundi Lulli Majoricani Testamentum ultimum angelorum [...] aus dem Digitalisat: BSB Clm 10493, Druck ohne Jahr (siebzehntes bis achtzehntes Jahrhundert). Augurellis Behauptung, mit einem Korn einen ganzen Ozean tingieren zu können (3,670–674): „Illam

Testamentum Ultimum Secretum Angelorum ist es sogar eine lokale Größe aus Treviso, die nach jüngerer Forschung zwei verschiedene Personen repräsentiert: Bernard oder Bernhard von Trevisan, der – wenn man sie als eine Person liest – ebenfalls die These aufgestellt hatte, daß Gold sich lediglich durch ein *Simile*, den philosophischen Mercurius, herstellen lasse.[17] Zumindest von der

---

adeo interdum priscis auctoribus auctam, | Ipsius ut tenui proiecta parte per undas | Aequoris, argentum si vivum tum foret aequor, | Omne vel immensum verti mare possit in aurum." Vergleiche mit Ps-Lull, Test. Ult. 4,9 (S. 141B): „Si igitur acceperis unam parvam guttam de illo sive albo sive rubeo ad quantitatem unius grani cannabis vel ciceris, et etiam, quantum et granum milii et illum proieceris super millies mille partes argenti vivi vulgi, dico, quia illum transmutabit in aurum et argentum secundum qualitatem medicinae melius minerali ictu oculi sine ignis iuvamento, sed solo odore illius, et facit, sicut oculus basilisci aut fulgur, quod omnia permutat in istud, et permeat in profundum, sicut aliquando visum fuit consumpsisse nummos in crumena sine laesione illius, aut ensem vagina illaesa contrivisse, sic iste carbunculus penetrat in profundum mercurii et metallorum et illa convertit in suam naturam solo tactu et odore. [...]" Im Folgenden behauptet er, dies selbst in Anwesenheit des englischen Königs getan zu haben, und geht dann über auf den Bau des Alchemistenofens (wie Augurelli die *Cucurbita* beschreibt). Das Werk ist nur handschriftlich überliefert, und zwar von der Mitte des fünfzehnten Jahrhunderts an und schwerpunktmäßig in Florenz zu finden. Auch untersucht, aber ohne Ergebnis: Bibliotheca Chimica Bd. I: Testamentum 707–762; Pars Practica 763–777; Novissimum: 790–805.

17 Zur Person: Joachim Telle: Lexikon d. Mittelalters 1 (1980), Sp. 2005–2006; im Folgenden wird keine Trennung der beiden Autoren gemacht, da mutmaßlich Augurelli eine solche nicht bewußt war. Text aus: Johann Jacob Mangetius: Bibliotheca Chemica Curiosa, Genf 1702, Bd. 2, hier: Bernard von Trevisan, Liber de Secretissimo Opere Chemico ... item Responsio ad Thomam, S. 388–399 u. 399–409. Zur Ablehnung einer Vielzahl von Ingredientien: Bern. Trev. De Secretissimo, Bd. 2, 392A: „Suadeo, ut alumina, vitriola, salia et atramenta omnia, boraces, aquas fortes, animalia et omne quod ex eis provenit, crines, sanguinem, spermata, carnes, ova, lapides, et mineralia quaeque relinquas, pariter et metalla sola." Zur daraus abgeleiteten ‚Nur-Quecksilber'-Lösung (S. 393A über den *Spiritus*): „His verbis itaque Geber concludit, ad hunc pretiosum lapidem nullo alio opus esse, quam sola substantia Mercurii per artem optime mundati, penetrantis, tingentis, stantis in praelio adversus ignem, et ni diversa separari se non permittentis, ac semper in sola sua Mercuriositatis substantia constantissime persistentis, tum demum (inquit) coniungitur metallis in profundo radicaliter, formam ipsorum corrumpendo ac aliam introducendo iuxta virtutem et colorem elixiris, aut medicinae tingentis." Daß Augurelli Ps-Geber also selbst gelesen habe, ist – wie diese Stelle zeigt – nicht zwingend, da sich seine Quellen namentlich auf Geber als den „Erz-Alchemisten" bezogen haben konnten. Zur Wirkung des Steins: Bernard, De Secretissimo 390B: „Corpore vulgaria, per naturam solam in mineris absoluta, sunt mortua, ut imperfecta perficere nequeant, verum si per artem ad septenam, denam vel duodenam suae perfectionis multiplicationem adducantur, eatenus tingunt ad infinitum [...]." So auch der Autor der Responsio, Bernard, Ad Thomam responsio, Bd. 2, S. 399B: „Similiter argentum vivum est omnium metallorum materia." Daß der Alchemist bewußt Falsches schreibe, siehe unter anderem in Bernard, Responsio, 407B: „Oportet autem te intelligere quod Geber summa prudentia et miro artificio veritatem sub velamine

jüngeren dieser beiden Personen, deren Werke auf Französisch wie Lateinisch überliefert sind, scheint die Biographie eine Fiktion zu sein, denn sie soll 1452 Italien für eine umfangreiche alchemistische Reise verlassen haben; ihr soll dann – nachdem alle Versuche jämmerlich mißlangen – 1481 das *Magisterium* auf Rhodos gelungen sein, wo sie 1490 gestorben sein soll. Der Gedanke ist verführerisch, daß Augurelli hier genauere Informationen gehabt haben könnte, und daß der fiktionale, teils satirische Charakter der Autobiographie zu den satirischen Elementen in der *Chrysopoeia* beigetragen habe.

So mit der Theorie ausgestattet, hätte es Augurelli eigentlich gelungen sein müssen, die Wirksamkeit der Alchemie wahrscheinlich zu machen, zumal er im zweiten Teil des ersten Buches auf Adepten verweisen kann, denen die Transformation in Gold tatsächlich gelungen wäre: er nennt den Erzalchemisten, Raimundus Lullus, dem 1380 – und damit natürlich postum – das *Magisterium* in Mailand gelungen sein soll; aus dem eigenen Umfeld Padua kann er möglicherweise aus Experimenten des postum mit dem Tode bestraften Petrus von Abano zitieren: zerbrochene Gefäße als Relikt einer gelungenen Transmutation zu Silber. Und schließlich verweist er auf ein alchemistisches Experiment, an dem er persönlich teilgenommen hätte.[18]

Von der Theorie der Alchemie hat Augurelli also Kenntnis; auch scheint er bei zumindest einem Experiment zugegen gewesen zu sein; den ganzen Ablauf hat er aber – naturgemäß – nicht verfolgen können und kann ihn deswegen auch nicht anschaulich berichten. Die alchemistischen Werkzeuge jedoch kennt er und widmet ihnen gelegentliches Interesse: im zweiten Buch erklärt er den Aufbau und die Wirkung des sogenannten „Pelikan", eines Kolbens zur zirkulierenden Destillation, der hierfür zwei hohle Henkel aufweist. Im dritten widmet er sich dem vierteiligen Set zur gewöhnlichen Destillation, das – im Unterschied zur Retorte – eine gesonderte Halbkugel oder Helm mit Tülle, Abflußrohr oder Schnabel namens Alembik aufweist, die den Dampf aus dem nach dem Kürbis

---

occultat, multas obscuritates aut falsitates intermiscens, quas inscii prima fronte existimant veritatem esse [...]." Das Verbergen und Mitteilen alchemistischer Informationen unter allegorischem Mantel findet sich bei Bernard, De Secretissimo, 397B–398B, wo die fiktive Erzählung des Autors, welcher sich an einer Quelle findet und auf den sog. Goldenen König wartet, ganz ähnlich zu der Glaura des Augurelli wirkt. Die Passage konnte auch eine mögliche Inspiration zur Verfassung des Einzelgedichts Vellus Aureum gewesen sein, das sich bereits unter den 1505 in Venedig veröffentlichten Gedichten Augurellis findet.

18 Chrys. 1,557–571. Petrus d'Apona/de Abano 1250/57–1316, seit 1306/07 an der Univ. Padua Lehrstuhl für Medizin. Die Annahme, er habe reges Interesse an der Alchemie gezeigt, stützt sich allerdings wohl nur auf den Vorwurf der „Magie", der ihm in den Anklagen von 1300 und 1306 gemacht wurde.

Cucurbit genannten Kolben auffängt und weiterleitet zum Auffanggefäß. Ihn interessiert dabei besonders das Material des Cucurbiten, welches die hohen Temperaturen des Alchemistenofens Athanor aushalten muß. Der hier zu verwendende Stoff setzt sich nach Augurellis offensichtlich unvollständiger Liste zusammen aus mindestens spanischer Soda, welche Venedig zur Glasherstellung importierte, weißem Ton und damit möglicherweise Kaolin, Fango – das heißt Naturlehm aus dem Fluß Abano bei Padua, und schließlich vermutlich Alabaster. Hieraus läßt sich Glas herstellen, wie es bei vielen noch erhaltenen alchemistischen Kolben auch dokumentiert ist,[19] aber auch Fritte, wie man sie für Keramik wie Majolika und Fayence braucht.[20] Weiter interessiert Augurelli ein Präzisionsmeßgerät, das sogenannte *Templum*: es handelt sich um eine Goldwaage, die der Reinlichkeit halber in eine Glasvitrine eingeschlossen wird. Soweit die Instrumente. An den Ingredientien, den Reaktionsmaterialien interessiert Augurelli vor allem, daß traditionelle Zutaten wie Wein, Eier, Kräuter, auch solche zur Reinigung des Schwefels wie Natrum, Salze, auch Aquavit überflüssige, ja verunreinigende Beitaten sind, auf die man verzichten könne. Hierin folgt er der *Simile*-Theorie des Bernard von Treviso, und zwar gerade der satirischen Episode seiner Autobiographie, in welcher vergebens Versuche mit den vermeintlich absurdesten Materialien, darunter Menschenblut und Urin, erwähnt werden.[21]

Durchaus aber hätten, so Augurelli nun neu, Produkte wie der Tresterschnaps einen Eigenwert, nur hülfen sie nicht bei der Goldtransformation. Ferner interessieren ihn auch Stoffe und Produkte, die nicht direkt zur Goldtransformation dienen, sondern zur gewöhnlichen Goldgewinnung: neben dem eher fabulösen Merkurialwasser etwa das zur Trennung von Silber und Gold entwickelte Scheidewasser und das Auripigment, aus welchem laut Plinius Caligula habe Gold herstellen wollen,[22] das gewöhnlich aber in der Malerei als Goldfarbe verwendet wird. Wenn auch nur als Gleichnis, so interessiert ihn auch das sogenannte Safrangelb, da es die Wirkung des Philosophensteins illustrieren könne, mit wenig Ausgangsmaterial – hier also dem gelbfarbenen Safran – eine ungeheure Menge zu tingieren – hier natürlich neben dem einfachen Wasser die Lösung in Eigelb oder Öl zum Farbpigment

---

19 Dazu https://www.archaeologie-online.de/artikel/2008/alchemistische-gefaesse/ (besucht 03.06.2019): Peter Kurzmann: Aus der Küche ins alchemistische Laboratorium.
20 Zum Dichtbrennen war beim Niedrigbrand eine Lasur nötig; dies war die Fritte. Zu Venezianer Glas aus archäologischen Funden vgl. Carl Pause: Spätmittelalterliche Glasfunde aus Venedig, Bonn 1996.
21 Wie Anm. 17, Bernard, De Secretissimo, Bd. 2, 392A; Dazu. Chrys. 2,42–44. „Nec varias specie res admiscebit, et uni | Quodcunque obstiterit iunctum, procul inde movebit. [...]" 48–50: „Quid levis humano missus de corpore sanguis? | Quid lapsi e rosea flavi cervice capilli? | Ova quid et lectae summis in montibus auro?"
22 Plinius nat. hist. 33,4.

Safrangelb.[23] Und – ganz bemerkenswert – interessiert ihn auch die Möglichkeit, den Prozeß des Dicklegens von Milch ohne Lab in Gang zu setzen: die Beschreibung paßt möglicherweise auf die Herstellung von Ricotta oder Zigher, Frischkäse, die durch Erhitzung von Süßmolke unter Beimischung von Milch gewonnen werden.[24]

Augurelli kümmert sich also auffällig um Verfahrenstechniken, Instrumente, Industrien; sie sind keineswegs zufällig. Nicht die Silberbergwerke von Schwaz noch die Goldminen der Hohen Tauern finden sein Interesse, sondern jene Industrien, die zu seiner Zeit im Dreieck zwischen Rimini, Venedig und Treviso europaweit führend ausgeübt wurden. Grappa, Glas, Farbpigmente – dies waren Schlüsselbereiche der Venezianer Technologie, die noch den Untergang des Kolonialreiches überlebend im neunzehnten Jahrhundert führend blieben.[25] Und so ist es auch für die folgenden Beispiele, die nicht mehr eng mit der Goldtransformation in Verbindung stehen.

Bekanntlich dient das Elixier nicht nur als Universalmedizin, sondern wäre auch in der Lage, mattgewordene Perlen wieder zu verjüngen. Hiervon ausgehend widmet sich Augurelli im dritten Buch lange der natürlichen Gewinnung von Perlen, um über ihre künstliche Gewinnung durch das Elixier schließlich auf Glas- und vermutlich auch Schmelzperlen überzugehen. Venezianer Perlen waren ein hochgefragtes Produkt, das insbesondere im Afrikahandel Verwendung fand; die Insel Murano war Ort ihrer Herstellung, welcher von den Produzenten nicht einfach verlassen werden konnte, so geheim waren die Prozesse. Die Universalmedizin hingegen, Objekt so vieler Hoffnungen, interessierte Augurelli nicht.

Daß Venedig als Seemacht Interesse an nautischem Wissen hatte, erklärt wohl die lange Erwähnung des Magnetsteins, gar des sagenumwobenen Magnetbergs; vielleicht allerdings auch, weil er nach Georg Agricola zu den Rohstoffen des Kristallglases zählen sollte.[26] Den Kompaß und die Permanentmagnetisierung,

---

23 Chrys. 2,492ff.: „Utque croci exiguus pura flos sparsus in unda | Immodicum grato diffundit odore colorem | Plurima sic agitans contracto in pulvere virtus | Obvia percurrit liquidi loca cuncta Metalli."

24 Chrys. 2,475–479: „Ac veluti modicus, si forte coagula desint, | Caseus extemplo lympha resolutus et igni | Adstringit plena liquidi mulctraria lactis, | Cogit et alterius lac in se vertere formam: | Sic argenta sacer pulvis liquentia sistet." Zur Erklärung nehme ich an, ‚modicus caseus lympha resolutus' bedeute Molke = Serum.

25 Hier allgemein: Gino Luzzatto, Storia economica di Venezia dall'XI al XVI secolo, Venedig 1961, Nachdruck 1995. Franco Brunelli: Arti e mestieri a Venezia nel medioevo e nel rinascimento, Vicenza 1981.

26 So Georg Agricola, De re metallica 12, Ende; der Gedanke nach Plinius 36,66. Tatsächlich wurde Braunstein (Pyrolusit) verwendet. Kompaß = klappbare Sonnenuhr, die einen Kompaß

eigentlich ein für sein Vorhaben analoges Verfahren, nennt Augurelli ebenfalls nicht: geschah dies, weil Zentrum dieser ebenfalls jungen Technologie Nürnberg war und nicht Venedig? Daß Augurelli jedenfalls die Verwandlung in Gold mit der Metamorphose eines Schmetterlings vergleicht, ist nachvollziehbar; daß er aber statt eines europäischen Schmetterlings ausgerechnet die Seidenraupe *bombyx* nennt, erklärt sich nur über die Venezianer Seidenindustrie, die soeben in einem Lehrgedicht des mit Augurelli bekannten Marco Girolamo Vida gefeiert wurde.[27] Auch für die Glasherstellung der Antike interessiert er sich, allerdings im Rahmen des Verbots der Weitergabe von Technologie: wie Tiberius den Erfinder eines unzerbrechlichen Glases hat vorausschauend umbringen lassen,[28] und wie Diokletian einen Feldzug nach Ägypten führte, um alchemistisches Wissen zu unterdrücken.[29]

Und schließlich die bildende Kunst: im Sinne der Metallkunde ist es naheliegend, einen Bronzegießer hervorzuheben, der mit vermutlich alchemistischer Hilfe besondere Resultate erzielt. Augurelli nennt Andrea Briosco il Riccio, einen lokal bekannten Künstler, und vergleicht ihn mit dem antiken Myron.[30] Aber kein Detail deutet auf eine direkt mit der Alchemie verbundene Innovation. Auch die Kunst, Bronzekanonen zu gießen, scheint er wichtiger zu nehmen als das – im Rahmen alchemistischer Nebenprodukte erwähnenswerte –

---

enthielt. Hier vgl. Friedrich Bradhering: Kurze Geschichte des Schiffskompasses. In: Sechzehnter Jahresbericht [...] zu Magdeburg, Magdeburg 1902; Die Kompaßmacher aus Nürnberg und Fürth, die Gilde der Kompaßmacher wurde allerdings erst 1510 gegründet; Erhard Etzlaubs (1460–1532) erste erhaltene Uhr datiert auf 1511. Aus Nürnberg stammende Sonnenuhren waren auch in Italien begehrt; Venedig war dagegen kein Zentrum der Produktion.

27 Nach dem aus Verg. Georg. 4 gezogenen Beispiel mit dem Stieropfer für den Bienenstaat dann sofort Chrys. 1,183–187: „Multus tenero sub pectore bombix | Palpitat et lecta nutritus fronde virentis | Dehinc mori, tenuis texto se velleris orbe | Implicat, ac tandem pedibus munitus et alis | Papilio de verme pedes volitansque recedit." Vida hatte Augurelli in mehreren Gedichten gelobt und war umgekehrt von ihm auch dichterisch gelobt worden. Sein *De bombyce* entstand um 1505.

28 Chrys. 3,450–452: „Caverat hac princeps re forsan Claudius una | Flexibile ut fieret mirando examine Vitrum: | Detraheret nequid precia olim imposta Metallis." Gemeint ist Tiberius Claudius Caesar; die Nachricht aus Plinius nat. hist. 36,195.

29 Siehe: Chrys. 3,453–457: „Vidit idem inferior longo post tempore Caesar | Ipse etiam fortasse, artis cum perdere tantae | Artifices voluit, iussitque exurere librum | Multorum aggestum cumulum, dum forte peragrat | Milite composito Aegypti ditissima regna: | [...]." Quelle ist hier ‚Suidas' s.v. *Chemeia*.

30 Plin. nat. hist. 36,32: berühmt wegen seiner Bronzen; Brios(c)o 1479–1532, geb. Trento, lebte in Padua; war besonders berühmt für kleine Bronzen und Gemmen, die antike Themen aufnahmen oder sogar neu verwirklichten. Von besonderer Schmelztechnik, etwa Vergoldung durch Brennen, habe ich allerdings nichts in Erfahrung bringen können.

Pulver selbst, geht aber wiederum nicht in Details. Weiter zu führen scheint die Erwähnung eines Malers, Giulio Campagnola, der uns heute vor allem als innovativer Kupferstecher durch seine Sticheltechnik bekannt ist. Dieser Giulio Campagnola könne, nach Augurelli, mit Farben jede mögliche Wirkung erzielen; im Folgenden beschreibt er die Herstellung eines künstlichen, blauen Farbpigments zum Ersatz der Rohstoffe Lapislazuli oder Azurit. Die Herstellung künstlicher Pigmente lag in den Händen von Spezialisten, zumindest in einer Stadt wie Venedig; umgangssprachlich wurden sie als Alchemisten bezeichnet. Bei Vasari heißt es deshalb in aller Selbstverständlichkeit,[31] es gäbe zwei Arten von Farbpigmenten: „i quali son fatti parte da gli alchimisti e parte trovati nelle cave." Dies hat in der Forschung zur Annahme geführt, Augurelli hätte für Campagnola persönlich Pigmente für die Farbe Blau hergestellt;[32] im Unterschied zur Goldgewinnung, die er nach Plinius beschreibt, müßte Augurelli deswegen um detailliertes Wissen zur Herstellung von Farbpigmenten verfügt haben. Leider ist diese Verbindung vorschnell konstruiert worden: Augurelli sagt nirgendwo, daß Campagnola dieser speziellen Farbe besonders bedürftig sei, wenn er die Herstellung seines meerblauen Pigments beschreibt, und sein Pigment ist dazu noch alles andere als innovativ.

Ein intensives Blau ist die ärgerlichste Farbe der Malkunst für lange Zeit gewesen; das hierfür benötigte Pigment gehörte zu den Grundstoffen, die der Auftraggeber zur Verfügung stellen mußte; Lapislazuli und Azurit aber waren immens teuer.[33] Augurelli rät deshalb zu einem Pigment, das künstlich hergestellt werden muß, indem man von *flavum aurum,* also von Gold, kleine Späne abschabt, sie in Essigsäure fallen und dieses dann in organischem Abfall fermentieren läßt. Dies

---

31 Giorgio Vasari, Le Vite de' più eccelenti architetti [...], edizione Firenze 1550, Luciano Bellosi, Aldo Rossi (Hg.), 2 Bde., Torino 1991, hier: Bd. 1, S. 67: Introduzione – Pittura, cap.xx: „E toglievano per quelle tavole i colori ch'erano di miniere, i quali son fatti parte da gli alchimisti e parte trovati nelle cave."
32 Giulio Campagnola, Padua 1482–ca. 1515; vgl. Eduard A. Safarik: Campagnola, Giulio. In: Dizionario biografico degli italiani, Bd. 17, Roma (Istituto dell'Enciclopedia Italiana) 1974 = http://www.treccani.it/enciclopedia/giulio-campagnola_(Dizionario-Biografico)/ (eingesehen: 14.06.2019).
33 Hoch wertvoll war und ist der aus Afghanistan stammende Lapislazuli, der noch heute in einem Prozeß von mehr als 40 Arbeitsgängen zur Farbe Ultramarin hergestellt werden muß, davon viele mit denen der Alchemisten korrespondieren; aber auch die preiswertere Alternative, Azurit, war immer noch hinreichend teuer und hieß in der Antike vom Herkunftsort *Armenius lapis*; zu Augurellis Zeiten wurde er vor allem aus Ungarn importiert. Erst Anfang des achtzehnten Jahrhunderts konnte Azurit zufriedenstellend durch das synthetische Preußischblau ersetzt werden; im fünfzehnten Jahrhundert verwendete man hierzu das sogenannte „künstliche Kupferblau", auch „blauer Grünspan" genannt.

Verfahren wird schon von Plinius überliefert und nach ihm auch mitgeteilt;[34] allerdings handelt es sich natürlich nicht um Gold, sondern um Kupfer oder Bronze: eben das erwähnte „künstliche Kupferblau". Dies ist auffällig, wenn es denn richtig ist, daß der Autor der *Chrysopoeia* zwar wenig von Metallurgie, viel jedoch von der Herstellung der Farbpigmente wisse: warum sollte er da gerade in einer so elementaren Sache irren?

Natürlich kann ein Alchemist, der wie Augurelli der Meinung ist, alle Metalle seien letztlich Abarten von Gold, auch Kupfer Rotgold, *flavum aurum,* nennen;[35] es ist aber irreführend, da es in der *Aeneis* (1,592–593) eindeutig als richtiges Gold verwendet wird, während das erwartete Wort *aes* alles andere als unpoetisch klänge und hätte gebraucht werden können. Man darf deswegen nicht ausschließen, daß Augurelli hier ein Spiel mit dem Leser treibt, und der Leser zwar vom Grünspan zu hören bekommt, aber an ein ganz anderes Pigment denken soll, ja vielmehr an eine ganze Reihe von Pigmenten in verschiedenen Reinheitsgraden. Als Ersatz für Ultramarin kam beispielsweise Zaffer in Frage, das aus Deutschland importiert in Italien zu Smalte weiterverarbeitet wurde.[36] Der Einsatz von Smalte wird schon für die erste Version der Felsgrottenmadonna von Leonardo da Vinci diskutiert, ein Werk, das derzeit in Mailand befindlich sein mußte: da ist es vielleicht nicht zufällig, daß bei allen virgilischen Beitaten die Beschreibung der Grotte der Glaura, in der sich das Urmetall finden solle, von zumindest demselben Bildtypus beeinflußt wird, der höhlenähnlichen Felsgrotte. Wenn Augurelli also vom Grünspan schreibt und seine Herstellung verfälscht, dann soll der Leser allgemein an neue Verfahren zur Herstellung moderner Pigmente denken, deren Technik jedoch nicht verraten werden darf.[37]

---

34 *Viride Hispanicum, aerugo,* hier Plin. nat. hist. 34,110–115.

35 Rotes Gold: Aen. 1,592–593. Ähnlich Chrys. 1,98: *flavo auro* hier Kupfer.

36 Das sogenannte Kobaltblau. Auch dies war ursprünglich ein teurer, aber schon lange bekannter Rohstoff (Cobalt(ii)-oxid), den zu ersetzen es allerdings im späten fünfzehnten Jahrhundert gelang durch die künstlichen Pigmente Zaffer und die daraus hergestellte Smalte. Der Name des ersteren verrät schon den Venezianer Ursprung, denn es handelt sich um eine dialektale Variante des Zaffiro, Saphirs. Seit der Mitte des sechzehnten Jahrhunderts wurden Zaffer wie Smalte vor allem in Venedig hergestellt, aber schon für die erste Version der Felsgrottenmadonna von Leonardo, also um 1485, wird die Verwendung von Smalte diskutiert. Der Felsgrottenmadonna ähnelt Augurellis Beschreibung der Grotte der ‚Glaura' sehr: dachte Augurelli konkret an dieses Bild? Allerdings ist die Grottenbeschreibung eine Imitation aus Vergil Georg. 4,333–385 im Aristaeos-Epyllion.

37 Deshalb keine ausdrückliche Erwähnung der Smalte, und deshalb auch ein Fehlen der künstlichen Herstellung des Zinnobers, das eigentlich als Zusammensetzung von Schwefel und Quecksilber hochinteressant für die Arbeit eines Alchemisten hätte sein müssen. Auch

Hier sind wir an einem Punkt, den Augurelli ausdrücklich thematisiert und auch bejaht: ja, er würde bisweilen mutwillig Falsches schreiben, um die wahre Alchemie zu schützen – hier also Gold statt Bronze wie vorher Gold statt Queck-silber.[38] Natürlich könnte dies strenggenommen nur für die Goldtransformation im engen Sinne gelten; so dient es der Immunisierung des Alchemisten vor Kritik. Ich nehme aber trotzdem an, dies gilt auch, ja vielmehr vor allem, für Betriebsgeheimnisse der Venezianer Technologie.[39]

Wenn man nämlich überblickt, was Augurelli so *en passant* an Themen streifte, die sich locker an die Alchemie andocken lassen oder tatsächlich mit ihr in Verbindung stehen, so wird deutlich, daß seine Nachahmung der *Georgica* Vergils tiefer geht, als zuerst vermutet.[40] Die vier Bücher der *Georgica* widmen sich ja nicht einer globalen Landwirtschaftskunde, auch nicht irgendeiner Landwirtschaft. Sie behandeln die ideale Wirtschaft eines idealen Italiens zu einem Zeitpunkt, als Unmengen von Veteranen zu freien Bauern werden sollten. Augurellis *Chrysopoeia* behandelt nicht irgendwie die Stoffe, welche unter der Erde liegen, noch speziell nur das *Opus Magnum*. Vielmehr treten, assoziativ, aber auch gedrängt im Exkurs, Spitzentechnologien des Staates Venedig hervor, mit denen er seinen Reichtum und seine Macht begründet. Manche nennt Augurelli offen – so die Glasproduktion von Murano –, manche eher geheimnisbewahrend – so die Farbpigmentindustrie –, und schließlich manche nur am Rande, im Gleichnis etwa wie die Seidenraupe.

Zinnober wurde in Venedig spätestens seit der Mitte des sechzehnten Jahrhunderts industriell im Trockenprozeßverfahren hergestellt; das Verfahren war schon den arabischen Alchemisten bekannt gewesen und kam ursprünglich aus China; vielleicht wurde es zu Augurellis Zeiten in Venedig noch als Betriebsgeheimnis geschützt.

38 Chrys. 3,478–490: „Ac nonnulla etiam (quod parce nos tamen ultro | Fecimus) interdum sparguntur falsa, neque illic | Omnia praecipue credas tibi vera referri, | Ars ubi secretos duci tentatur in usus, | Atque ubi, quo pacto sese experientia promat, | Prodimus addicti perplexae legibus artis. | Quin ubi Naturae vires aperimus, et artem | Illius asseclam decernimus, atque ubi primum | Esse hanc, mox quae ea sit, ostendimus, omnia passim | Vera tibi porro occurrent magis, Et magis inde | Omnia percipies, quae sunt ducenda sub usum, | Quam illinc, artis ubi nos modus ipse doceri | Est visus, nostroque patens fieri documento."

39 Auch bei der Herstellung des Cucurbiten aus spanischer Soda, Ton und Lehm hatte Augurelli an Venezianer Verfahren zur Glasherstellung erinnert. Augurellis offensichtliche Kenntnis von Verfahrenstechniken der Alchemie, die im Unterschied zum *Opus Magnum* erfolgreich, wiederholbar und gewinnbringend waren, halte ich für den eigentlichen Gegenstand des Werkes, das die Goldtransformation lediglich zum Leitmotiv hat.

40 Anstelle des eigentlich in einer Liste der durch Alchemisten erfundenen Nebenprodukte unverzichtbaren Schwarzpulvers nennt Augurelli in Chrys. 3,329–336 offensichtlich nur eine speziell konstruierte Kanone.

Aber gerade Letztere zeigt, daß es dem Verfasser um mehr geht als nur ein alchemistisches Lehrgedicht: es ist gleichzeitig, ja vielleicht vornehmlich, Lob seiner Heimatregion in Gestalt ihrer herausragenden Tugend – der Erfindung und Umsetzung von Erfindungen. Diese sieht er nicht in der Instrumentenherstellung – sonst hätte er durchaus die Druckerkunst nennen müssen –, auch nicht im Handel – sonst kämen die Ursprungsorte der Rohstoffe mehr zum Tragen –: es ist also nicht die Stadt Venedig selbst, der sein Interesse vornehmlich gilt, sondern dem unter Venedig stehenden Umfeld, von wo die Produktion erfolgt: die Insel Murano, sicherlich das Gebiet um die Stadt Faenza, nicht zuletzt seine eigene Diözese Treviso. In der Verfahrenstechnik, dem Verwandlungsprozeß von Sand zu Glas, von Bronze zu blauem Pigment – also der Alchemie im weiteren Sinne – liegt Augurellis Interesse. Diesen Prozeß möchte er nicht in den Händen von einfachen Handwerkern sehen, sondern von Spezialisten kontrolliert, die an seiner Optimierung ständig arbeiten sollen.

Der Begriff Alchemist ist ein weitgefaßter; unter ihn fallen alle, die mit für die Alchemie typischen Verfahren – etwa der Destillation – produzieren. Als den reinsten Ausdruck dieser Arbeit hat Augurelli, vielleicht im Rahmen neuplatonischer Spekulationen, die Transformation von unedlem Gold, Quecksilber, zu lauterem Gold gewählt. Das *Opus Magnum*, Optimum der Optimierung, das möglicherweise nie erreicht werden kann, nicht aber aus den Augen verloren werden darf, ist das Leitmotiv seines Gedichtes, da dies erklärtermaßen der letztliche Zweck aller alchemistischen Forschung ist.

Dieses – im Rahmen der naturwissenschaftlichen Vorstellungen jener Zeit vollkommen realistische – Ziel, seine Arbeitsschritte und seine Arbeitsethik entsprechen dem neuen Typus des Ingenieurs und Verfahrenstechnikers sozusagen emblematisch im Bild des Alchemisten und lassen sich deutlich leichter poetisieren als die jeweils eigenen Schritte zur Herstellung von Kristallglas und Fayence, Schmelzperlen oder Smalte, granuliertem Pulver und dem Scheidewasser. Es steht aber stellvertretend für all die neuen Techniken, gelingt es dem – sozusagen modernen, neuzeitlichen – Alchemisten doch, einen Rohstoff durch eine Reihe von Prozessen, die jeweils nicht durch abergläubische Ingredientien wie faule Eier verunreinigt sind, so zu veredeln, daß ein gänzlich neuer daraus geworden scheint. Hier sieht Augurelli den Unterschied zu früheren Techniken. Er ist nicht den Unwägbarkeiten eines traditionell überlieferten Prozesses unterworfen, der sich allerdings chemische Prozesse dienstbar machte, die damals noch nicht hätten verstanden werden können. Dagegen ist der neuzeitliche Weg ein innerhalb des physikalischen Modells verständlicher. Zumindest dem Anspruch nach ist der Vorgang überschaubar, wiederholbar und durch ein weiteres Experiment überprüfbar; machbar allerdings wäre er nur, wenn das physikalische Modell stimmte.

Hier kann auch ein Teil der Erklärung dafür gesucht werden, warum Augurelli sich selbst bewußt der Lüge bezichtigt. Zu einem gewissen Maß war dies zwar Konventionen der alchemistischen Literatur geschuldet, aber tatsächlich realisierte chemische Prozesse, mit denen die Farbindustrie Venedigs ihre hohen Preise rechtfertigen konnte, dürften einer besonderen Geheimhaltung unterlegen haben. Smalte aus Murano wird, neben der flämischen Smalte, einen besonders hohen Preis erzielt haben; spätestens 1508 ist das Pigment in der Venezianer Malerei nachgewiesen; Venezianer Kaufleute, die *Vendecolori*, nahmen verschiedene Sorten in ihr Lager und unterschieden zwischen Massenware (peso grosso) und Qualitätsprodukt (peso sottile):[41] Kein Wunder, wenn ein Dichter wie Augurelli zwar die Produkte kennenlernen konnte, nicht aber Einzelheiten ihrer Herstellung.

Schon daß Augurelli in die Feinheiten eines jeden Prozesses eingeweiht war, dürfte unwahrscheinlich sein; daß er ihn auch noch einem Publikum mitteilen wollte, das hieraus seinen eigenen Gewinn ziehen mochte und den Venezianer Fachleuten ihr Monopol entreißen könnte, wird wohl ausgeschlossen sein. Während das Fachwissen allerdings leicht ersetzt werden konnte durch Mythen, Geheimniskrämerei und antikes, veraltetes Wissen, steigerte der Ersatz auch noch ihren poetischen Wert und schloß das Werk Augurellis noch enger an die Werke Vergils an: wie dieser im sechsten Buch der Aeneis, so kann auch er sich rühmen, aus der Elfenbeinernen Pforte herausgekommen zu sein.

Aber das sind letztendlich auch nur bekannte, dem antike-affinen Leser liebe Bilder für einen durch sie repräsentierten, zeitgemäßen und ganz neuartigen Zustand: zum ersten den des Stadtstaates Venedig, dessen Schlüsseltechnologien sich herausarbeiten ließen. Zum nächsten einer Technologie der Reinheitsgebote, deren Rezepte auch nachvollziehbar wären, und gerade deshalb geheimnisvoll gehütet werden müssen. Und endlich manifestiert sich hier schon das zaghafte Aufkommen eines Berufstandes, der eigentlich erst im achtzehnten Jahrhundert seinen Siegeszug feiern wird: nicht etwa jener

---

41 Vgl. hierzu Roland Kirschel: Zur Geschichte des Venezianischen Pigmenthandels. Das Sortiment des „Jacobus de Benedictis a Coloribus". In: Wallraf-Richartz-Jahrbuch, Bd. 63 (2002), 93–158. Louisa C. Matthew: ‚Vendecolori a Venezia'. The Reconstruction of a Profession. In: The Burlington Magazine, Bd. 144, No. 1196 (Nov. 2002), 680–686. Julia A. DeLancey: In The Streets Where They Sell Colors: Placing „vendecolori" in the urban fabric of early modern Venice. In: Wallraf-Richartz-Jahrbuch 72 (2011), S. 193–232.

des theoretischen Chemikers, sondern der des Verfahrenstechnikers und Ingenieurs, der aus organischen Azopigmenten die Industriefarben schaffen wird, aus Erdöl das unzerbrechliche Plasteglas, und dem es schließlich sogar gelingen wird, indem er ganz einfach ein einziges Proton dem Element entnimmt, aus Quecksilber Gold zu machen.[42]

---

42 Auf Anregung sei noch erwähnt: a) die einzige zweisprachige und kommentierte Ausgabe des Genres zum Thema: Thomas Reiser: Mythologie und Alchemie in der Lehrepik des frühen 17. Jahrhunderts. Die „Chyrseidos Libri IIII" des Straßburger Dichterarztes Johannes Nicolaus Furichius (1602–1633). Berlin, New York 2011 (Frühe Neuzeit 48); b) Joachim Telle: Alchemie und Poesie. Deutsche Alchemikerdichtungen des 15. bis 17. Jahrhunderts. Untersuchungen und Texte. Mit Beiträgen von Didier Kahn und W. Kühlmann [zur lat. Ld.]. Berlin, Boston 2013.

Marc Laureys

Literarische Kunst und Friedensengagement in der *Bombarda* des Bartholomaeus Latomus

In seinem 2003 veröffentlichten Aufsatz zum Aristaeus-Epyllion in der neulateinischen Lehrdichtung präsentierte Heinz Hofmann auch eine reichhaltige Übersicht über neulateinische Lehrgedichte, die jenen Themen gewidmet sind, „die von den Alten noch nicht oder in den Augen der Humanisten nicht hinreichend behandelt worden waren, oder solchen Themen, die durch die wissenschaftlichen, technischen und gesellschaftlichen Entwicklungen der Neuzeit erst möglich wurden".[1] Zu den technischen Entwicklungen gehört u. a. die Erfindung des Schießpulvers und der Feuerwaffen, und dementsprechend erscheint als diesbezügliches Beispiel das von Bartholomaeus Latomus verfasste Gedicht *Bombarda*.[2] Auch sonst wird dieses Gedicht in der modernen Forschung fast immer – und stets in unreflektierter Art und Weise – als Lehrgedicht bezeichnet, so etwa von IJsewijn und Sacré in ihrem *Companion to Neo-Latin Studies*[3] und – auf deren Spuren – von Myriam Melchior in ihrer 2009 erschienenen Edition des Poems.[4] Die wenigen früheren Gelehrten hingegen, die sich mit Latomus und seiner *Bombarda* beschäftigt haben, vermieden es interessanterweise, das Gedicht irgendeiner spezifischen Gattung zuzuordnen.[5] Inwiefern ist eine

---

1 Heinz Hofmann: Aristaeus und seine Nachfolger. Bemerkungen zur Rezeption des Aristaeus-Epyllions in der neulateinischen Lehrdichtung. In: Humanistica Lovaniensia 52 (2003), S. 343–398 (das Zitat S. 345).

2 Hofmann (Anm. 1), S. 349, Anm. 41.

3 Jozef IJsewijn, Dirk Sacré: Companion to Neo-Latin Studies. Second entirely rewritten edition. Part 2: Literary, linguistic, philological, and editorial questions. Leuven 1998 (Supplementa Humanistica Lovaniensia 14), S. 39.

4 Humanistica Luxemburgensia: La *Bombarda* de Barthélemy Latomus. Les Opuscula de Conrad Vecerius. Hg. von Myriam Melchior, Claude Loutsch. Bruxelles 2009 (Collection Latomus 321), S. 7–93, hier S. 16–17. Meine Zitate aus der *Bombarda* sind dieser Edition entnommen. Zu beachten ist allerdings die Rezension von Luc Deitz in: Bibliothèque d'Humanisme et Renaissance 73 (2011), S. 217–221.

5 Louis Roersch: Barthélemy Latomus, le premier professeur d'éloquence latine au Collège royal de France. In: Bulletins de l'Académie royale des Sciences, des Lettres et des Beaux-Arts de Belgique, 3e série, 14 (1887), S. 132–176; Eugen Wolff: Un humaniste luxembourgeois au XVIe siècle. Barthélemy Latomus d'Arlon (1498?–1570). Sa vie et son œuvre d'après des documents inédits. Première partie: 1498?–1541. Programm herausgegeben am Schlusse des Schuljahres 1901–1902. Großherzogliches Athenäum zu Luxemburg, Gymnasium. Luxembourg 1902;

Charakterisierung der *Bombarda* als Lehrgedicht überhaupt vertretbar oder haltbar?

Bartholomaeus Latomus (ca. 1497/1498–1570)[6] ist vor allem bekannt geblieben als erster *lecteur royal* für Latein am Kollegium, das der französische König François I. in Paris nach dem Modell des Leuvener Collegium Trilingue etabliert hatte. Vor dieser Ernennung, die 1534 auf Fürsprache von Guillaume Budé erfolgte, war er schon drei Jahre am renommierten Collège Sainte-Barbe als Dozent für Rhetorik tätig gewesen. Zuvor hatte Latomus in Freiburg, Trier, Köln und Leuven studiert und gelehrt. 1542 nahm der damalige Kurfürst und Erzbischof von Trier, Johann Ludwig von Hagen, ihn als Rat in Dienst. Bis zu seinem Tode arbeitete er im Umfeld der Trierer Erzbischöfe und erneuerte somit eine Verbindung, von der er auch schon während seines Studiums in Trier profitiert hatte. Außerdem ernannte Karl V. ihn 1548 zum Assessor am Reichskammergericht in Speyer. Sein Schrifttum weist ebenso wie seine Karriere ein doppeltes Bild auf. In der ersten Phase seiner Laufbahn, bis einschließlich seiner neunjährigen Pariser Zeit, profilierte er sich insbesondere als humanistischer Philologe und Literat und veröffentlichte neben einigen Dichtungen vor allem Schriften zur Rhetorik und Kommentare zu verschiedenen Werken Ciceros, die im Laufe des sechzehnten Jahrhunderts häufig nachgedruckt wurden. Während er in dieser Zeit durchaus einigen Aspekten der Reformation zugeneigt war, vertrat er seit seiner Rückkehr nach Trier in aller Klarheit die römisch-katholische Linie und engagierte sich mit mehreren Streitschriften in theologischen Kontroversen, die er u. a. mit Martin Bucer austrug.

Das Gedicht *Bombarda* ist in zwei Phasen zustande gekommen. Eine erste knappe Fassung erschien 1523 als Begleitstück zu einem längeren *carmen historicum*, der *Factio memorabilis Francisci ab Siccingen cum Trevirorum obsidione, tum exitus eiusdem* (Köln: Eucharius Cervicornus 1523), in der Latomus die Belagerung Triers im September 1522 durch den Reichsritter Franz von Sickingen und ihre Vorgeschichte sowie den Untergang und Tod Sickingens (1523) episch

---

Latomus: Deux discours inauguraux. Hg. von Louis Bakelants. Bruxelles 1951 (Collection Latomus 5); Guy Cambier: Études sur le XVIe siècle. Hg. von Jean Bingen. Bruxelles 1982, S. 85–142. Ein detaillierter bio-bibliographischer Überblick wurde erstellt von Louis Bakelants (und nach seinem Tod zum Abschluss gebracht von Marie-Thérèse Lenger) in der Bibliotheca Belgica. Bibliographie générale des Pays-Bas. Neue Ausgabe hg. von Marie-Thérèse Lenger. Bd. 3. Bruxelles 1964, S. 678–747 und Bd. 6. Bruxelles 1970, S. 9–171; 217–250.

6 In der Forschungsliteratur wird immer noch häufig 1485 als Geburtsjahr angegeben, obwohl Percy S. Allen schon 1924 berechtigten Zweifel gegen diese Datierung erhob; siehe Opus epistolarum Desiderii Erasmi Roterodami. Hg. von Percy Stafford Allen, Helen Mary Allen. Bd. 5. Oxford 1924, S. 2.

ausmalt. Diese Belagerung Triers schildert Latomus als Augenzeuge und bescheinigt somit implizit die Wahrhaftigkeit seines Poems:[7]

> Ipse ego qui placidis fueram sacer ante Camoenis
> Tranquillae pacis studiorum cultor et oti,
> Non ulla expertus bella aut Mavortia regna,
> Exceptis vatum ingeniis clarisque loquentum
> Librorum pugnis, horrendo corpora ferro
> Accingor [...]

Schon in diesem Gedicht evoziert Latomus mehrmals und ausführlich den Beschuss mit Kanonen und ihre verheerende Gewalt. Somit bildet die *Bombarda* ein logisches Komplement:[8] In einer *prosopopoiia* beschreibt sie selbst, mythologisch eingekleidet als Tochter Vulkans und der Erde (Tellus), ihre zerstörerische Kraft und erläutert knapp, auf welche Weise und mit welchen Materialien ihr Erfinder sie hergestellt hat – nicht ohne diesen dafür auch zu rügen.

Dieses poetische *corollarium* baute Latomus zu einem fast um das Zehnfache erweiterten Gedicht aus, das er 1536 unter demselben Titel in Paris erscheinen ließ.[9] In dieser Form ist das Gedicht wohl das erste längere selbständige neulateinische Poem, das explizit der Kanone gewidmet ist. Zusammen mit dem Gegenstand tauchte auch der Begriff im vierzehnten Jahrhundert auf.[10] Zunächst findet sich der Terminus in französischen und italienischen Chroniken, z. B. bei Jean Froissart und Giovanni Villani. Aus dem späten vierzehnten Jahrhundert stammt auch der erste lateinische Beleg in dieser Bedeutung (nicht

---

7 Factio memorabilis Francisci ab Siccingen cum Trevirorum obsidione, tum exitus eiusdem (Köln: Eucharius Cervicornus 1523), fol. cIVr–v. In der Staatsbibliothek zu Berlin – Preußischer Kulturbesitz befand sich bis zum Zweiten Weltkrieg ein Exemplar eines weiteren Druckes aus demselben Jahr (Soest: Nikolaus Schulting 1523); siehe Wolff (Anm. 5), S. 36, Anm. 4. Zu diesem Gedicht siehe Eckhard Bernstein: Franz von Sickingen's Revolt. The "Factio memorabilis Francisci ab Siccingen" (1523) by the Trier humanist Bartholomaeus Latomus and its historical background. In: Magister et amicus. Festschrift für Kurt Gärtner zum 65. Geburtstag. Hg. von Václav Bok, Frank Shaw. Wien 2003, S. 755–774.

8 Factio memorabilis (Anm. 7), fol. eIIIv–fIVr.

9 Ad christianissimum Galliarum regem Franciscum Bartholomaei Latomi, Professoris eius in bonis literis Lutetiae, Bombarda. Eiusdem ad cardinalem Bellaium, episcopum Parisiensem, Elegiacon. Paris: François Gryphe 1536. Der Umfang der *Bombarda* stieg von 41 auf 389 Hexameter. Die Bibliothèque municipale in Beaune bewahrt ein seltenes Exemplar einer späteren Ausgabe, gedruckt 1545 in Paris bei Pierre Gromors.

10 Zum Folgenden siehe John Rigby Hale: Gunpowder and the Renaissance: an Essay in the History of Ideas. In: From the Renaissance to the Counter-Reformation. Essays in Honour of Garrett Mattingly. Hg. von Charles Howard Carter. London 1966, S. 113–144.

‚Blasinstrument'), im Kommentar des Benvenuto da Imola zu Dantes *Inferno*.[11] Bekannt wurde der Terminus in der neulateinischen Literatur, als Lorenzo Valla und Bartolomeo Facio sich darüber stritten, ob die Vokabel ‚bombarda' als neulateinischer Neologismus überhaupt akzeptabel sei.[12] Seit dem fünfzehnten Jahrhundert wurde die Kanone als neue Feuerwaffe mehr und mehr thematisiert, sowohl in epischen und lyrischen Dichtungen als in der Historiographie. Generell wurden Feuerwaffen als unmenschlich und teuflisch betrachtet und dementsprechend negativ kommentiert, nicht zuletzt auch in moralischem Sinne: Feuerwaffen seien zwar effektiv, aber keine Waffen eines echten, heldhaften Kriegers. Für diese Einschätzung konnten frühneuzeitliche Autoren durchaus an antike Vorstellungen anknüpfen. So erzählte Ovid in seinen *Fasti* (1,571–572), wie Cacus, als dieser merkte, dass er in einem geregelten Zweikampf Hercules unterlegen blieb, zum Feuerspeien Zuflucht nahm. Dieses Kampfmittel hatte Cacus von seinem Vater Vulkan gelernt (*patrias artes*); es entlarvte ihn aber sogleich als einen Feigling (*male fortis*).[13] Ein weiterer berüchtigter Flammenschleuderer war Salmoneus, der es wagte, Donner und Blitz nachzuahmen und sich auf diese Weise Juppiter gleichzustellen; für diesen Frevel wurde er in der Unterwelt bestraft (Vergil, *Aeneis*, 6,585–594).

Kritiker und Gegner von Feuerwaffen konnten sich aber nicht dauerhaft durchsetzen; die Effektivität dieser Waffen war zu evident. Nicht zuletzt bei deutschen Autoren machte sich schnell eine gewisse Faszination und ein technisches Interesse bemerkbar, gelegentlich sogar ein gewisser Nationalstolz, etwa bei Jakob Wimpfeling in seiner *Epithoma Rerum Germanicarum*: Aus seiner Sicht beweist die Erfindung der Kanone, dass *ita non solum Germani nostri, vel ipsis exteris testantibus, bellatores semper fuisse acerrimi, sed instrumentorum quoque bellicorum inventores subtilissimi videntur*.[14] Gegenstimmen, wie

---

11 Johann Ramminger: bombarda. In: Ders., Neulateinische Wortliste. Ein Wörterbuch des Lateinischen von Petrarca bis 1700. www.neulatein.de/words/2/002722.htm (11. September 2019). Siehe auch die Belege im Artikel „Bombarda" des Glossarium Mediae et Infimae Latinitatis. Hg. von Charles du Fresne, sieur du Cange, neueste Edition hg. von Léopold Favre. Bd. 1. Niort 1883–1887, S. 694–695.

12 Dieser Disput, der vor dem Hintergrund der humanistischen Debatte über neulateinische Neologismen zu verstehen ist, ist in der Forschungsliteratur häufig referiert worden. Siehe z. B. Ottavio Besomi: Dai ‚Gesta Ferdinandi regis Aragonum' del Valla al ‚De orthographia' del Tortelli. In: Italia Medioevale e Umanistica 9 (1966), S. 75–121, hier S. 85 und 89–91.

13 Auf diese Ovid-Stelle machte mich Philip Schmitz während der Tagung dankenswerterweise aufmerksam.

14 Jakob Wimpfeling: Epithoma rerum Germanicarum usque ad nostra tempora. Straßburg: Johann Prüß d.Ä 1505, fol. 38v.

jene von Konrad Celtis in seiner Ode 3,8 (*Execrat Germanum inventorem bombardae, cuius pila paene traiectus fuisset*),[15] fielen dabei kaum ins Gewicht.

Inwiefern Latomus solche Belege kannte, ist schwer zu sagen. Auf neulateinische Texte nimmt er, soweit ich sehen konnte, keinen direkten Bezug. Vertraut dürfte er aber auf jeden Fall gewesen sein mit der *Bombarda* des Geschichtsschreibers und Dichters Pandolfo Collenuccio aus Pesaro.[16] Es handelt sich hier um eine Fabel, in welcher der Autor die Entstehung der Kanone, genauer gesagt das physische Phänomen der Explosion in einer Kanone, allegorisch erklären will; hinter der Hauptfigur der Fabel, dem weisen Städtebauer Phronimus, der die von ihm gegründete Stadt mit Artillerie absicherte, verbirgt sich Collenuccios Schirmherr Ercole d'Este in Ferrara. Die *Bombarda* erschien postum 1511 bei Matthias Schürer in Straßburg mit einer Vorrede von Beatus Rhenanus an Jakob Spiegel, den Sekretär Kaisers Maximilian I. Dort sagt Beatus Rhenanus, dass die *Bombarda* Jakob Spiegel an die Belagerung Paduas (1509) zurückdenken lassen wird, wo die kaiserlichen Truppen mit Kanonen beschossen wurden.[17] In ähnlicher Weise knüpfte Latomus als Autor an eine persönliche Erfahrung an, in seinem Falle in Trier.

Während aber die Fabel Collenuccios in aller Klarheit eine didaktische Intention des Autors zu erkennen gibt,[18] ist eine vergleichbare Zielsetzung in Latomus' *Bombarda* nicht auf den ersten Blick sichtbar. Mehr noch, offensichtlich war es Latomus nicht daran gelegen, sein Gedicht eingangs als Lehrgedicht zu markieren. Die dazu üblichen ‚markers'[19] fehlen allesamt: Latomus gibt keine detaillierte Inhaltsangabe, die den Aufbau und die Struktur des Gedichts offenlegt, entwickelt keine poetologische Reflexion, signalisiert keinen Rückgriff

---

15 Konrad Celtis: Oden / Epoden / Jahrhundertlied. Libri Odarum quattuor, cum Epodo et Saeculari Carmine (1513). Hg. von Eckart Schäfer. Tübingen 2008 (NeoLatina 16), S. 228–233. Dass der Erfinder der Kanone ein Deutscher sei, war eine in der Frühen Neuzeit weit verbreitete Erkenntnis, die sich aber aus heutiger Sicht nicht erhärten lässt.

16 Siehe Paolo Paolini: L'apologo latino ‚Bombarda' di Pandolfo Collenuccio e altri riflessi letterari delle prime armi da fuoco. In: Respublica Litterarum 12 (1989), S. 155–163.

17 Pandolfo Collenuccio: Apologi quatuor. Agenoria. Misopenes. Alithia. Bombarda. Straßburg: Matthias Schürer 1511, fol. A2r: „Bombarda demum violenti tormentariarum machinarum impetus rationem ostendit; quem tu apologum legens recordabere creberrimorum iactuum, quibus Caesariani in Patavina obsidione impetebantur, ubi staturae brevitatem tibi plus semel saluti fuisse ferunt."

18 Collenuccio äußerte sich auch selber zum didaktischen Zweck seiner *Bombarda* in einem Brief an einen Freund, der ihn um Erläuterung einiger schwieriger Passagen gebeten hatte; siehe Harold Andrew Mason: Wyatt and Hercules. In: ELH. Journal of English Literary History 51 (1984), S. 207–2018, hier S. 211.

19 Thomas Haye: Das lateinische Lehrgedicht im Mittelalter. Analyse einer Gattung. Leiden 1997 (Mittellateinische Studien und Texte 22), S. 168–223.

auf ein Gattungsmodell des Lehrgedichts, entwirft keine Lehrer-Schüler-Konstellation, deutet nicht auf die poetische Umformung einer Prosavorlage hin, und kündigt keine Vermittlung von Sachwissen an.

Darüber hinaus standen Latomus auch keine konkreten lehrhaften Modelltexte in poetischer Form zur Verfügung. Für technische Gegenstände war natürlich sowieso keine antike literarische Vorlage vorhanden, und generell wurde die Kriegskunst nicht in der Lehrdichtung, sondern im Epos poetisiert. Ansonsten wurden technische Einzelheiten der Kriegsführung gerne auch ausgiebig beschrieben in der neulateinischen Groß- und Kleindichtung zu zeitgenössischen Belagerungen (vom Typus „De obsidione ..."). Latomus knüpfte eben an eine solche Belagerung an; Spuren einer Rezeption anderer derartiger Gedichte, die er hätte kennen können,[20] haben sich aber nicht finden lassen.

Stattdessen fällt von Anfang an der stark appellative Charakter des Gedichts auf. Auch wenn Latomus in den ersten beiden Versen weitgehend die Anfangsverse der früheren Kurzfassung, inklusive die mythologische Abstammung der ‚Bombarda', übernahm, führte er dennoch eine bezeichnende Änderung durch: Während er 1523 die ‚Bombarda' selber zu Wort kommen ließ, richtete er sich im Dezember 1536 an den französischen König François I., dem er die neue *Bombarda* auch widmete. Im Laufe des Jahres 1536 hatte dieser die Herzogtümer Savoie und Piemonte besetzt und hoffte wohl, weiter in das strategisch sehr wichtige Herzogtum Mailand vorzustoßen; somit provozierte er eine direkte Konfrontation mit Kaiser Karl V., zu dessen Einflusssphäre diese Gebiete gehörten. Im April 1536 protestierte Karl V. in Rom vor dem versammelten Konsistorium in Anwesenheit des Papstes Paul III. gegen diesen Übergriff des französischen Königs; in seiner aufsehenerregenden Rede geißelte Karl natürlich auch die schändliche Allianz, die François I. 1534 mit den Türken geschlossen hatte.[21] Durch eine Fülle von rhetorischen Fragen und Reflexionen verstärkt Latomus dauernd die appellative Ausrichtung seines Gedichts und lässt sie am Ende in eine Klimax münden. Denn im letzten Teil seiner *Bombarda* evoziert er die vielen Kriege, die die beiden Fürsten schon ausgefochten haben, und ruft François I. zum Schluss dazu auf, seinen Streit mit Karl aufzugeben und gemeinsam mit

---

20 Z. B. Ioannes Candidus Venlonensis: Super obsidione Venlonis soluta Ode saphica, Köln: Heinrich Quentel (Erben) 1512. Die Waffengewalt wird farbenreich evoziert; die ‚bombarda' wird auf fol. aIVr genannt.

21 Siehe etwa Karl Brandi: Kaiser Karl V. Bd. 1: Werden und Schicksal einer Persönlichkeit und eines Weltreiches. 7. Auflage. München 1964 (zuerst 1937), S. 313–315, sowie Bd. 2: Quellen und Erörterungen. München 1941, S. 258–260.

ihm und allen christlichen Fürsten die auswärtige Drohung der Türken abzuwenden (371–377):[22]

> Quare agite huc potius, communi tendite bello
> Fortia magnanimum populorum et pectora regum.
> Huc coeant pugnentque pio sub foedere gentes
> Christicolae sociis et formidentur in armis.
> Tuque o composita pariter, Rex maxime, pace
> Huc facili placare animo, si qua est via, si quis
> Aut locus humanis meritis aut legibus ullis.

Diese unmittelbare politische Botschaft bildet gewiss das eigentliche Kernanliegen von Latomus' *Bombarda*. Schon in seinen früheren Dichtungen hatte er ein ähnliches politisches Engagement gezeigt und sich in ähnlichem Sinne an Karl V. und seinen Bruder Ferdinand gewandt. Mit diesem Plädoyer für Solidarität der christlichen Fürsten und einen gemeinsamen Krieg gegen die Türken lag Latomus ganz auf der Linie des Erasmus von Rotterdam. Die beiden kannten sich und schätzten sich gegenseitig.[23] Schon 1518, während seiner Lehrtätigkeit in Freiburg, könnte Latomus Erasmus in Basel begegnet sein (Epist. 3029,55–56);[24] auf jeden Fall trafen sie sich während Erasmus' Reise nach Basel im November 1521 (Epist. 1342,212–214).[25] Die *prosopopoiia* der ‚Bombarda' 1523 könnte wohl durch das Auftreten der ‚Pax' in Erasmus' *Querela Pacis* inspiriert gewesen sein.

In der Langfassung seiner *Bombarda* unterstreicht Latomus *e contrario* seinen Friedensappell mittels der Evozierung von Kriegsgewalt durch Kanonen. Die Apostrophe an François I. am Anfang und der Appell am Schluss umrahmen im Sinne einer Ringkomposition drei etwa gleich lange Abschnitte, die alle in einem jeweils unterschiedlichen Register lehrhafte Züge aufweisen. Diese Segmente sind der Reihe nach (1) sachlich, (2) historisch und (3) mythologisch orientiert, werden aber alle dergestalt rhetorisch aufbereitet, dass sie die zerstörerische Vehemenz der Kanone anprangern und somit unterschwellig Latomus' Friedensdiskurs unterstützen.

---

22 Bombarda. Hg. Melchior (Anm. 4), S. 85.

23 Ilse Guenther, Peter G. Bietenholz: Bartholomaeus Latomus. In: Contemporaries of Erasmus. Hg. von Peter G. Bietenholz, Thomas B. Deutscher. Bd. 2. Toronto, Buffalo, London 1986, S. 303–304.

24 Opus epistolarum (Anm. 6), Bd. 11. Hg. von Helen Mary Allen, Heathcote William Garrod. Oxford 1947, S. 146.

25 Opus epistolarum (Anm. 6), Bd. 5. Oxford 1924, S. 208.

(1) Zunächst beschreibt Latomus die Erfindung der Kanone und schickt diesem Bericht eine Invektive gegen den (in keinerlei Weise präzisierten) Erfinder dieser Feuerwaffe voraus (13–17):[26]

> Hanc *quisquis primum* mortales finxit in usus,   Tib., 1,10,1–2
> Monstra ignota prius nec adhuc bene cognita terris,
> *Ferreus* et rigido circum praecordia saxo
> Horruit; ille *ferus* vitaeque invidit et annis
> Supremumque diem fato properavit acerbo.

Die Assoziation *ferreus – ferus*, die Latomus aus Tibulls Friedenshymnus (1,10,2) entlehnt und die auf das eiserne Zeitalter und die damit einhergehende Pervertierung und Zerrüttung anspielt, ist das Leitmotiv der ganzen Tirade. Die darauffolgenden Verse bilden den einzigen Passus, in dem Latomus auf die Konstruktion der Kanone und die Herstellung des Schwarzpulvers eingeht. Die drei Bestandteile des Schwarzpulvers etwa, Schwefel (*sulphur*), Holzkohle (*carbones*) und Salpeter (*nitrum*), und seine Zündung beschreibt er folgendermaßen (77–80):[27]

> Scilicet et foedo cum sulphure miscuit atros
> Carbones viridisque horrentia pondera nitri
> Pulvereasque armavit opes imamque sub alvum
> Intulit et tenui flammam commisit hiatu.

Diese knappen technischen Angaben werden aber ganz in einer emotional geladenen Schilderung der katastrophalen Folgen der Anwendung eines solchen Geschosses eingebettet.

(2) Im zweiten Abschnitt berichtet Latomus über die Belagerung Triers durch Franz von Sickingen. Latomus' Zielrichtung bleibt aber dieselbe: Seine Narration dieser historischen Episode dient primär dazu, die verheerenden Folgen

---

26 Bombarda. Hg. Melchior (Anm. 4), S. 35–36. Hervorhebungen von mir. Hier wie auch sonst mehrmals greift Latomus auf Verse seiner Kurzfassung von 1523 zurück. Vergleiche Factio memorabilis (Anm. 7), fol. eIII v: „Qui me qui primum mortales finxit in usus | Invisumque instruxit opus docuitque parari, | Ferreus et rigido circum praecordia saxo | Obsitus ille fuit vitaeque invidit et annis."

27 Bombarda. Hg. Melchior (Anm. 4), S. 47. Vergleiche Factio memorabilis (Anm. 7), fol. eIIIv–eIVr: „Scilicet et viridi squalentia sulphura nitro | Miscuit et pariter, carbonibus additis atris, | Pulvereasque armavit opes imamque sub alvum | Intulit et tenui flammam commisit hiatu."

des Einsatzes von Kanonen offenzulegen. Auch hier wird der Tenor gleich beim Einstieg bestimmt (101–111):[28]

> Vidi ego qua liquidum Trevir vetus accolit amnem
> Quaque virum laeto miscentur flumina Rheno,
> Flumina vitiferi semper mihi grata Mosellae,
> Vidi hic ingentem conflato ex aere columnam,
> Vas immane, stupent solo quod lumina visu,
> Cum procul emissum duri sub vertice montis
> Horrendo terram fremitu caelumque profundum
> Complesset simul et foedo circum omnia odore
> Saxa per et solidae rupisse obstantia cautis
> Viscera, per mediam (dictu mirabile) rupem
> Septenosque pedes montem penetrasse sub imum.

Wie in der *Factio memorabilis* erhöht Latomus auch hier die Überzeugungskraft seiner Darstellung durch einen Hinweis auf seine Autopsie. Er verwendet dafür die Junktur *vidi ego*, die als poetische Formel in der lateinischen Dichtung – auch gerade am Anfang eines Verses – reichlich belegt ist, und zwar nicht nur in der historischen und didaktischen Epik, sondern auch in der Lyrik sowie in Komödien und Tragödien. Konkret beteuert er, ein „ungeheures Gefäß" gesehen zu haben, „dort wo ein alter Trierer am klaren Fluss wohnt und wo dieser Strom sich mit dem Rhein, der sich über eine dichte Anwohnerschaft freut, vermischt, der mir immer angenehme Strom der Weinstöcke tragenden Mosel." Der Hinweis auf den *vetus Trevir* und seine idyllische Umgebung ließe sich vielleicht wie eine Anspielung auf den vergilischen *senex Corycius* (*Georgica*, 4,127) lesen. Allerdings ist nur die Autopsiebekundung ganz konkret mit der vergilischen Vorlage vergleichbar; die ganze *praeteritio*, in die Vergil seine Erinnerung (*memini me vidisse*) an den Korykischen Greis einbettet, wird von Latomus nicht nachgeahmt.[29] Vielmehr kontrastiert er diesen malerischen Natureinstieg effektvoll mit dem Horror der Kanonengewalt, die unmittelbar darauf die Szenerie beherrscht

Die historischen Ereignisse werden als abschreckendes *exemplum* dargeboten und kommentiert. Allerdings lässt Latomus nicht nach, auch die Effektivität der neuen Artillerie in den Händen der französischen Armee zu betonen, z. B. bei der Eroberung von Turin oder der Verteidigung von Péronne (beide 1536).

---

28 Bombarda. Hg. Melchior (Anm. 4), S. 51–53.

29 Zur Rezeption dieser ‚Gartenpraeteritio' in der neulateinischen Lehrdichtung siehe Ruth Monreal: Vergils Vermächtnis: Die Gartenpraeteritio in der Georgica (4, 116–148) und Typen ihrer Rezeption im neulateinischen Lehrgedicht. In: Humanistica Lovaniensia 54 (2005), S. 1–47.

Den Schlusspunkt dieses zweiten Teils bildet ein Vergleich mit einem Seesturm, der genauso rücksichtslos wie eine Kanone alles dahinrafft (198–207):[30]

Qualis in aequoreo fluctu, *cum Iuppiter* atra	Stat. Theb., 5,362
Involvit sub nube polum ventique minaces	
Incubuere mari tumido, *furit aestus* et undae	Verg. Aen., 1,84; 1,107
Immanes pulsant scopulos; tum *nubibus ignes*	
Abrupti ingeminant [...],	Verg. Aen., 3,199
Haud aliter gemino bombarda incensa furore	
Concitat horrendos motus et proelia miscet.	

Während epische Züge sich durchaus auch schon vorher im Gedicht bemerkbar machen, bemüht Latomus im Topos des Seesturms natürlich vollends das epische Register und zeigt, dass er etwa die berühmten Seesturm-Szenen aus Vergils *Aeneis* (1,81–156 und 3,192–204) und Statius' *Thebais* (5,361–383) klar vor Augen hat.

(3) Über dieses epische Gleichnis schafft Latomus auch einen Übergang zum dritten Abschnitt seines Poems. Diesen beginnt er nämlich mit einem weiteren Gleichnis, diesmal mit dem Vulkan Ätna auf Sizilien. Dieses Gleichnis dient als Aufhänger für einen mythologischen Exkurs, in dem Latomus die Geschichte des Giganten Enceladus und der Gigantomachie ausführt. Das *tertium comparationis* ist erneut die explosive Wucht; in diesem Sinne wurden Vulkan und Kanone auch schon von früheren neulateinischen Autoren häufig aufeinander bezogen. Auch die von Latomus am Anfang seines Gedichts angedeutete Abstammung der ,Bombarda' von Vulkan und der Erde wird auf diese Weise kontextualisiert, denn auch die Giganten waren Söhne der Tellus; ,Bombarda' und die Giganten sind m.a.W. Geschwister. Latomus erzählt die Geschichte des Enceladus als *aition* für die Ausbrüche des Vesuvs und bezieht sich dafür hauptsächlich auf Vergils Beschreibung des Ätna in Buch 3,571–587 der *Aeneis*. Ähnlich wie Vergil erklärt Latomus die vulkanische Aktivität des Ätna mit der Wut des brennenden Enceladus, nachdem dieser von Juppiter niedergeschmettert und unter dem Ätna begraben worden war (280–289):[31]

Hic igitur magnae *imposito* dum pondere *molis*	Verg. Aen., 3,579–580
Urgetur grandesque illi angit anhelitus artus,	
Nunc quoque sidereos, quos tunc conceperat, ignes	
Sulphurea cum nube cavo de vertice montis	
Eructat. Furit intus atroci *murmure* Tellus	Verg. Aen., 3,576; 3,582

---

30 Bombarda. Hg. Melchior (Anm. 4), S. 65. Hervorhebungen von mir.
31 Bombarda. Hg. Melchior (Anm. 4), S. 75. Hervorhebungen von mir.

Conclusumque premens violento carcere nimbum
Ingentes cumulat vires maiusque premendo
Cogit onus, donec *ruptis fornacibus* altos   Verg. Georg., 1,472; Aen., 3,580
Flammarumque globos liquefactaque pondera rupis   Verg. Aen., 3,574; Georg., 1,473
Eiicit aethereas rauco stridore *sub auras.*   Verg. Aen., 3,576

Die beiden narrativen Einschübe, der eine historisch, der andere mythologisch, werden – wie gesagt – in epischem Stil ausgemalt. Solche epischen Einlagen sind an sich für das Lehrgedicht charakteristisch; das kanonische Modell hierfür war das Aristaeus-Epyllion in Vergils *Georgica* (4,317–558).[32] Es ist aber sehr bezeichnend, dass Latomus für seine Darstellung eine einschlägige Passage aus Vergils *Aeneis* und sonst nur den damit verwandten kürzeren Passus aus den *Georgica* (1,471–473) ausschlachtet. Andere, weit ausführlichere Texte aus der römischen Dichtung, die über den Vulkan Ätna als Naturphänomen handeln, insbesondere ein Passus aus Lukrezens *De rerum natura* (6,639–702) und das anonym überlieferte *Aetna*-Gedicht aus der *Appendix Vergiliana*, werden kaum herangezogen. Vor allem übernimmt Latomus nicht die Pose des Lehrdichters, die er sowohl im *Aetna*-Gedicht als auch im *Aetna*-Passus bei Lukrez finden konnte (*De rerum natura*, 6,639–641): *Nunc ratio quae sit, per fauces montis ut Aetnae | Exspirent ignes interdum turbine tanto, | Expediam.* Zur Lehrdichtung bekennt sich Lukrez auf diese explizite Weise übrigens noch einmal im *Aetna*-Abschnitt (*De rerum natura*, 6,680–682), und auch mehrmals sonst in *De rerum natura*, insgesamt elfmal allein schon mit diesem spezifischen Verb.

Latomus nimmt – wohl bewusst – auf diese Passagen keinen Bezug. Allenfalls schimmert neben dem rein strukturellen Merkmal der narrativen Einlage eine weitere Charakteristik des Lehrgedichtes, die Latomus auch in Vergils *Georgica* wahrnehmen konnte, in der *Bombarda* durch, nämlich die Anthropomorphisierung. Tiere und Naturelemente wurden in der Lehrdichtung gerne als Menschengestalten dargestellt. Die Bienen im 4. Buch der *Georgica* bilden ein eloquentes und einflussreiches Beispiel: Die von Vergil beschriebene Bienengemeinschaft funktioniert wie die Gesellschaft der Menschen, ist ein Abbild in Miniatur des Menschenstaates. Demgemäß wird auch bei den Bienen das harmonische Zusammenleben manchmal durchkreuzt von Streit und Krieg, wie wenn zwei Könige um die Vorherrschaft kämpfen (*Georgica*, 4,67–94). In ähnlicher Weise modelliert Latomus die Kanone an einigen Stellen zu einer belebten, monströsen Kreatur,[33] etwa im oben zitierten Gleichnis mit dem Seesturm.

---

32 Zur Rezeption des Aristaeus-Epyllion in der neulateinischen Lehrdichtung siehe Hofmann (Anm. 1).

33 Dies bemerkte schon Wolff (Anm. 5), S. 75. Latomus greift damit auch die Personifizierung der ‚Bombarda' als Sprechinstanz in seiner Kurzfassung auf.

In den narrativen Teilen seiner *Bombarda* will Latomus sich nicht als Lehrdichter profilieren, sondern als ein Dichter, der sich für diese Abschnitte von der römischen Epik inspirieren lässt, genauso wie er schon mit der *Factio memorabilis* an die historische Kleinepik angeknüpft hatte. In allen drei zentralen Teilstücken seines Gedichts thematisiert er aus einem jeweils unterschiedlichen Blickwinkel das Vernichtungspotential der Kanone und warnt somit implizit vor den gravierenden Folgen, die der Einsatz dieser Waffe nach sich zieht. Diese sachlich, historisch und mythologisch untermauerte Warnung kulminiert im Schlussteil in einem Aufruf an François I., diese Waffe nur dort einzusetzen, wo sie aus Latomus' Sicht alleinig sinnvoll ist, nämlich bei der Abwehr einer auswärtigen Drohung, die das gesamte christliche Europa existentiell gefährdet und daher gemeinsam mit dem römisch-deutschen Kaiser abgewehrt werden soll (381–389):[34]

> Ambo animis studiisque pares pariterque verendi
> Parcite fraternis manibus, discedite castris
> Luctificis tristesque alio divertite pugnas!
> Horreat et latis Asiae qui regnat in oris
> Turca minax, vestro metuat concurrere ferro
> Aut occumbat eo! Vestro sub Marte triumphent
> Fulgida signa Crucis, quorum pia numine virtus
> Vivat et o positis concordia floreat armis
> Externumque ferox Bombarda feratur in hostem.

So beendet Latomus seine *Bombarda* mit einer klaren Handlungsanweisung an den Widmungsträger des Gedichts. Dahinter steht eine politische Moraldidaxe, die gut in einen Fürstenspiegel passen würde. In diesem Kontext erhalten auch die lehrhaften Ausführungen in den drei mittleren Teilen des Gedichts ihren eigentlichen Sinn. Sie sollen letztlich François I. dazu bringen, Latomus' Aufforderung stattzugeben. Somit ist die *Bombarda* nicht so sehr Lehrdichtung, sondern vielmehr Mahndichtung: Latomus' Ziel ist nicht so sehr *docere*, sondern vielmehr *movere*; seine Lehre wird zur Belehrung. Mit seiner *Bombarda* beteiligt Latomus sich, ebenso wie mit seinen früheren Dichtungen, im Sinne eines rhetorisch ausgeformten Friedensappells an einer aktuellen politischen Diskussion. Während er dafür vorhin Formen der Kasualdichtung in Anspruch genommen hatte, entschloss er sich nun, zu diesem Zweck strategisch ausgewählte Charakteristika der Lehrdichtung zu instrumentalisieren.

---

34 Bombarda. Hg. Melchior (Anm. 4), S. 87.

Als Lehrgedicht wird man Latomus' *Bombarda* kaum bezeichnen können, es sei denn, man bezieht sich auf eine Variante, die meistens aus dem Rahmen des antiken Lehrgedichts verbannt wird, aber gerade durch eine ähnliche Verbindung von Lehrhaftigkeit und Paränese geprägt wird, nämlich das sogenannte ‚christliche Lehrgedicht', wie die *Instructiones* Commodians, das *Commonitorium* des Orientius oder Prudentius' *Apotheosis* und *Hamartigenia*. Alle diese Lehrgedichte heben sich von den heidnisch-klassischen Modellen nicht nur durch eine veränderte Thematik ab, sondern ebenso durch das leidenschaftliche und missionarische Engagement, mit dem der jeweilige Autor seine Leserschaft zu einer bestimmten Lebensführung mahnen will. In der heidnisch-antiken Tradition ist diese Tendenz nur wenig ausgeprägt; sie macht sich allenfalls in Lukrezens *De rerum natura* einigermaßen bemerkbar. Inwiefern solche Poeme sinnvoll in die Geschichte des antiken Lehrgedichts und seiner nachantiken Wirkung integriert werden können, ist im jetzigen Stand der Forschung noch eine weitgehend offene Frage.[35] Latomus selber suggeriert in keinerlei Weise, dass er diese spezifisch christliche Variante des Lehrgedichts zu rezipieren versucht habe. Ob man seine *Bombarda* dennoch als Lehrdichtung oder lehrhafte Dichtung deuten kann, hängt wohl von der Frage ab, wie viel Platz man der Paränese – neben der reinen Vermittlung von Fachwissen – im Verständnis von Lehrdichtung einzuräumen bereit ist.

Etwa anderthalb Jahrhunderte nach Latomus widmete der französische Jesuit François Tarillon (1666–1735) dem Schießpulver ein Gedicht. Sein *Pulvis Pyrius. Carmen* erschien zuerst 1692 in Paris (*apud viduam Simonis Benard*)

---

35 Während Bernd Effe in seiner bedeutsamen Monographie zur gesamten antiken Lehrdichtung die spätantike christliche Ausprägung explizit ausklammert (Dichtung und Lehre. Untersuchungen zur Typologie des antiken Lehrgedichts. München 1977 (Zetemata 69), S. 36), weist Thomas Haye hingegen in seiner Gattungsmonographie zum mittellateinischen Lehrgedicht (Anm. 19) auf einige deutliche Verbindungen (neben ebenso klaren Unterschieden) zwischen den ‚kanonischen' römischen Modellschriften (Lukrezens *De rerum natura*, Vergils *Georgica* und Manilius' *Astronomica*) und den christlichen Lehrgedichten der Spätantike hin und spricht vorsichtig von einer „Grenzzone der Gattung" (S. 359–360, das Zitat S. 360). Während eine gewisse, nach Manilius eintretende Zäsur in der Tradition des Lehrgedichtes nicht zu übersehen ist, wie Claudia Schindler verdeutlicht und mit überzeugenden Gründen erklärt (Vom Kochrezept zu den Sternen: Aspekte der Gattungsgenese und Gattungsentwicklung im römischen Lehrgedicht. In: Wissensvermittlung in dichterischer Gestalt. Hg. von Marietta Horster, Christiane Reitz. Stuttgart 2005 [Palingenesia 85], S. 193–209), stellt das christliche Lehrgedicht dennoch keinen völligen Neustart dar, und daher sollte wohl nicht von einem radikalen Bruch ausgegangen werden. Wolfgang Schmid nimmt die „christlichen Lehrgedichte" als eigene Rubrik in seinen Überblicksartikel zum Lehrgedicht (in: Lexikon der Alten Welt. Zürich 1965, Sp. 1699–1703, hier Sp. 1703) auf und unterscheidet zwischen einer „ethisch-paränetischen" und einer „antihäretisch-dogmatischen" Variante.

und wurde in die maßgebliche Sammlung von *Poemata didascalica* seines Or-
densgenossen François Oudin aufgenommen.[36] Ein Vergleich dieses Gedichts
mit Latomus' *Bombarda* macht sowohl Ähnlichkeiten als auch Unterschiede
sichtbar und zeigt, wie viele Schattierungen die Lehrhaftigkeit in der Lehrdichtung annehmen kann. Genauso wie Latomus baute auch Tarillon eine mythologische Episode mit aitiologischer Intention in sein Poem ein: Den Ursprung
des Schießpulvers führt er auf die sizilischen Zyklopen zurück, die Vulkan unter
dem Ätna erstmals in die Kunst, mit Schwefel explosive Blitze zu schmieden, ein-
weihte, und zwar aus Wut über seine Verbannung aus dem Olymp:[37]

> Ille dolore furens amissique aetheris ira
> Aetnaeo Siculos – perhibent – Cyclopas in antro
> Primus fulmineos imitari sulphure motus
> Edocuit, ruptis hinc Aetna effusa caminis
> In superos; tum saevae artes, tum cognita primum
> Attonitas late turbarunt murmura gentes.

Ebenso verweist Tarillon auf einen aktuellen militärischen Konflikt, nämlich
die Feldzüge des Louis XIV. und konkret dessen Eroberung von Namur 1692,[38]
durch welche die destruktive Gewalt der modernen Feuerwaffen noch einmal
illustriert wird. Anders als Latomus aber konstruiert Tarillon diesen Verweis als
eine Schlussbetrachtung des *Pulvis Pyrius*:[39]

> *Haec super* igniferis audaci carmine nitris   Verg. Georg., 4,559
> Ludebam, late Europam dum Francica in omnem
> Nitra tonant, regum quo tempore iura tuetur
> Accinctus flammis Lodoix validasque Namurci
> Arces et pavidos mittit sua sub iuga Belgas.

Dieser autobiographische Ausblick ist insgesamt der abschließenden Sphragis
von Vergils *Georgica* (4,559–566) nachgebildet. Dementsprechend markiert Tarillon in aller Deutlichkeit sein *Carmen* als Lehrgedicht, und somit fungiert auch
sein mythologischer Exkurs ebenfalls als Gattungssignal. Außerdem leitet Tarillon
sein Gedicht in typischer, wiederum durch Vergils *Georgica* kanonisierter Manier

---

36 François Oudin: Poemata didascalica. Bd. 1. Paris 1749, S. 128–140; ebd. Bd. 1. Paris 1813², S. 117–128.
37 Oudin 1749 (Anm. 36), S. 139. Siehe auch Yasmin Annabel Haskell: Loyola's Bees. Ideology and Industry in Jesuit Latin Didactic Poetry. Oxford 2003, S. 124.
38 Dieser Eroberung hat Tarillon ein eigenes Gedicht gewidmet: Namurcum a Ludovico Magno expugnatum. Paris: Witwe des Simon Bénard 1692.
39 Oudin 1749 (Anm. 36), S. 140. Hervorhebung von mir.

ein, indem er die verschiedenen Facetten seines Themas in aufeinander folgenden indirekten Fragen auflistet:[40]

> Ignivomus quae passim edat spectacula pulvis,
> Quas poscat conflandi artes, quibus utilis armis,
> Unde fragor tantus, quae vis innata, quis auctor,
> Expediam.

Daran schließt sich, genauso wie bei Vergil, eine Apostrophe an die einschlägigen Gottheiten an, zu denen sich im *Pulvis Pyrius* Louis XIV. als Widmungsträger gesellt. Tarillon lässt daher keinen Zweifel daran bestehen, dass er sein
Poem in die Gattungstradition des Lehrgedichts einreihen wollte. Latomus'
Bombarda ist viel weniger leicht zu bestimmen und kann wohl kaum einer spezifischen Gattung zugeordnet werden. Erschwerend kommt noch hinzu, dass
der Terminus ‚Lehrgedicht' generell etwas irreführend ist, da er nicht alle Aspekte dieses Texttypus abdeckt. Es geht im Lehrgedicht nicht ausschließlich
um Lehre im Sinne von Vermittlung von Fachwissen: Zum einen beschränkte
sich schon in der Antike, wie oben angemerkt, die auktoriale Sprechinstanz
nicht notwendigerweise auf eine sachliche Unterrichtung, zum anderen wurde
die poetische Form nicht selten einfach als Mehrwert einer inhaltlichen Botschaft verstanden. Dementsprechend sind die Konturen dieser Gattung im
Laufe ihrer Geschichte immer wieder aufgeweicht worden.[41] Dass die *Bombarda*
von der Forschung als Lehrgedicht bezeichnet werden konnte, ist wohl nicht
(lediglich) auf eine unsorgfältige Lektüre zurückzuführen, sondern auch durch
die Proteusartige Natur der Lehrdichtung selbst zu erklären.

---

40 Oudin 1749 (Anm. 36), S. 128.
41 Siehe etwa die vielen „Abgrenzungen und Übergänge", die Thomas Haye (Anm. 19),
S. 242–298, für das mittellateinische Lehrgedicht auslotet. Wilhelm Kühlmann macht darauf
aufmerksam, dass der Begriff ‚Lehrdichtung' ein „jüngeres wissenschaftliches Abstraktum für
ein traditionsreiches Konzept" ist (Wissen als Poesie. Ein Grundriss zu Formen und Funktionen der frühneuzeitlichen Lehrdichtung im deutschen Kulturraum des 16. und 17. Jahrhunderts. Berlin, Boston 2016 [Frühe Neuzeit 204], S. 1, Anm. 3); übrigens hat der Terminus
‚Lehrdichtung/Lehrgedicht' keine wortwörtliche Entsprechung in anderen modernen Sprachen. Die von Kühlmann vorgeschlagene Definition der Lehrdichtung (ebd., S. 1–2: „das vers-
gebundene, mehr oder weniger ästhetisch ambitionierte Schrifttum zur Vermittlung oder
poetischen Nobilitierung von Sach-, Verhaltens- und Orientierungswissen") umfasst sinnvol-
lerweise mehrere Schattierungen des Lehrhaften in der Lehrdichtung. Zustimmend auch Jörg
Robert, der zugleich vor einer zu eng fixierten Definition der Lehrdichtung warnt (Poetische
Naturwissenschaft. Martin Opitz' Lehrgedicht Vesuvius [1633]. In: Daphnis 46 [2018], 188–214,
hier S. 192, Anm. 11): „Weniger denn je hilft daher der Gattungsdiskussion ein normativ-be-
griffsrealistischer Zugriff, der analytische Kategorien in Reinform postuliert, wo die imitatori-
sche Praxis durch Leitzitat und Motivkorrespondenz spontan Fährten der Identifikation legt."

Alexander Winkler

Raphael Thorius' *Hymnus Tabaci*: literarisches Spiel, medizinischer Traktat oder politisches Manifest?

1 Tabakliteratur in der Frühen Neuzeit

„Der Tabak hat eine weltgeschichtliche Bedeutung. Jeder muss ihm das zuer-kennen, ganz einerlei, ob er ihn für gesund oder schädlich hält, ihn liebt oder verabscheut." Mit diesen Worten beginnt Hoffmann von Fallersleben seinen Traktat zum *Tabak in der deutschen Litteratur*.[1] In der Tat wird man diese Äuße-rung als nicht übertrieben ansehen, wenn man bedenkt, dass der Tabak bald nach seinem Bekanntwerden in Europa nicht nur zu einem festen Bestandteil der Alltagskultur wurde, sondern auch eine beträchtliche wirtschaftliche Be-deutung erlangte. Auch die Naturwissenschaften beschäftigten sich mit ihm. Denn die neu importierte Pflanze musste in das sich etablierende System der Botanik integriert,[2] ihre Qualitäten beschrieben und ihr medizinischer Nutzen erforscht werden.[3] Zudem entzündeten sich am Tabak bald auch moralische, ja gar theologische Fragen, die ausgehandelt werden mussten. So stellte sich bei-spielsweise die im christlichen Kontext keineswegs belanglose Frage, ob der Ta-bakkonsum mit dem Fastengebot konfligierte.[4]

Angesichts der hohen Aktualität des Tabaks in der Frühen Neuzeit verwun-dert es nicht, dass dieses neu entdeckte Heil- und Genussmittel auch in der Li-teratur deutliche Spuren hinterlässt und in der Frühen Neuzeit Phasen zu konstatieren sind, in denen vielleicht nicht, wie Hoffmann von Fallersleben

---

1 Heinrich Hoffmann von Fallersleben: Der Tabak in der deutschen Literatur. In: Weimari-sches Jahrbuch für die Deutsche Sprache, Litteratur und Kunst 2 (1855), S. 243–260, hier S. 243.

2 Vgl. David Harley: The Beginnings of the Tobacco Controversy: Puritanism, James I, and the Royal Physicians. In: Bulletin of the History of Medicine 67,1 (1993), S. 28–50, hier S. 29.

3 Das Verdienst der Erstbeschreibung kommt Nicolás Bautista Monardes mit dessen 1565 ver-öffentlichter *Historia medicinal* zu (lateinische Übersetzung des Carolus Clusius im Jahr 1574 als *De simplicibus medicamentis ex occidentali India delatis*).

4 Vgl. hier etwa den Traktat *De sumptione del (sic!) Tabaco, quando exigitur naturae ieiunium ante sacram communionem* des spanischen Moraltheologen Tomás Hurtado (1589–1659) in Thomás Hurtado: *Tractatus varii resolutionum moralium [...]. Pars posterior.* Lyon 1651, S. 188–223.

schreibt, „jedes Blatt nach Tabak riecht",[5] der Tabak aber eine doch starke Präsenz aufweist.

Einen beeindruckenden Überblick über die Literaturproduktion zum Thema Tabak bietet der Katalog der *Arents Tobacco Collection*. Diese geht auf die Sammlung George Arents Jr. (1875–1960) zurück, der eine durchaus bemerkenswerte Persönlichkeit gewesen zu sein scheint:[6] Spross einer durch Tabak reich gewordenen Familie, versuchte er sich nicht nur als Rennfahrer (und war dabei im Jahr 1904 in den ersten tödlichen Unfall der Vanderbild Cup Races verwickelt), sondern auch als Buchsammler:

> In 1895, when a very young man, I decided to start a collection of books and was given good advice: not to buy some incunabula, seventeenth-century plays and nineteenth-century novels and essays and think I was forming a collection of books. The result would be that I would have a lot of books, but not a real library. I should confine myself to buying books and manuscripts relating to one subject. As my family, for three generations, had been interested in the tobacco industry, it was a natural subject for me to choose.[7]

Arents erweiterte seine Büchersammlung zum Thema Tabak über die Jahre mit beachtlichem Engagement. Die Sammlung sucht, was Quantität und Qualität ihrer Objekte anbelangt, ihresgleichen. Die 4200 Objektbeschreibungen im von Jerome E. Brooks besorgten fünfbändigen Katalog der *Arents Tobacco Collection* erlauben einen, wenn vielleicht nicht vollständigen, so auf jeden Fall repräsentativen Überblick über die Tabakliteratur insgesamt.[8]

Das in Brooks' Katalog skizzierte *mare magnum* der Tabakliteratur ist bis heute kaum aufgearbeitet.[9] Beschränkt man sich auf die lateinischen Texte, die keineswegs den geringsten Teil der (frühneuzeitlichen) Tabakliteratur ausmachen,

---

5 Hoffmann von Fallersleben (wie Anm. 1), S. 243. Für Hoffmann von Fallersleben, der sich mit dem Tabak in der deutschen Literatur beschäftigt, erstreckt sich dieser Zeitraum von ca. 1690–1730.

6 Vgl. zu ihm H. George Fletcher: Indomitable Collector: Goerge Arents, Jr. and The New York Public Library. In: Biblion: The Bulletin of The New York Public Library 9 (2000), S. 87–103.

7 Vorwort zu Brooks, Nill (siehe folgende Anm.), Bd. 5.

8 Tobacco. Its History Illustrated by the Books and Manuscripts in the Library of George Arents, Jr. Hg. von Jerome E. Brooks (4 Bde.). New York 1937–1952, Bd. 5, hg. von Anne M. Nill, New York 1952, Nachdruck aller fünf Bände New York 1999.

9 Die vorliegenden umfassenderen Arbeiten zur Geschichte des Rauchens sind insgesamt eher anekdotischer Natur. Nützlich und bequem zugänglich sind z. B. Egon Caesar Conte Corti: Geschichte des Rauchens. Frankfurt a.M. 1930 (zahlreiche weitere Auflagen) oder aber die Monographie des schon genannten Jerome E. Brooks (The Mighty Leaf. Tobacco Through the Centuries. London, Sydney 1953).

ist die Forschungslage sehr übersichtlich.[10] Selbst die zwei wohl bedeutendsten Texte der neulateinischen Literatur zum Thema Tabak, der *Hymnus Tabaci* (begonnen um 1609, veröffentlicht 1625) des in London wirkenden flämischen Arztes Raphael Thorius und die *Satyra contra abusum tabaci* (1657) des Jesuiten Jacob Balde, sind nur sehr vereinzelt behandelt worden.[11]

Dieser Beitrag nimmt sich Thorius' *Hymnus Tabaci* an, der als literarisch ambitioniertes, gattungstypologisch komplexes und in seiner Intention polyvalentes Lehrgedicht ohne Frage größere Aufmerksamkeit verdient, als ihm bislang zuteil geworden ist.

2 Raphael Thorius' *Hymnus Tabaci*

Der im frühen siebzehnten Jahrhundert in England entstandene *Hymnus Tabaci* stellt einen ersten Höhepunkt der neulateinischen Tabakliteratur dar. Sein Autor, Raphael Thorius,[12] in Flandern geboren – sein genaues Geburtsjahr ist unbekannt –, studierte in Oxford Medizin und arbeitete seit 1591 als Arzt in London.[13] Zu seinen Patienten gehörte nach seiner Ankunft in England im Herbst 1610 bis zu seinem Tod im Jahr 1614 beispielsweise kein Geringerer als Isaac Casaubonus. Thorius erwarb sich somit auch indirekt in seiner Funktion als Arzt große

---

10 Einen bibliographischen Überblick über die neulateinische Tabakliteratur geben Dirk Sacré: Quid poetae scriptoresve de tabaco senserint vel scripserint. In: Vox Latina 22 (1986), S. 540–545 und ders.: De tabaco quid senserint vel scripserint scriptores neolatini: Auctarium. In: Vox Latina 25 (1989), S. 88–90.

11 Zu Thorius vgl. Ian D. McFarlane: Tobacco – A Subject for Poetry. In: From Wolfram and Petrarch to Goethe and Grass. Studies in Literature in Honour of Leonhard Forster. Hg. von D. H. Green, L. P. Johnson, Dieter Wuttke. Baden-Baden 1982, S. 427–441 und Christine Harrauer: Wer entdeckte tatsächlich den Tabak? Mythisches Erzählen bei Raphael Thorius und Jakob Balde. In: Antiker Mythos erzählt und angewandt bis in die Gegenwart. Symposion Wien 15.-17. November 2001. Hg. von Joachim Dalfen, Christine Harrauer. Wien 2004, S. 157–180. Thorius' Text ist digital ediert (vgl. Anm. 19), Baldes Tabaksatire liegt in einer modernen Ausgabe mit Übersetzung und Kommentar vor (Jacob Balde: Satyra contra abusum tabaci. Satire wider den Tabakmissbrauch. Hg. und übs. von Alexander Winkler. Mainz 2015).

12 Zu Thorius' Leben knapp Ole Peter Grell: Thorius, Raphael (d. 1625). In: Oxford Dictionary of National Biography 2004. https://doi.org/10.1093/ref:odnb/27336 (28. Mai 2020).

13 Seine Promotion erfolgte jedoch in Leiden. In der Leidener Universitätsbibliothek hat sich ein auf den 12.1.1591 datierter Druck seiner Theses medicae de Hydrope erhalten (Signatur: ASF 347: 60, *non vidi*).

Verdienste um die *bonae litterae*. Der kränkelnde Casaubonus schätzte Thorius' medizinischen Rat sehr.[14]

Von Thorius' dichterischer Produktion erscheint zu seinen Lebzeiten lediglich seine *In obitum Io. Barclaii elegia* (London 1621) als eigenständige Publikation.[15] Andere Werke sind nur handschriftlich überliefert.[16] Der hier interessierende *Hymnus Tabaci* erscheint zusammen mit seinem eindrucksvollen Winter-Gedicht *Hyems*[17] nahezu zeitgleich mit Thorius' Tod bei Elsevier in Leiden mit einem verspielten, Bacchus und seinen qualmenden Tross der Satyrn und Mänaden darstellenden Frontispiz.[18] Ein Jahr später veröffentlicht der Londoner Drucker John Haviland die beiden Werke auch in England.[19]

---

14 Vgl. etwa Casaubonus' Tagebucheintrag zum „XVI. Kal. Mai" des Jahres 1614: „Apud Meiernium virum clarissimum hodie pransus sum cum Thorio medico eruditissimo quorum consiliis, quae de mea valetudine inierunt, benedic, O Pater." (zit. nach Isaac Casaubonus: Ephemerides. Hg. von John Russel. Bd. 2. Oxford 1850, S. 1050–1051). Zwei Briefe Thorius' an Casaubonus sind ediert in Paul Botley, Máté Vince (Hg.): The Correspondence of Isaac Casaubon in England. Bd. 1. Genf 2018 (1611 05 26, [1611 07] 00). Thorius hält die Umstände von Casaubonus' Tod in der Epistola de viri celeberrimi Isaaci Casavboni morbi mortisqve cavsa (Leiden 1619) fest.

15 Ein an den Autor gerichtetes Liminalgedicht aus Thorius' Feder findet sich zudem in Matthias de L'Obel: In G. Rondelletii [...] Officinam Animadversiones. London 1605, fol. [¶ 3r].

16 Die wichtigste bislang bekannt gewordene Handschrift stellt ohne Frage Sloane MS 1768 (*non vidi*) der British Library (London) dar, die zahlreiche dichterische Versuche enthält. Für eine Inhaltsübersicht der Handschrift vgl. Paul Bergmans: Les poésies manuscrites de François et Raphaël Thorius. In: Mélanges Paul Thomas: Recueil de mémoires concernant la philologie classique, dédié à Paul Thomas. Brügge 1930, S. 29–38.

17 Der *Hyems* erscheint erstmals als Annex zur 1625er Ausgabe des Hymnus Tabaci (zu den Ausgaben vgl. Anm. 19).

18 Thorius war mit dem Titelkupfer sehr zufrieden. So schreibt er am 26.2.1625 an van Kinschot: „Picturatam frontem [sc. das Titelkupfer] vidi, et risi inventoris ingenium" (abgedruckt in der Ausgabe Leiden 1625, S. 46–47 des Hymnus Tabaci [vgl. Anm. 19]).

19 Raphael Thorius: Hymnus tabaci. Leiden 1625; Raphael Thorius: Hymnus tabaci. London 1626. Die gelegentlich zu findende Erwähnung einer Ausgabe Leiden 1628 geht auf eine falsche Interpretation der auf dem Frontispiz der 1625er Ausgabe missverständlich zu lesenden Jahresangabe zurück, vgl. Charles Pieters: Annales de l'imprimerie des Elsevier, ou Histoire de leur famille et de leurs éditions. 2. Aufl. Gent 1858, S. 27–28. Weitere Ausgaben des Hymnus: 1644 Utrecht (mit eigenem Titelblatt, doch unter fortgesetzter Paginierung Giles Everards De herba panacea [...] und anderen tabakistischen Werken beigebunden, der Hymnus Tabaci auf S. 225–296), 1651 London (Editio Nova, Multò Emendatior), London 1716 (unter dem Titel Tabacum. Poema libris duobus. Hg. von Henry Player, der auch eine englische Überstzung des Hymnus Tabaci veröffentlichte) und 1800 Lissabon (De Paeto seu Tabaco carminum libri duo. Hg. von José Mariano de Conceição Vellozo). Der Hymnus findet sich auch in verschiedenen Auflagen der Musae Anglicanae (Oxford 1692, S. 245–292; Oxford 1699, Bd. 1, S. 245–292; London 1714, Bd. 1, S. 245–292; London 1721, Bd. 1, S. 220–263; London 1741, Bd. 1, S. 190–225; London 1761, Bd. 1, S. 190–225). 2012 hat Mark Riley eine „hypertext edition" des Hymnus Tabaci vorgelegt

Der ersten Ausgabe sind zwei Briefe vorangestellt. Zunächst der chronologisch spätere, vom Herausgeber des *Hymnus Tabaci*, Lodewijk van Kinschot (1595–1647),[20] an den Leser adressierte (fol. A2r–A3r), in dem van Kinschot angibt, dass er zwei Jahre zuvor ein unvollständiges und fehlerhaftes Manuskript des *Hymnus* (*venustissimum de Paeto opus [...] distortum, neque parva sui parte mutilum*) erhalten habe. Er habe den Autor um eine bessere Abschrift gebeten und zu seiner Freude von Thorius eine überarbeitete und erheblich erweiterte Version des *Hymnus* (*exemplar, partim ad incudem revocatum, partim media plus parte auctum*) zugeschickt bekommen. Der zweite Brief ist Thorius' Begleitschreiben zur Übersendung des besagten Manuskripts (fol. A3v–[A4r]). In diesem beschreibt der Autor die Erweiterung des *Hymnus* etwas genauer: *Mitto igitur priorem Hymnum correctum: cui, adaucta supellectile, secundum adiunxi.* Während die Details der Werkgenese im Dunkeln liegen, kann doch immerhin festgehalten werden, dass der *Hymnus Tabaci* ursprünglich auf ein Buch angelegt war und von Thorius später auf zwei Bücher erweitert wurde. Da Thorius im eben genannten Brief vom 18.2.1625 angibt, der *Hymnus* sei bereits 16 Jahre alt, so muss das erste Buch auf das Jahr 1609 datiert werden. Ob die Erweiterung des zweiten Buchs, das immerhin fast 800 Verse umfasst, tatsächlich erst auf van Kinschots Anfrage hin um 1624/1625 zustande kam oder aber von Thorius bereits zuvor ausgearbeitet worden war, ist fraglich.

Der *Hymnus Tabaci* ist, wie aus dem Proöm hervorgeht, Sir William Paddy gewidmet:

> Tu qui censu decoratus Equestri
> Virtutem titulis, titulos virtutibus ornas,
> Antiquum et Phoebi nato promittis honorem,
> Tu, Paddaee, fave: nec enim praestantior alter
> Morbifugae varias vires agnoscere plantae,
> Inque tubo genitas haurire et reddere nubes.[21]
>
> (1,3–8, S. 1)

(http://www.philological.bham.ac.uk/thorius/; am 7.12.2019 überprüft, mit der WaybackMachine des Internet Archive archiviert und somit auch über den Permalink https://web.archive.org/web/20191207131454/http://www.philological.bham.ac.uk/thorius/ einsehbar).

20 Zu ihm W. M. C. Regt: Kinschot (Mr. Louis of Lodewijk van). In: Nieuw Nederlandsch Biografisch Woordenboek. Leiden 1937. Bd. 10, Sp. 463–464.

21 Der Text des Hymnus Tabaci folgt dem der Erstausgabe Leiden 1625 (wie Anm. 19). Die Versangabe erfolgt nach der Online-Edition Rileys (vgl. Anm. 19), die Seitenangaben beziehen sich auf die Erstausgabe Leiden 1625. Ligaturen wurden in der Transkription aufgelöst, ‚v' wurde, wenn es sich um einen Vokal handelt, mit ‚u' transkribiert, ‚j' regelmäßig mit ‚i'. Die Interpunktion sowie Groß- und Kleinschreibung folgen dem Druck. Alle Übersetzungen, sofern nicht anders angegeben, stammen vom Autor.

Du, der du in den Ritterstand erhoben wurdest und deine Tugend mit Titeln, die Titel aber mit deinen Tugenden zierst, und Aeskulap, dem Sohn des Phoebus Apollo, seine ursprüngliche Ehre zurückzugeben versprichst, du, Sir Paddy, sei uns gewogen! Niemand nämlich erkennt besser die verschiedenen Kräfte dieser Heilpflanze und niemand kann die in der Pfeife entstehenden Wolken besser schlürfen und wieder ausatmen.

William Paddy (1554–1634),[22] 1603 von König James geadelt – hierauf ist mit *censu decoratus Equestri* angespielt – war einer der angesehensten Mediziner seiner Zeit und unter anderem von 1609 bis 1611, im wahrscheinlichen Entstehungszeitraum des Kerns des *Hymnus Tabaci*, Präsident des Londoner *College of Physicians*, welchem auch Thorius angehörte. Wenn Thorius Sir Paddy als hervorragenden Tabakkenner und versierten Raucher apostrophiert, so ist dies nicht bloße Rhetorik. Paddy war 1605 anlässlich eines Besuchs des Königs in Oxford mit seiner medizinischen Expertise in Sachen Tabak in Erscheinung getreten. Er argumentierte – obgleich selbst Raucher – bei einer Debatte über die Frage *An creber suffitus Nicotianae exoticae sit sanis salubris?*[23] vor dem König in einer offenbar recht launigen Rede öffentlich gegen den Tabak.[24] 1620 wurde er zudem vom König zum Mitglied einer Kommission ernannt, die über die Qualität des in England verkauften Tabaks wachen und die Eintreibung der Steuern kontrollieren sollte. Zum Zeitpunkt der Überarbeitung des *Hymnus Tabaci* war Thorius' Kollege und alter Bekannter also einer der höchsten Wächter über den englischen Tabakhandel und somit geradezu zum Widmungsadressaten prädestiniert.

---

22 Zu ihm vgl. Lauren Kassell: Paddy, Sir William (1554–1634). In: Oxford Dictionary of National Biography 2004. https://doi.org/10.1093/ref:odnb/21080 (28. Mai 2020) und Donald S. Pady: Sir William Paddy, M.D. (1554–1634). In: Medical History 18,1 (1974), S. 68–82.

23 Nach Harley (wie Anm. 2), S. 46 Anm. 52. Ein Echo dieser Debatte könnte die in den mythologischen Kontext des Trojanischen Kriegs übertragene, von Thorius wohl fingierte Debatte „plantae de laudibus Indae" (1,340, S. 13) zwischen dem Brüderpaar Podalyrius und Machaon darstellen. Beide vertraten „amicis [...] odiis" (1,339–340, S. 13) entgegengesetzte Meinungen, obwohl sie beide den Tabak schätzten und vor der Debatte selbst auch geraucht hatten. Dass Paddy während seiner Rede vor dem König rauchte, schreibt Anthony Nixon: Oxford Triumph [...]. London 1605, fol. C2v.

24 Vgl. ebd.: „In one of these questions [sc. „Whether the often taking of *Tobacco* bee wholesome for such as are sound and in health?"] Doctor *Paddy* being answerer, held against *Tobacco*, being a great drinker of *Tobacco* himselfe." Die positive Reaktion des Königs auf Paddys Rede wird ebd. beschrieben.

3 Literarische Struktur

Zunächst soll der Inhalt des zwei Bücher sehr ungleicher Länge (366 und 746 Verse) umfassenden *Hymnus Tabaci* summarisch vorgestellt werden:[25] Der namentlich nicht genannte, doch der Einfachheit halber mit Thorius zu identifizierende Sprecher erzählt von Bacchus' sagenhafter Indienkampagne,[26] auf der nur die zufällige Entdeckung[27] des Tabaks Bacchus' Tross vor dem sicheren Tod durch Hunger und Durst rettet und ihm kurz darauf sogar zum Sieg über die ‚indischen' Ureinwohner verhilft. Nach dieser ätiologischen Erzählung von der Entdeckung des Tabaks bespricht der Erzähler im Rest des ersten Buchs die botanischen Qualitäten und die medizinischen Wirkungen des Tabaks. Im zweiten Buch wird die mythologische Erzählung wiederaufgegriffen: Bacchus, jetzt Herr über Indien, will die dort lebenden wilden Völker zivilisieren. Er sucht einen der berüchtigtsten Häuptlinge (*[r]egulus*, 2,54, S. 17) namens Haematoës auf, dessen *nomen* (von gr. αἱματόεις – blutig) insofern als *omen* gelten darf, als er vom Erzähler in grotesker Überzeichnung als Erzkannibale dargestellt wird. Mit Wein kann Bacchus sich bei Haematoës Gehör verschaffen. Bacchus, der über einen medizinisch geschulten Blick verfügt, diagnostiziert ihm einen desolaten Gesundheitszustand und empfiehlt den Tabak als Heilmittel. Hierauf setzt Silen, Bacchus' rechte Hand, zu einer langen Ausführung über den medizinischen Nutzen des Tabaks an, an deren Ende er – eine komische Volte – einschläft. Da seine Zuhörer jedoch noch wissen möchten, wie Tabak angebaut werden kann, übernimmt der Erzähler ersten Grades – Thorius – metaleptisch dort, wo Silen aufgehört hatte, und bringt das Gedicht mit Erläuterungen zum Tabakanbau zu Ende.

Die hexametrische Form, die didaktische Programmatik sowie nicht zuletzt auch der konkrete botanische, medizinische und agronomische Lehrgehalt lassen den *Hymnus Tabaci* spontan als Lehrgedicht erscheinen. Die knappe

---

25 Einen ausführlicheren Überblick über den Inhalt bietet Mark Riley: Introduction. In: Raphael Thorius, Hymnus Tabaci (1626). A hypertext edition. 2012. http://www.philological.bham.ac.uk/thorius/intro.html, §§ 9–14 (28. Mai 2020).

26 Bacchus' Indienzug, wie ihn prominent der spätantike griechische Epiker Nonnos in seinen Dionysiaka (48 Gesänge, fünftes Jahrhundert) erzählt, kann in Amerika spielen, weil der Hymnus Tabaci nicht zwischen *India orientalis* und *India occidentalis* unterscheidet.

27 Zu der hier gebotenen Ätiologie im Vergleich zu anderen Berichten vgl. Harrauer (wie Anm. 11). Jacob Balde wird in der Fabula de herba tabaci (Sylvae VIII, 6, in: Jacob Balde: Opera omnia. München 1729. Bd. 2, S. 240–244) seine eigene Ätiologie ebenfalls mit Bacchus' Eroberungsfeldzug durch Indien in Verbindung bringen.

Inhaltsangabe zu Beginn[28] sowie der mit *[a]ggredior*[29] markierte Auftakt im Proöm der Dichtung greifen zudem unmissverständlich Muster der antiken Lehrdichtung auf:

> Innocuos calices, et amicam vatibus herbam,
> Vimque datam folio, et laeti miracula fumi
> Aggredior.
>
> (1,1–3, S. 1)

> Ich mache mich daran, die unbescholtenen Becher, das den Dichtern liebe Kraut, die dem Blatt gegebene Kraft und die Wunder des beglückenden Rauchs zu besingen.

Nach dem Proöm setzt jedoch die Handlung ganz im Zeichen des Epos ein. Wenn auch das Epyllion im neulateinischen Lehrgedicht durchaus seinen festen Platz hat,[30] ist im *Hymnus Tabaci* die mythologische Erzählung von Bacchus' Indienkampagne für das Werk geradezu konstitutiv. Sie stellt das eigentliche narrative Gerüst dar, in das die didaktischen Passagen eingebunden werden. Der Sprecher tritt nicht wie im Lehrgedicht üblich primär als Lehrer auf, sondern als epischer Erzähler. Wiederholt finden sich intradiegetische lehrgedichtartige Passagen, die von einer homodiegetischen Erzählinstanz präsentiert werden. So wird der mit 450 Versen längste zusammenhängende Sinnabschnitt des *Hymnus Tabaci*, in dem vom richtigen Gebrauch, vom Nutzen und von den Gefahren des Tabaks gehandelt wird, Silen in den Mund gelegt. Auf den Sprecher selbst entfallen lediglich zwei didaktische Passagen: die botanische, pharmakologische und medizinische Diskussion des Tabaks (1,222–359, S. 9–14) und die Ausführungen zum Anbau der Tabakpflanze (2,644–720, S. 39–41) – insgesamt gut 200 Verse.

Auf das Epos verweisen auch einige intertextuelle Merkmale: In der Erzählung vom Eroberungszug der Bacchanten wendet sich der Anführer – Bacchus – mit *O socii* (1,45, S. 2) an seine Gefährten und verwendet dabei genau die Anrede, mit der auch Aeneas im ersten Buch der *Aeneis* (1,198) seine Leute anspricht.

---

28 Prominentestes klassisches Beispiel für eine Inhaltszusammenfassung am Beginn eines Lehrgedichts sind Vergils *Georgica*.

29 Vgl. Verg. georg. 1,5: „hinc canere incipiam", oder auch Lucr. 1,55: „disserere incipiam". Den Gestus hatte auch schon Fracastoro in seiner *Syphilis* aufgegriffen („hinc canere [...] incipiam", Syph. 1,10–12). „Aggredior" verwendet Lukrez lexikalisch äquivalent zu „incipiam" z. B. in 6,940.

30 Vgl. hierzu zumindest Walther Ludwig: Neulateinische Lehrgedichte und Vergils Georgica. In: From Wolfram and Petrarch to Goethe and Grass. Studies in Literature in Honour of Leonhard Forster. Hg. von D. H. Green, L. P. Johnson, Dieter Wuttke. Baden-Baden 1982, S. 151–180 und Heinz Hofmann: Aristaeus und seine Nachfolger: Bemerkungen zur Rezeption des Aristaeus-Epyllions in der neulateinischen Lehrdichtung. In: Humanistica Lovaniensia 52 (2003), S. 343–398.

Bacchus wir hierdurch mit dem Protagonisten der *Aeneis* parallelisiert – eine Verbindung, die durchaus plausibel wirkt, da ja auch im *Hymnus Tabaci* Bacchus als fürsorglicher Anführer und Eroberer fungiert. Überdies weist der vom Erzähler ersten Grades (d. h. ‚Thorius') knapp paraphrasierte Lehrvortrag, mit dem Silen seine Mitbacchantinnen und -bacchanten nach durchstandener Not unterhält (1,134– 141, S. 6), deutliche Parallelen zum Gesang des Iopas in der *Aeneis* (1,742–746) auf. In beiden Fällen waren die Akteure einer existenziellen Bedrohung entronnen: die Aeneaden dem Seesturm, die Anhänger des Bacchus dank des Tabaks dem Tod durch Hunger und Durst. In beiden Fällen findet die gelöste Stimmung ihren Ausdruck in einem Mahl, das mit einem Lehrvortrag ausklingt. Der *sermo*, den Thorius seinen Silen halten lässt, ist dem Lied des Vergilischen Iopas dabei – obgleich parodistisch verzerrt – recht ähnlich. Wenn Iopas in einem weihevollen Auftritt mit wallendem Haar und goldener Lyra bekanntermaßen von Sonnenfinsternissen, Sternbildern, Wetterphänomenen und dem Ursprung von Mensch und Tier singt, liegt Silen paffend im Schatten einer Tabakstaude und breitet, ganz offensichtlich durch den Tabak intellektuell besonders angeregt, zum Zwecke der gepflegten Unterhaltung sein umfassendes Wissen aus:

> Tum vacuus densa Paeti porrectus in umbra,
> Omnigenûm ut patuit faecunda scientia rerum,
> Dulcibus absumit lentas sermonibus horas,
> Explicat ingentes opulentae mentis acervos,
> Ludenti et similis Naturae arcana recludit,
> Implicitos memorat sphaeris caelestibus orbes,
> Compagemque hominis, terrae et miracula pandit,
> Addit et oraclis docti libamina fumi.
> (1,134–141, S. 6)

> Dann legte er sich sorglos in den dichten Schatten des Tabaks. Als sich ihm das beredte Wissen um allerhand Dinge eröffnet, bringt er lange Stunden mit angenehmen Reden zu. Er entfaltet den mächtigen Inhalt seines reichen Gedächtnisses, wie im Spiel eröffnet er die Geheimnisse der Natur. Er erwähnt die in die Himmelssphäre eingefassten Planetenbahnen und erklärt den Bau des Menschen und die Wunder der Erde. Zu diesen bemerkenswerten Reden fügt er Weihegaben des gelehrten Rauchs.

Dass hier der Spaß und die Geselligkeit im Vordergrund stehen, zeigt nicht zuletzt auch die explizite Angabe, Silen trage seine Weisheit „fast wie im Spiel" (*[l]udenti [...] similis*) vor. Der Erzähler unterstreicht die heitere Lockerheit durch ein bewusst überzogenes Register, wenn er von den Ausführungen als *oracl[a]* spricht, die noch dazu nahezu im Wortsinn „beweihräuchert" werden.

Ein auf ähnliche Weise ironisch gebrochener Bezug auf den epischen Gattungsrahmen findet sich in der darauffolgenden Szene: Nachdem man die Rettung vor Hunger und Durst eine Nacht lang ausgiebig gefeiert hatte, rufen Bacchus und

Silen den dionysischen Heereszug zum Kampf auf. Insbesondere sollten sie, so Bacchus, genügend Tabak mitführen. Dieser mache ihnen einerseits Mut,[31] andererseits könnten die Feinde durch den Rauch eingeschüchtert werden.[32] Der Aufmarsch von Bacchus' Trupp wird in pompöser epischer Form geschildert, während der naturgemäß wein- und tabaklastige Inhalt einen letztlich komischen Kontrast hierzu darstellt:

> Vino acuunt iras[33] resides, haustoque Tabaco
> Excludunt lethi faciem,[34] suaque agmina circum
> Nube tegunt atra: spirantes naribus ignem[35]
> Procedunt: medio glomeratur in aequore nimbus
> Igne micans, tonitruque fero, fumoque stupendus.
> (1,194–198, S. 8)

> Mit Wein schüren sie ihre träge Wut, mit dem Tabak halten sie sich die Fratze des Todes vom Leib und sie bedecken ihren Trupp ringsherum mit einer dunklen Wolke. Sie schreiten voran, indem sie aus der Nase Feuer atmen. Mitten auf dem Feld türmt sich eine Wolke auf, die von Feuer blitzt, staunenswert durch ihren wilden Donner und ihren Rauch.

Die Strategie geht auf: Die *Indi* packt schon beim Anblick des qualmenden Trupps die Angst und sie flüchten, ohne dass es zum Kampf kommt. Die mythologische Handlung wird nun zugunsten der durch den Erzähler ersten Grades präsentierten Ausführungen zur Zusammensetzung und Wirkung des Tabaks ausgesetzt und erst zu Beginn des zweiten Buchs wieder aufgegriffen. Gerade das erste Buch des *Hymnus Tabaci* weist, wie gezeigt wurde, markante epische Referenzen auf, die freilich mitunter parodistisch gebrochen werden. Zu Beginn des zweiten Buchs wird die mythische Handlung fortgesetzt. Der territorialen Eroberung Indiens folgt die kulturelle: Bacchus will das als barbarisch beschriebene ,Indien' zivilisieren. Als Beispiel für dieses Bemühen ist ein Treffen mit einem indigenen Häuptling namens Haematoës geschildert. Diese zentrale Episode des zweiten Buchs ist ein in der Art eines Epyllions kohärenter, wenngleich nicht zu Ende erzählter Handlungsstrang.[36] Für unseren Zusammenhang bedeutsam scheint hierbei abermals der Präsentationsmodus des eigentlichen Lehrgehalts des zweiten Buchs: Schon im ersten Buch hatte Silen als Erzähler zweiten Grades wiederholt kurze didaktische

---

31 Vgl. für diesen militärischen Effekt des Tabaks auch Baldes Tabaksatire (wie Anm. 11), § 26.

32 Die Rede des Bacchus in 1,160–181, S. 7.

33 Vgl. Aen. 9,464: „variisque acuunt rumoribus iras".

34 Der Ausdruck „leti facies" bei Luc. 3,653.

35 Vgl. Aen. 7,280: „spirantis naribus ignem".

36 Nachdem der intradiegetische Erzähler (Silen) einschläft, führt der Erzähler ersten Grades seinen Lehrvortrag zwar zu Ende, kommt aber nicht mehr auf Haematoës zurück. Es bleibt somit unklar, welcher Erfolg Bacchus' Zivilisierungsbemühungen beschieden ist.

Beiträge geliefert,[37] im zweiten Buch fällt ihm nun eine veritable Vorlesung über den Tabak zu. Es wird also auch hier ein seinem Umfang und Gehalt nach zentraler Lehrinhalt auf eine untergeordnete Erzählebene verschoben.[38] Der primäre Erzähler ähnelt im *Hymnus* somit vielmehr dem Erzähler im Epos als dem gerne in erster Person Wissen vermittelnden Lehrer des Lehrgedichts.[39] Es zeigt sich hier also die gattungstypologische und strukturelle Fluidität des Lehrgedichts,[40] bei dem man es nach Wilhelm Kühlmann oftmals mit „offenen, nicht selten strukturell synkretistischen Textformaten zu tun hab[e]".[41]

4 Die Poetisierung der Wissenschaft

Van Kinschot erwähnt in seinem Einleitungsbrief mit Fracastoros *Syphilis* einen für den *Hymnus Tabaci* relevanten Referenztext. Dies gilt weniger im Sinne

---

37 Die Mahnrede gegen den ungezügelten Tabakkonsum in 1,76–104 (S. 4–5) sowie der oben bereits besprochene ‚universale' Lehrvortrag (1,134–141, S. 6).

38 Nur am Rande sei ein kleiner Fehler in dieser Verschachtelung der Erzählebenen notiert. In 2,354–355 verweist der Erzähler zweiten Grades (Silen) auf eine zuvor von ihm gemachte Feststellung („Hunc ergo iubeo in mentem revocare, quod olim / Sanximus [...]"). Dieser intratextuelle Verweis bezieht sich auf die Darstellung der mitunter konträren Wirkungen des Tabaks in 1,223–225 (S. 9–10), die dort jedoch vom Erzähler ersten Grades geboten wird. Diese Inkonsequenz könnte schlicht auf einen *lapsus memoriae* des Autors zurückgehen, der das zweite Buch in einem großen zeitlichen Abstand zum ersten schreibt. Ebenso wäre denkbar, dass Teile der Rede des Silen in einer früheren Überarbeitungsstufe des Gedichts vom Erzähler ersten Grades gesprochen wurden. Thorius hätte es dann nach der Modifikation versäumt, die nötigen Anpassungen vorzunehmen.

39 In der Terminologie der Scaligerianischen Poetik verwendet Thorius also das epische „mixtum" und nicht die der Lehrdichtung angemessene „narratio simplex", vgl. Wilhelm Kühlmann: Wissen als Poesie. Ein Grundriss zu Formen und Funktionen des frühneuzeitlichen Lehrgedichts im deutschen Kulturraum des 16. und 17. Jahrhundert. Berlin, Boston 2016, S. 10 mit dem Verweis auf die Poetik Scaligers (Hg. von Luc Deitz, Gregor Vogt-Spira. Stuttgart-Bad Cannstatt 1994. Bd. 1, S. 90–91).

40 Ein Indiz für die Schwierigkeit der gattungsmäßigen Einordnung des Hymnus mag der Umstand sein, dass er in der (wohlgemerkt kargen) Forschung mit unterschiedlichen Etiketten versehen wurde. Sarah Dickson: Panacea Or Precious Bane: Tobacco in Sixteenth-century Literature. Dissertation New York University 1954, S. 203 nennt den Hymnus Tabaci – freilich ohne weitere Erläuterung – ein „epyllion on tobacco", McFarlane (wie Anm. 11), S. 430 bringt den Hymnus in einer bewusst vorsichtigen Formulierung mit Vergils Georgica in Verbindung („There is a vague hint of Thorius writing a sort of Georgics on the cultivation of tobacco"). Riley (wie Anm. 25), § 9 spitzt McFarlanes Aussage auf problematische Weise zu, indem er den Hymnus Tabaci schlechterdings und weniger treffend als „the Georgics of tobacco cultivation" bezeichnet.

41 Kühlmann (wie Anm. 39), S. 2.

einer ausgeprägten lexikalischen oder strukturellen Intertextualität, sondern vielmehr auf der abstrakteren Ebene der *inventio*: Wie Fracastoro mit dem *morbus Gallicus*, so wählte auch Thorius ein recht unattraktives Thema für sein Lehrgedicht. Van Kinschot sieht in der gekonnten Bearbeitung eines schwierigen, ja womöglich für Dichtung auf den ersten Blick ungeeigneten Stoffs eine besondere Leistung. Thorius habe es wie Fracastoro geschafft, sich „aus einem nahezu unrühmlichen Stoff Ruhm zu erwerben" (*ex argumento prope infami famam sibi peperit*, fol. A2v). Diese literarische ‚Veredelung' oder ‚Poetisierung' des Gegenstands geschieht dabei auf inhaltlich-struktureller und auch sprachlicher Ebene: Inhaltlich-strukturell gilt es den Stoff in ein ansprechendes Narrativ einzubinden. Dies erreicht Thorius insbesondere durch den wiederholten Rekurs auf die Mythologie und die Verwendung verschiedener Erzählebenen. Sprachlich stellt die keineswegs triviale Verbindung technisch korrekter und präziser Fachterminologie mit den Anforderungen metrisch gebundener und stilistisch befriedigender Diktion eine bedeutende Herausforderung dar, wie auch aus den im Folgenden zu besprechenden Beispielen hervorgeht.

Die Rede von der ‚Poetisierung' der Wissenschaft lässt sich jedoch noch aus einer weiteren Perspektive betrachten. Sie wird bei Thorius geradezu zur erkenntnisermöglichenden Methode stilisiert. Beim lehrdichterischen Bravourstück des *Hymnus*, der pharmakologischen Analyse der Wirkprinzipien des Tabaks (1,222–290, S. 9–12), beschreibt Thorius zunächst die enorme Schwierigkeit, die Ursachen für die *advers[ae] [...] virtut[es]* (1,223, S. 9), d. h. die teils sehr verschiedenen, mitunter auch konträren Wirkungen des Tabaks,[42] zu ergründen. Da nicht zu entscheiden sei, ob der Tabak seiner Substanz nach als *simplex* oder *compositum* angesehen werden müsse (1,235–242, S. 9–10), wählt Thorius, um einen Ausweg aus dieser Aporie zu finden, ein diskursives Verfahren, bei dem er teils deduktiv teils induktiv vorgeht: Durch die Betrachtung von *exempla*, unter denen einerseits naturwissenschaftliches Wissen, andererseits aber auch empirische Beobachtungen verstanden werden, entwickelt er einen Gedankengang, mit dem er sich der Wahrheit, so gut es geht, anzunähern hofft:

> Si tamen exemplis libeat, velut indice filo,
> Ire per anfractus dubios errore viarum,
> Inque sibi similes Totum dissolvere partes,
> Forsitan occurret, quo mens placata quiescat,
> Et si non verum, at veri illucescat imago.
> (1,243–247, S. 10)

---

42 So könne der Tabak z. B. sowohl stopfend als auch abführend wirken, vgl. 1,342–365, S. 27–28.

Wenn es aber beliebt, anhand von konkreten Beispielen, gleichsam wie an einem den Weg weisenden Faden entlang, durch schwer zu überblickende verwinkelte Straßen zu irren und das Ganze in sich ähnelnde Teile aufzulösen, dann wird uns vielleicht etwas einfallen, was den Geist befriedet und ruhen lässt. Es wird dann wenn nicht die Wahrheit selbst, so doch ein Abbild der Wahrheit erstrahlen.

Beim Tabak ist der Geruch besonders markant. Für Geruch und Geschmack sind Salze verantwortlich. Daher beginnt Thorius eine schulbuchartige Taxonomie der Salze, die sich ihrer Natur nach in *salia fixa* und *salia volatilia* unterteilen lassen (1,250–256, S. 10). Bei dieser Ausführung kommt ihm – so die Fiktion einer mimetischen, im Moment statthabenden Erforschung des vorgestellten Sachverhalts – in den Sinn (*Hic aliud memori occurrit ratione tenendum*, 1,257, S. 10), dass jede Pflanze die jeweils ihrer Natur zukommenden Nährstoffe aus der Erde bezieht und damit auch deren Qualitäten übernimmt. Thorius präsentiert nun sein Wissen über diverse im Boden enthaltene Substanzen, von denen er in einer virtuos formulierten Passage sieben (Schwefel, Nitrum, Arsenik, Bitumen/Naphtha, Quecksilber, Vitriol, Alaun) auf effektiv vier Verse verdichtet:

At tellure latent penitis confusa cavernis
Sulfurei latices, nitri glacialis amaror,
Lethale arsenicum, flammis affine bitumen,
Argenti liquor in faedam resolubilis auram,
Chalcantumque acidum, linguaeque astrictor alumen,
Atque alia innumeros factura elementa sapores.
(1,263–268, S. 11)

Doch unter der Erde sind tief in Höhlen verborge Schwefelströme, das kalte und bittere Nitrum, das tödliche Arsenik, das dem Feuer verwandte Bitumen, das in gräßliche Luft sich auflösende Quecksilber, das saure Vitriol und der Alaun, der einem die Zunge zusammenzieht, und andere Elemente, die unzählige Geschmäcker hervorbringen.

Aus dieser Zusammenstellung scheint er besonders die Qualitäten des *bitumen* im Tabak wiederzuerkennen, der u. a. „fett, stark riechend, beißend und zäh" sei und „das Feuer liebe" (vgl. 1,273–274, S. 11). Auch der empirisch-haptische Befund und die Wirkung des Tabaks auf den Körper deute auf *bitumen* hin: *dextram / Trita oleo faedat, digitos et glutine viscat* (1,277–278, S. 11).

Thorius inszeniert auf diese Weise im Medium der Dichtung einen wissenschaftlichen, d. h. rational aus gesichertem Wissen und empirischer Erfahrung ableitenden Erkenntnisprozess und ermöglicht dem Leser/der Leserin dessen simultanen Nachvollzug. Die enge Verquickung von poetischer Präsentation und wissenschaftlichem Erkenntnisstreben findet ihren prägnanten Ausdruck in der Phrase, mit der Thorius die eben skizzierte Suche nach dem wesentlichen Bestandteil des Tabaks beginnt: *Si quis iam excutiat prolixo carmine, de tot / Principiis, cui accepta ferat sua munera Paetum [...]* (1,269–270, S. 11).

Hier wird das (Lehr-)Gedicht (*carmen*) auch in sprachlicher Hinsicht geradezu zu einem Instrument der Erkenntnissuche gemacht. Der *Hymnus Tabaci* weist durch die Inszenierung des wissenschaftlichen Erkenntnisprozesses Züge einer nicht bloß belehrenden, sondern gar ‚forschenden' Dichtung auf, was den wissenschaftlichen Anspruch des Textes unterstreicht. Denn ungeachtet seiner verspielten, bald parodierenden, bald ironisierenden Form und der in den Paratexten bemühten Bescheidenheitstopik, die den *Hymnus* als Spielerei[43] und den Tabak als nicht vollends ernstzunehmenden Gegenstand für ein Gedicht (*argumentum quidem leve ac ludicrum*, so van Kinschot, fol. A2v) darstellt, ist Thorius' Text durchaus auch ein respektabler Beitrag zum botanisch-medizinischen Tabakdiskurs, der sich mit den für das frühe siebzehnte Jahrhundert einschlägigen, mit dem Tabak befassten Traktaten messen kann. Nicht ohne Grund, so scheint es, findet Thorius' Gedicht in dem 1644 in Utrecht als bibliographische Einheit konzipierten und publizierten Sammelband zum Tabak neben Giles Everards *De herba panacea* (erstmals 1587) und Johann Neanders *Tabacologia* (erstmals 1622) seinen Platz.[44]

5 Der *Hymnus Tabaci* als politisches Manifest?

Das Thema Tabak war unter der Regentschaft James' I. ein brisantes Politikum – der König höchstpersönlich hatte ihn 1604 in seinem *A Counterblaste to Tobacco* verteufelt – und Gegenstand hitziger Debatten. Tabakrauchen war zu Beginn des siebzehnten Jahrhunderts insbesondere in London zur teils begeistert aufgenommenen, teils heftig kritisierten Mode geworden.[45] Das Meinungsspektrum zum Tabak reicht dabei von kategorischer Ablehnung über die Verteidigung gemäßigten Tabakkonsums zu therapeutischen Zwecken bis hin zur liberalen Verteidigung des Rauchens.[46]

Wie sich Thorius in dieser Debatte positioniert, geben schon die ersten Verse des Prooms zu verstehen (vgl. Zitat oben S. 102). Es wird darin eine Abhandlung in

---

43 Thorius schreibt in seinem Brief an van Kinschot (fol. A3v in der Ausgabe Leiden 1625 [wie Anm. 19]) von seinen „lusus" und nennt sich einen „ludentem inter pueros senem".
44 Dass der Sammelband (wie Anm. 19), der zudem noch die lateinische Übersetzung von James' I. Counterblaste enthält (Misocapnus, sive de abusu tabaci lusus regius), trotz des den einzelnen bibliographischen Einheiten vorangestellten Titelblatts eindeutig als Einheit konzipiert ist, zeigt die durchgehende Paginierung.
45 Für eine knappe Skizze der Londoner Tabakszene (und deren Kritiker) vgl. Brooks (wie Anm. 9), S. 66–74.
46 Vgl. hierzu Brooks (wie Anm. 9), S. 67–70.

Aussicht gestellt, die die positiven Eigenschaften und die wundersamen Segnungen des Tabaks behandelt. Der *Hymnus* verschweigt zwar keineswegs auch mögliche Risiken des Tabaks,[47] doch könnten diese durch den richtigen Gebrauch (vgl. *iustos sumendi [...] usus* in 2,313, S. 26) gebannt werden. Gewöhnlich gegen den Tabak ins Feld geführte Vorwürfe[48] werden entkräftet, manche Kritikpunkte werden jedoch auch geteilt. So wendet sich Thorius – über sein intradiegetisches Sprachrohr Silen – gegen all diejenigen, die nur aus modischen Gründen rauchten, sich um Nutzen und Schaden des Tabaks jedoch wenig kümmerten.[49]

> Sunt qui fumum ideo, ut potent tantummodo, potant,
> Urbanos inter ne non habeantur amoeni,
> Prositne an noceat sibi susque deque ferentes[.]
> (2,303–305, S. 26)

> Manche rauchen nur des Rauchens wegen, damit diese feinen Gestalten auch ja zu den Modischen gehören. Sie kümmern sich dabei kein bisschen darum, ob das Rauchen nützt oder schadet.

Thorius verfolgt mit seinem *Hymnus* ein auf konstruktiven Disput ausgelegtes und somit im besten Sinne akademisches Programm. Er habe, schreibt er am Ende des Gedichts, seine Meinung dargelegt und lade alle, die nicht mit ihm übereinstimmen, zur begründeten Widerrede ein:

> Si quis amans veri nobis dissenserit, author
> Consilii alterius, quod pectore claudit, in albo
> Scribat, et hos sensus recta ratione refellat.
> (2,744–746, S. 42)

> Wenn jemand aus Wahrheitsliebe mit uns nicht übereinstimmt, dann möge der Vertreter einer anderen Meinung publik machen, was er auf dem Herzen hat, und diese meine Meinung mit vernünftigen Argumenten widerlegen.

Diese Position ist gewiss intellektuell redlich, doch auch als Vorsichtsmaßnahme zu verstehen, steht Thorius mit seinen Ausführungen doch in einem deutlichen Gegensatz zu James' I. Haltung. Vereinzelt scheint der *Hymnus Tabaci* dem *Counterblaste* rundheraus zu widersprechen.

---

47 Vgl. etwa die Silen in den Mund gelegten Ausführungen, für wen Tabakkonsum geeignet ist und für wen nicht, in 2,293–295, S. 26–27.
48 So schwäche der Tabak die Geistesschärfe (2,423 ff., S. 30–32) und mache impotent (2,462–464, S. 32–33).
49 Zu der Mode des ‚recreational smoking' vgl. Brooks (wie Anm. 9), S. 66–70 und Harley (wie Anm. 2), S. 29–30.

In diesem Zusammenhang interessiert insbesondere die Ursprungsgeschichte des Tabaks, die James und Thorius beide markant an den Beginn ihrer Texte stellen. In James' Augen sei der Tabak von den „barbarous Indians" als Heilmittel gegen die Syphilis („a filthy disease")[50] entdeckt und vom ihm verhassten und bewusst nicht namentlich genannten Sir Walter Raleigh „by an inconsiderate and childish affectation of Noveltie"[51] nach England eingeführt worden. Für James bedeutet Tabakkonsum die Nachahmung barbarischer Gebräuche und somit die Infragestellung der eigenen zivilisatorischen Superiorität:

> And now good Countrey men let us (I pray you) consider, what honour or policie can moove us to imitate the barbarous and beastly maners of the wilde, godlesse, and slavish Indians, especially in so vile and stinking a custome?[52]

Durch die geschickte fiktionale Kontextualisierung der Entdeckung des Tabaks vermag ihn Thorius in ein Narrativ der westlichen Kulturgeschichte einzubinden. Von einer „corrupted basenesse of the first use of this Tobacco"[53] kann nach Thorius' Darstellung nicht die Rede sein. Dass die im *Hymnus Tabaci* gebotene Ätiologie gänzlich erfunden ist und dies von Thorius' Zeitgenossen auch so verstanden wurde, steht außer Frage. Viel relevanter ist jedoch die in der Erzählung vollzogene Fokusverschiebung: Der Tabak ist nicht nur „a common herbe, which [...] growes almost every where",[54] der von vermeintlich Wilden zur Behandlung einer schmutzigen Krankheit verwendet wurde, sondern eine mächtige Heilpflanze, deren positives Potenzial sich erst durch kundige Anwendung entfalten kann, mithin Kultur voraussetzt und befördert.

Der politische Gehalt des *Hymnus Tabaci* beschränkt sich jedoch nicht auf die Auseinandersetzung mit James' Haltung zum Tabak. Vielmehr lässt sich die breiten Raum einnehmende Eroberungserzählung vor dem Hintergrund der englischen Kolonialpolitik lesen:[55] Im ersten Jahrzehnt des siebzehnten Jahrhunderts beginnt England auf dem amerikanischen Kontinent Fuß zu fassen. 1607, kurz bevor Thorius mit der Konzeption des *Hymnus* beginnt, gründet die Virginia Company of London mit Jamestown die erste koloniale Siedlung auf dem amerikanischen Kontinent. Die Parallele zur mythologischen Erzählung von der kolonisierenden Landnahme dürfte also durchaus erkennbar gewesen sein.

---

50 [James I]: A Counterblaste to Tobacco, London 1604, fol. B1v.
51 Ebd.
52 Ebd.
53 Ebd., fol. B2r.
54 Ebd., fol. B1v.
55 Harrauer (wie Anm. 11), S. 163 liest die mythologische Erzählung dagegen eher als „spielerische Spiegelung der ‚Westindien'-Expedition des Columbus".

Bacchus, der Anführer des Eroberungszugs – und damit gewissermaßen *alter ego* James' I. – wird als milder Herrscher dargestellt, dem es nach erfolgreichem Abschluss seiner Kampagne in erster Linie um die Verbreitung von Zivilisation zu tun ist:

> Ut sedit solio Victor, non tristibus armis
> Saeviit in vitam vel opes, nec durus abactis
> Indigenis statuit dominos, nec more tyranno
> Optavit metui, metuit non ipse timentes;
> Lenibus alloquiis, et maiestate remissâ
> Partus amor populi, facilis clementia mores
> Erudiit, glebamque iugo parere suasit.
>
> (2,21–27, S. 15–16)

> Als er siegreich auf seinem Thron Platz genommen hatte, da wütete er nicht mit strenger Gewalt gegen das Leben und den Besitz, noch vertrieb er hartherzig die einheimischen Herren, um eigene einzusetzen. Er wollte auch nicht wie ein Tyrann gefürchtet werden und hatte daher auch selbst keine Furcht vor verängstigten Untertanen. Durch sanfte Ansprache und mit der zurückhaltenden Würde seines Rangs gewann er die Liebe des Volkes. Seine gutmeinende Milde verfeinerte deren Sitten und brachte den Boden dazu, sich dem Pflug zu fügen.

Das Verhältnis zwischen Eroberer und Eroberten ist ausgesprochen human. Thorius beschreibt es mit der paradoxen Wortverbindung „Freiheit in Abhängigkeit" (*[l]iberta[s] [...] serva*, 1,209, S. 9)[56]. Aufgrund seiner Milde und Menschlichkeit genießt der Eroberer bei den Ureinwohnern höchstes Ansehen. Der *Hymnus Tabaci* darf vor diesem Hintergrund geradezu als zwischen Panegyrik und Handlungsempfehlung oszillierender (Kolonial-)Fürstenspiegel gelten, der den richtigen Umgang mit der Urbevölkerung aufzeigt. Bacchus lehrt die Ureinwohner insbesondere den Ackerbau (*gleba[m] iugo parere suasit*) und nach Silens ausführlicher Darlegung der Vorzüge des Tabaks sind die *Indi* wenig überraschend insbesondere am Anbau des Tabaks interessiert (2,635–638, S. 38). Durch dieses Wissen werden die einstmals unzivilisierten Völker zu Bauern (die im folgenden Zitat bezeichnenderweise ‚coloni' genannt werden), die durch ihre Produkte, wie Thorius gegen Ende des *Hymnus* bemerkt, letztlich dem Handel und in Form von Steuern auch den Herrschern nützen:

> merx ampla coloni
> Augebit census, et vectigalia regum,
> Mercantum et loculos[.]
>
> (2,721–723, S. 41)

---

56 Laut TLL 7,2,1318,17–18 ist diese Verbindung zuerst bei Petrus Chrysologus (fünftes Jahrhundert) belegt.

> Die üppige Ware wird vergrößern den Besitz des Bauern, die Steuereinnahmen der Könige und Einnahmen der Händler.

Das fiskalische Potenzial des Tabakhandels war James selbstverständlich nicht neu. Denn ungeachtet seiner feindlichen Haltung dem Tabak gegenüber versuchte der König seit Mitte der 1610er Jahre den Tabakhandel mit den amerikanischen Kolonien durch finanzpolitische Maßnahmen profitabler zu gestalten.[57]

Der *Hymnus Tabaci* gewinnt durch diese Bezugnahme auf den zeithistorischen Hintergrund auch eine politische Dimension. Er liefert aus medizinischer Perspektive eine energische Verteidigung des Tabaks und befreit diesen zudem vom Odium des Barbarischen, wodurch er James' grundsätzlicher Ablehnung des Tabaks entgegenwirkt. Die nahegelegte Parallelisierung von mythischer Erzählung und zeitgenössischem Geschehen bietet zudem ein gewisses panegyrisches Potenzial, wenngleich natürlich James I. gerade in seiner Darstellung als Entdecker und Befürworter des Tabaks allenfalls ein ironisches, wenn nicht vergiftetes Lob gesehen hätte.

★★★

Die im Titel des Beitrags gestellte Frage, ob es sich beim *Hymnus Tabaci* um ein literarisches Spiel, einen medizinischer Traktat oder ein politisches Manifest handelt, ist wohl am befriedigendsten so zu beantworten: Der *Hymnus* ist gleichermaßen ein durch Komik und Ironie einerseits und andererseits durch eine ansprechende sprachlich-strukturelle Darbietung unterhaltender, durch seine medizinischen und agronomischen Ausführungen belehrender und dabei auch die zeitgenössische Politik tangierender Text, der gerade durch diese Vielfältigkeit das große Ausdruckspotenzial neulateinischer Lehrdichtung zu illustrieren vermag.

---

57 Vgl. hierzu Donald A. Walker: Virginian Tobacco During the Reigns of the Early Stuarts: A Case Study of Mercantilist Theories, Policies, and Results. In: Mercantilist Economics. Hg. von Lars Magnusson. Boston u. a. 1993, S. 143–171.

Claudia Schindler

Bilgepumpe, Zuckerrohrmühle, Hebewerk: Technische Geräte und Maschinen in der neulateinischen Jesuiten-Lehrdichtung

In seiner um das Jahr 335 vor Christus entstandenen *Poetik* formuliert Aristoteles eine der bekanntesten und folgenreichsten Aussagen zum hexametrischen Lehrgedicht.[1] Homer und Empedokles, so schreibt er, hätten nichts gemeinsam außer dem Versmaß: deshalb sei letzterer eher Naturforscher denn Dichter.[2] Die Frage, ob Lehrdichtung überhaupt als Dichtung anzusprechen sei, ist seit Aristoteles' Verdikt immer wieder Gegenstand von Diskussionen gewesen. Zentrale Punkte in der Kontroverse um das Lehrgedicht als „Problem der Poetik"[3] waren dabei neben seinem ‚amimetischen' Charakter, dem man durch eine Weitung des Mimesis-Begriffs zu entgehen suchte,[4] auch das Mit- und Gegeneinander von sprödem fachwissenschaftlichem Inhalt und hochpoetischer Form,[5] das für die Lehrdichtung der Antike nicht selten als ‚Spannungsverhältnis' wahrgenommen und beschrieben wurde.[6] Spätestens mit dem Aufkommen einer wissenschaftlichen Speziallliteratur

---

1 Für die Durchsicht des Aufsatzes und wertvolle Anregungen danke ich Dr. Jochen Walter (Mainz).

2 Aristoteles, Poetik 1447b: „οὐδὲν δὲ κοινόν ἐστιν Ὁμήρῳ καὶ Ἐμπεδοκλεῖ πλὴν τὸ μέτρον, διὸ τὸν μὲν ποιητὴν δίκαιον καλεῖν, τὸν δὲ φυσιολόγον μᾶλλον ἢ ποιητήν."

3 Bernhard Fabian: Das Lehrgedicht als Problem der antiken und modernen Poetik. In: Die nicht mehr schönen Künste. Hg. von Hans R. Jauss. München 1968 (Poetik und Hermeneutik 3), S. 67–89; Robert M. Schuler, John G. Fitch: Theory and context of the didactic poem: Some classical, mediaeval, and later continuities. In: Florilegium 5 (1983), S. 1–43, hier S. 21–29.

4 So etwa Girolamo Fracastoro in seinem Dialog Naugerius sive de poetica dialogus (in der Ausgabe der Opera omnia, Venedig 1555; moderne Ausgabe: Hg. von Ruth Kelso, Murray Wright Bundy. University of Illinois 1924), S. 156 D. Dazu Fabian (Anm. 3), S. 83. Weitere frühneuzeitliche Kritiker, die das Mimesis-Prinzip nicht allein auf Menschen beschränken, sind Bernardino Tomitano und Sperone Speroni) (vgl. dazu Baxter Hathaway: The age of Criticism. The Late Renaissance in Italy. Ithaca, NY 1962, S. 67–69) und Christopher Stay: De poesi didascalica dialogus. Rom 1792, S. xi–xii (vgl. dazu Claudia Schindler: Didactic Poetry as Elitist Poetry: Christopher Stay's De poesia didascalica dialogus in the Context of Classical and Neo-Latin Didactic Discourse. In: Neo-Latin and the Vernaculars. Bilingual interactions in the Early Modern Period. Hg. von Florian Schaffenrath, Alexander Winkler. Leiden, Boston 2019, S. 232–250, hier S. 237–239).

5 Katharina Volk: The poetics of Latin didactic. Lucretius, Vergil, Ovid, Manilius. Oxford 2002, S. 55, besonders deutlich formuliert Manil. 1,20–23: „bina mihi positis lucent altaria flammis / ad duo templa precor duplici circumdatus aestu / carminis et rerum."

6 Vgl. Egert Pöhlmann: Charakteristika des römischen Lehrgedichts. In: ANRW I,3 (1973), S. 813–901, hier S. 834–835.

in Prosa wurde die Frage nach dem Verhältnis von ‚Dichtung' und ‚Lehre' virulent – insbesondere die Frage, mit welcher Intention ein Autor sich dafür entschieden haben könnte, besonders unzugängliche Inhalte der Fachwissenschaft einer poetischen Gestaltung zu unterziehen.

Beschreibungen von Maschinen und technischen Gerätschaften stellen im Kontext der poetischen Gestaltung fachwissenschaftlicher Gegenstände eine besondere Herausforderung dar. In der antiken Lehrdichtung begegnet Derartiges nur sehr vereinzelt. Hesiod beschreibt in den *Erga kai hemerai* den Bau eines Pfluges.[7] Vergil greift diese Beschreibung im ersten Buch der *Georgica* mit einer beinahe wörtlichen Übersetzung auf.[8] Als Beschreibung eines Artefakts im allerweitesten Sinne kann man ferner die Schilderung der Vorrichtung ansehen, in die der für das Mirakel der Bugonie präparierte Rindskadaver hineingelegt wird.[9]

Während der Befund für das antike Lehrgedicht eher spärlich ausfällt, steigt die Frequenz der Beschreibungen von Geräten und Maschinen insbesondere im neulateinischen Jesuiten-Lehrgedicht des späteren siebzehnten und achtzehnten Jahrhunderts so stark an, dass sie geradezu zu einem generischen Marker dieser Dichtungen werden. Die Darstellungen befassen sich dabei sowohl mit Objekten des häuslichen Gebrauchs, zum Beispiel den Gerätschaften und Gefäßen für die Kaffee-[10] und Teezeremonie,[11] als auch mit größeren Apparaturen wie der ‚Produktionsstraße' zur Herstellung von Zucker[12] oder Schokoladeneis,[13] mit mechanischen Geräten wie einer Seil- und Zahnradwinde für den Stapellauf von Riesenschiffen,[14] Hilfsmitteln für die naturwissenschaftliche Forschung, etwa Mikroskop[15] und Vakuum-Kugeln,[16] schließlich mit techni-

---

7 Hes. Erga 414–436.

8 Verg. Georg. 1,169–175.

9 Verg. Georg. 4,294–307.

10 Guglielmo Massieu: Caffaeum, carmen. In: Poemata didascalica. Hg. von François Oudin. Bd. 1. ²Paris 1813, S. 156.

11 Pierre Petit: Thia Sinensis, carmen (1685). In: Poemata didascalica. Hg. von François Oudin. Bd. 1. ²Paris 1813, S. 32.

12 Tommaso Strozzi: De mentis potu seu de cocolatis opificio. In: T. Strozzi, Poemata varia. Neapel 1689, S. 25–29.

13 Strozzi, De cocolatis opificio (Anm. 12), S. 53–56.

14 Nicolai Parthenii Giannettasii Neapolitani e Societate Jesu opera omnia poetica, Tomus Secundus complectens Piscatoria, Nautica et Halieutica. Neapel 1715, S. 84–85.

15 Melchior de Polignac: Antilucretius sive de deo et natura libri novem, opus posthumum. Paris 1747, S. 324.

16 Bernardo Zamagna: Navis aëria et elegiarum monobiblos. Rom 1768 (Neuedition: Bernardo Zamagna: Navis aëria. Hg. von Diane Bitzel. Frankfurt a.M. 1997), 1, 279–290.

schen Spielereien wie der *machina electrica*[17], der *phiala Leidensis*[18] und dem *cymbalum electricum*.[19] Generell lässt sich dabei feststellen, dass in den Lehrdichtungen des siebzehnten Jahrhunderts vor allem Maschinen und Gegenstände des allgemeinen Gebrauchs beschrieben werden, während Geräte für naturwissenschaftliche Forschung (Mikroskop und Vakuum-Kugeln) und technische Spielereien (*cymbalum electricum*) in den Lehrdichtungen des achtzehnten Jahrhunderts ihren Platz finden.

Wenngleich die Geräte-Beschreibungen der neulateinischen Lehrdichtung Gegenstände unterschiedlichster Größe, Form und Funktion betreffen, so ist ihnen doch eines gemeinsam. Es sind Artefakte, die aus verschiedenen Gründen ungewöhnlich sind: Sie sind besonders exotisch und rar, besonders groß, besonders funktional oder besonders komplex: und sie sind dem zeitgenössischen Rezipienten, dies ist zumindest die Vorannahme des Lehrdichters, nicht bekannt. Die Frage nach dem Verhältnis von ‚Lehre‘ und ‚Dichtung‘ hängt hier somit mit der Frage nach der ‚Diskursivierung von Neuem‘ eng zusammen.[20] Daraus ergeben sich, auf unterschiedlichen Ebenen, zwei grundsätzliche Problem- beziehungsweise Fragestellungen. Sie sollen im Folgenden kurz skizziert werden, bevor ich anhand von drei konkreten Beispielen für Geräte-Beschreibungen aus den einander konzeptionell sehr ähnlichen Lehrgedichten der neapolitanischen Mikrotradition des späteren siebzehnten und des früheren achtzehnten Jahrhunderts[21] veranschauliche, welche Möglichkeiten der Gestaltung und Verwendung dieses Formelements sich bieten.

Der erste Punkt betrifft den ‚sachlichen Gehalt‘ beziehungsweise den ‚Informationswert‘ der Beschreibungen. Ob die in einem Lehrgedicht enthaltenen Informationen sachrichtig und vollständig sind, ob sie den aktuellen Wissensstand zeigen oder ältere Diskurse reaktivieren, spielt für die Einschätzung eines Lehrgedichts

---

17 Giuseppe Maria Mazzolari: Electricorum libri VI. Rom 1767, S. 22–24.

18 Mazzolari, Electricorum libri, (Anm. 17) S. 65–67.

19 Mazzolari, Electricorum libri, (Anm. 17) S. 152–154.

20 Vgl. dazu das Programm der FOR 2305 „Diskursivierungen von Neuem" unter http://www.for2305.fu-berlin.de/ (20. Februar 2020).

21 Zu dieser Mikrotradition vgl. Claudia Schindler: La cultura letteraria dei Gesuiti a Napoli (1680–1730): Tradizioni locali come propaganda per una rete mondiale. In: Per la valorizzazione del patrimonio culturale della Campania. Il contributo degli studi medio- e neo-Latini. Hg. von Giuseppe Germano. Neapel 2016 (Latinae humanitatis itinera nova 2), S. 117–127; dies.: Exploring the Distinctiveness of Neo-Latin Jesuit Didactic Poetry in Naples: The Case of Nicolò Partenio Giannettasio. In: Exploring Jesuit Distinctiveness. Interdisciplinary Perspectives on Ways of Proceeding within the Society of Jesus. Hg. von Robert A. Maryks. Leiden 2016 (Jesuit Studies 6), S. 24–40.

grundsätzlich eine wichtige Rolle[22] und ist auch bei der Betrachtung der Beschreibungen technischer Artefakte relevant. Dort kommt jedoch noch ein weiterer Aspekt hinzu. Zumindest äußerlich ist die neulateinische Jesuiten-Lehrdichtung des siebzehnten und achtzehnten Jahrhunderts eine konservative Gattung.[23] Sie orientiert sich eng an den Modellen der klassischen römischen Lehrdichtung, insbesondere an Vergils *Georgica*, die in der neapolitanischen Mikrotradition wichtigster Referenztext sind.[24] Das Vokabular, das den Lehrdichtern zur Verfügung steht, ist im Wesentlichen das poetische Vokabular der klassischen Latinität. Die sprachlichen Vorgaben sind somit *a priori* ungleich restriktiver als in den lateinischen Prosatraktaten oder gar in volkssprachlichen Abhandlungen. Die Frage nach dem sachlichen Gehalt bezieht sich daher nicht allein auf die Frage, inwieweit die Beschreibungen vollständig, sachrichtig und aktuell sind, sondern auch auf die Frage, ob und wie die Lehrdichter das Problem lösen, dass ihnen aufgrund von generischen Vorgaben eine Fachterminologie nicht oder nur sehr eingeschränkt zur Verfügung steht.

Mit der Entscheidung, die der Lehrdichter hinsichtlich des sachlichen Gehalts der Beschreibung trifft, ist eine weitere grundsätzliche Frage der antiken und neulateinischen Lehrgedichtpoetik verbunden. Es geht um die Frage, inwieweit die Vermittlung von Sach- und Faktenwissen alleiniges oder vorrangiges Ziel des Lehrgedichts ist, oder ob sich hinter den Sachinformationen weitere Dimensionen ausmachen lassen, die dem Lehrgedicht, um es in der Terminologie Bernd Effes zu formulieren, „Transparenz" verleihen.[25] Dass sich für die Lehrdichtungen der neapolitanischen Mikrokultur eine solche „Transparenz" nachweisen lässt, steht außer Frage. Wie die übrigen Jesuiten-Lehrgedichte vermitteln auch die Lehrgedichte der Neapolitaner das Bild einer Welt, „informed, if not forged by the values of the society of Jesus", wie es Yasmin Haskell formuliert hat.[26] Intellektuelle Herausforderung und wissenschaftliche Studien, Arbeitsethos und Sorgfalt sind ebenso wichtige Ingredienzien des dort sich manifestierenden jesui-

---

22 Vgl. für das antike Lehrgedicht Bernd Effe: Dichtung und Lehre. Untersuchungen zur Typologie des antiken Lehrgedichts. München 1977 (Zetemata 69), der auf der Grundlage ‚Verhältnis des Dichters zu seinem Stoff' einen typologischen Ansatz erarbeitet.
23 Vgl. Yasmin A. Haskell: Loyola's Bees: Ideology and Industry in Jesuit Latin Didactic Poetry. Oxford 2003, S. 14–16.
24 Vgl. Claudia Schindler: Wissen ist Macht! Nicolò Partenio Giannettasio (1648–1715) und die neulateinische Gelehrtenkultur der Jesuiten in Neapel. In: Scientia poetica 18 (2014), S. 28–59, hier S. 38–39.
25 Effe (Anm. 22), S. 40–79. Als Muster eines Lehrgedichts des ‚transparenten' Typus gelten Effe die *Phainomena* des Arat, die auf der Oberfläche den Sternhimmel behandeln, dahinter aber das Wirken einer stoischen Allmacht sichtbar machen.
26 Haskell (Anm. 23), S. 13.

tischen Weltverständnisses wie ein gewisser Anspruch auf Ordnung und Organisation.[27] Da alle wissenschaftlichen Studien *ad maiorem Dei gloriam* geschehen, sind die Lehrgedichte stets mit einem christlichen Subtext unterlegt. Wenn der Mensch kreativ ist, wenn er verschiedene *artes* erfindet, nutzt er das geistige Potenzial, das ihm von Gott verliehen wurde. Die einzelnen Autoren stimmen überein, was diese Wertebasis angeht. Sie verhandeln sie jedoch in ihren Lehrgedichten nicht nur unter verschiedenen Oberthemen, sondern auch mit unterschiedlichen Akzentuierungen. Dabei erweisen sich gerade die Beschreibungen von Geräten und Maschinen als Kristallisationspunkte, die in ihrer spezifischen Machart wie auch der Präsentation und Kontextualisierung der Artefakte den Subtext des jeweiligen Lehrgedichts reflektieren können.

1 Die Bilgepumpe

Nicolò Partenio Giannettasios *Nauticorum libri VIII*, ein Lehrgedicht über Seefahrt und Schiffbau, ist das früheste der ‚neapolitanischen' Lehrgedichte. 1686 in stark erweiterter zweiter Auflage in Neapel erschienen und 1715 letztmalig gedruckt,[28] sind die *Nautica* ein enzyklopädisches Werk, das in acht Büchern und mehr als 8000 Hexametern sämtliche Aspekte der Seefahrt vom Bau eines Schiffes bis hin zu den transozeanischen Routen darstellt.[29] Das sechste Buch behandelt in seinem ersten Teil das Verhalten im Sturm. In diesem Zusammenhang weist der Lehrdichter seinen Schüler auf die Notwendigkeit hin, das in den Kielraum eines leckgeschlagenen Schiffes eingedrungene Wasser zu entfernen. Im Anschluss daran stellt er die dafür erforderliche technische Vorrichtung vor (*Nautica*, 6. Buch, S. 171):

> In primis facili torno, duraque cavandus
> Ex ulmo tibi modiolus, pedibusque carinam
> Ter quinis super ascendat: sic antlia fluctus
> Evomere alta potest, aequorque remittere in aequor.
> Hinc saeptum in medio transversum impone canali
> Ex aere, aut ligno e solido: sed valvula circo
> Insit aperta: cuproque illi mox insuper adde,

---

27 Haskell (Anm. 23), S. 6–13.

28 Giannettasio (Anm. 14), S. 49–250. Textgestaltung und Angabe der Seitenzahlen folgen dieser Ausgabe.

29 Vgl. Claudia Schindler: Nicolò Partenio Giannettasios Nauticorum libri VIII. Ein neulateinisches Gedicht des 17. Jahrhunderts. In: Neulateinisches Jahrbuch 3 (2001), S. 145–176, hier S. 149–150.

aut durum e corio tectum, clavoque refige,
concludi ut pariter possit, pariterque recludi,
sive aditus sit dandus aquae, aut prohibendus ab illa est.
His actis, valido de robore necte canali
Embolum, et aere illum circum vestire necesse est.
Aeque et modiolo insertus respondeat imo:
Ne qua per latera intromissus permeet aer.
Est cavus ipse etiam formandus et ante cylindrus:
Cui saeptum, et medio sit valvula: et insuper olli
E corio tegumen sit mobile, quo fluat unda
Intromissa tubo, et clauso, non refluat inde.
Ferrea[30] firmandus manica mox embolus axi
Ferreus, et solidis insit versatilis axis
Cardinibus super, ut possit cavus embolus alto
Nunc facili attolli nisu, rursusque deorsum
Demitti, et potos sentina reddere fluctus.
At vero ut valeas axem versare rotundum,
Praelongam capulo virgam duro insere ferro.
Haec fuerit constructa tibi cum machina, ab ipsa
Momento poteris fluctus haurire carina:
Nam si demittas virgam, tollasque vicissim,
Continuo exhaustum ex imo dabit antlia pontum.

Zunächst musst du mit einem leicht drehenden Bohrer und aus hartem Ulmenholz einen Schaft aushöhlen, der 15 Fuß vom Kiel aus aufragt. So kann die Pumpe die Fluten in die Höhe ragend ausspeien, und Meerwasser ins Meer zurückbefördern. Dann installiere in der Mitte der Röhre ein Ventil[31] aus Erz oder aus festem Holz: Aber die kreisrunde Öffnung soll eine Klappe haben, die sich öffnen kann. Füge jener bald darauf eine Abdeckung aus Kupfer oder aus hartem Leder hinzu, und befestige sie mit einem Zapfen, damit sie in gleicher Weise geöffnet wie geschlossen werden kann, sei es, dass die Wasserzufuhr gewährt oder verhindert werden muss. Wenn das geschehen ist, dann füge der Röhre einen Kolben aus Kernholz hinzu, und es ist nötig, ihn ringsum mit Erz zu umkleiden. In gleicher Weise soll ihm (ein zweiter Kolben) ganz unten in dem Schaft entsprechen, damit nicht seitlich irgendwo Luft durchdringen kann. Zuvor muss man auch noch einen hohlen Zylinder formen. Er soll ein Ventil und in der Mitte eine Klappe haben. Und über ihr soll eine bewegliche Bedeckung aus Leder sein, durch die das Wasser zwar in die Röhre einströmen kann, aber nicht mehr herausströmen, wenn sie geschlossen ist. Mit einem eisernen Haken muss der eiserne Kolben dann an einer Achse befestigt werden, und die drehbare Achse soll oben in festen Angeln stecken, damit der hohle Kolben mit wenig Anstrengung bald in die Höhe gehoben, bald gesenkt werden kann, und die aus der Bilge gesogenen Fluten abgeben kann. Aber damit man die runde Achse drehen kann, füge einen langen Schwengel aus hartem Eisen mit einem Handgriff an. Nachdem du diese Vorrichtung konstruiert hast, wirst du sogleich die Fluten geradewegs aus dem

---

30 *ferrea* (Abl. Sg. Fem.) muss mit Synizese gelesen werden.
31 *saeptum transversum*: eigentlich „Zwerchfell" (Celsus 4,1,4).

Kielraum saugen können: Denn wenn du den Schwengel im Wechsel senkst und hebst,
dann wird die Pumpe fortwährend das ganz unten aus dem (Kielraum) gesaugte Meerwasser abgeben.[32]

Bei der Apparatur, die der Dichter beschreibt, handelt es sich um eine sogenannte
Lenz- oder Bilgepumpe (*antlia*), eine im Kielraum des Schiffes fest installierte hyd-
raulische Vorrichtung, die es ermöglicht, das Wasser aus dem Kielraum nach
oben zu saugen. Die Beschreibung ist mit 29 Hexametern relativ umfangreich. Ihr
Aufbau ist didaktisch geschickt: Giannettasio gestaltet sie als eine Art Bauanlei-
tung, die das Objekt Schritt für Schritt in seiner Entstehung zeigt und abschließend nochmals in seiner Funktion vorführt. Gerundivkonstruktionen (*cavandus*),
jussive Konjunktive (*ascendat*), Imperative (*impone*) oder Konstruktionen mit *necesse est* prägen die Darstellung. Die Syntax ist überwiegend parataktisch, die
Bauschritte sind durch adverbiale Bestimmungen oder Einleitungsformeln markiert, die eine zeitliche Sukzession anzeigen: *in primis, hinc, his actis, mox*. Die
einzelnen Teile der Pumpe werden in sinnvoller Reihenfolge präsentiert: Giannettasio schildert zunächst die Anfertigung eines Hohlrohrs (*modiolus*) als Pumpenschaft, sodann das untere Ventil (*saeptum*), den Kolben (*embolus*), den Zylinder
(*cylindrus*) und das obere Ventil (*tegmen*), schließlich den Schwengel (*virga*) und
den Handgriff (*capulus*), mit dem der Kolben auf und ab bewegt werden kann.
Terminologisch bewegt sich die Beschreibung nahezu ausschließlich im Bereich
der klassischen Latinität. Sämtliche Begriffe, die Giannettasio verwendet, sind in
der Fachprosa belegt. Die Bezeichnung der Pumpe als *antlia* ist bereits antik. Ein
Epigramm der *Anthologia Latina* bietet eine lebendige Beschreibung ihrer Funktion.[33] Auch *modiolus* in der Bedeutung „Hohlrohr", „Schaft" ist bereits für die
Antike nachweisbar.[34] Eventuelle terminologische Unklarheiten fängt Giannettasio zum einen dadurch auf, dass er die Herstellung des Bauteils beschreibt. Der
modiolus entsteht durch das Aushöhlen eines Ulmenholzes mit einem Bohrer; die
anschließende Angabe, dass er vom Kiel aus fünfzehn Fuß aufragt, zeigt, dass es
sich um ein längliches Objekt handeln muss, das senkrecht in das Schiff eingebaut wird. Die Darstellung wird zum anderen dadurch verständlich, dass auf die
Nennung der einzelnen Teile jeweils ein Finalsatz folgt, der diese in ihrer Funktion erläutert: Der *modiolus* der Pumpe muss vom Kiel aufragen, damit er das ge-
schöpfte Wasser überhaupt erst wieder abgeben kann. Das untere Ventil muss
einen Verschluss haben, damit das Wasser nur bei Bedarf einströmt (*concludi ut*

---

32 Sämtliche Übersetzungen, soweit nicht anders angegeben, stammen von der Verfasserin.
33 Anth. Lat. 284: „fundit et haurit aquas, pendentes evomit undas, et fluvium vomitura bibit.
mirabile factum. portat aquas, portatur aquis. sic unda per undas volvitur et veteres haurit
nova machina lymphas."
34 Vgl. TLL, vol. VIII, S. 1239 s.v. *modiolus*.

pariter possit, pariterque recludi). Aus demselben Grund muss das obere Ventil mit einer Klappe ausgestattet sein; der Kolben (*embolus*) muss sich passgenau in den Pumpenschaft einfügen, *ne qua per latera intromissus permeet aer.* In ihrer sprachlichen Gestaltung wirkt Giannettasios Beschreibung insgesamt nüchtern und sachbezogen, beinahe prosaisch. Die qualifizierenden Adjektive dienen nicht dem *ornatus.* Sie betreffen ausschließlich die für die Einzelteile der Pumpe verwendeten Materialien, die für die Gesamtkonstruktion von entscheidender Bedeutung sind: Der Schaft ist aus Ulmenholz, das untere *saeptum* aus Erz oder aus festem Holz; das obere Ventil aus Leder. Für die Bezeichnung des Wassers verwendet Giannettasio vier Synonyme, die ebenfalls in der Prosa gebräuchlich sind: *fluctus, aequor, unda, aqua*; allein das letzte Wort der Beschreibung, *pontus*, ist (auch in seiner Stellung am Ende des Hexameters) poetisch.[35]

Insgesamt handelt es sich bei Giannettasios Beschreibung der Bilgepumpe um eine klar aufgebaute, in jedem Punkt sachbezogene Darstellung, die das Objekt als solches auch für Leser mit einem geringeren technischen Sachverstand identifizierbar macht. In auffälligem Kontrast zu dieser nüchternen Beschreibung stehen die Verse, in denen der Dichter das Thema des Abschnittes angekündigt hatte (*Nautica*, 6. Buch, S. 170):

> Nec minor ille labor fluctus haurire refusos
> Sentina ex humili, rimas laxare patentes
> Plurima cum coepit pelago concussa carina.
> Sed quibus epotos valeas educere fluctus
> Artibus, expediam, compertaque mira docebo.

> Und nicht geringere Anstrengung besteht darin, die einströmenden Fluten aus der niedrig gelegenen Bilge zu schöpfen, wenn der Schiffskörper, vom Meer erschüttert, begonnen hat, zahlreiche klaffende Lecks zu öffnen. Durch welche Künste aber du imstande sein wirst, die eingedrungenen Fluten hinaus zu befördern, das will ich darlegen, und dich über wundersame Erfindungen belehren.

Gegenüber dem Lehrabschnitt hat die Themenangabe eine deutlich elaboriertere Diktion. Diese zeigt sich sowohl an den komplexeren hypotaktischen Satzstrukturen als auch an der Verwendung des poetischen Wortes *pelagus*, an der Synekdoche *carina* für *navis*, an der Enallage *plurima [...] carina* und schließlich an der Verwendung von pleonastischen Epitheta (*sentina ex humili; rimas patentes*). Dass die beiden letzten Verse, *sed quibus epotos valeas educere fluctus / artibus,*

---

35 Vgl. TLL, vol. X 1, S. 2686–2690 s.v. *pontus*; 2686: „legitur in poesi inde ab Enn., Acc., saepe in fine versus; in orat (ione) soluta saepius in iunctura (pont)us Euxinus."

expediam, mit der Verbform *expediam* wie auch mit dem daran angeschlossenen indirekten Fragesatz auf die lucrezische und vergilische Lehrdichtung verweisen,[36] verstärkt die poetische Färbung. Inhaltlich zerfällt die Einleitung in zwei Teile: Während der erste Teil auf das leckgeschlagene Schiff und die nicht geringe Anstrengung fokussiert ist, das eingedrungene Wasser zu entfernen, kündigt der zweite Teil an, eine Lösung des Problems zu präsentieren. Dabei stehen sich als Kernbegriffe des Abschnittes *labor* auf der einen und *artes* beziehungsweise *comperta mira* auf der anderen Seite gegenüber. Alle drei Begriffe stehen für zentrale Aspekte jesuitischen Selbst- und Weltverständnisses: *Labor* für mit Anstrengung verbundene Tätigkeiten, die die Mitglieder des Ordens zu leisten, aber auch für die Herausforderungen, denen sie sich zu stellen haben. *Artes* und *mira comperta* hingegen sind, als Manifestationen intellektueller Tätigkeit, die jesuitische Antwort auf diese Herausforderungen.[37] Es handelt sich um Leitbegriffe, die in den *Nautica* immer wieder wiederholt werden.

Der schlichte Tonfall der Beschreibung spiegelt die funktionale Ästhetik des Geräts wieder. Dass der Erfindung nach Ansicht des Dichters etwas Staunenswertes, beinahe schon Mirakulöses anhaftet, mag als Hinweis darauf zu lesen sein, dass der menschliche Intellekt zu diesen Leistungen nur deswegen fähig ist, weil er dem Menschen von Gott verliehen wurde. Letztlich manifestiert sich also in der Fähigkeit des Menschen, eine komplexe Apparatur wie die Bilgepumpe zu konstruieren, göttliche Vorsehung. Und auch dem Dichter kommt in diesem Zusammenhang eine wichtige Aufgabe zu: Seine exakte Darstellung dient vordergründig gewiss dazu, den Gegenstand zu beschreiben und in seiner Funktion zu erläutern. Letztlich erweist auch sie in ihrer Schnörkellosigkeit und ‚Fachlichkeit' dem von Gott verliehenen menschlichen Erfindungsgeist ihre Reverenz. Sie vermag es, den Gegenstand so gekonnt in das Medium der Literatur umzusetzen, dass er wieder visualisierbar wird.

---

36 Z. B. Lucr. 2, 58–62; 4, 927–929; 6, 493–495; Verg. Georg. 4,148–149.
37 Haskell (Anm. 23), S. 70 spricht für Giannettasios Halieutica von „poetry of wonder", zu den Nautica vgl. Schindler: Wissen ist Macht! (Anm. 24), S. 42.

2 Die Zuckerrohrmühle

Intellekt und menschlicher Erfindungsgeist spielen auch in Tommaso Strozzis 1689 gedrucktem Lehrgedicht *De mentis potu seu cocolatis opificio* eine wichtige Rolle.[38] Das ungewöhnliche, in seinem Verhältnis zu den übrigen Lehrgedichten der neapolitanischen Mikrokultur schwer bestimmbare[39] und bibliographisch kaum nachweisbare Werk[40] behandelt in seinen drei Büchern Herkunft, Verarbeitung und therapeutischen Nutzen von Schokolade, deren Konsum sich an den europäischen Adelshöfen im ausgehenden siebzehnten Jahrhundert wachsender Beliebtheit erfreute. Zur Veredlung des an sich bitteren Kakaos bedarf es des Zuckers, dessen Gewinnung aus Zuckerrohr der Dichter am Schluss des ersten Buches beschreibt (1,26–29). Es handelt sich dabei um ein komplexes, mehrschrittiges Verfahren, bei dem das Zuckerrohr zunächst zerkleinert und zerdrückt, dann ausgepresst, der gewonnene Saft mehrfach durch Erhitzen geläutert und schließlich in eine kristalline Form gebracht wird, die in konische Gefäße gefüllt und zu Zuckerhüten geformt wird. Dass technisches Gerät an der Zuckerproduktion einen wesentlichen Anteil hat, wird bereits in den einleitenden Versen deutlich (*De cocolatis opificio*, 1. Buch, S. 26):

> Hoc (sc. sacchar), age, quae calamis, operoso machina nisu,
> Exprimat, et notae solertia construat artis,
> Accipe:

> Vernimm nun, welche Maschine mit arbeitsreicher Anstrengung den Zucker aus den Halmen presst und welche Geschicklichkeit bekannter Kunstfertigkeit ihn auftürmt.

Ähnlich wie Giannettasio nutzt Strozzi die Themenangabe, um den Duktus der nachfolgenden Beschreibung zu akzentuieren. Zentral ist auch bei ihm die Wahrnehmung der Maschine als Artefakt und des bearbeiteten Zuckers als Produkt menschlicher Geschicklichkeit, *notae solertia artis*. Gegenüber Giannettasio kommen jedoch zwei weitere Aspekte hinzu. Die *machina* erhält den Zusatz *operoso nisu*. *Operoso*, „voll von Betätigung", verweist dabei auf den aufwändigen und lang-

---

38 Zu dem Gedicht ausführlicher Haskell (Anm. 23), S. 82–101; dies.: Poetry or Pathology? Jesuit Hypochondria in Early Modern Naples. In: Early Science and Medicine 12 (2007), S. 187–213, hier S. 192; dies.: Bad Taste in Baroque Latin? Father Strozzi's poem on Chocolate. In: Tous vos gens à latin: le latin, langue savante, langue mondaine (XIVe–XVIIe siècle*)*. Hg. von Emmanuel Bury. Genf 2005, S. 429–438; Claudia Schindler: Der Kakao: Ein europäisches Getränk? Luxus, Rausch und Wirksamkeit in Tommaso Strozzis De mentis potu sive de cocolatis opificio (1689) (im Druck).
39 Vgl. Haskell: Poetry or Pathology? (Anm. 38), S. 192.
40 Vgl. Schindler: Der Kakao (Anm. 38) (im Druck).

wierigen Arbeitsprozess, der Fleiß und Betriebsamkeit erfordert. Mit *nisus*, „Anstrengung", wird ein weiterer Punkt berührt: Das gesamte Verfahren ist nicht nur intellektuell fordernd und arbeitsaufwändig, sondern erfordert auch physische Kraft.

In der anschließenden Beschreibung der Zuckergewinnung finden sich alle drei Punkte wieder, die die Einleitung ouvertürenartig antizipiert hatte. Die Ankündigung des Dichters, über eine *machina* informieren zu wollen, „die den Zucker aus den Halmen presst" (*quae hoc* (sc. *sacchar) e calamis exprimat*) ist etwas irreführend, denn es ist nicht die Presse, sondern die Zuckerrohrmühle, die der Dichter im Folgenden in einer ausführlicheren Beschreibung präsentiert. Die übrigen für die Produktion erforderlichen Gerätschaften (Presse, Siedekessel und Zuckerhutform) werden genannt und in ihrer Funktion im Herstellungsprozess gezeigt, aber nicht näher beschrieben. Die Zuckerrohrmühle nun ist Teil des zweiten Arbeitsschrittes, des Zerkleinerns des Zuckerrohrs und der Vorbereitung für das Auspressen. Dass ihre Beschreibung gegenüber der Beschreibung der Bilgepumpe bei Giannettasio deutlich reduziert ist, zeigt bereits die Tatsache, dass sie nur 11 Verse von den etwa 70 Versen einnimmt, die den gesamten Prozess der Zuckerproduktion schildern (*De cocolatis opificio*, 1. Buch, S. 26–27):

> Pars operi sectos aptant, saxoque molari
> Vndique substernunt impacta mole terendos.
> Saxea descripto sese explicat area gyro,
> Cui mediae laxo stipes versatilis orbe:
> Figitur, elato sursum qui vertice prodit.
> Nectitur huic, vinclis adstricta trabalibus, ingens
> Orbita, dissecto scopuli caesa orbita dorso;
> Quae verso circum, multa vi, stipite, raptim
> Ipsa etiam multos ocyssima circinat orbes.
> Hinc molles subigit calamos, tenuatque subactos,
> Comminuitque, molitque; inito nec fervida cursu
> Absistit; donec cumulum se mutua in unum
> Constipent, presso coalentia frustula visco.

Ein Teil (der Arbeiter) bereitet die zerschnittenen Halme für die weitere Verarbeitung vor, und von allen Seiten schieben sie sie unter den Mühlstein, damit sie durch die aufgebürdete Masse zerrieben werden können. Eine steinerne Fläche, kreisrund, tut sich auf. In ihrer Mitte wird eine in geräumigem Rund drehbare Stange festgesetzt, die mit erhabener Spitze in die Höhe ragt. Mit ihr durch balkendicke Klammern fest verbunden wird ein riesiger Mühlstein: ein Mühlstein, der aus der herausgeschnittenen Wölbung eines Felsvorsprungs herausgehauen wurde. Wenn die Stange mit viel Kraftaufwand in eilige Bewegung versetzt wird, dann dreht dieser selbst sehr schnell zahlreiche Kreise. Dadurch zerarbeitet er die Halme, dass sie weich werden, und macht sie platt, nachdem sie ihm untergeschoben wurden; macht sie dann noch dünner, und zermahlt sie. Und glühend heiß lässt er nicht ab vom einmal begonnenen Lauf, solange bis sich die Brocken zu einem Klumpen ballen, wenn sie der herausgepresste Sirup zusammenklebt.

Strozzis methodisches Vorgehen in der Beschreibung ähnelt dem von Giannettasio: Er beschreibt zunächst die einzelnen Teile der Mühle (eine kreisrunde Fläche mit einer drehbaren Stange in der Mitte, auf die der Mühlstein aufgesetzt und mit einer Balkenkonstruktion verbunden wird), um im Anschluss daran das Gerät in Funktion zu zeigen. Gleichwohl unterscheidet sich seine Ekphrasis-Technik nicht unerheblich von der seines Vorgängers. Anders als Giannettasios Beschreibung sind Strozzis Ausführungen nicht adhortativ, sondern deskriptiv, wie überhaupt der gesamte Produktionsvorgang nicht in einem appellativen Lehrvortrag präsentiert wird, sondern in einer Narration, die durch eine temporale Sukzession geprägt ist und bei der die als *vernae* bezeichneten Plantagen-Arbeiter Protagonisten der Handlung sind. Insgesamt vermittelt zwar auch Strozzis Darstellung einen guten Eindruck von der Konstruktion. Doch ist die vorgestellte *machina* technisch wenig anspruchsvoll. Sie besteht lediglich aus drei Teilen: Grundfläche (*area*), drehbare Stange (*stipes versatilis*) und Mühlstein (*orbita*). Strozzi beschreibt zudem nicht oder zumindest nicht erkennbar die Ende des siebzehnten Jahrhunderts in der Zuckerproduktion eingesetzte Drei-Walzen-Mühle, wie sie auf zeitgenössischen Abbildungen gezeigt wird,[41] sondern ein unspezifisches Mahlwerk, wie es bereits in der Antike bekannt gewesen sein könnte: Die *machina* wird also nicht als ‚neu', sondern als ‚alt' markiert. Gegenüber Giannettasios nüchterner Schilderung weist Strozzis Darstellung eine deutliche poetische Färbung auf. Der Satzbau ist überwiegend hypotaktisch mit mehreren Graden der Unterordnung. An mehreren Stellen finden sich Enjambements (*orbe / figitur*; *ingens / orbita*; *cursu / absistit*), die die kontinuierliche Bewegung des Mahlwerks nachzuzeichnen scheinen. Eher denn auf die Komplexität der Maschine kommt es dem Dichter auf ihre Größe und ihre Wuchtigkeit an, die in der steinernen Grundfläche (*saxea area*), den „balkenstarken Klammern" (*vincla trabalia*), dem riesigen Mühlrad (*ingens / orbita*), das aus einem Felsvorsprung herausgeschnitten wurde (*dissecto scopuli caesa orbita dorso*), zum Ausdruck kommt. Das Augenmerk des Dichters gilt weiterhin der Schnelligkeit der Mechanik (*raptim*; *ocissima*) und der Intensität und Kontinuität ihrer Bewegung (*inito nec fervida cursu / absistit*), schließlich der Kraftanstrengung, die erforderlich ist, um den Mühlstein in Bewegung zu setzen (*verso [...] multa vi stipite*). Akustische Eindrücke fehlen hingegen vollständig. Das ist auffällig, denn eine Apparatur wie diese erzeugte wahrscheinlich ohrenbetäubenden Lärm. Die Beschreibung zielt offensichtlich nicht auf eine realistische Abbildung. Sie ästhetisiert die durch Sklavenarbeit betriebene, laute und schmutzige Arbeit der Zuckergewinnung und stilisiert sie zu einer harmonischen Kombination

---

41 Das Deutsche Technikmuseum besitzt ein Exemplar einer solchen Drei-Walzen-Mühle aus Bolivien (um 1700).

von Erfindergeist, Arbeitseifer und Anstrengung. Das Schneiden und Zerkleinern des Zuckerrohrs wird zu einer minutiös geplanten Choreographie, zu einem *exemplum* für das Zusammenwirken von Mensch und Maschine, das durch die Anwendung jesuitischer Kardinaltugenden ermöglicht wird.

3 Das Wasserhebewerk

Camillo Eucherio De Quinzis *Inarime*, 1726 gedruckt, ist das späteste Lehrgedicht der neapolitanischen Mikrotradition. Gegenstand der sechs Bücher sind die Heilquellen der Insel Ischia, ihre Badekultur und der medizinische Nutzen ihrer Anwendungen.[42] Das zweite Buch bietet eine Übersicht über Bäder in Italien, Europa und dem Mittelmeerraum sowie einen historischen Abriss über die Entwicklung der Badekultur in der Antike, die ihren Höhepunkt in den römischen Thermenanlagen findet. Dabei kommt der Dichter auch auf die technischen Aspekte der Thermen zu sprechen. Nach der Beschreibung der Hypokaustenanlage kündigt er an, den Mechanismus beschreiben zu wollen, der es ermöglicht, das Wasser mit hohem Druck nach oben zu transportieren (86–88). Es handelt sich dabei um eine antike Erfindung, wie sie Vitruv in ähnlicher Form als Wasserdruckwerk des Ktesibios im zehnten Buch von *De architectura* beschrieben hatte.[43] Sie wird vom Dichter gleichwohl als ‚neu‘ diskursiviert: (*Inarime*, 2. Buch, 86–87):

> At quo tracta modo supera in convexa domorum
> Repserit: elatas et lympha insperserit aedes
> Nosse velis si forte: meo te carmine Paean
> Instruet, et doctum mox per non cognita ducet.

> Aber wenn du vielleicht wissen möchtest, auf welche Weise das Wasser hochgezogen wurde und in die oberen Wölbungen der Baulichkeiten strömte und das hochragende Gebäude von oben herab benetzte, dann wird Apollo dich durch mein Gedicht informieren, und dich bald durch Unbekanntes führen und belehren.

---

42 Camilli Eucherii de Quintiis: Inarime seu de balneis Pithecusarum libri VI. Neapel 1726. Eine italienische Übersetzung des Textes mit ausführlicher Einleitung bietet: Camillo Eucherio de Quintiis: Inarime (De balneis Pithecusarum), traduzione di R. Castagna. Ischia 2003. Zu De Quinzi außerdem Gennaro Gamboni S.J.: Ischia e il suo poeta, Camillo Eucherio Quinzi S.J. Neapel 1952; Antonietta Iacono: Gli umanisti e le acque di Ischia. In: Intorno ai Campi Flegrei: Memorie dell'acqua e della terra. Hg. von Rossana Valenti. Neapel 2011, S. 63–77, hier S. 74–75.
43 Vitr. 10,7.

Der Dichter kündigt seinem Leser an, ihn in seinem Gedicht durch Unbekanntes (*per non cognita*) führen und so belehren zu wollen. Die anschließende, gut 30 Verse umfassende Darstellung beschreibt das Wasserdruckwerk in seinen wesentlichen Punkten (*Inarime*, 2. Buch, S. 86–88)[44]:

> Namque nova ut tandem moles educta sub auras
> Exierat, labor is primum impendendus, ut imis
> Eruta vena cavis non una aspergine sursum
> Tenderet, et summi peteret fastigia tecti.
> Quippe suis postquam scatebris emissa propinquos
> Fluxerat in nilos, et laxa liber habena
> Pervia paulatim Castella[45] expleverat humor;
> Omnia tum tractos partiri cura liquores
> Per loca: difficiles, et quas natura negavit
> Solicita decet arte vias, aditusque sagaci
> Ingenio stravisse: rotis iam machina stridet
> Versa suis: radiisque gemunt agitata volutis
> Tympana: iamque avido plenas siphone lacunas
> Haurit ab extremo, dum traditur, antlia fundo.
> Sic tubulis excepta, tenet iam pensilis altum
> Paene oblita sui: iam scandit, et aera vincit
> Unda sequax ducto qua provocat Orbita gyro.
> Tunc etenim adversis violentia motibus actam
> In sublime rapit: tectique ascendere culmen
> Cogit: et invitam tollens hac ducit, et illac.
> At quia nam tanto levior pervadat in arces
> Impete, et aeriae feriat laquearia molis;
> Seu quod pressa novo gravioris pondere caeli
> Lympha solo assiliat: spatio seu territa inani
> Nubiferos ierit conata irrumpere fines:
> Dicite vos, rauci oblectant quos irrita Circi
> Iurgia, clamoso passim exaudita theatro.
> Quo se cumque modo nostrae sententia menti
> Certa probet; superas nativi ponderis expers
> Itque, reditque vias, et amico gurgite Naias
> Interclusa cadit, plenoque interfluit imbri,
> In quascumque velis diverso e tramite partes.
> Hinc etenim ceu fonte suas Miliaria lymphas
> Accipiunt, lapsosque bibunt ut ab aethere rores.

Denn sobald schließlich eine neue Wassermasse ans Licht gekommen war, musste man sich zuerst darum bemühen, dass die aus tiefsten Hohlräumen emporgeführte

---

44 Die im Original beigegebenen Fußnoten werden nicht mit abgedruckt.
45 Die Großschreibung bestimmter Begriffe entspricht dem Original.

Quellader nicht in einem einzigen Strahl nach oben strebte und den obersten Punkt des Daches zu erreichen versuchte. Ja, nachdem das Wasser, aus seinen Quellen entlassen, in die nächsten Kanäle geflossen war, und das Nass frei, mit lockerem Zügel die Durchgangs-Reservoirs allmählich gefüllt hatte, da galt die Sorge, die hochgesogenen Wassermassen auf alle Orte zu verteilen: Es ist angemessen, schwierige Wege und Zugänge, die die Natur verweigert hat, mit unermüdlicher Kunstfertigkeit und mit scharfsinnigem Verstand zu eröffnen: Schon knirscht die Maschine, die sich mit ihren Rädern dreht. Von ihren sich drehenden Speichen getrieben, ächzen die Heberäder. Und während das Wasser weitergeleitet wird, schlürft schon die Pumpe mit gierigem Steigrohr die vollen Hohlräume aus unterster Tiefe aus. So, von den Röhren aufgenommen, hält es schon schwebend die Höhe, beinahe seiner selbst vergessend. Schon steigt die Woge auf und bezwingt die Luft. Sie folgt, wohin sie das Rad[46] mit ihrer Umdrehung lenkt. Dann reißt sie die ungestüme Kraft mit gegenläufigen Bewegungen in die Höhe, und zwingt sie, den Dachfirst zu erklimmen. Und gegen ihren Willen hebt sie sie hoch und führt sie hierhin und dorthin. Aber, weshalb sie aufgrund von einem so starken Schwung leichter oben ins Gebäude gelangt und die Decke von luftiger Masse trifft: Sei es, weil das Nass nun, von dem neuen Gewicht schwererer Luft bedrängt, vom Boden abprallt oder es, durch ein Vakuum erschreckt, dahinströmte und versuchte, in die wolkentragenden Gefilde einzubrechen – das kündet, ihr, die die nutzlosen Zänkereien im rautönenden Hörsaal erfreuen, die man im lärmreichen Theaterrund weithin hörte. Auf welche Weise auch immer eine sichere Interpretation sich unserem Verstand bestätigen mag: Ohne sein angestammtes Gewicht fließt das Wasser auf den oberen Bahnen hin und her. Mit freundlichem Strudel fällt die Naiade dann hinab, wenn man ihr den Weg versperrt, und mit vollem Guss fließt sie von unterschiedlichen Wegen her in alle Richtungen, die du möchtest. Von hier empfangen die Warmwasser-Aufbereiter ihr Nass wie aus einer Quelle, und trinken es wie Tau, der vom Himmel herabgefallen ist.

Der Schwerpunkt der Darstellung liegt diesmal nicht auf der Apparatur an sich, sondern auf ihrer Funktion. Die Beschreibung ist wiederum linear: Nachdem das Wasser aus den Aquaedukten in die Reservoirs verteilt worden ist, wird es durch Schöpfräder, Steigrohre und Pumpen nach oben befördert und von dort aus in die Warmwasseranlagen der Thermen weiterverteilt. Der Abschnitt enthält aus Vitruv und Seneca bekannte Fachbegriffe des römischen Wasserwesens, wie *castella* (Reservoirs)[47] und *miliaria* (Gefäße zur Warmwas-

---

46 *Orbita* soll hier synonym mit *rota* sein, wie der Dichter selbst S. 87 in einer Fußnote anmerkt.

47 Vitr. 8,6,1: „cumque venerit aqua rivis ducta ad moenia, efficiatur castellum et castello coniunctum ad recipiendam aquam triplex immissarium, collocenturque in castello tres fistulae; 8,6,4 sin autem fistulis plumbeis ducetur, primum castellum ad caput struatur, deinde ad copiam aquae lumen fistularum constituatur eaeque fistulae e castello collocentur ad castellum quod erit in moenibus." Ein gut erhaltenes *castellum* wurde in Pompeji ergraben, vgl. Christoph

serbereitung),[48] sowie des Ingenieurswesens, wie *tympana* (Heberad), *sipho* (Steigrohr), *antlia* (Pumpe). Der Dichter strebt in der Beschreibung Verständlichkeit an. Zentrale Begriffe erläutert er in Fußnoten, um sie dem nicht technikaffinen Leser zugänglich zu machen: So erklärt er die *tympana* als *machina ad rotae similitudinem, qua a balneatoribus [...] aquae in superna vasa [...] infundebantur.* Die Identifikation der als *machina* bezeichneten Konstruktion als *La tromba* dient dabei nicht nur dem Verständnis, sondern nähert die antike Konstruktion zeitgenössischer Technik an. Insgesamt jedoch treten in De Quinzis Beschreibung technische Aspekte in den Hintergrund. Der Dichter gesteht sogar freimütig ein, dass ihn die physikalischen Zusammenhänge, die das Aufsteigen des Wassers ermöglichen, nicht interessieren. Ob nun physische Kraft und Schwung, der Luftdruck oder ein Unterdruck für das Aufsteigen des Wassers verantwortlich sei, das sollten die erörtern, „die die nutzlosen Zänkereien im Hörsaal" erfreuten (*oblectant quos irrita circi / iurgia*) – offensichtlich ein Seitenhieb auf öffentlich und nur um der Schau willen geführte wissenschaftliche Debatten. Im Vordergrund steht vielmehr ein emotionaler Aspekt. Wie seine Vorgänger betont auch De Quinzi die intellektuelle Herausforderung, die mit der Erfindung verbunden sei. Das aus Plinius bekannte[49] *sagax ingenium* erlaube es, schwierige Wege zu öffnen, die die Natur verweigert habe: *difficiles, et quas natura negavit / sollicita decet arte vias, aditusque sagaci / ingenio stravisse.* Der gesamte Abschnitt ist zwar durch gliedernde Partikeln (*nam, iam, iamque, at* und *hinc*) wie ein wissenschaftlicher Vortrag strukturiert, erhält aber durch die lexikalische Gestaltung (etwa in den Bezeichnungen des Wassers als *humor, liquores, unda* oder *lympha*) eine poetische Färbung. Insgesamt ist die Darstellung als Auseinandersetzung zwischen Technik und Natur inszeniert, bei der die Technik die Natur zu ihrem eigenen Besten unter Kontrolle bringt und gefügig macht. Akustische Eindrücke, wie das Knirschen der *machina* und Ächzen der Heberäder (*stridet, gemunt*) charakterisieren die Anstrengung, die mit dem Prozess verbunden ist. Auffällig ist weiterhin eine Anthropomorphisierung der Kontrahenten ‚Wasser' und ‚Maschine'. Die Pumpe erscheint als eigenständig handelndes, durstiges Lebewesen, das das Wasser gierig trinkt (*haurit*), es mit der Gewalt seiner Bewegungen in

---

P.J. Ohlig: Vitruvs 'castellum aquae' und die Wasserversorgung im antiken Pompeji. In: Schriftenreihe der Frontinus-Gesellschaft 19 (1995), S. 124–147.

48 Sen. Nat. 3,24,2: „dracones et miliaria et conplures formas, in quibus aere tenui fistulas struimus per declive circumdatas, ut saepe eundem ignem ambiens aqua per tantum fluat spatii, quantum efficiendo calori sat est"; 4,9: „minora balnearia et minora miliaria citius calefiunt". Weitere Belege TLL vol. VIII, S. 948. Zu den römischen *miliaria* allgemein vgl. Joachim Marquardt: Das Privatleben der Römer. Leipzig 1886, S. 288.

49 Plin. Nat. 26,12; 33,17.

die Höhe reißt (*rapit*) und es nach oben zwingt (*cogit*). Auf der anderen Seite tritt das Wasser als handelndes Subjekt auf, das „folgsam aufsteigt und die Luft besiegt": *scandit et aera vincit / unda sequax.* Die Darstellung weist dem Wasser sogar etwas wie ein Bewusstsein und einen eigenen Willen zu; es kann „sich beinahe selbst vergessen" (*pene oblita sui*) oder „unwillig sein" (*invitam*). Schließlich wird der Pumpvorgang als eine Art Befreiung inszeniert, bei der das Wasser das „ihm angeborene Gewicht" verliert (*nativi ponderis expers*) und sich sogar in eine freundliche Naiade verwandelt (*Naias amico gurgite*), die sich nach Belieben überall hin verteilen lässt. Der Mensch tüftelt das Wasserdruckwerk also zwar kraft seines *sagax ingenium* aus. In den anschließend beschriebenen Abläufen spielt er jedoch keine Rolle mehr, so dass sich die Maschine von ihrem Erfinder gleichsam emanzipiert und autonom zu handeln scheint. Eine derartige Autarkie hatten weder Giannettasio noch Strozzi den von ihnen beschriebenen Konstruktionen zugesprochen. Steht also hinter De Quinzis Darstellung möglicherweise sogar ein generelles Plädoyer für die Autonomie des Produkts der Schöpfung von ihrem Schöpfer, das den aufklärerischen Gedanken des achtzehnten Jahrhunderts in jesuitischem Gepräge entgegenkommen will?

Bernd Roling

Thy gift, Pomona! John Philips' *Cider* zwischen vergilianischem Nationalgedicht und agrarökonomischer Fachliteratur

1 Einleitung

Als der Göttinger Dichter und Literaturhistoriker Friedrich Ludewik Bouterwek in den ersten Jahren des neunzehnten Jahrhunderts Band für Band seiner monumentalen *Geschichte der Poesie und Beredsamkeit* veröffentlichte, die erste globale Literaturgeschichte der Moderne[1], läßt er keinen Zweifel daran, welcher Gattung so wenig an Aufmerksamkeit wie möglich gebühren durfte – der Lehrdichtung. Im Regelfall, so das schon lange vor dem Opus magnum proklamierte Verdikt Bouterweks, unterlief den Poeten der Didaxe ein entscheidender Fehler. Sie unterwarfen den eigentlichen Motor der Poesie, das Gefühl, die Leidenschaft, dem toten Gegenstand, sie opferten den natürlichen Enthusiasmus, den wahre Dichtung auszeichnete, dem kalten Verstand[2]. Lehrdichtung, besonders wenn sie, wie Bouterwek noch hinzufügt, der Nachahmung der lateinischen Klassiker verpflichtet war, mußte sich daher als Sackgasse der Literaturgeschichte begreifen lassen, als ästhetischer Mißgriff. Vollends verfehlte sie sich, wenn sie es wagte, sich auch im achtzehnten Jahrhundert noch der lateinischen Sprache zu bedienen[3]. In Bouterweks zwölfbändiger Literaturgeschichte entgehen daher nur wenige Dichter, die sich im weitesten Sinne der Lehrdichtung zuordnen lassen, dem ästhetischen Standgericht. Einer dieser Autoren war

---

1 Mein Dank gilt den Teilnehmern des Kolloquiums ‚Res est impatiens tractari carmine' für die hilfreiche Diskussion dieses Beitrags, außerdem Dorothee Huff, Rogelio Toledo und der Alten Abteilung der Universitätsbibliothek Göttingen.
2 Zur Definition von poetischer ‚Schönheit', dem ‚Dichtergenie' und der Rolle der ‚Phantasie' und des ‚Geschmacks', aber auch der Metaphorik und Allegorie und formalen Kriterien wie der Prosodie grundlegende Bemerkungen bei Friedrich Ludewik Bouterwek: Ästhetik (2 Bde.). Wien 1806–07, Bd. 2, Zweite Abtheilung, S. 258–296, ders.: Ästhetik (1815), Bd. 2, Erste Abtheilung, S. 19–63, und nur noch geringfügig geändert ders.: Ästhetik (2 Bde.). Göttingen 1815, Bd. 2, Erste Abtheilung, S. 19–63, und z. B. ders.: Idee einer Literatur. In: Kleine Schriften philosophischen, ästhetischen, und litterarischen Inhalts. Göttingen 1818. ND Hildesheim 1975, S. 331–376, dort bes. S. 335–340.
3 Friedrich Ludewik Bouterwek: Über das Verhältnis der Philosophie zur Poesie in Beziehung auf das Lehrgedicht. In: Neues Museum der Philosophie und Litteratur 3 (1805), S. 90–118, bes. S. 94–95.

Giovanni Ruccellai, dessen am vierten Buch der *Georgica* modellierten *Api*, die ‚Bienen', auch den Mann aus Göttingen trotz der augenfälligen Nähe zu Vergil überzeugen konnten[4]. Ein weiteres Lehrgedicht, das vor Bouterwek Gnade fand, ja ihn regelrecht begeisterte, entstammte der englischen Literatur; es handelte sich um das zwei Bücher umfassende Gedicht *Cider* des englischen Poeten John Philips aus dem Jahre 1708. Hier waren Schönheit und sprachliche Eleganz, wie Bouterwek hervorhebt, nicht der trockenen Wissenschaft zum Opfer gefallen, im Gegenteil, sein Gegenstand, die Herstellung von Apfelwein, war, wie es heißt, im „sanft verschönernden Lichte der Phantasie" dargeboten worden, die „Naturszenen und ländlichen Beschäftigungen" waren mit „poetischem Gefühle, ohne Prunk und triviale Umständlichkeiten gemalt worden". Unter den Werken „von zweitem Range", so das gutmütige Urteil des Göttinger Professors, verdiente es eine der ersten Stellen[5].

Schon die zeitgenössische Kritik in England hatte die Auffassung Bouterweks geteilt. Samuel Johnson hatte Philips *Cider* zu den Klassikern seines Genres gezählt und ihn für seine Bildkraft gepriesen[6]. Andere waren noch weiter gegangen. Joseph Warton, der seine neue Übersetzung der *Georgica* auch theoretisch hatte grundieren wollen, hatte ihr im Jahre 1753 einen langen Essay *On didactic poetry* an die Seite gestellt, die wohl erste Geschichte der Lehrdichtung in England. Warton bespricht nicht nur die antiken Vorlagen, die den Mantuaner orchestrieren konnten, sondern auch Fracastoro oder Polignac. Unter den Engländern ragte unter der ersten Generation nur ein Dichter heraus, wie Warton betont, Philips, der eine vollkommene Adaptation Vergils vorgelegt hatte, geschmälert nur durch gelegentliche Ausflüge in den Humor, die den erhabenen Ton durchbrochen hatten. Kein anderer englischer Dichter war ihm gleichgekommen[7]. Auch die ältere Sekundärliteratur, genannt sei nur Cornelis de Haas in seinem *Nature and the Country in English Poetry*, hatte sich für *Cider* begeistert. Philips, so formuliert es de Haas schon 1928, habe in seinen Blankversen wie kaum ein anderer pittoreske Beschreibungen, Fachwissen von wirklichem

---

4 Friedrich Ludewik Bouterwek: Geschichte der Poesie und Beredsamkeit seit dem Ende des dreizehnten Jahrhunderts (Geschichte der Künste und Wissenschaften seit der Wiederherstellung derselben bis an das Ende des achtzehnten Jahrhunderts – Dritte Abteilung) (12 Bde.). Göttingen 1801–19, Bd. 2, S. 88–93.

5 Ebd., Bd. 8, S. 97–100.

6 Samuel Johnson: Lives of the Most Eminent English Poets, with Critical Observations on Their Works. Hg. von Roger Lonsdale (2 Bde.). Oxford 2006, Bd. 2, S. 70.

7 Joseph Warton: Reflections on Didactic Poetry. In: The Works of Virgil in Latin and English (4 Bde.). London 1753, Bd. 1, S. 393–440, hier S. 432–433.

Wert und eine ehrliche Liebe zur ländlichen Schönheit miteinander vereinigt[8]. Zudem habe Philips, wie ihm Lancelot Wilkinson beipflichtet, auch *some sense of humour* ausgezeichnet, im Unterschied zu fast allen seinen Nachfolgern[9]. Der zeitgenössische Erfolg des Lehrgedichtes scheint diese Bewertungen zu unterfüttern. Neben den wiederholten Neuauflagen der gesammelten Dichtung Philips', die bereits große Verbreitung gesichert hatte[10], sollte das Apfelweingedicht auch für sich genommen sicher ein halbes Dutzend Mal neu gedruckt werden[11]. Im Jahre 1791 erschien es sogar mit einem eigenen antiquarischen Kommentar, der heute vor allem das Verständnis der technischen Fragen zur Apfelweinherstellung erheblich erleichtert[12].

Warum war Philips *Cider* im Unterschied zu vielen anderen Lehrgedichten so begeistert aufgenommen worden? Tatsächlich hatte der Mann aus Bampton in Oxfordshire, der nur 33 Jahre alt wurde, auf nahezu kongeniale Art und Weise ein zutiefst vergilianisches Lehrgedicht vorgelegt, das ebenso patriotisches Eulogium sein wollte, wie Unterrichtswerk, ebenso schön wie nützlich. Es strotzte vor altem Bildungsgut, vor Anleihen bei der Antike und war doch der Innovation verpflichtet. Philips zelebrierte den Apfelwein als in Fässer gefüllten englischen Nationalstolz und lieferte eine mit Obst markierte Kartographie der Great Nation, die das Nationalgebräu zum Treibstoff des Empire deklarieren konnte. Auf die gleiche Weise hatte Plinius in seiner *Historia naturalis* einst eine Karte Italiens auf der Grundlage seines Weins gezeichnet, wie Philips wußte[13], und 1500 Jahre später Olaus Magnus unter Zuhilfenahme des

---

8 Cornelius Engelbertus de Haas: Nature and the Country in English Poetry of the First Half of the Eighteenth Century. Amsterdam 1927, S. 47–51, und mit ähnlichem Urteil auch John Chalker: The English Georgic. A study in the development of a form. London 1969, S. 37–48. Als letzte Studie zu *Cider* jetzt Melissa Schoenberger: Cultivating Peace. The Virgilian Georgic in English, 1650–1750. Lewisburg 2019, S. 117–126, die die früheren Einlassungen noch einmal zusammenfaßt.

9 Lancelot P. Wilkinson: The Georgics of Virgil. A Critical Survey. Cambridge 1969, S. 300, dort auch S. 273–313, eine wertvolle Rezeptionsgeschichte der *Georgica*.

10 Philips Werke erschienen mit dem Apfelweingedicht als ders.: The Works of John Philips. London 1713, und wurden unter diversen Titeln unter anderem 1714, 1730, 1750, 1763 und 1778 neu aufgelegt.

11 Als erster Druck John Philips: Cyder. A poem in two books. London 1708. Weitere einzelne Auflagen erschienen unter anderem 1709, 1715, 1720, 1727 und 1744. Ein Nachdruck der Erstausgabe existiert als ders.: Cyder. A poem in two books. Hg. von John Goodridge, J. C. Pellicer. Cheltenham 2001.

12 John Philips: Cider. A Poem in two Books, with notes provincial, historical and classical by Charles Dunster. London 1791. Nach dieser Ausgabe wird im Folgenden zitiert.

13 Plinius: Historia naturalis. Hg. und übersetzt von Roderich König (31 Bde.). Tübingen 1981, Bd. 14, Liber XIV, c. 4, §§ 20–43, lateinisch und deutsch, S. 20–37.

Biers in Venedig seiner alten Heimat Schweden gehuldigt[14]. Will man eine Geschichte der Lehrdichtung schreiben, so lohnt es sich also, Philips' *Cider* genauer unter die Lupe zu nehmen. Im folgenden sollen hier zwei Dinge geleistet werden. Zunächst möchte ich Philips in den weiteren Horizont der lateinischen wie volkssprachlichen Agrardichtung einordnen und dabei vor allem auf die Rolle der *Georgica* Wert legen. Von Bedeutung ist mir hier die Interaktion von Latinität und Volkssprache, die gerade diese Subgattung der didaktischen Dichtung besonders ausgezeichnet hat, und die von Poesie und Anwendungswissen, wie sie vielleicht ebenfalls in der Agrardichtung besonders hatte zum Tragen kommen können. Ein Blick in die Fachliteratur der Zeit vor allem in England wird diesen Eindruck bestätigen. Der zweite Teil meiner Untersuchung gebührt dem Cider-Gedicht selbst, das ich zum Abschluß dann auch in seinem paradigmatischen Charakter würdigen möchte.

2 Agrardichtung und Fachliteratur im Dialog

Daß die *Georgica* als durchgehender Subtext, als Junkturenreservoir und kompositorische Blaupause von Agrardichtung dienen mußten, ist für sich genommen eigentlich keiner gesonderten Erwähnung wert. Schon Giovanni Pontano hatte in seinen *Gärten der Hesperiden* die Einführung in den Anbau von Zitrusfrüchten mit ihrer Hilfe in Szene zu setzen gewußt, von der Wahl des rechten Bodens, der Aussaat, dem Beschneiden der Gehölze bis zur angemessenen Zubereitung der Früchte[15]. Pontano hatte sicher einen Klassiker des Genres geschrieben[16]. Daß später auch eine italienische Fassung kursierte, war somit sicher zu erwarten[17]. Auch der *Rusticus* des Angelo Poliziano, der direkt auf Vergil Bezug nahm[18], oder

---

14 Olaus Magnus: Historia de gentibus septentrionalibus, earumque diversis statibus, conditionibus, moribus, ritibus, superstitionibus, disciplinis, necnon universis pene animalibus in Septentrione degentibus eorumque natura. Rom 1555, Liber XIII, c. 29, S. 452.

15 Giovanni Pontano: De hortis Hesperidum sive de cultu citriorum libri duo. In: ders.: Opera. Rom 1505, fol. S2r–U7v.

16 Zu Pontanos *De hortis* unter anderem Georges Tilly: Il primo agrumeto rinascimentale: il 'De hortis Hesperidum' di Giovanni Pontano nella storia culturale ed agraria della Campania. In: Per la valorizzazione del patrimonio culturale della Campania. Il contributo degli studi medio- ed neo-latini. Hg. von Giuseppe Germano. Neapel 2016, S. 95–106.

17 Giovanni Pontano: Gli orti delle Esperidi, con cinque eloghi. Übersetzt von Giovanni Antonio DeLuca. Venedig 1761.

18 Angelo Poliziano: Silua, cui titulus Rusticus, in poetae Hesiodi, Vergiliique Georgicon enarratione pronunciata. Leipzig 1515 (zuerst 1492). Eine zweisprachige Ausgabe mit Kommentar

die *Rusticorum libri decem* des Tullio Berò[19], die in Distichen das italienische Landleben feierten, wären ohne Vergil undenkbar gewesen. Der gewöhnliche Tages- und Jahresablauf hatte in diesen Büchern den Stoff gegliedert. Nachfolgewerke hatten sich in Italien rasch eingestellt, genannt seien nur Natale Contis *De anno libri quattuor*[20], Tommaso Niccolò d'Aquinos *Deliciae Tarentinae*[21], Lazaro Buonamicis *Carmen de vita rustica*[22], Tommaso Ravasini mit seinen *Georgica*, die Ackerbau und Feigenbäume behandelt hatten[23], und weitaus weniger bekannt, schon in italienischer Sprache und inzwischen sehr gut aufgearbeitet, Vinzenzo Imperialis *Lo stato rustico*[24], und Luigi Alamannis *La coltivazione*, das bis ins neunzehnte Jahrhundert gedruckt wurde[25] und zu dem auch eigene fachwissenschaftliche Sachkommentare erscheinen konnten[26]. Auffällig war auch, wie früh schon in der Agrardichtung die Latinität auf die Volkssprache übergreifen konnte. Das wohl bekannteste landwirtschaftliche Gedicht des frühen achtzehnten Jahrhunderts in lateinischer Spra-

---

liegt vor als ders.: Rusticus – Der Landmann. Hg. und übersetzt von Otto Schönberger. Würzburg 1992.

19 Marco Tullio Berò: Libri rusticorum decem. Bologna 1568, mit neuer Auflage 1578.

20 Natale Conti: De horis liber unus sive de anno libri quatuor. Venedig 1550, dort fol. 29r–102v.

21 Tommaso Niccolò d'Aquino: Delle delizie Tarantine libri IV. Opera postuma. Hg. von Cataldantonio Atenisio Carducci. Neapel 1771. Das Werk ist italienisch und lateinisch herausgegeben und von Carducci darüber hinaus mit einem monumentalen Kommentar versehen worden. Ein jüngerer Kommentar zu d'Aquino, einem barocken Bukoliker und Agrardichter, liegt vor als Tommaso Niccolò d'Aquino: Le delizie Tarantine (2 Bde.). Lecce 1869. Zu den Eklogen in neuer Ausgabe ders.: Galesus piscator – Benacus pastor. Hg. von Felice Presicci. Manduria 1984.

22 Lazaro Buonamici: Carmen de vita rustica. In: Hortorum libri IV. Hg. von René Rapin. Utrecht 1672 (zuerst 1665), S. 27–31 (getrennte Seitenzählung), dort auch der *Rusticus* von Angelo Poliziano, S. 1–26 (getrennte Seitenzählung). Buonamici findet sich auch gedruckt in Joachim Camerarius: Opuscula quaedam de re rustica. Nürnberg 1596, S. 194–198, Camerarius liefert dazu, S. 201–235, auch eine der ausführlichsten Fachbibliographien zur frühneuzeitlichen Agrarliteratur.

23 Tommaso Ravasini: Georgicorum libri III. Miscellaneorum liber I. Parma 1700, dort als Libri I–II die ‚Prati‘, S. 7–27, als Liber III, S. 28–36, die ‚Ficulnearum cultura‘.

24 Giovanni Vincenzo Imperiali: Lo stato rustico. Venedig 1613, dazu Augusta López-Bernasocchi: Un poema del seicento: Lo stato rustico di Giovanni Vincenzo Imperiali. Florenz 1981, und mit neuer Ausgabe Giovanni Vincenzo Imperiali: Lo stato rustico. Hg. von Ottavio Besomi, Augusta López-Bernasocchi, Giovanni Sopranzi (2 Bde.). Rom 2015.

25 Luigi Alamanni: La coltivatione. Florenz 1549, mit Neuauflagen, zum Teil gemeinsam mit den Api Ruccellais 1590, 1718, 1746, 1751, 1756, 1780, 1795, 1812, 1821 und öfter.

26 Vinzenzo Benini: Annotazioni sopra La coltivazione di Luigi Alamanni, in cui si contengono moltissimi avvertimenti utili e dilettevoli per gli studiosi dell' agricoltura. Padua 1745.

che, Jacques Vanières *Praedium rusticum*[27], das auch Philips geläufig war, konnte nicht nur wiederholt neu aufgelegt werden[28], es kursierte als *Vollständiger Meyerhof* in einer deutschen Fassung und unter dem Titel *Œconomie rurale* auch in einer französischen Variante[29]. Einzelne Werkteile wie die ‚Bienen' waren auch in englischer Sprache erhältlich[30]. Die ebenfalls stark vergilianisch gehaltenen lateinischen Pflanzengedichte Abraham Cowleys und René Rapins[31], beide inzwischen ebenfalls gut erschlossen, waren schon wenige Jahre nach ihrem Erscheinen ins Englische übersetzt worden[32]. Die *Plantarum libri* Cowleys hatte Nahum Tate übertragen[33], Rapins *Hortorum libri* John Evelyn und kurz darauf James Gardiner[34]. Beide Gedichte, die später gemeinsam verbreitet wurden[35], waren Philips sicher ebenfalls nicht unbekannt geblieben.

Ähnliche Synergieeffekte lassen sich, wie ein kurzer Blick zeigt, vor dem Erscheinen unseres Gedichtes auch mit Blick auf die Volkssprache konstatie-

---

27 Jacques Vanière: Praedium rusticum. Paris 1707, zum Teil erweitert und neugedruckt z. B. 1712, 1727, 1730, 1731, 1742, 1746, 1750, 1774, 1786, 1817 und 1829. Eine erste Teilfassung war schon als ders.: Georgicorum libri tres. Toulouse 1698, erschienen.

28 Grundlegend zu Vanières *Praedium* ist Yasmin Annabel Haskell: Loyola's Bees. Ideology and Industry in Jesuit Latin Didactic Poetry. Oxford 2003, S. 38–60.

29 Jacques Vanière: Œconomie rurale (2 Bde.). Paris 1756, und deutsch als ders.: Vollständiger Mayerhof, oder, Sechzehn Bücher von der Landwirthschaft. Augsburg 1772. Eine spanische Übersetzung erschien als ders.: La casa de campo. Poema castellano. Madrid 1785, eine zweite spanische mit reichem Sachkommentar als ders.: Predio rustico (5 Bde.). Zaragoza 1784–94.

30 Jacques Vanière: The bees from the Latin of J. Vaniere, being the fourteenth book of his Praedium rusticum. Middletown 1808. Ebenfalls als Einzelausgabe erschien ders.: Fishing. A translation from the Latin of Vanier (sic!) by John Duncombe. London 1809.

31 Rapin: Hortorum libri IV (Anm. 22), gedruckt z. B. 1665, 1666, 1668, 1672, 1723 und 1764, und Abraham Cowley: Poemata latina, in quibus continentur, sex libri plantarum, viz. duo Herbarum, Florum, Sylvarum, et unus miscellaneorum. London 1668, neu gedruckt z. B. 1672 und 1798, zuerst erschienen als ders.: Plantarum libri duo. London 1662.

32 Grundlegend zur botanischen Dichtung Rapins und Cowleys ist Ruth Monreal: Flora Neolatina. Die Hortorum libri IV von René Rapin S. J. und die Plantarum libri VI von Abraham Cowley. Zwei lateinische Dichtungen des 17. Jahrhunderts. Berlin 2010, dort auch S. 27–33, S. 194–196, eine Übersicht über Ausgaben und Übersetzungen.

33 Abraham Cowley: The third part of the works of Mr. Abraham Cowley, being his Six books of plants never before printed in English, viz. the first and second of herbs, the third and fourth of flowers, the fifth and sixth of trees. London 1689. Neugedruckt z. B. 1700, 1708, 1711 und 1721.

34 René Rapin: Of Gardens. Translated by John Evelyn. London 1672, neugedruckt z. B. 1673, und ders.: Of gardens. A Latin poem. In four books. English'd by Mr. Gardiner. London 1706, neugedruckt z. B. 1718 und 1728. Auch französische und italienische Übersetzungen lagen vor.

35 Abraham Cowley, René Rapin: Cowley's history of plants, a poem in six books, with Rapin's Disposition of gardens, a poem in four books. Translated from the Latin, the former by Nahum Tate and others, the latter by James Gardiner. London 1795.

ren[36]. Unter dem sprechenden Titel *Georgica curiosa* veröffentlichte der deutsche Fachschriftsteller Wolf Helmhard von Hohberg im Jahre 1682[37], in sechs Bücher geteilt, eine monumentale Enzyklopädie des bäuerlichen Alltags, eine tausende von Seiten umfassende Handreichung für den aristokratischen oder großbürgerlichen Landmann, die kaum ein Detail agrarischer Lebenswirklichkeit unbehandelt ließ[38]. Fünf Neuauflagen bis zum Jahre 1749, die der Autor zum Teil selbst noch überarbeitete, offenbaren, wie marktgerecht Hohberg sein Werk angelegt hatte. Seine *Georgica* lieferten weitaus mehr als ein weiteres Zeugnis der oft ins Erbauliche abgleitenden Hausväterliteratur, sie enthielt lebenspraktische Ratschläge zum Wein- und Obstanbau, zur Viehhaltung, zur Imkerei und Fischerei, zur Jagd und zur Pferdezucht, und zur Anlage von Gebäuden und Bewässerungssystemen. Hätten diese ausgreifenden Bände des Österreichers keinen Nutzwert gehabt, ihre enorme Verbreitung in deutschsprachigen Haushalten hätte sich kaum erklären lassen. Schon vor Fertigstellung seines Handbuches hatte sich Hohberg jedoch auch eine Reputation als Dichter erworben, der die barocke Form mit Leidenschaft bedient hatte[39]. Beigegeben war der *Georgica curiosa* daher nicht nur eine gewaltige polyglotte Bibliographie und ein lateinischsprachiger ‚Prodromus', der jeden neuen Abschnitt eröffnete und ausdrücklich den bereits manifesten Bezug zu Vergil herstellte[40], sondern auch

---

36 Allgemein zur Gattung der ‚Hausväterliteratur', zu der auch Hohberg zu zählen ist, Ulrike Kruse: Der Natur-Diskurs in der Frühen Neuzeit und seine Ausprägungen in der Hausväterliteratur und in volksaufklärerischen Schriften (spätes 16. bis frühes 19. Jahrhundert). Bremen 2013, *passim*.

37 Grundlegend zu Hohberg ist Wilhelm Kühlmann: Wissen als Poesie. Ein Grundriss zu Formen und Funktionen der frühneuzeitlichen Lehrdichtung im deutschen Kulturraum des 16. und 17. Jahrhunderts. Berlin 2016, S. 140–142, dort weitere Literatur.

38 Wolf Helmhardt von Hohberg: Georgica Curiosa. Das ist: Umbständlicher Bericht und klarer Unterricht von dem Adelichen Land- und Feld-Leben, auf alle in Teutschland übliche Land- und Haus-Wirthschafften gerichtet, hin und wieder mit vielen untermengten raren Erfindungen und Experimenten versehen, einer mercklichen Anzahl schöner Kupffer gezieret, und in Zweyen absonderlichen Theilen vorgestellet, Also [...] daß in dem Ersten Theil Der Landgüter Zugehörungen und Beobachtungen, wie sich Christliche Hausvätter und Hausmütter in ihrem gantzen Beruff [...] zu verhalten, [...] im Andern Theil wie der gantze Feldbau auf das leichteste, beste und nützlichste anzuordnen, sowol in den Gestüttereyen [...] als auch in den Mayerhöfen alles Vieh [...] zu bestellen (2 Bde.). Nürnberg 1682. Neugedruckt z. B. 1687, als Georgica Curiosa Aucta und im Anschluß 1695, 1701, 1715 und 1749.

39 Als Beispiel für ein Versepos Wolf Helmhardt von Hohberg: Die unvergnügte Proserpina. Regensburg 1661. Auch dieses Werk umfaßt nahezu 500 Seiten.

40 Hohberg: Georgica Curiosa Aucta (2 Bde.). Nürnberg 1687 (wie Anm. 38), Bd. 1, Liber I, S. 1–4, Liber II, S. 135–138, Liber III, S. 265–268, Liber IV, S. 455–458, Liber V, S. 595–598, Liber VI, S. 731–734, Bd. 2, Liber VII, S. 1–4, Liber VIII, S. 123–126, Liber IX, S. 277–280, Liber X, S. 407–410, Liber XI, S. 509–512, Liber XII, S. 651–654.

eine eigene deutschsprachige *Georgica* als Lehrgedicht. In zwölf Büchern und mehr als 18.000 Versen verhandelt Hohberg hier das Landgut, Hausvater und -mutter, Wein- und Obstgarten, den Blumen- und Kräutergarten, Ackerbau, Pferdezucht und den sogenannten ‚Mayerhof‘, die Viehhaltung, dann Bienenzucht, Bewässerungstechnik und Fischhaltung und schließlich wiederum das Waidwerk[41]. Die ganze Enzyklopädie ließ sich, wie sich deutlich zeigt, noch einmal und mit erheblichem poetischem Anspruch in Gedichtform konzentrieren.

Man läuft also nicht fehl, wenn man festhält, daß agrarische Lehrdichtung im ausgehenden siebzehnten Jahrhundert ein gesamteuropäisches und polyglottes Phänomen war, das durch den Anker Vergils in der Latinität einen verbindenden Bezugspunkt besaß, einen Bezugspunkt, der auch die Interaktion zwischen den europäischen Kulturräumen erheblich erleichtern mußte. Diese Beobachtung erscheint noch plausibler, wenn man berücksichtigt, daß die Standardwerke des agrarischen Fachschrifttums schon seit dem ausgehenden sechzehnten Jahrhundert selbst gesamteuropäische Klassiker waren und über den Brückenkopf der Latinität als Transfersprache selbst als Paradigmen der Übersetzungsliteratur firmieren konnten. Greifbare humanistische Referenzwerke im Gefolge des Petrus de Crescentiis wie Konrad Heresbachs *Rei rusticae libri* hatten sich über ihre lateinische Fassung verbreitet[42], der gleiche Erfolg war auch dem erst lateinisch verfaßten *Praedium rusticum* des Charles Estienne beschieden gewesen[43]. In nahezu jede europäische Sprache übertragen, war es bis zum Ende des siebzehnten Jahrhunderts eine Standardautorität geblieben[44]. Die Zahl vergleichbarer Texte ließe sich noch leicht vermehren[45]. Daß ein Autor wie Estienne

---

41 Ebd., Bd. 1, S. 1–72 (getrennte Seitenzählung), Bd. 2, S. 1–74 (getrennte Seitenzählung).

42 Konrad Heresbach: Rei rusticae libri IV, universam rusticam disciplinam complectentes. Köln 1570, englisch z. B. als ders.: Four Books of Husbandry. London 1601, mit vielen Neuauflagen. Auch Petrus de Crescentiis war schon früh gedruckt worden, als Beispiel ders.: De agricultura omnibusque plantarum et animalium generibus libri XII. Basel 1538, und z. B. in deutscher Fassung ders.: New Feldt und Ackerbaw. Straßburg 1602, oder italienisch ders.: Del trattato dell'agricoltura, Florenz 1605. Die ersten Fassungen waren schon als Inkunabeln erschienen.

43 Charles Estienne: Praedium Rusticum, in quo cuiusvis soli vel culti vel inculti plantarum vocabula ac descriptiones, earumque conserendarum atque excolendarum instrumenta suo ordine describuntur. Paris 1554.

44 Französisch erschienen als Charles Estienne: L'agriculture et le maison rustique. Paris 1564. Schon bald erschienen auch diverse deutsche, niederdeutsche, niederländische, englische und italienische Übersetzungen, die alle wiederholt aufgelegt wurden. Die letzte französische Ausgabe wurde noch 1702 gedruckt.

45 Unter vielen möglichen Beispielen als Standardwerke, die oft aufgelegt wurden, Walther Hermann Ryff: Lustgarten der Gesundheit: Von Hauszgemach, Viehzucht und Feldtbaw. Frankfurt 1546; Gabriel Alonso de Herrera: Libro de Agricultura. Valladolid 1563; Africo Clemente: Trattato

das Fachschrifttum über 150 Jahre prägen konnte, offenbart vielleicht auch, wie
wenig sich in der Realienkunde die Landwirtschaft selbst bis zum frühen achtzehnten Jahrhundert in der Methodik der Tierhaltung, der Zurichtung der gewöhnlichen Nutzpflanzen und den Praktiken von Aussaat und Ernte hatte
verändern können.

3 Vergils *Georgica* in England

Das noch vom Humanismus eingeleitete agrarische Fachschrifttum hatte, wie
zu erwarten, auch den Weg auf die Britischen Inseln gefunden; die meisten der
genannten Werke lagen auch auf Englisch vor. Welchen Erfolg auf der anderen
Seite die lateinische Lehrdichtung allgemein in England verbuchen konnte,
zeigt für das ausgehende siebzehnte und das frühe achtzehnte Jahrhundert
schon ein Blick in die immer wieder aufgelegten *Musae anglicanae*, deren Komposition der begnadete Latinist Joseph Addison verantwortet hatte[46]. Vergleichbar der bekannten Kollektion Oudins, die die Perlen der didaktischen Poesie
zusammengeführt hatte, stößt der Leser hier auf eine Leistungsschau der lateinischen Lehrdichtung englischer Provenienz, die ihresgleichen sucht. Versammelt finden sich hier Gedichte zum Fischfang von Simon Ford, zum Mikroskop
von Thomas Bisse, zum neuentdeckten Blutkreislauf von Robert Grove, zur
Boyleschen Luftpumpe von Henry Stephens, zur Erklärung des Nordlichtes,
aber auch zum Schlittschuhlaufen. Viele dieser Gedichte waren schon bald ins
Englische übertragen worden, einige von ihnen, etwa die *Piscatio* Fords sogar
mit erheblichem Erfolg[47]. Wie in Frankreich stand die Lehrdichtung auch in
England auf der Höhe ihrer Zeit, ja die besondere Herausforderung lag wie bei
den Jesuiten für die Dichter im Umfeld der Royal Society gerade darin, die aktuellen technischen Neuerungen mit den Mitteln des klassischen Instrumentari-

---

dell'agricoltura. Venedig 1572; Oliviers de Serres: Le Théâtre d'Agriculture et Mesnage des
champs. Paris 1605; Miguel Agostin: Libro de los secretos de Agricultura, Casa de Campo y Pasto-
ril. Perpiñan 1626, oder Johan Coler: Oeconomia ruralis et domestica. Mainz 1645; Jan van der
Groen: Het Vermaeckelijck Landt-leven. Amsterdam 1668.

46 Joseph Addison: Musarum Anglicanarum analecta: sive, Poemata quædam melioris
notae, seu hactenus inedita, seu sparsim edita, in duo volumina congesta. London 1751
(zuerst Oxford 1699).

47 Ebd., Bd. 1, S. 97–108, englisch als z. B. Simon Ford: Piscatio, or Angling, a Poem, written
originally in Latin. Oxford 1733, und gemeinsam mit anderen Gedichten als Silvester Tipping:
Original Poems and Translations, consisting of the microscope, piscatio, or angling, the beau
and the academic. London 1733.

ums zu bewältigen. Im Detail hat vor allem Estelle Haan in ihrer Arbeit zu Addison nachgewiesen, wie sehr in den *Musae Anglicanae* auf allen Ebenen vor allem von Vergil Gebrauch gemacht worden war[48]. An Untersuchungen zu anderen Autoren der Kollektion fehlt es noch weitgehend. Der Wunsch nach Umbruchsbewältigung und Integration in das Formularium der Vergangenheit zeichnete, wie wir sehen werden, auch die volkssprachliche Lehrdichtung in England aus. Es wird sich zugleich zeigen, daß die Gemengelage mit Blick auf die Agrardichtung und die Adaptation der *Georgica* komplex war und sich nicht in einfachen Gleichungen erschöpfte.

Vergils großes Lehrgedicht war, wie zu erwarten, wiederholt ins Englische übertragen worden, am eindrucksvollsten sicherlich von John Dryden, später auch noch einmal vom schon genannten Joseph Warton. Addison schickt Drydens englischem Vergil eine Einleitung voran, die auf programmatische Weise deutlich macht, wo die Stärken und der Vorbildcharakter der *Georgica* zu suchen waren[49]. Warum, so fragt Addison, konnte der Mantuaner auch für das achtzehnte Jahrhundert noch immer von Bedeutung sein? Es war sein Sitz im Leben. Lehrdichtung verfolgte drei Zwecke, den Unterricht in Moral, die naturphilosophische Spekulation, doch vor beiden, so Addison, rangierte noch der praktische Unterricht. Gerade hier hatte sich die Meisterschaft des Dichters zu artikulieren. Niemand hatte die agrarische Ökonomie, die ‚Science of Husbandry‘, in so gefällige Verse gekleidet wie der Mann aus Mantua, und die Pflichten des Landlebens auf so raffinierte Weise miteinander verflochten als Totalität erscheinen lassen. Gerade die leichte Verfremdung seines Gegenstandes, seine mythologische Überformung, die dem Leser abverlangte, zur letzten Wirklichkeit vorzudringen, mußte jedes behandelte Sujet aufwerten. Vergil hatte die große philosophische Perspektive ebenso gewahrt, wie es ihm gelungen war, so Addison, seine Darstellung durch Exkurse aufzulockern und damit für den Leser unterhaltsam zu machen. Die *Georgica* waren damit zu einem Weltgedicht geworden, das die Kraft der Liebe ebenso traktiert hatte wie die Auferstehung. Ihr Stil war nie plebeisch gewesen, im Gegenteil, Vergil hatte das scheinbar Banale gerade durch die Kraft seiner Sprache, *warm and glowing*, von aller Zumutung befreit, ohne dabei seine Reputation als Experte einzubüßen. So mochte die *Aeneis* vielleicht edler, *more noble* gewesen sein, die *Georgica* jedoch waren vollkommen. Sie waren auch für die Poeten der eigenen Zeit

---

48 Estelle Haan: Vergilius Redivivus. Studies in Joseph Addison's Latin poetry. Philadelphia 2005, dort bes. S. 30–87.
49 Joseph Addison: An Essay on the Georgics. In: The Works of Virgil, containing his Pastorals, his Georgics and Aeneis, adorn'd with hundred sculptures, translated into English Verse. London 1697 (ohne Seitenzählung).

daher ein leuchtendes Vorbild. Etliche Dichtungstheoretiker der Zeit, genannt sei nur Joseph Trapp, konnten sich Warton in ihren ähnlich gelagerten Traktaten und Vorlesungen zur lehrhaften Poesie anschließen[50].

John Philips war ein ausgewiesener Latinist, er war selbst durch lateinische Oden im horazischen Stil hervorgetreten[51]. Der zweite Pfeiler, auf den sich seine Dichtung stützen sollte, war, wie Philips durchgehend betont, John Milton, dessen Blankvers er übernimmt und den er schon in seinem ersten längeren Gedicht, dem *Shilling* durchgehend imitiert hatte. Auch *Cider* spart nicht mit Anklängen an *Paradise lost* und *Paradise regained*. Vergil jedoch lieferte dem englischen Dichter, was Addison in seinem Traktat proklamiert hatte, ein holistisches, an den Jahreszeiten ausgerichtetes Panorama, das zugleich Nationalgedicht und Panegyricus sein wollte. Es war weniger von Melancholie durchtränkt als die *Bucolica*, es verschränkte die harte Arbeit der Landbevölkerung, und mit ihr das Wissen, das im Lehrgedicht vermittelt werden sollte, mit der Wiederauferstehung der Nation, ja der Wiederherstellung des Goldenen Zeitalters. Der durchaus pastorale Rückzug ins Private, die Glorifizierung des Merry Old England, offenbarte sich zugleich als Utopie. Der Glaube an die nationale Größe, die durch technisches Wissen forciert wurde, lenkte den Blick in eine Zukunft, auf ein Empire, das wie ein augusteisches Rom im eigenen Land die Tore des Janus geschlossen hatte und dessen prosperierende Bevölkerung in fast paradiesischer Ordnung lebte. Eulogium, Landesbeschreibung, historische Verortung, Didaxe und nationale Apologetik konnten also Hand in Hand gehen. Prototyp einer solchen Synthese im englischen Lehrgedicht mußten die *Georgica* sein.

4 Cider – Der Treibstoff des Empires

Was aber qualifizierte ausgerechnet den Apfelwein als Gegenstand eines solchen Lehrgedichtes? Cider war mehr als nur der natürliche Antipode des französischen Weins, er war ein nationales Emblem, das den Erzfeinden auf der

---

50 Joseph Trapp: Praelectiones poeticae, in schola naturalis philosophiae Oxon. Habitae. London 1722 (zuerst 1719), S. 214–225, dazu als Aufarbeitung der Übersetzung Drydens in dieser Zeit auch William Benson: Virgil's husbandry, or, An Essay on the Georgics, being the first book, translated into English verse, to which are added the Latin text, and Mr. Dryden's version, with notes critical, and rustick. London 1725, Preface, und Edward Holdsworth: Remarks and dissertations on Virgil, with some other classical observations: by the late Mr. Holdsworth. Published, with several notes, and additional remarks, by Mr. Spence. London 1768, S. 36–38.
51 John Philips: Ode ad Henricum S. John, Armig. London 1707.

anderen Seite des Kanals präsentiert werden konnte, ein Symbol, das mehr als Whiskey oder Gin stellvertretend für ganz England stand. Tatsächlich repräsentierte er auch die großen Umwälzungen in der Landwirtschaft des frühen achtzehnten Jahrhunderts, die Verwissenschaftlichung von Anbau- und Erntetechniken, die von den Angehörigen der aristokratischen Landbesitzerkaste vorangetrieben wurde, und die Etablierung neuer Kulturpflanzen. Er stand für ein Kernanliegen der Politik des Empires, für die wirtschaftliche Autarkie. Je nachdrücklicher die Produktion einheimischer Güter gefördert wurde, desto weniger war die englische Krone in der Agrarwirtschaft nach all ihren Seekriegen noch von Importen abhängig. Die Veredelung von Obstbäumen war bekanntermaßen schon ein Anliegen der *Georgica* gewesen. Der Wunsch, Zitrusfrüchte aller Art, aber auch Äpfel und Birnen, effektiver zu kultivieren, hatte seit dem ausgehenden sechzehnten Jahrhundert eine eigene Kategorie von Fachbüchern hervorgebracht, die heute unter dem Lemma ‚Pomologie' abgebucht werden. Charles Estienne und Pierre Belon hatten europaweit bekannte Standardwerke zu diesem Thema vorgelegt[52]. Bis zur Mitte des siebzehnten Jahrhunderts waren mit den *Pomi d'oro* Giovanni Angelitas[53], Michael Knabs *Hortipomolegium*[54] oder den *Hesperides* Giovanni Battista Ferraris weitere[55], oft stark antikisierende Lehrbücher vorgelegt worden, dazu Ralph Austens *Treatise on Fruit Trees*[56], Jean Merlets *Nouvelle Instruction pour connoistre les*

---

52 Charles Estienne: Seminarium sive plantarium earum arborum quae post hortos conseri solent, quarum nomina, fructus, item etiam conserendi vocabula apud authores bene recepta hoc libello declarantur. Paris 1536; Pierre Belon: Les remonstrances sur le default du labour et culture des plantes et de la cognoissance d'icelles. Paris 1558. Belons Traktat sollte ab 1584 auch in lateinischer Sprache verbreitet werden.

53 Giovanni Francesco Angelita: I Pomi d'oro di Gio. Recanati 1607. Das Werk strotzt vor antikem Bildungsgut.

54 Michael Knab: Hortipomolegium, Das ist, ein sehr liebreich und außerlesen Obstgarten- und Peltzbuch, darinn neben einer Vorred im ersten Theil erzehlt wird, wie und auff was weiß an wolgelegenen Orten deß Erdbodens junge Baumgarten zu erwehlen, im andern Theil werden etliche verborgene subtile Künst und Peltzstücklein, dann ein sonderbarer Unterricht und description der fürnembsten Obstbäum und andern frembden Früchten zugleich beschrieben. Bey dem dritten Theil wird ein sonderbares Register aller und jeder Geschlecht, Namen, Art und Gattung von Oepffeln, Birnen, Stein- und Kernobs, Staudenfrüchten und Weintrauben mit eingeführt. Nürnberg 1620.

55 Giovanni Battista Ferrari: Hesperides sive de malorum aureorum cultura et usu libri quatuor. Rom 1646.

56 Ralph Austen: A treatise of fruit-trees shewing the manner of grafting, setting, pruning, and ordering of them in all respects. Oxford 1646. Austen ergänzte seinen wiederholt aufgelegten Traktat noch um diverse Abhandlungen, dazu ders.: Observations upon some part of Sr Francis Bacon's Naturall history as it concernes fruit-trees, fruits, and flowers. Oxford 1658,

bons fruits[57], die Handreichungen, die unter dem Namen des französischen Jansenisten Robert Arnauld d'Andilly verbreitet wurden[58], und die Obsttraktate von Franciscus van Sterbeeck[59], Johann Christoph Volckamer[60], den beiden englischen Landschaftsgärtnern Stephen Switzer[61] und Batty Langley[62], oder von Johann Hermann Knoop[63]. Die Mehrzahl dieser Werke, die gerne

---

und ders.: The spirituall use of an orchard, or garden of fruit-trees, set forth in divers similitudes betweene naturall and spirituall fruit-trees, in their natures, and ordering, according to Scripture and experience. Oxford 1657.

57 Jean Merlet: Nouvelle Instruction pour connoistre les bons fruits, selon les mois de l'année. Paris 1670. Merlets Werk konnte unter wechselnden Titeln bis Mitte des achtzehnten Jahrhunderts neugedruckt werden.

58 Robert Arnauld d'Andilly: La manière de cultiver les arbres fruitiers, ou il est traité des pepinieres, des espaliers, des contre-espaliers, des arbres en buisson et à haute tige. Paris 1652. Arnaulds Traktat erhielt dutzende von Neuauflagen, dazu eine deutsche, englische und niederländische Übersetzung. Daß er dem Franzosen nur zugeschrieben wurde, zeigen Rémi Mathis, Sylvain Hilaire: Pourquoi, La manière de cultiver les arbres fruitiers n'est pas l'œuvre d'Arnauld d'Andilly. In: XVIIe siècle 66 (2014), S. 345–360.

59 Franciscus van Sterbeeck: Citricultura, oft regeringhe der uythemsche boomen te weten oranien, citroenen, limoenen, granaten, laurieren en andere, waer in beschreven is de gedaente ende kennisse der boomen, met hunne bloemen, bladeren en vruchten: van ieder geslacht in het besonder, als oock van den ranck-appel, oprechten Laurier van America, caneelboom: ende besonderlijck van den verboden Adams oft paradys-appel, daer beneffens de natuere, kracht, en ghebruyck, haer deught en ondeught van ieder vrucht en plant, waer by oock grondigh gheleert wordt het zaeyen, mesten, planten, oculeren, inten, afsuyghen, inlegghen, besnoeyen, en begieten. Antwerpen 1682.

60 Johann Christoph Volckamer: Nürnbergische Hesperides, Oder Gründliche Beschreibung Der Edlen Citronat, Citronen, und Pomeranzen-Früchte, wie solche, in selbiger und benachbarten Gegend, recht mögen eingesetzt, gewartet, erhalten und fortgebracht werden, samt Einer ausführlichen Erzehlung der meisten Sorten, welche theils zu Nürnberg würcklich gewachsen, theils von verschiedenen fremden Orten dahin gebracht worden, auf das accurateste in Kupfer gestochen, in Vier Theile eingetheilet und mit nützlichen Anmerckungen erkläret. Nürnberg 1708. Volckamers Traktat sollte nicht nur wiederholt aufgelegt, sondern 1713 auch noch einmal ins Lateinische übertragen werden.

61 Stephen Switzer: The practical fruit-gardener, being the best and newest method of raising, planting, and pruning all sorts of fruit-trees. London 1724. Switzers Handbuch wurde mehrfach neugedruckt und von Switzer, der vor allem Landschaftsgestalter war, mit diversen weiteren Einzelabhandlungen orchestriert.

62 Batty Langley: Pomona: or the fruit-garden illustrated, containing sure methods for improving all the best kinds of fruit now extant in England, calculatet from great variety of experiments made in all kinds of soils and aspects. London 1728. Langleys Ruhm als neugotischer Landschaftsarchitekt war auch der Verbreitung seiner pomologischen Schriften förderlich.

63 Johann Hermann Knoop: Pomologia, dat is beschryvingen en afbeeldingen van de beste soorten van appels en peeren, welke in Neder- en Hoog-Duitsland, Frankryk, Engelland en

auch mit Gedichten aufwarteten, waren in mehreren Sprachen verbreitet; sie alle dokumentieren die fortschreitende Professionalisierung der Obstkultivierung, der Mosterei und der Herstellung von Getränken aller Art, die in ganz Europa mit fortschreitendem Erfolg betrieben wurde.

England war kein Sonderfall, doch war es hier ab der Mitte des siebzehnten Jahrhunderts tatsächlich die Herstellung von Cider, die in einer konzertierten Aktion und als von der Obrigkeit forcierte Praxis auch der einfachen Bevölkerung nahegelegt wurde, mit ähnlichem Erfolg wie später der Anbau von Kartoffeln. Im Jahre 1664 war *Silva. A Discourse on Forest Trees* erschienen, eine ausgreifende Enzyklopädie der Waldbewirtschaftung, die sogar mit umfangreichem antiquarischen Wissen aufwarten konnte und einer eigenen Abhandlung zur Dendrolatrie, der Verehrung der Bäume[64]. Ihr Verfasser, John Evelyn, integriert einen Traktat mit dem Titel *Pomona*, der allein die Herstellung von Cider verhandelt und als nationales Anliegen empfiehlt[65]. Der schon geläufige Abraham Cowley schenkt dem Werk Evelyns ein euphorisches Dedikationsgedicht[66], bereits Evelyn ornamentiert seine Abhandlung mit Vergilzitaten und Auszügen aus den antiken Agrarschriftstellern, die das Keltern von Apfelwein in den Orchards von Herefordshire in den richtigen Kontext stellen konnten. Sechs weitere Einzeltraktate verschiedener Autoren zur Wahl der richtigen Apfelsorten, zu Kelterei und Abfüllung, die Evelyns Text noch orchestrierten, konnten schon durch ihre bloße Anzahl die Dringlichkeit neuer Verfahren untermauern[67]. Zugleich unterstreicht Evelyn, daß die einheimischen Apfelweine allen auswärtigen Importen bedingungslos vorzuziehen waren[68].

Zum eigentlichen Apologeten des Apfelweines wurde nicht Evelyn, sondern Englands wichtigster Agrarschriftsteller dieser Jahre, John Worlidge, dessen *Vinetum Britannicum* dreißig Jahre vor Philips' Gedicht erschienen war und vor

---

elders geagt zyn, en tot dien einde gecultiveert worden. Leeuwarden 1758. Knoops Werk erschien gleich im Anschluß auch deutsch und französisch.

64 In der ersten Auflage als John Evelyn: Sylva, or a discourse of forest-trees, and the propagation of timber in his Majesties dominions, as it was deliver'd in the Royal Society the XVth of October, MDCLXII upon occasion of certain quaeries propounded to that illustrious assembly, by the honorable the principal officers, and commissioners of the navy. London 1664. In der vierten Auflage als John Evelyn: Silva, or A discourse of forest-trees, and the propagation of timber in His Majesty's dominions (2 Bde.). London 1706, dort die Dendrologia, Book IV, S. 324–351. Die letzten Auflagen erschienen 1801 und 1825.

65 Evelyn, Sylva (1706) (Anm. 64), dort Pomona, or an Appendix concerning Fruit-Trees, in Relation to Cider, the Making and several Ways of Ordering it, S. 53–81.

66 Ebd., The Garden (ohne Seitenzählung).

67 Ebd., Pomona, S. 85–130.

68 Ebd., Pomona, c. 4, S. 73–76.

allem im siebzehnten Jahrhundert immer neue Auflagen erlebte[69]. Auch in seinem Zentrum fand sich ein Traktat zur Herstellung von Cider, der auch getrennt vom Gesamtwerk gedruckt wurde[70]. Auch Philips hatte Worlidges Arbeit gründlich studiert. Worlidge hatte sich eine Expertise in diversen Bereichen der Landwirtschaft erworben, auch sein *Systema agriculturae*, das zum Teil mit dem *Vinetum* verbreitet wurde, und sein *Apiarium* waren auf den Britischen Inseln Klassiker ihres Genres geworden[71]. Im *Vinetum*, das er Elias Ashmole und der Royal Society zugedacht hatte[72], liefert er umfassende Handreichungen zur Anlage von Obstgärten, zur Pfropfung der Bäume, zum Pressen, dem *Grinding*, des Obstes, zu Gärungsprozessen, zur Abfüllung, bis hin zur Zubereitung. Vor allem die Mühle zur Quetschung der Äpfel beruhte auf einem Patent des Briten[73]. Worlidge deklariert die Cider-Herstellung von Anfang an als nationales Anliegen. Wie zu erwarten warnt auch er wie Evelyn davor, statt des Apfelweins die auswärtigen, vor allem französischen Weine zu konsumieren. Wenn sie nicht von vornherein minderwertig waren, so Worlidge, mußte spätestens der Transport auf die Inseln die Spirituosen so in Mitleidenschaft ziehen, daß sie nicht mehr genießbar waren. Apfelwein dagegen war gesund, er ließ das Blut zirkulieren und trug, in Maßen genossen, nachweislich zur Verlängerung des Lebens bei, wie schon Francis Bacon gezeigt hatte. Cider war daher, wie Worlidge schließt, nicht nur den frankophonen Getränken, sondern auch dem einheimischen Bier, dem Fat-Ale, weitaus vorzuziehen[74]. Worlidges zwischen Marketing, nationaler Grundversorgung und pomologischer Abhandlung changierender Traktat war so erfolgreich, daß in seinem Fahrwasser bis zur Mitte des achtzehnten Jahrhunderts noch Dutzende weiterer vergleichbarer Abhandlungen erscheinen konnten[75]. Kaum ein

---

69 John Worlidge: Vinetum Britannicum, or, A treatise of cider and such other wines and drinks that are extracted from all manner of fruits growing in this kingdom, together with the method of propagating all sorts of vinous fruit-trees, and a description of the new-invented ingenio, or mill, for the more expeditious and better making of cider. London 1676. Neue, zum Teil erheblich erweiterte Auflagen erschienen 1678, 1689 und 1691.

70 John Worlidge: The most easie method for making the best cyder. London 1687.

71 John Worlidge: Systema agriculturae. The mystery of husbandry discovered, treating the several new and mist advantagious ways of tilling, planting, as also of fruits, corn, grain, with an account of the several instruments and engines used in this profession. London 1669. Neuaufgelegt unter anderem 1675, 1681, 1687 und 1697, dazu ders.: Apiarium. A discourse of bees. London 1676, und ders.: Systema horticulturae, or The art of gardening in three books. London 1683, mit diversen Neuauflagen.

72 Worlidge: Vinetum Britannicum (1678) (Anm. 69), fol. A4r**f**.

73 Ebd., c. 5, § 2, S. 96–121.

74 Ebd., c. 3, §§ 1–2, S. 17–24.

75 Unter vielen z. B. Richard Haines: Aphorisms upon a new way of improving cyder, or making cyder-royal. London 1684; Hugh Stafford: A treatise on cyder-making, founded on long

allgemeiner Ratgeber zur Herstellung von Spirituosen sollte schließlich ohne ein entsprechendes Kapitel auskommen[76].

5 *Respect thy orcharts*: John Philips' Apfelweingedicht

John Philips orientiert sich in der Darstellung seines Gegenstandes ebenso an der Kapiteleinteilung Worlidges, wie er dem Schema der *Georgica* verpflichtet bleibt. Auf seiner ersten Ebene präsentiert sich *Cider* daher als klassisches Lehrgedicht, das dem Ablauf der Jahreszeiten folgt und, wie zu erwarten, die Herstellung von Apfelwein schildert, von der Anlage der Plantagen bis zum Genuß des Produktes, Schritt für Schritt und in entsprechenden vergilianischen Formulierungen. Zumindest gelegentlich erweist sich hier die sprachliche Vorlage wirkmächtiger als die Realien, die eigentlich in der antiken Camouflierung dargeboten werden sollen. Schon die Anfangsworte gemahnen an die *Georgica*: *What soil the Apples love, what care is due / To Orchats, timeliest when to press the fruits, / Thy gift, Pomona, in Miltonian verse / Adventurous I presume to sing*[77]. Die Arbeit des Apfelbauers begann mit der Suche nach dem richtigen Ort für das Obstgehölz, das vom Nordwind geschützt sein mußte und vor dem Eurus, doch zugleich den warmen Lüften des Zephyr, den *tepid genial airs* ausreichend Zugang bieten sollte[78]. Schon dem Kommentator Charles Dunster war Ende des achtzehnten Jahrhunderts an dieser Stelle aufgefallen, daß der entsprechende

---

practice and experience. London 1755; William Ellis: The complete planter and cyderist: or a new method of planting cyder-apple, and perry-pear-trees, and the most approved ways of making cyder. London 1756; Thomas Chapman: The cyder-maker's instructor, sweet-maker's assistant, and victualler's and housekeeper's director. London 1762; Abraham Crocker: The art of making and managing cyder, deduced from rational principles and actual experience. Bath 1799, und zum Vergleich auch Christian Friedrich von Reuß: Untersuchungen des Cyders oder Apfelweins nach seinen Eigenschaften und Würkungen beim Gebrauch. Tübingen 1781.

76 Als Beispiel der schon im Titel denkbar aussagekräftige Traktat von Thomas Tyron: England's happiness improved: or An infallible way to get riches, enrease plenty, and promote pleasure: containing the art of making wine of English grapes, and other fruit, equal to that of France and Spain. London 1699, mit vielen Auflagen, oder Timothy Nourse: Campania felix: Or, a discourse of the benefits and improvements of husbandry, containing directions of all manner of tillage, pasture and plantation, as also for making cyder and perry. London 1706, mit vielen Auflagen.

77 Philips: Cider, ed. Dunster (Anm. 12), Book I, S. 1–3, vgl. Vergil: Georgica. In: Opera. Hg. von R. A. B. Mynors. Oxford 1969, I, V. 1–5.

78 Philips: Cider, ed. Dunster (Anm. 12), Book I, S. 4–6.

Wind zwar in den *Georgica* warm zu blasen wußte, doch als Westwind in Hereford keine Entsprechung besaß[79]. Zu achten war auch auf die Qualität des Bodens. Schlammiger Grund sorgte für Gewächse, deren Frucht zwar ansehnlich, doch wenig wohlschmeckend war. Im wirklichen Leben war es wenig anders. Auch hier fanden sich die wohlgekleideten Gestalten, die doch im Charakter *less inwardly exact* in Erscheinung traten, wenn man sie einmal näher betrachtet hatte. Zu sandigen oder trockenen Grund galt es ebenfalls zu meiden. Als ideal erwies sich jene Krume, wie Philips glaubt, auf der auch Roggen volle Ähren treiben konnte. Tatsächlich hatte auch Worlidge den gleichen Rat gegeben. Als Optimum empfiehlt Philips die Äcker von Kentchurch[80]. War der Acker einmal ausgewählt, konnte es an die Anlage des Gartens gehen. Philips nutzt die Gelegenheit, um auf Praktiken der Veredelung und des Pfropfens einzugehen. Auch andere Gewächse, die auf harmonische Weise und nach den Gesetzen der Sympathie die neuen Gehölze bereichern konnten, ließen sich hier benennen. *Would'st thou thy vats with generous juice should frost / Respect thy orchats: think not, that the trees / Spontaneous will produce an wholesome draught. / Let Art correct thy breed.* Wein und Efeu konnten gemeinsam wuchern, die *Paestan rose* und der *fetid leek*, der Schnittlauch, die Haselnuß und die Palme, Quitte und Apfel, Schlehdorn und Pflaume. Daß nicht jede dieser Kombinationen auf englischem Boden, der keine Palmen beherbergte, praktikabel war, offenbarte sich dem Leser sofort. Wieder hatte Philips den vergilianischen Junkturen Rechnung getragen[81].

Im Fortgang des ersten Buches liefert Philips Handreichungen zur Vermeidung von Schädlingen. Vögel, die sich von einem Priapen kaum einschüchtern ließen, mußten abgeschreckt werden, Schweine ließen sich mit dem *mastiff* fernhalten, Schnecken, Eidechsen galt es zu bekämpfen. Die allgegenwärtigen Wespen schließlich, *in lawless love of gain*, durften in einer Klebefalle aus Sirup zugrundegehen. Gefährlich waren Maden, die sich nach langen und nebeligen Wintern einstellen konnten. Der von ihren Gängen durchzogene Apfel bewahrte seinen zwar äußeren Glanz, doch wenn man hineinbiß, entsprach er, wie Philips mit praller Bildkraft verdeutlicht, dem von Erdhöhlen unterkellerten Acker, der ein über ihn marschierendes Heer zum Einsturz bringen konnte: *In fiery winds; full of victorious thoughts, / Torn and dismember'd, they alost expire*[82]. Im Zentrum steht dann der Katalog der Apfelsorten, der wie der Weinkatalog bei

---

79 Ebd., Book I, Commentary, S. 5, dazu Vergil: Georgica, II, V. 330–331.
80 Philips: Cider, ed. Dunster (Anm. 12), Book I, S. 6–8, dazu Worlidge: Vinetum Britannicum (1678) (Anm. 69), c. 4, § 1, S. 31.
81 Philips: Cider, ed. Dunster (Anm. 12), Book I, S. 27–31, dazu Vergil, Georgica, II, V. 69–82.
82 Philips: Cider, ed. Dunster (Anm. 12), Book I, S. 42–46.

Plinius zugleich eine glorifizierende Topographie der englischen Sprengel bot. *Perman, Ottley, Elliot, Codling* oder *Pomroy* waren aus dem Füllhorn der Pomona hervorgegangen, *Scudamore*, kraftvoll wie das Adelsgeschlecht, das ihn erfunden hatte, aber vor allem der *Redstreak* ragten hier als ideale Früchte für den Apfelwein heraus. *Shining, tempting, not fatal*, wie der Apfel Evas, sondern, wie Philips in miltonschen Zeilen nahelegt, wie der Apfel eines wiedergewonnenen Garten Eden, der die Verse des Dichters, der von ihm trank, zum Klingen bringen mußte. Es war kaum Zufall, daß auch die Fachliteratur, Evelyn und Worlidge, diese Apfelsorte besonders beworben hatten[83].

Auf der Ebene des Lehrgedichtes nimmt das zweite Buch den Faden wieder auf. Der Herbst, dessen Luft schon vom Geruch der reifenden Früchte parfümiert wurde, verhieß die Ernte, wenn alle Gefahren des Sommers gebannt waren[84]. Philips beschreibt mit Worlidge die Errichtung der Apfelpresse, bei ihm allerdings eine von Pferden gezogene Steinmühle, und die Tröge, die den Saft aufnehmen sollten. Siebe waren aus Ziegenhaar, wie Philips behauptet[85]. Tatsächlich waren sie, wie Dunster weiß, schon in seiner Zeit aus Pferdehaar geflochten worden, doch hatte Vergil hier den entscheidenden Vers bereitgehalten[86]. Weitere Voraussetzung war ein gutes Zugpferd, das Philips mit Ariost als *Blind Bayard* apostrophiert[87]. Hatte man dazu einen Schwung verläßliche Arbeiter gefunden, konnte die Kelterei beginnen. Auch das ausgepresste Fruchtfleisch und vorzeitig gefallene Äpfel konnten noch als Dünger Verwendung finden[88]. Vollständig an den *Georgica* orientiert war die Mahnung, den Himmelszeichen Rechnung zu tragen und die Omina des nahenden Winters angemessen zu würdigen. Die zeitige Rückkehr des Kuckucks war hier ebenso von Bedeutung wie der winterliche Schnee und der mildernde Einfluß Jupiters, dem schon der Mantuaner Beachtung geschenkt hatte[89].

Zwei Jahre hatte der Cider dann in den Fässern zu reifen, dann wurde er als *lucid amber and undrossy gold* in eigens dafür geblasenen Flaschen abgefüllt. In Maßen wollte der dann getrunken werden, wie schon die antike Komödie

---

83 Ebd., Book I, S. 46–53, dazu Worlidge: Vinetum Britannicum (1678) (Anm. 69), c. 4, § 2, S. 41, und Evelyn: Sylva (1706) (Anm. 64), Pomona, c. 4, S. 75, und in der dort angehängten Kollektion von Traktaten z. B. Beale: General Advertisements concerning Cider, S. 91–92.

84 Philips: Cider, ed. Dunster (Anm. 12), Book II, S. 101–103.

85 Ebd., Book II, S. 103–106.

86 Vergil: Georgica, III, V. 311–313.

87 Philips: Cider, ed. Dunster (Anm. 12), Book II, Commentary, S. 106, .

88 Philips: Cider, ed. Dunster (Anm. 12), Book II, S. 106–110.

89 Ebd., Book II, S. 114–118, dazu Vergil: Georgica, I, V. 393–421.

wußte[90]. Das eigentliche Lehrgedicht beendet bei Philips die Schilderung der winterlichen Festlichkeiten, die der Apfelwein erst mit wahrem Glanz erfüllen konnte. *Rustic dances* ermöglichten der Landbevölkerung, die verdientermaßen ihre Arbeit und sich selbst zelebrierte und der Natur für ihre Gaben dankte, die Annäherung an das andere Geschlecht und die *British Bards* spielten mit dem Dudelsack auf. Sprachlich hatte sich Philips hier deutlich an Nemesian und seine Feier des dionysischen Weins gelehnt, dessen Eklogen im siebzehnten Jahrhundert erhebliche Verbreitung besaßen[91]. Das Jahr war mit dieser pittoresken Szenerie, in der sich die gewollte nationale Einheit spiegelte, nun zu seinem Ende gekommen und das neue, das mit dem gleichen Apfelwein gefeiert wurde, dräute bereits am Horizont: *Midst these disports, forget they not to drench / Themselves with bellying goblets; nor when spring / Returns, can they refuse to usher in / The fresh-born year with loud acclaim, and store / Of jovial draughts, now, when the sappy boughs / Attire themselves with blooms, sweet rudiments / Of future harvest*[92].

So wie die Verse der *Georgica* sich formal um das Gerüst der Didaxe gerankt hatten, hatte auch Vergil, wie Philips selbst betont, um die Notwendigkeit des Exkurses gewußt. Wer die Aufmerksamkeit seiner Zuhörer nicht verlieren wollte, mußte das Interesse durch gezielte Digressionen, die das lehrhafte Material auflockerten, immer wieder neu einfordern[93]. Philips selbst reflektiert auf einer Metaebene über die Idealform des Lehrgedichtes und seinen vollkommenen Verfasser. Der Mantuaner hatte über universale Bildung verfügt und trotz seiner ländlichen Zurückgezogenheit Muße genug besessen, um sich in Ethik, Botanik und Mineralogie fortzubilden. Andere große Vertreter der englischen Poesie, zuvorderst Spencer und Milton, der wie sein Seraph Abdiel, so Philips, im Lichte seiner Blindheit lebte, waren ihm hier gleichgekommen[94]. Vergil war daher auch imstande gewesen, sein Gedicht durch ebenso gelehrte wie unterhaltsame Exkurse anzureichern, durch die farbenprächtige Beschreibung der animalischen Liebe, des skythischen Winters oder die Erzählung von Hero und

---

90 Philips, Cider, ed. Dunster (Anm. 12), Book II, S. 128–133, dazu schon bei Dunster, Commentary, S. 132, ein Zitat aus Eubulus: The Fragments. Hg. von R. C. Hunter. Cambridge 1983, Frag. 94, S. 66, aus Athenaios: The Learned Banqueters. Hg. von S. Douglas Olson (8 Bde.). London 2006, Bd. 1, Book II, 36c, griechisch und englisch, S. 204–205.
91 Calpurnius, Nemesian: The Eclogues. Hg. von Charles Haines Keene. London 1887. ND Hildesheim 1969, Ecloga X, V. 41–65, dazu z. B. zeitgenössisch die Venatici et Bucolici poetae latini. Hg. von Caspar von Barth. Hannover 1663, Ecloga III, S. 175–176.
92 Philips: Cider, ed. Dunster (Anm. 12), Book II, S. 133–141.
93 Ebd., Book I, S. 33.
94 Ebd., Book II, S. 87–91.

Leander[95]. Philips bemüht sich nach Kräften, der selbstauferlegten Maxime in seinem Gedicht gerecht zu werden; zugleich werten die Exkurse den Charakter des Gedichtes auf und verleihen ihm den universalistischen Anspruch, den auch das Vorbild besessen hatte.

Bei der Auswahl der richtigen Liegenschaften war auch der möglichen Hitze Rechnung zu tragen. Die Sommerglut konnte mehr als nur die herbstliche Apfelernte in Gefahr bringen. Philips erinnert an die junge, von Freiern umschwärmte Eliza aus dem Hause Winchcomb, die es in der Blüte ihrer Jahre durch einen Hitzschlag dahingerafft hatte, aber auch an die Erdbeben, die durch unterirdische Wärmestauungen und *vapores* verursacht wurden. Ein solches Beben wiederum hatte einst in nachrömischer Zeit auch das heimische Hereford durch die sich anschließenden Überschwemmungen vernichtet und von ihm nur den Namen zurückgelassen. Philips koloriert dieses Beben mit miltonscher Verve. In den Tempeln waren Thor und Odin vergeblich angerufen worden, die ganze Bevölkerung hatten die zusammenbrechenden Hallen unter sich begraben. *With swift descent / Old Ariconium sinks and all her tribes, / Heroes, and senators, down to the realms / Of endless night*[96]. Das apokalyptische Szenario führt Philips wieder zurück zu den Apfelbäumen, deren Wurzeln aus dem Blut der Väter nun ihren Saft ziehen. Die vergilianische Praxis der *oculatio*, die der Dichter wie Francis Bacon in seiner *Nova Atlantis* als Prototyp moderner Ingenieurskunst feiert, gibt Philips Gelegenheit, die Erfindergabe der eigenen Zeit ins Gedächtnis zu rufen. Hatte der Mensch nicht auch das Thermometer gebaut, mit seinem *volatile Hermes*, und den Tabak entdeckt, dessen Genuß das Blut mit dem notwendigen Salz versorgen konnte? Mehr noch, hatte er nicht auch die Linsen des Mikroskops geschliffen, die dem Auge die symmetrische Struktur der Pflanzen und die Existenz von Kleinstlebewesen wie den Käsemilben nahebringen konnten? Verbarg sich nicht in jedem einzelnen Apfel ein vollständiger Garten[97]? Kaum zufällig kann Philips hier auf Themen zurückgreifen, die zeitgleich auch die lateinischen Lehrdichter der *Musae Anglicanae* behandelt hatten. Eine andere Digression, um nur ein weiteres Beispiel zu nennen, liefert einen Katalog von Spirituosen, von Likören aus Quitten, Pflaumen und Kirschen, Alkoholika aus Belgien und den Säften, die sich selbst aus Pflanzen wie den Cow-slip-posies, den Schlüsselblumen, oder Birken destillieren ließen. Irland kannte seinen mit Coriander versetzten Whiskey, andere Länder Rum

---

95 Ebd., Book I, S. 34–37.
96 Ebd., Book I, S. 14–27.
97 Ebd., Book I, S. 37–41, dazu Francis Bacon: Nova Atlantis. Utrecht 1643, S. 79–80.

oder Arak, und selbst am Ende der Welt, so Philips, gelang es den Bewohnern Lapplands noch immer, aus Wacholderbeeren Schnaps zu brennen[98].

Unmittelbar aufeinander bezogen sind die weiteren Ebenen unseres Gedichtes, Geschichte und das Eulogium der englischen Nation. Der verheißungsvoll in die Gläser quellende goldene Apfelwein artikulierte, wie Philips mehr als deutlich macht, das Goldene Zeitalter, sein Strom war zugleich Anlaß, in die Vergangenheit zurückzublicken und die Epochen, die England überwunden hatte, noch einmal ins Auge zu fassen. Die Apfelbäume wuchsen auf dem historischen Boden der Glorious Nation. Sutton Acres, ein mögliches Terrain, um Gehölze anzulegen, war das Land, auf dem einst König Offa von Mercia Ethelbert hatte ermorden lassen, wie Philips sich erinnert, Ethelbert, den seine angehende Frau Elfrida zu spät gewarnt hatte[99]. Welches Land hatte mehr Heroen aufzubieten, so fragt Philips an anderer Stelle, ebenfalls ganz im Stil der *Georgica*, die Sippen wie die Decii und Camillii aufgeboten hatten. Waren nicht alle großen Geschlechter Englands, *heroes in peace and war*, an den Kämpfen des Hundertjährigen Krieges in Crecy und Azincourt beteiligt gewesen[100]? Endgültig zum Emblem, in dem sich Vergangenheit und Zukunft Englands spiegeln konnten, wird der Apfelwein, als Philips die Schilderung des abschließenden Dorffestes zum Anlaß nimmt, um noch einmal den rechten Umgang mit dem Rauschgetränk anzumahnen, die *Golden mean*. War das rechte Maß überschritten, stellte sich das Szenario ein, das Vergil mit dem Gerangel der Zentauren und Laphiten illustriert hatte, die Zügellosigkeit eskalierte in Gewalt[101]. Die römischen Bürgerkriege und die Konflikte der englischen Geschichte ließen sich ohne Schwierigkeiten miteinander aufrechnen. Die Hinrichtung von König Charles war die größte Schuld, die das Land in seiner Geschichte auf sich geladen hatte. *Of barbarous malice and insulting pride, / Abstain'd not from imperial blood. O fact / Unparallel'd! O Charles! O best of Kings! / What stars their black disastrous influence shed / On thy nativity, that thou shouldst fall / Thus, by inglorious hands, in this thy realm, / Supreme and innocent, adjudg'd to death / By those thy mercy only would have sav'd? / Yet was the Cider-land unstain'd with guilt; / The Cider-land, obsequious still to thrones*[102].

Jetzt regierte Queen Anne in augusteischem Glanze und herrschte zugleich eine Union zwischen England und Schottland, die dem Goldenen Zeit-

---

98 Philips: Cider, ed. Dunster (Anm. 12), Book II, S. 120–126.
99 Ebd., Book I, S. 9–11.
100 Ebd., Book I, S. 62–75, dazu Vergil: Georgica, II, V. 167–176.
101 Philips: Cider, ed. Dunster (Anm. 12), Book II, S. 143–146, dazu Vergil: Georgica, II, V. 454–457.
102 Philips: Cider, ed. Dunster (Anm. 12), Book II, S. 147–153.

alter der *Georgica* entsprechen konnte. England hatte seinen Frieden gefunden, so schien es, so wie einst König Edgar die Siebenheit der angelsächsischen Königreiche als *pacific monarch* unter seiner Herrschaft vereinigt und befriedet hatte oder Richard Löwenherz es gelungen war, die normannischen Lords auf England einzuschwören, während er im Heiligen Land Krieg führte und den Sultan in seine Schranken wies. Nicht anders hatten die Abkömmlinge des Brutus, wie Philips betont, unter Edward III. die Franzosen bei Crecy geschlagen, geeint durch Frieden auf der Insel. Auf die gleiche Weise hatte der erste Tudor, Heinrich VII., den andauernden Kämpfen der Rosenkriege ein Ende bereitet[103]. Der gemeinsam genossene Apfelwein war ein Symbol und der Treibstoff des Friedens, so Philips, durch den die Nation nur gewinnen konnte. Als Queen Anne, kurz vor Abfassung des *Cider* die erlösenden Worte ‚Let there be Union' gesprochen hatte, hatte sie ein Imperium geschaffen, wie Philips betont, das von Dover bis zu den Orkneys reichte und sich in der Rhetorik der *Aeneis* feiern ließ, ein Reich dessen Double Cross in Mauretanien wie in China, in Arabien wie in Indien gleichermaßen gefürchtet war, und eine Flotte, die den ganzen Ozean für sich beanspruchen konnte[104].

Eine vergleichbare nationale Selbstbeweihräucherung, die den Apfelwein zum Schmiermittel der englischen Geschichte erklärte, hatte schließlich das ganze Gedicht als Grundton begleitet. Die Lehrdichtung Philips' mußte panegyrisch sein, nationale Größe mit Englands wichtigstem Produkt unmittelbar zusammenfallen. Die Qualität der agrarischen Erzeugnisse des Empires übertrug sich auf die gesamte Nation, ökonomische und politische Autarkie waren deckungsgleich. Wo keine Apfelbäume wuchsen, so Philips, ließen sich noch immer Schafe oder Ziegen halten[105]. Warum sollte sich ein Land, dessen Scholle mit solchen Früchten aufwarten konnte, dem gefährlichen Ozean aussetzen, um den mediokren Tokayer-Wein aus dem Mittelmeer einzuführen? Warum sollte sich Pharaeus nicht den Tälern Herfords beugen? Hopfen und Gerste, *golden wheat*, brachte der Boden gleichermaßen hervor, *emeral green* und und *flamy gold* wechselten sich auf den Fluren des Königreiches ab, angereichert mit den mächtigen Wäldern, die schon die Haine der Druiden beherbergt hatten. Warum die vergilianischen Chalyben bemühen, wenn die eigenen Minen genug Erze hervorbrachten? Warum die ebenfalls schon in den *Georgica* beschworene Wolle aus Tarent, wenn die *Lemster-wool* so flauschig war[106]? Und hatte England, dessen Helden schon Caesar das Leben schwer gemacht hatten, als

---

103 Ebd., Book II, S. 153–166.
104 Ebd., Book II, S. 166–172.
105 Ebd., Book I, S. 12–14.
106 Ebd., Book I, S. 53–63, dazu auch Vergil, Georgica, I, V. 56–58, II, V. 98–100.

höchstes Gut nicht Frauen von vollkommener Schönheit, frei von Stolz und Heuchelei, die erst im ehrbaren Ehebett zu ihrer vollen Blüte gelangen[107]? War es nicht auch der Gedanke an die strahlenden Augen der Geliebten, der den Arbeiter bei der Presse erst beflügeln konnte? *They drive, and sing of Fusca's radiant eyes. / Pleas'd with the medley draught.* Daß Philips in diesen Versen, dem erwartbaren Lobgesang auf das weibliche Geschlecht, auf Allusionen an Miltons *Paradise regained* nicht verzichtet, verwundert kaum[108]. Selbst wem die *fair and modest Virgin* als Gefährtin versagt blieb, gewann in England Freunde, die den Verlust kompensieren konnten, Freunde wie sein Mäzen Thomas Trevor, so Philips, ohne welchen er seine Verse nicht hätte zu Papier bringen können[109]. Das ganze Gedicht endet daher nur konsequent mit einem Hymnus auf die wahre Göttin Englands, Pomona. Möge sie mit ihren goldenen Fluten in der englischen Heimat in Frieden regieren, während ihre Antagonistin Bellona andernorts ihre Herrschaft ausübt. *The elder year Pomona, pleas'd, shall deck / With ruby-tinctur'd births, whose liquid store / Abundant, flowing in well-blended streams, / The natives shall applaud, while glad they talk / of baleful ills, caused by Bellona's wrath / In other realms. Where'er the British spread / Triumphant banners, or their fame has reach'd / Diffusive, to the utmost bounds of this / Wide universe, Silurian Cider borne / Shall please all tastes, and triumph o'er the wine*[110].

Bei aller schon konstatierten Präsenz des Lehrgedichtes in England hatte Philips, wie ich glaube, mit *Cider* ein neues Leitbild geschaffen. Es war ihm gelungen, die *Georgica* als nationales Lehrgedicht in ein zutiefst englisches Gedicht zu verwandeln, ein Gedicht, das mit dem gleichen utopisch-glorifizierenden Anspruch auftrat wie seine lateinische Vorlage. Philips war damit geglückt, was schon Jacopo Sannazaro für das sechzehnte Jahrhundert in der Pastoralen mit seinen *Piscatoria* und *Arcadia* gemeinsam geleistet hatte. Er hatte eine Transformation vollzogen, die selbst wieder Vorbildcharakter besitzen mußte[111]. So wie

---

107 Philips: Cider, ed. Dunster (Anm. 12), Book I, S. 76–81.

108 Ebd., Book I, S. 105.

109 Ebd., Book I, S. 79–86.

110 Ebd., Book II, S. 171–172.

111 Übersichten zur Rezeption der Arcadia und Piscatoria in England geben die Beiträge von Alessandra Petrina: Iacopo Sannazaro and the Creation of a Poetic Canon in Early Modern England. In: Parole Rubate 14 (2016), S. 95–118, und Nicholas D. Smith: Jacopo Sannazaro's ,Eclogae Piscatoriae' (1526) and the ,Pastoral Debate' in Eighteenth Century England. In: Studies in Philology 99 (2002), S. 432–450, und ders.: The Genre and Critical Reception of Jacopo Sannazaro's ,Eclogae Piscatoriae' (Naples, 1526). In: Humanistica Lovanensia 50 (2001), S. 199–219, dazu als klassischer Überblick Henry Marion Hall: Idylls of the Fishermen. A History of the Literary Species. New York 1912, *passim*, bes. S. 45–95.

Dichter wie Edward Spencer, Philip Sydney, William Diaper oder John Gay jeder auf seine Weise von Sannazaro profitieren konnten, war es daher auch Philips, der in England weiterwirken mußte. Als Adaptation der *Georgica* leistete *Cider* noch mehr; es proklamierte eine nationale Versöhnung, die Klassen und Konfessionen gleichermaßen überbrücken konnte, das Gedicht würdigte die agrarischen Stände in ihrer tragenden Rolle, zugleich vermittelte es der Oberschicht auch Kenntnisse, über die diese unteren Schichten, sieht man einmal von den aktuellen Umbrüchen in der Landwirtschaft ab, in weiten Teilen immer verfügt hatten, auch ohne daß sie in Gestalt von Fachliteratur ausformuliert wurden. Beide Gesellschaftsschichten trafen sich in der Mitte, im Apfelwein. Nach Bürgerkrieg und Glorious Revolution offerierte Philips' Gedicht damit, zumindest in seinem Selbstbild, ein einendes Band, das die Pastorale den unterschiedlichen Ständen im achtzehnten Jahrhundert nicht mehr liefern konnte. Wie wirkmächtig Philips' Modell in der Folgezeit war, zeigt ein Blick in die englische *Georgica*-Tradition der nachfolgenden Dekaden. Tatsächlich hatte die *aemulatio* nicht lange auf sich warten lassen.

6 Agrarprodukte, Dichtung und Nation: *Cider* als Paradigma

Lehrgedichte, die im Gefolge Vergils zwischen patriotischem Anspruch und Stoffvermittlung schillerten, folgten auf dem Fuße. Gemeinsam war diesen Werken, daß ihre Verfasser ihre Materie mit gefälligen Digressionen zum Weltgedicht aufrüsteten und ein besonderes Produkt in seiner Genese und Verarbeitung im Ablauf des Jahres in gefälligen Farben schilderten. Am bekanntesten sind sicher John Dyers sechs mit *The Fleece* überschriebenen Bücher, die Schafzucht und Wollherstellung noch vor der Etablierung des Fleischschafes in England als Schlüsseldomänen der lokalen Landwirtschaft feiern konnten: *The care of Sheep, the labors of the Loom, / And arts of Trade, I sing. Ye rural nymphs, / Ye swains, and princely merchants, aid the verse*[112]. Vor allem John Goodridge hatte zeigen können, wie es Dyer im Jahre 1757 gelungen war, die Größe Englands in seinen Wollmanufakturen zu spiegeln, ohne dabei die bäuerlichen Arbeiten aus den Augen zu verlieren[113]. Ein ähnlich gelagertes Werk war Christopher Smarts *Hop-Garden* aus dem

---

112 John Dyer: The Fleece. A Poem in four Books. London 1757, Book I, S. 3.
113 John Goodridge: Rural life in eighteenth-century English poetry. Cambridge 1995, S. 91–180, dazu auch Richard Feingold: Nature and Society. Later Eighteenth-Century Uses of the Pastoral and Georgic. New Jersey 1978, S. 83–120.

Jahre 1752 zum Anbau von Hopfen und dem Brauen von Bier. Nachdem Smart Hesiod und Vergil beschworen hat, wendet er sich direkt an Philips mit den Worten: *I thou, o Philips, fav'ring, dost not hear / Me, inexpert of verse; with gentle hand / Uprear the unpinion'd muse, high on the top / Of that immeasurable mount, that far / Exceeds thine own Plinlimmon, where thou tun'st / With Phoebus self thy lyre*[114]. Auch James Graingers *Sugar Cane* aus dem Jahre 1764, der im Fortgang eines Jahres den Anbau und die Raffinierung von Zuckerrohr auf den karibischen Inseln schildern konnte, wählte Philips' *Cider* als Vorbild. Schon die Ausgangworte Graingers: *What soil the Canes affects, what care demands; / Beneath what signs to plant, what ills await*, riefen, wie bei Dyer, unmittelbar den Anfang der *Georgica*, damit aber auch Philips in Erinnerung; und erweiterten den Gehalt beider Werke um die Erzeugnisse des langsam wachsenden Kolonialreiches[115]. Alle drei Gedichte wären ohne den Referenzrahmen des *Cider* nicht denkbar gewesen. Zu nennen wäre aber auch ein heute weniger geläufiger Autor wie Robert Dodsley, dessen *Public Virtue* 1753 erschienen war. Dodsleys Gedicht hatte drei Teile, ‚Agriculture', ‚Commerce' und ‚Arts', von denen der Vielschreiber nur den ersten hatte ausarbeiten können. Auch die ‚Agriculture' begann mit der Invokation der englischen Muse, um dann die Landwirtschaft als Manifestation nationaler Glorie zu schildern, auch hier werden die Teildisziplinen des Agrarischen enzyklopädisch traktiert, immer wieder unterfüttert mit historischen Exkursen, auch hier verbindet sich versifizierte Handlungsanweisung, die in den Fußnoten oft direkt auf die Fachliteratur verweist, mit nationaler Größe[116]. Über Philips' Esprit verfügte Dodsley freilich nicht, die Muse war hier zu oft von trockenem Fachwissen begraben worden.

Zur Mitte des achtzehnten Jahrhunderts schien das Modell der *Georgica* so dominant geworden zu sein, daß sich Widerspruch einstellen mußte. Die Opposition artikulierte sich aus zwei Richtungen; ihre Vertreter störten sich beide auf ihre eigene Weise an der Panegyrik der *Georgica* und stellten die versöhnlich-patriotische Ausrichtung in Frage, die sich für Dichter wie Philips, Dyer

---

[114] Christopher Smart: Poems on Several Occasions. London 1752, dort A Hop-Garden. A Georgic in Two Books, S. 101–135, hier Book I, S. 114, V. 272–277. Eine ausführliche Würdigung Smarts liefert Chris Mounsey: Clown of God. Lewisburg 2001, dort zur Rezeption Philips S. 65–80.

[115] James Grainger: The Sugar-Cane. A Poem in four Books, with Notes. London 1764, Book I, S. 3. Als letzte ausführliche Interpretation dieses Gedichtes John Gilmore: The Poetics of Empire. A Study of James Grainger's The Sugar Cane (1764). London 2000, dort auch zu den direkten Philips-Zitaten S. 92, S. 97 und S. 144–145.

[116] Robert Dodsley: Public virtue: a poem in three books. I. Agriculture. II. Commerce III. Arts. London 1753, dort bes. Book I, Canto I, S. 1–17. Zu Dodsleys ‚Agriculture' Hans Östman: Realistiska drag i engelsk 1700-talspoesi. Eklog, lärodikt och topografisk poesi. Stockholm 1980, S. 114–116.

oder Dodsley mit der Agrardichtung verbunden hatte. Nicht jedem erschien das Pathos des *Cider* angemessen. John Gay hatte auch die Pastorale eines Ambrose Philips bereits gehörig durch den Kakao gezogen und mit den *Rural Sports* selbst eine Variante der *Georgica* geschrieben, die sich ausdrücklich auf die *Mantuan's Georgic strains* berufen hatte[117]. Der Verfasser der *Beggars Opera* reagierte auf den *Cider*, wie Dwight Durling in seinem Klassiker zur ‚Georgic Poetry' in England nahelegt[118], schon 1716 mit seinem Gedicht *Trivia, or the Art of Walking the Streets of London*. Hier stoßen wir in sauber geteilten drei Büchern auf einen Ratgeber zum Durchwandern Londons, durchsetzt mit Handlungsanweisungen vor allem für die Amüsierbetriebe der Metropole, gegliedert nach Tag und Nacht und massiv angereichert mit mythologischen Referenzen, Götterinvokationen, pseudodidaktischen Katalogen, Wetterorakeln und anderen antikisierenden Einsprengseln. Das ganze Gedicht ist durchgehend in der Sprache der *Georgica* gehalten[119]. William King, einer der vielleicht genialsten unter den vielen englischen Zeitgenossen Popes und Swifts, die das Genre der Satire bedienten, verfaßte fünf Jahre nach dem Erscheinen *Ciders* seinen *Apple Pye*, der vor allem die historischen Exkurse Philips lächerlich machte und die Glorifizierung der heimischen Produkte. Hier hieß es, deutlich an Philips' adressiert: *But here for ages unimprov'd we stood, / And Apple-pye was still but homely food; / When godlike Edgar, of the Saxon Line, / Polite of taste, and studious to refine / In the desert perfuming Quinces cast, / And perfected with Cream the rich repast*[120]. Antwortete man nicht mit dem Instrumentarium der Satire auf die Überhöhung des Alltäglichen, so war es das Alltägliche selbst, das zu Wort kommen mußte, die agrarische Welt, die zumindest einige Vertreter der Lehrdichtung nüchterner betrachten wollten. Ein Vertreter poetischer Abrüstung war Stephen Duck, dessen *Thresher's Labour* 1730 erschienen war[121]. Duck, der im zwanzigsten Jahrhundert vor allem von Marxisten wie Edward Palmer Thompson gerne gelesen wurde[122], wurde schon in seiner eigenen Zeit

---

117 John Gay: Rural sports. A poem inscribed to Mr. Pope. London 1713.
118 Dwight L. Durling: Georgic Tradition in English Poetry. Washington 1963, S. 37–39, und auch schon de Haas: Nature and the Country in English Poetry (Anm. 8), S. 74–77.
119 John Gay: Trivia, or the art of walking the streets of London. London 1716.
120 William King: The original works of William King, now first collected into three volumes: with historical notes, and memoirs of the author (3 Bde.). London 1776, Bd. 3, S. 259–261, Zitat S. 260.
121 Stephen Duck: Poems on several subjects, written by Stephen Duck, lately a poor thresher, which were publickly read by the Earl of Macclesfield, to Her Majesty. Who was thereupon pleased to take the author into her royal protection London 1730, dort S. 15–25.
122 Stephen Duck: The Thresher's labour – Mary Collier, The Woman's labour: Two eighteenth century poems. London 1989, dort die Einleitung von Edward Palmer Thompson, S. I–XIII. Eine

eher als Kuriosum gehandelt. Auch Duck orientiert sich durchgehend an den *Georgica*, doch schildert er ohne das synthetische Band der Anglophilie im Stile Vergils die Arbeit des Landmannes im Verlaufe eines Jahres. Sie war schweißtreibend, dreckig und sie hatte, wie Duck wieder und wieder anführt, nichts mit den Szenarien gemeinsam, die die Apologeten nationaler Größe entworfen hatten. *No Fountains murmur here, no Lambskins play, / No Linnets warble, and no Fields look gay; / Tis all a gloomy, melancholy Scene, / Fit only to provoke the Muse's Spleen. / When sooty Pease we thresh, you scarce can know / Our native Colour, as from Work we go: / The Sweat, the Dust, and suffocating Smoke, / Make us so much like Ethiopians look*[123]. In eine ähnliche Richtung ging gemeinsam mit Stephen Duck auch George Crabbe, der in seinem nüchtern angelegten Gedicht *The Village* fragte: *If Tityrus found the the golden age again, / Must sleepy bards the flattering dream prolong, / Mechanic echo's of the Mantuan song*[124]? Die Antwort fiel negativ aus, denn: *Save honest Duck, what son of verse could share / The poet's rapture and the peasant's care*[125]?

Gay und Duck waren Stimmen, die das von Philips elaborierte Erfolgsmodell in seinem Nachwirken nicht schmälern konnten, im Gegenteil, sie profitierten von ihm selbst dort, wo sie es ablehnten. Henry Jones' Lobgedicht auf den Königlichen ,Kew Garden' aus dem Jahre 1767 behandelt wie in einer Nummernrevue die Gewächse dieses Botanischen Gartens und erhebt sie zu Zeugen der Reichweite des Englischen Empire, sein Fundament bleiben die *Georgica*[126]. Selbst als Erasmus Darwin in seinem mehr als 2000 Verse umfassenden Lehrgedicht *The Economy of Vegetation* schildert, was der Titel verspricht, geben antike Camouflage, Mythenornamente und Jahreskreis trotz aller Erkenntnisse der Botanik noch immer den Rahmen vor[127], auch wenn schon William Powell

---

ausführliche Interpretation der Gedichte Ducks liefert schon Rayer Unwin: The Rural Muse. Studies in the Peasant Poetry of England. London 1964, S. 47–67.

123 Duck: Poems on several subjects (Anm. 121), S. 17.

124 George Crabbe: The Village. A poem in two books. London 1783, S. 2.

125 Ebd., S. 3.

126 Henry Jones: Kew Garden. A poem in two cantos. London 1767. Ein weiteres Gedicht auf den Kew Garden verfaßt George Ritso: Kew Gardens. A poem. London 1763, doch war dieses Werk weitaus weniger verbreitet gewesen als Jones' Gedicht, das wiederholt aufgelegt wurde.

127 Erasmus Darwin: The botanic garden. A poem in two parts. Part I. Containing the economy of vegetation. Part II. The loves of plants. London 1791. Der erste Teil war zuerst einzeln 1789 erschienen, gemeinsam sollten sie bis 1825 wiederholt neugedruckt werden. Eine französische Fassung erschien als ders.: Les amours des plantes: Poème en quatre chants suivi des notes et des dialogues sur la poésie. Paris 1801, für die sich der französische Botaniker Joseph Deleuze verantwortlich zeigte, eine italienische Fassung folgte im Jahre 1805 durch Giovanni Gherardini.

Jones festgestellt hatte, daß die Absicht Darwins, einen physiko-theologischen Traktat zu verfassen, sicher stärker war, als sein Werk noch einmal auf den alten Mustern der Agrardichtung aufzubauen[128]. Gleiches gilt wohl auch für Darwins noch 1803 entstandenes Großgedicht *The Temple of Nature*, das den Faden des Vorgängerwerkes noch einmal aufnimmt[129].

Anders verhält es sich mit dem Block von Agrargedichten, die seit dem ausgehenden achtzehnten Jahrhundert auf amerikanischem Boden entstehen und der Forschung bisher, wie es scheint, fast zur Gänze entgangen sind, und den Nachzüglern auf britischem Boden. Die Mehrzahl dieser Poeten verortet sich, gerade in ihrer Vermengung von Ackerbau und imperialem Gestus, noch immer in der Tradition des achtzehnten Jahrhunderts und der Vorgaben John Philips'. Autoren wie Philip Freneau, die als Epiker der neuen amerikanischen Nation und ihrer heilsgeschichtlichen Rolle fungieren wollen[130], bedienen sich der Motivik der *Georgica*, wenn sie die Ruhmestaten der ersten Pflanzergeneration besingen[131], oder greifen wie George Ogilvie, Timothy Dwight, David Humphrey oder Charles Carter Lee auf Vergil zurück, wenn sie das Landleben ihrer Heimat in ihren bisweilen unbeholfenen englischen Versen zu verherrlichen suchen[132]. Auch wenn diese Dichter heute – vielleicht zu Recht – vergessen sein dürften, zeigen sie doch, welche enorme Attraktivität das im achtzehnten Jahrhundert entwickelte Paradigma über Dekaden hinweg entfalten konnte. James Grahame, dessen *British Georgics* noch 1809 erschienen waren, stellt die Amerikaner als Dichter weit in den Schatten; sein am Verlauf der Jahreszeiten ausgerichtetes Agrargedicht zelebriert mit Robert Burns in eindringlichen Szenen das Leben der

---

128 William Powell Jones: The Rhetoric of Science. A Study of Scientific Idea and Imagery in Eighteenth-Century English Poetry. Berkeley 1966, S. 209–212, und jetzt z. B. Julia List: Erasmus Darwin's beautification of the sublime. Materialism, religion and the reception of 'The econonmy of vegetation' in the early 1790's. In: Journal for eighteenth century studies 32 (2009), S. 389–405.

129 Erasmus Darwin: The Temple of Nature: or the origin of society. A poem with philosophical notes. London 1803. Eine deutsche Fassung erschien 1827.

130 John P. McWilliams: The American Epic. Transforming a Genre 1770–1860. Cambridge 1989, S. 52–53, und auch Theodore Ziolkowski: Virgil and the Moderns. Princeton 1993, S. 147.

131 Philip Freneau: A poem on the rising glory of America, being an exercise delivered at the public commencement at Nassau-Hall. Philadelphia 1772, S. 14–16.

132 George Ogilvie: Carolina, or The planter. s.l. 1790, *passim*; David Humphrey: A poem on industry, adressed to the citizens of the United States of America. Philadelphia 1794, S. 10–11; Timothy Dwight: Greenfield Hill. A poem in seven parts. New York 1797, dort vor allem Book VI, S. 119–146, und als letzter wohl Charles Carter Lee: Virginia Georgics, Richmond 1858, *passim*.

schottischen Bauern und ihren Festkalender und stützt sich in der Ausgestaltung der Realien noch immer auf Pomologen wie John Evelyn[133].

Gleichzeitig dürfte im Verlauf dieser Darstellung deutlich geworden sein, daß Agrarliteratur ebenso wie Agrardichtung ein gesamteuropäisches, ja globales, über die englische Sprache weit hinausgreifendes Phänomen war, das durch die lateinischen Klassiker der Gattung entsprechende Synergieeffekte entfalten konnte. Direkt auf das lateinische Vorbild der *Georgica* hatten in Guatemala Rafael Landívar zurückgegriffen[134], dessen *Rusticatio mexicana* inzwischen sehr gut erschlossen ist[135], und auch der ebenfalls in lateinischer Sprache schreibende José Mariano de Iturriaga mit seinem *Californiados carmen*, auch wenn dieses Gedicht eher als Heldenepos im Stil der *Aeneis* angelegt war und die Leistungen der Missionare ins Zentrum gerückt hatte[136]. Es wundert so nicht, daß Philips' *Cider* Eingang in andere Sprachen fand. Bei aller Verachtung für den französischen Wein erschien doch 1749 innerhalb der *Idée de la poësie angloise* des Abbé Antoine Yart eine französische Fassung[137]. Begleitet wurde sie von einem langen ‚Discours‘, der Philips als neues Paradigma didaktischer Dichtung pries und ihn dafür lobte, Vergil ebenso gekonnt imitiert zu haben, wie der Mantuaner selbst die Natur[138]. Weitere französische Adaptionen der *Georgica* waren in Frankreich auch in der zweiten Hälfte des achtzehnten Jahrhunderts noch geschrieben worden[139]. Die enorme Erfolgsgeschichte, die Jacques Delille mit seinem *L'homme*

---

133 James Grahame: British Georgics. Edinburgh 1809, dort vor allem October, S. 185–201, und die Notes, S. 329–331.
134 Rafael Landívar: Rusticatio mexicana seu rariora quaedam ex agris Mexicanis decerpta atque in libros decem distributa. Modena 1781.
135 Unter vielen Beiträgen z. B. Octaviano Valdés: Canto a Guatemala. Selección y anotación de la Rusticatio mexicana. Guatemala de la Asunción 1987; José Mata Gavidia: La idea de ‚naturaleza‘ en la ‚Rusticatio mexicana‘. In: Anales de la Academia de Geografía e Historia de Guatemala 60 (1986), S. 263–288, und Andrew Laird: The epic of America. An introduction to Rafael Landívar and the Rusticatio mexicana. Duckworth 2006.
136 José Mariano de Iturriaga: La Californiada. Hg. von Alfonso Castro Pallares. México 1979, dort zur Genese und Verortung dieses Werkes auch die wertvolle Einleitung S. 5–38, und jetzt in der neuen Ausgabe ders.: Californiada. Épica sagrada y propaganda jesuítica en Nueva España (1740). Huelva 2019, dort die Einleitung S. 11–72.
137 John Philips: Pomone. In: Idée de la poësie angloise (8 Bde.). Hg. von Antoine Yart. Paris 1749–56, Bd. 1, S. 1–108.
138 Ebd., Bd. 1, S. XXIX–XLVIII.
139 Als Beispiele Pierre-Fulcrand Rosset: L'agriculture: Poëme. Paris 1774 ; François-Joachim de Pierre de Bernis: Les quatre saisons, ou les Géorgiques françoises. Paris 1764, oder als südfranzösische Variante Jean-Claude Peyrot: Les quatre saisons, ou les Géorgiques patoises. Villefranche 1774.

des champs[140], einem ausgreifenden agrarischen Lehrgedicht[141], den *Trois règnes de la nature*, die Georges Cuvier zu einem Kommentar veranlaßten[142], und den *Jardins*, seinem Vorgängerwerk[143], noch zu Beginn des neunzehnten Jahrhunderts zuteilwerden konnte, zeigt, daß die Geschichte der didaktischen Poesie in Frankreich noch lange nicht an ein Ende gelangt war. Delille hatte Vergil selbst neu ins Französische übertragen[144], seine Großgedichte wiederum sollten in derart vielen Adaptationen in ganz Europa schillern dürfen, daß sie sicher als erfolgreichste Lehrgedichte überhaupt gelten können[145]. Sie lesen sich wie der Siegeszug einer Gattung, die längst von der Romantik hätte abgelöst worden sein müssen.

---

140 Als allgemeine Würdigung Delilles die umfassende Studie von Edouard Guitton: Jacques Delille (1738–1813) et le poème de la nature en France de 1750 a 1820. Lille 1976, dort zur Genese des Homme des champs bes. S. 441–453.

141 Jacques Delille: L'homme des champs ou les Géorgiques françoises. Strasbourg 1800, mit einer großen Zahl von Neuauflagen.

142 Jacques Delille: Les trois règnes de la nature (2 Bde.). Paris 1808, mit weiteren Neuauflagen.

143 Jacques Delille: Les jardins, ou l'art d'embellir les paysages. Paris 1782, mit sicher einem Dutzend Neuauflagen bis 1850.

144 Les Géorgiques de Virgile, traduites en vers français par Jacques Delille. Paris 1803.

145 Delille: L'homme des champs (Anm. 140), erschien deutsch als ders.: Der Landmann. Ein Gedicht in vier Gesängen. Leipzig 1801, und neu übersetzt als ders.: Der Landmann, oder die Französischen Georgiken. Ein Gedicht in vier Gesängen (2 Bde.). Zwickau 1822, englisch als ders.: The rural philosopher, or French Georgics. London 1804, italienisch als ders.: L'uomo de' campi o sia le georgiche Francesi. Venedig 1805, niederländisch als ders.: De veldeling, of de Fransche landgedichten. Amsterdam 1802–03, und noch einmal als ders.: Het buitenleven in vier zangen. Rotterdam 1821, polnisch als ders.: Człowiek wieyski albo Georgiki francuzkie. Vilna 1817, und noch einmal als ders.: Ziemianin, czyli Ziemiaństwo francuskie. Krakau 1823, und sogar in einer lateinischen Übersetzung als ders.: Ruricolae seu ad Gallos Georgicon libri IV. Paris 1808. Delille: Les jardins (Anm. 143), erschien polnisch als ders.: Ogrody. Poema. s.l. 1783, mit diversen Neuauflagen, deutsch als ders.: Die Gärten. Ein Lehrgedicht in vier Gesängen. Leipzig 1796, und noch einmal neuübersetzt als ders.: Die Gärten oder die Kunst der Verschönerung der Landschaften. Würzburg 1835, englisch als ders.: The Garden, or the Art of laying grounds. London 1789, und noch einmal neu übersetzt als ders.: The Gardens. A poem. London 1798, italienisch als ders.: I giardini, ossia L'arte d'abbellire i paesaggi. Lucca 1794, portugiesisch als ders.: Os jardins ou a arte de aformosear as paizagens. Poema. Lissabon 1800, mit Neudrucken sogar in Brasilien, und russisch als ders., Сады. Leningrad 1987 (zuerst St. Petersburg 1814). Eine spanische Fassung mit dem Titel ‚Los jardines o El arte de hermosear paisajes', entstanden zum Ende des achtzehnten Jahrhunderts, blieb ungedruckt. Delille: Les trois règnes (Anm. 142), erschien niederländisch als ders.: De drie rijken der natuur. Dichtstuk (2 Bde.). Haarlem 1813–14, und deutsch als ders.: Die drei Naturreiche. Ein Lehrgedicht über Physik, Chemie u. Naturgeschichte in 8 Gesängen (2 Bde.). Reutlingen 1837.

Ein weitaus umfangreicheres Echo als in Frankreich noch war *Cider* in Italien vergönnt, wo Philips im Jahre 1749 einen sehr prominenten Übersetzer fand, den großen Reiseschriftsteller Lorenzo Magalotti. Wie Magalotti selbst zugibt, hatte ihm der Apfelwein während seines Aufenthaltes in England derart zugesagt, daß er sich berufen fühlte, Philips' Gedicht in italienische Verse zu übersetzen und mit einem Kommentar zu versehen, der die vielen Realien, die nicht jedem Italiener verständlich sein konnten, plausibel machten. Schon einige Jahre später wurde *Il Sidro* neu aufgelegt[146]. Philips' enormer Erfolg in Italien erklärt sich leichter, wenn man sich ins Gedächtnis ruft, wie viele vergleichbare Lehrgedichte im Gefolge der *Georgica* die italienische Literatur auch in der zweiten Hälfte des achtzehnten Jahrhunderts noch hervorbringen konnte. Daß hier neben den klassischen Autoritäten auch die volkssprachlichen Vorbilder aus anderen Sprachen noch wirkmächtig waren, erscheint zumindest plausibel. Nennen lassen sich unter vielen anderen Girolamo Baruffaldis Gedicht *Il Canapaio*, das 1741 in acht Büchern den Hanfanbau besingt[147], und seinen Kompagnon, die *Tabaccheide*[148], Girolamo Guarinonis *L'Uccellatura* zur Winzerei aus dem Jahre 1760[149], Bartolomeo Lorenzis *Della Coltivazione de' Monti* zur Pflege von Olivenbäumen[150], *Le piante* von Domenico Simon[151], oder schließlich die in Stanzen verfaßten und weitaus bekannteren Gedichte zu den Erdbeeren, *Le Fragole*[152], von Giambattista Roberti oder zur Rose von Pietro Guadagnoli[153].

7 Fazit

Zum Ende lassen sich einige Dinge festhalten. Die an Vergil orientierte Agrardichtung, wie sie Philips in der Volkssprache wohl am vollkommensten artikulierte, war eine Poesie des Imperiums, oft im Unterschied zur Pastoralen. Sie

---

146 John Philips: Il sidro. Poema in due canti. Florenz 1749, und erweitert als ders.: Il sidro. Poema tradotto dall'Inglese. Florenz 1752, dort die Vorrede S. III–VI.
147 Girolamo Baruffaldi: Il canapaio. Libri VIII. Bologna 1741. Ein lateinisches Gedicht zum Cannabis schrieb Giambernardo Vigo: Cannabis carmen. Turin 1777, dazu auch ders.: Tubera terrae carmen. Turin 1776.
148 Girolamo Baruffaldi: La Tabaccheide. Ditirambo, Ferrara 1714.
149 Girolamo Guarinoni: L'Uccellatura. Bergamo 1760.
150 Bartolommeo Lorenzi: Della coltivazione de' monti. Verona 1778.
151 Domenico Simon: Le piante. Poema. Caglieri 1779.
152 Giovanni Battista Roberti: Le fragole. Poemetto. Bologna 1752, mit vielen Neuauflagen.
153 Pietro Guadagnoli: Le rose. Canti cinque. Arezzo 1785.

wollte in einer Phase der politischen Stabilisierung nicht nur konkretes Fachwissen vermitteln, sondern auch allgemeinverbindliche moralische Maximen, die schichtenübergreifend verpflichtend waren. Nationale Glorie und ökonomische Autarkie, verdichtet im Symbol eines zutiefst autochthonen Produktes, trafen hier aufeinander. Die *Georgica* lieferten für Philips und für viele seiner Nachfolger eine nationale Großerzählung, die zwischen Nostalgie und Utopie schillern durfte. Sie dignifizierten als Lehrdichtung ebenso ihren Gegenstand wie dessen Heimat und Produzenten. Ein solches gleichsam sprechendes Produkt bedurfte außerliterarischer Rechtfertigung. Ermöglicht wurde sie durch die enge Verflechtung von Fachliteratur und Poesie, die auf der Verwissenschaftlichung der Landwirtschaft im ausgehenden siebzehnten Jahrhundert aufbauen konnte und aus ihr ihre Dynamik gewann. Daß Philips mit seinem *Cider* auf diese Weise tatsächlich ein Schlüsselwerk der europäischen Literaturgeschichte geschrieben hatte, hatte auch ein leidenschaftlicher Gegner jeder Lehrdichtung wie Friedrich Bouterwek in Göttingen also zurecht zugestehen müssen.

Juliane Küppers

Framing Newton's *Principia*: The Three Versions of Edmond Halley's Lucretian Ode and Newton's Reception of Lucretius' *De Rerum Natura*

1 Introduction

Readers of the first edition of Isaac Newton's *Philosophiae Naturalis Principia Mathematica* (1687) began their perusal in an elevated state of mind that did not result only from the work's ground-breaking nature.[1] Their receptivity was also shaped by a dedicatory ode written by the *Principia*'s first editor Edmond Halley in the style of the ancient Roman poet Lucretius. It was placed – after Newton's own *Praefatio ad lectorem* – right before the main text. In the second and third edition (1713 and 1726), the ode was revised by its editors, significantly so by Richard Bentley and to a much lesser extent by Henry Pemberton. Its placement was changed to a less prominent position among the other paratexts. The different versions of the ode created different personae for the *Principia*'s author – and thus gave its readers different approaches to the scientific work – depending on its specific historical and natural philosophical context. This paper analyses the revisions in detail and discusses Newton's own relationship to Lucretius' *De rerum natura* in his writings throughout the timespan of the *Principia*'s first three publications. I argue that not only can the changes to the ode be explained by historical circumstance and through the influence of the *Principia*'s second editor Bentley – as is the focus of the study by Albury[2] and one

---

1 Earlier versions of this paper have been delivered at the Neo-Latin Colloquium of the Freie Universität Berlin, the Doctoral Seminar of the Humboldt-Universität zu Berlin, and the Technical Traditions workshop of Harvard University's Department of the Classics during a visiting fellowship. I am thankful for helpful comments made by Bernd Roling, Ramunė Markevičiūtė, Michalis Sialaros, James Zainaldin, and Patricia Marechal. I am especially indebted to Mark Schiefsky who made me aware of Volkmar Schüller's edition of Newton's scholia to Propositions IV through IX Book III of the *Principia*, and who provided me with many helpful remarks that helped turn a mere curiosity about the three versions of Halley's ode into this paper.
2 Albury, William R. "Halley's Ode on the *Principia* of Newton and the Epicurean Revival in England." *Journal of the History of Ideas* 39.1 (1978): 24–43, deals with the reception of Epicurean philosophy and the Lucretian didactic poem *De rerum natura* in seventeenth-century England. He briefly goes over some revisions to the ode; his main focus, however, lies on the historical background of this reception and other examples of Epicureanism and Lucretian poetry under the

of Schliesser's[3] main arguments. The revisions also reflect the complex relationship to Lucretius' work on Epicurean natural philosophy in Newton's own writings on concrete scientific issues, particularly in the (unpublished) scholia to the *Principia*, as well as in Query 31 Book III of the *Opticks*, and in the *General Scholium*.

1.1 The versions of the poem in the first three editions

Poem 1st edition, 1687, Edmond Halley[4]

EN tibi norma Poli, & divæ libramina Molis,
Computus atque Jovis; quas, dum primordia rerum
Pangeret, omniparens Leges violare Creator
Noluit, æternique operis fundamina fixit.
Intima panduntur victi penetralia cæli,   5
Nec latet extremos quæ Vis circumrotat Orbes.

Sol solio residens ad se jubet omnia prono
Tendere descensu, nec recto tramite currus
Sidereos patitur vastum per inane moveri;
Sed rapit immotis, se centro, singula   10
Gyris.
Jam patet horrificis quæ sit via flexa Cometis;
Jam non miramur barbati Phænomena Astri.
Discimus hinc tandem qua causa argentea Phœbe
Passibus haud æquis graditur; cur subdita nulli

Poem 2nd edition, 1713, edited by Richard Bentley[5]
(Revisions in *italic*)

EN tibi norma Poli, & divæ libramina Molis,
Computus *en* Jovis; & quas, dum primordia rerum
Conderet, omnipotens sibi Leges *ipse* Creator
Dixerit, atque operum quæ fundamenta locarit.
Intima panduntur victi penetralia Cæli,
Nec latet, extremos quæ Vis *circumrotet* Orbes.

Sol solio residens ad se jubet omnia prono
Tendere descensu, nec recto tramite currus
Sidereos patitur vastum per inane moveri;
Sed rapit immotis, se centro, singula gyris.

Hinc patet, horrificis *qua* sit via flexa Cometis:
line 12 deleted
Discimus hinc tandem, qua causa argentea Phœbe
Passibus haud æquis *eat*, & cur subdita nulli

Stuart Monarchy and the later reign of Mary II and William of Orange after the Glorious Revolution.
3 Schliesser, Eric. "On reading Newton as an Epicurean: Kant, Spinozism and the changes to the *Principia*." *Studies in History and Philosophy of Science* 44.3 (2013): 416–428, explains how other aspects of the *Principia*, not only the ode, could be read as Epicurean, how several changes to the second edition of the work were made, as regards content, in order to neutralise this possible accusation, and that the intent of Newton's *General Scholium* was possibly a charge against Spinozism, not necessarily Epicureanism.
4 Isaaci Newtoni Philosophiae Naturalis Principia Mathematica. Londini 1687.
5 Isaaci Newtoni Philosophiae Naturalis Principia Mathematica. Cantabrigiae 1713.

Hactenus Astronomo numerorum fræna recuset:	15	Hactenus Astronomo numerorum fræna recuset:
Cur remeant Nodi, curque Auges progrediuntur.		Cur *remeent* Nodi, curque Auges *progrediantur.*
Discimus & quantis refluum vaga Cynthia Pontum		Discimus, & quantis refluum vaga Cynthia Pontum
Viribus impellit, dum fractis fluctibus Ulvam		Viribus *impellat; fessis* dum fluctibus ulvam
Deserit, ac Nautis suspectas nudat arenas;		Deserit, ac nautis suspectas nudat arenas;
Alternis vicibus suprema ad littora pulsans.	20	*Alternisve ruens spumantia* littora pulsat.
Quæ toties animos veterum torsere Sophorum,		Quæ toties animos veterum torsere Sophorum,
Quæque Scholas frustra rauco certamine vexant		Quæque Scholas *hodie* rauco certamine vexant,
Obvia conspicimus nubem pellente Mathesi.		Obvia conspicimus; nubem pellente Mathesi:
Jam dubios nulla caligine prægravat error		*line 24 deleted*
Queis Superum penetrare domos atque ardua Cœli	25	*Quæ superas* penetrare domos, atque ardua Cæli,
Scandere sublimis Genii concessit acumen.		*NEWTONI auspiciis, jam dat contingere Templa.*
Surgite Mortales, terrenas mittite curas[6]		Surgite Mortales, terrenas mittite curas;
Atque hinc cœligenæ vires dignoscite Mentis		Atque hinc cæligenæ vires cognoscite Mentis,
A pecudum vita longe lateque remotæ.		A pecudum vita longe *longeque* remotæ.
Qui scriptis jussit Tabulis compescere Cædes	30	Qui scriptis *primus* Tabulis compescere Cædes,
Furta & Adulteria, & perjuræ crimina Fraudis;		Furta & Adulteria, & perjuræ crimina Fraudis;
Quive vagis populis circumdare mœnibus Urbes		Quive vagis populis circumdare mœnibus Urbes
Autor erat; Cererisve beavit munere gentes;		Auctor erat; Cererisve beavit munere gentes;
Vel qui curarum lenimen pressit ab Uva;		Vel qui curarum lenimen pressit ab Uva;
Vel qui Niliaca monstravit arundine pictos	35	Vel qui Niliaca monstravit arundine pictos
Consociare sonos, oculisque exponere Voces;		Consociare sonos, oculisque exponere Voces;
Humanam sortem minus extulit; utpote pauca		Humanam sortem minus extulit; utpote pauca
Respiciens miseræ solummodo commoda vitæ.		*In commune ferens* miseræ *solatia* vitæ.
Jam vero Superis convivæ admittimur, alti		Jam vero Superis convivæ admittimur, alti
Jura poli tractare licet, jamque abdita cœcæ	40	Jura poli tractare licet, jamque abdita *diæ*
Claustra patent Terræ, rerumque immobilis ordo,		Claustra patent *Naturæ,* & rerum immobilis ordo;
Et quæ præteriti latuerunt sæcula mundi.		Et quæ *præteritis latuere incognita sæclis.*
Talia monstrantem mecum celebrate Camænis,[7]		Talia monstrantem *justis* celebrate Camænis,

---

6 The original typesetting indents this line.
7 The original typesetting indents this line.

Vos qui cœlesti gaudetis nectare vesci,
NEWTONUM clausi reserantem scrinia Veri, 45
NEWTONUM Musis charum, cui pectore puro
Phœbus adest, totoque incessit Numine
mentem:
Nec fas est propius Mortali attingere Divos.
Edm. Halley

Vos qui cælesti gaudetis nectare vesci,
NEWTONUM clausi reserantem scrinia Veri,
NEWTONUM Musis carum, cui pectore puro
Phœbus adest, totoque incessit Numine
mentem:
Nec fas est propius Mortali attingere Divos.
Edm. Halley

In the paratext of the third edition from 1726,[8] its editor Henry Pemberton re-established the original text from the first edition almost completely. Only the fourth verse shows a significant revision so that the relative clause in line 3 and 4 reads: *quas [...] omniparens leges violare creator / noluit, atque operum quae fundamenta locarit*; i. e., Pemberton re-established Halley's *noluit* while keeping Bentley's revisions otherwise intact.

1.2 Prose translation of Halley's poem in first *Principia* edition

Behold the angle of the celestial axis and the balances of the divine mass, and the calculation of Jove; laws which, when he was establishing the origins of things, the all-bearing creator did not want to violate and which he determined as the foundations of his eternal works. The innermost secrets of the conquered heaven are spread out and the force is not concealed that rotates the outermost orbits. The sun – settled on his throne – commands all things to reach downward to him, and on no straight path does he allow the starry chariot to move through the boundless void; but he pulls every single thing in unchangeable rotations, himself in the centre. Now the winding path of the direful comet is evident; now we do not wonder anymore about the phenomena of a bearded star. Here we finally learn by which cause silver Phoebe advances with unsteady strides; why, overcome so far by no astronomer, she bridles at the reins of the numbers; why the nodes return and why the apsides proceed. We also learn with how much force wandering Cynthia urges the ebbing sea, while she deserts the reeds with broken waves and bares the sands that trouble seamen; alternately hitting the highest shores. What so often agonised the minds of ancient sages, what troubles their schools in rough disputes without avail we can see revealed, the cloud dispelled by Mathematics. No longer does error put a

---

8 Isaaci Newtoni Philosophiae Naturalis Principia Mathematica, Londini 1726.

strain on the doubtful with its darkness; the acumen of a sublime mind allows us to enter the palace of the Gods and to ascend to the heights of heaven.

Rise, mortals, leave behind your earthly cares and recognise here <in this treatise> the powers of a mind born in heaven far remote from the life of brutes. He who ordered by written tablets to rein in murder, thievery, adultery and crimes of perjured fraud; or he who advised wandering people to surround cities with walls or who enriched communities with the gift of Ceres or who pressed from the grape relief from sorrows; or who demonstrated how to combine pictures and sounds on a reed from the Nile, and to present voices to the eyes; he elevated the human fate less, providing only a few conveniences for the woeful life. But now we are allowed as guests of the Gods, allowed to treat the law of the heavens, and now the concealed secrets of the hidden earth lie in the open, and the unchanging order of things, and matters that were hidden in past ages of this world.

Praise with me in songs this man who disclosed these things – all of you who delight yourself enjoying the heavenly nectar – NEWTON who opens the shrines of concealed truth, NEWTON who is beloved by the muses, whom Phoebus with his pure heart assists, and enters his mind with all his divine power: No mortal is allowed to come closer to the Gods.[9]

1.3 Discussion of the original and the revised versions of the poem

In his original poem from the 1687 first edition, Newton's editor and publisher Halley emulated a clear model: the first century BCE Roman poet Titus Lucretius Carus. The parallels to his *De rerum natura*[10] (*DRN* from here on) can be assumed to have been obvious to an educated and scientifically interested reader in late seventeenth-century England.[11] Halley both refers to Epicurean materialistic

---

9 Translations, if not otherwise noted, are mine, with consultation of Albury (Footnote 2) and Cohen, Bernard/Whitman, Anne. *Isaac Newton, The Principia, The Authoritative Translation.* Berkeley: University of California Press, 1999.

10 All quoted passages, translations, and other references to the *DRN* in this paper refer to: Titi Lucreti Cari De Rerum Natura Libri Sex. Ed. Cyril Bailey. Oxford: Clarendon Press, 1947. All *DRN* line numberings correspond to this edition.

11 See Haskell, Yasmin. "Religion and Enlightenment in the neo-Latin reception of Lucretius." *The Cambridge Companion to Lucretius.* Ed. Stuart Gillespie, Philip Hardie. Cambridge: Cambridge University Press, 2007. 185–201. See Gillespie, Stuart. "Lucretius in the English Renaissance." *Ibd.* 242–253. See Hopkins, David. "The English voices of Lucretius from Lucy Hutchinson to John Mason Good." *Ibd.* 254–273.

natural philosophy – atomic theory – and also mirrors Lucretian passages in which Epicurus is praised as a clear-sighted philosopher whose importance for the enlightenment of mankind is unique.[12] Several phrases Halley uses are distinctly Lucretian, such as: the *primordia rerum* (line 2), i. e. the atoms (which, in Halley's un-Epicurean reception, were placed in the cosmos by God) which are the building blocks that every material object, organic or inorganic, consists of; or the universe as a *vastum inane* (line 9), an immeasurable void within which the atoms exist and interact. There is even more allusive emphasis in passages in which Newton, in Halley's poem, holds the same role that Epicurus does in the *DRN*: the cloud of ignorance is dispelled by Newton's mathematics (*nubem pellente mathesi*, line 23) just as the Epicurean physics presented in the *DRN* dispel the darkness of the fear of the gods rooted in ignorance, e.g. in *DRN* I 146–148 or II 53–61[13] (from which follows, according to Lucretius, *ataraxia*, complete equanimity or tranquillity of the soul). Halley's poem culminates in positioning Newton as the human being closest to the gods and thus resembles Lucretius in his praise of Epicurus as god-like in the proems to books III, V, and VI of the *DRN*.

The editor of the dedicatory poem to the *Principia*'s second edition, the famous classical scholar Richard Bentley, focused specifically on deflecting this notion of Newton as a modern Epicurus-like figure in his aim to spread scientific knowledge.[14] The first four lines of Halley's unaltered poem read: "Behold the angle of the celestial axis and the balances of the divine mass, and the calculation of Jove; laws which, when he was establishing the origins of things, the all-bearing creator did not want to violate and which he determined as the foundation of his eternal works." Bentley's version reads (changes in italic): "Behold the angle of the celestial axis and the balances of the divine mass, and the calculation of Jove; laws which, when he was *creating* the origins of things, the *almighty creator stated to himself, and <behold the> foundations that he built for all his works*." Right at the beginning we see a significant revision by Bentley: the creator is not only *omniparens*, but also *omnipotens*, and *with his words* he

---

12 Albury (Footnote 2), p. 28, notes that Halley does not expound the details of Epicurean atomism. This certainly would not have been possible in the context of this short dedicatory poem. Halley does, however, clearly allude to specific terminology of Epicurean atomic theory as discussed by Lucretius; and he could expect most of the readers to understand these references.

13 *DRN* I 146–148 and *DRN* II 59–61: "Hunc igitur terrorem animi tenebrasque necessest / non radii solis neque lucida tela diei / discutiant, sed naturae species ratioque." – "This terror then of the mind, this darkness must needs be scattered not by the rays of the sun and the gleaming shafts of day, but by the outer view and the inner law of nature."

14 I do not here examine all changes in the revised version of the poem. Many of the shorter ones are what Bentley considered to be simple emendations of Halley's Latin. See also Albury (Footnote 2), p. 39 n. 60.

created the laws of nature upon which the world was built. In the original passage God is following laws that *already existed* before he even began his work, which was a massive theological problem that Bentley avoided in his version.[15]

In the same spirit, I argue, there are changes from five (puzzling) indicative verbs to subjunctive in lines 6, 14, 16, and 18: *circumrotat* to *circumrotet*, *graditur* to *eat*, *remeant* to *remeent*, *progrediuntur* to *progrediantur*, and *impellit* to *impellat*. There are two possible lines of argument. I will start with the seemingly more improbable one, namely that Bentley revised these verbs to highlight the impression that the scientific knowledge is not settled; and that these explanations are what might be, not what is sure, because men can only try to come close to God's knowledge on the workings of the cosmos. I am aware of the second possibility: that these changes are just simple corrections of Halley's Latin, because we have an indirect question in lines 14 to 18 initiated by the *Discimus* in line 13. However, that still leaves two questions open. Firstly, the change to the subjunctive *circumrotet* in line 6 is not necessitated by grammar. Here at least my first interpretation can still stand on grammatical grounds, namely that Bentley explicitly did not want to give the impression that the knowledge of the force that rotates the outermost orbits has been settled with certainty. Secondly, if Halley made a grammatical mistake in lines 14 to 18 in using indicative verbs in an indirect question,[16] why *did* he use one subjunctive, the *recuset* in line 15? It seems probable to me that Halley deliberately chose the indicative for the above mentioned verbs even in an indirect question, precisely in order to make a point about these issues, namely that they are now certain knowledge, exactly measured and computed.

The next significant revision is the complete deletion of line 12. Halley's argument, paraphrased, is that a comet's path can now be computed and there is no longer any need to wonder over the appearance of this phenomenon. Bentley eliminated: "Now we do not wonder anymore about the phenomena of the bearded star." An educated reader in the late seventeenth and early eighteenth century would quite possibly have read this line with Lucretius' voice in his head who often started or finished explanations in the *DRN* with *nec mirum*, "it is no wonder". With this, he aimed to free men of fear of signs of the Gods and other divine interventions when in reality there are perfectly natural explanations for movements of heavenly bodies. Bentley seems to have wanted

---

15 See Albury (Footnote 2), p. 39.
16 I highly doubt this given the obvious, basic grammatical rule and Halley's proficiency in the Latin language.

his contemporary readers to wonder still and so to marvel at God's creation, even if the appearance of a comet can now be scientifically described.[17]

Another seemingly minor change in the lines 21 to 23 alters an allusion to Newton's importance for the resolution of millennia-old disputes. Halley wrote that the questions that agonised ancient natural philosophers and that still trouble their followers *to no avail* have now been resolved by Newton's mathematical explanations; line 21 refers to the disputes of ancient philosophers, line 22 with the verb in present tense to their contemporary followers. These three lines are the middle of the poem and, together with lines 24 to 26, mark the starting point of the following hymn to Newton as a quasi-divine intellectual liberator of mankind. Bentley changed just one word, *hodie* instead of *frustra*. In the second edition the same verses say: "What so often agonised the minds of ancient sages, what *still today* troubles their schools in rough disputes we can see revealed, the cloud dispelled by Mathematics." Bentley shows, as does Halley, that contemporary natural philosophers still fight the same fights that schools have been having for centuries. He does not, however, accentuate any notion of the previous disputes being futile – which Halley had done with *frustra*. This adverb in the first version emphasises Newton's singular significance for the history of science in the Lucretian tradition of a deified Epicurus. Bentley did not dismiss the importance of other natural philosophers as Halley did for the sake of the poem; this is a further step to separate Newton from Halley's Epicurean allusions.[18]

This passage is connected to the next intervention, again a major one: Bentley deleted line 24 and revised the next two lines 25 and 26. Halley's original reads: "[...] the cloud dispelled by Mathematics. No longer does error put a strain on the doubtful with its darkness; the acumen of our sublime mind allows us to enter the palace of Gods and ascend to the heights of heaven." Bentley's version reads: "[...] the cloud dispelled by Mathematics. *To enter the uppermost palaces and to touch the high temples of heaven is now permitted under Newton's guidance.*" The eliminated line 24 is a distinct and almost literal Lucretian thought[19]

---

17 This line does also refer directly to "one of the most significant achievements by Newton", Schliesser (Footnote 3), p. 423: "the last propositions of the *Principia* provide a (complex) procedure to calculate and predict the orbits of comets. Thus, in the first edition, the *Principia* closes on a series of propositions that in Halley's way of framing them allow one to tame the causes of superstition."

18 Ramunė Markevičiūtė helped me to work out this point.

19 See *DRN* III 14–17: "nam simul ac ratio tua coepit vociferari / naturam rerum, divina mente coorta, / diffugiunt animi terrores, moenia mundi / discedunt, totum video per inane geri res." – "For as soon as thy philosophy, springing from thy godlike soul, begins to proclaim aloud the nature of things, the terrors of the mind fly away, the walls of the world part asunder, I see

about how Epicurus lifted the grave error of being unnecessarily afraid of the gods from mankind. An educated contemporary reader in early eighteenth-century England would read Halley's line in this spirit, meaning that Newton too would be an Epicurus-like figure in freeing mankind from erroneous dogmas; not only that, but he would also be God-like in the same sense as Lucretius deified Epicurus. Furthermore, the difference between scaling the seats of the gods in Halley's original – *scandere* – and touching or reaching for the seats of the gods in Bentley – *contingere* – may be subtle, but it is important. In the first reading Newton, after scaling, is amongst them. In the second reading he may touch upon them but does not fully reach them. Lastly, in Bentley's revision only Newton seems to be able to reach for these heights of heaven and guide other men there, whereas in Halley's original the sublime mind of men in general is able to reach these heights of knowledge.[20]

The last significant revision as regards content is the change from *jussit* to *primus* in line 30. I agree with Albury that this small change had a major impact, as it defused a blasphemous argument, namely that Newton's work was more influential for mankind than God's word given to men as the Decalogue on stone tablets; Bentley's revision manages to convey that "it was no longer the source of the commandments that was in question, but only the advice that they be observed."[21] I disagree, however, with Albury's argument that "the Athenian sage only brought mankind *commoda vitae*. This placed Epicurus, for Halley, on the same level with the founders of agriculture, cities, etc."[22] This analysis is misleading since it conveys the reputation that was ascribed wrongly to Epicurus and his philosophy throughout two millennia: that his contribution to mankind was to give licence to enjoy the common cravings of men and pleasures of the body. On the contrary, Lucretius' proems which

---

things moving on through all the void." And *DRN* V 7–12: "nam si, ut ipsa petit maiestas cognita rerum, / dicendum est, deus ille fuit, deus, inclute Memmi, / qui princeps vitae rationem invenit eam quae / nunc appellatur sapientia, quique per artem / fluctibus e tantis vitam tantisque tenebris / in tam tranquillo et tam clara luce locavit." – "For if we must speak as befits the majesty of the truth now known to us, then he was a god, yea a god, noble Memmius, who first found out that principle of life, which now is called wisdom, and who by his skill saved our life from high seas and thick darkness, and enclosed it in such calm waters and bright light."

20 Moreover, Albury (Footnote 2), p. 40: "In addition, for a believer such as Bentley the offending line may have been seen as suggesting that Newtonian science alone could overcome theological error (Papism, Socianism, etc.), independently of Divine Revelation."

21 Ibid., p. 40.

22 Cf. ibid., p. 36; also, p. 29 n. 15.

mention the *commoda vitae* (*DRN* III 2) or *solacia vitae* (*DRN* V 21) also state that these Epicurean gifts to mankind are explicitly *not* like the gifts of other gods such as Ceres or Bacchus, but rather that they are more valuable and precious[23] in that only they can lift the fear from humans and lead to equanimity and tranquillity of the soul, *ataraxia*. I concur, though, that Halley expressed the idea that Newton is to be placed even higher, since scientific knowledge has progressed immensely, precisely through the use of mathematics (a scientific technique or discipline on which Epicurus placed no importance).[24] I suggest that Halley, in the passage from line 21 to 38, indicates a scale of appreciation: the common divine gifts to mankind from line 30 to 36 – settlements, winegrowing, writing systems – are on the lower end (they are *pauca [...] commoda vitae*). Then, the mental salvation of mankind through ideas in Epicurean philosophy is much more valuable than these *pauca commoda vitae*; and this salvation from naïve superstition leads directly to Newton's scientific method of understanding and explaining natural phenomena through mathematics, which "elevates the human fate" the most.

As shown in detail in the above passages, Bentley's overall aim in revising Halley's ode was to eliminate all references and parallels to the *DRN* and to Lucretian imagery.[25] Particularly verses that opened up problematic theological

---

23 For example *DRN* V 13–21: "confer enim divina aliorum antiqua reperta. / namque Ceres fertur fruges Liberque liquoris / vitigeni laticem mortalibus instituisse; / cum tamen his posset sine rebus vita manere, / ut fama est aliquas etiam nunc vivere gentis. / at bene non poterat sine puro pectore vivi; / *quo magis hic merito nobis deus esse videtur*, / ex quo nunc etiam per magnas didita gentis / dulcia permulcent animos solacia vitae." – "For set against this the heaven-sent discoveries of others in the days of old. Ceres is fabled to have taught to men the growing of corn, and Liber the liquid of the vine-born juice; and yet life could have gone on without these things, as tales tell us that some races live even now. But a good life could not exist without a clean heart; *wherefore more rightly is he counted a god by us*, thanks to whom now sweet solaces for life soothe the mind, spread even far and wide among great peoples." [Emphasis mine].

24 Cosmology and astronomy were regarded as two different ways of studying the heavens – cosmology belonging to physics, astronomy to mathematics. Epicurus, in his *Letter to Herodotus*, explicitly rejects astronomy as the mathematical approach (Ep. Hdt. 79–80). See also Taub, Liba. "Cosmology and Meteorology". *The Cambridge Companion to Epicureanism*. Ed. James Warren. Cambridge: Cambridge University Press, 2009. 105–124, pp. 106 and 110.

25 One might interject that Bentley still left intact distinct Lucretian terms such as the *primordia rerum*, *vastum inane*, and other references to atomism. This, however, was not problematic by 1713, see Albury (Footnote 2), p. 39: "[...] basic postulates of Epicurean physics, atoms and the void, were not rejected by providentialists but reinterpreted in Newtonian terms: the 'weight' of Epicurean atoms, for example, became 'gravitation' in Newton's system, and so on. [...] Accordingly, Bentley had no objection to Halley's use of the Lucretian term for atoms, *primordia rerum*, in the second line of his ode."

questions or even the slightest impression of heresy based on the peculiar theology of the Epicureans and the status Lucretius ascribed to Epicurus had to be changed. Bentley made sure to give the poem the framework of natural theology and make an Epicurean-inspired interpretation unlikely.

1.4 Discussion of historical context

As we have seen in the previous section, the revisions to the ode in the *Principia*'s second edition had one clear aim: to remove all allusions to Newton as being in the role that Epicurus has in Lucretius' *De rerum natura*, namely a deified natural philosopher who, through his teachings, becomes a liberator of mankind. As much as one may today be surprised to find this much pathos in the preface to a scientific work, a dedicatory poem like this was not at all unusual. So why did Richard Bentley (as assistant to the editor of the *Principia*'s second edition Roger Cotes) feel the need to significantly change several of its passages? Albury's overall argument is that the reason for this was historical: 1687 and 1713 saw two completely different attitudes towards Epicurean philosophy (or what was perceived as such). In the mid to late seventeenth century there was a specific interest in Epicureanism that had not existed at the same intensity before 1660 and that would rapidly fall out of favour again after the Glorious Revolution in 1688/89.[26] During the Stuart Restoration and especially under King Charles II Epicurean philosophy was a fashion at court, especially in an aristocratic group of royalists called the Newcastle Circle.[27] Between 1655

---

[26] See Harrison, Charles. "The Ancient Atomists and English Literature of the Seventeenth Century." *Harvard Studies in Classical Philology* 45 (1934): 1–79, esp. pp. 9–14, 25–26, on the shifting attitudes towards Epicureanism in the course of the seventeenth century. See also Røstvig, Maren-Sofie. *The Happy Man. Studies in the Metamorphoses of a Classical Ideal*. Oslo: Norwegian Universities Press, 1962, vol. 1, pp. 227–310, on the radical change of opinion on Epicurean ethics as a model for the contented English gentleman after the Stuart Restoration.

[27] On the Newcastle circle, the chaotic political situation and religious turmoil, and the search for intellectual and social order and stability, see Lewis, Eric. "Walter Charleton and Early Modern Eclecticism." *Journal of the History of Ideas* 62.4 (2001): 651–664, esp. pp. 651–652. See also Kroll, Richard W.F. "The Question of Locke's Relation to Gassendi." *Journal of the History of Ideas* 45.3 (1984): 339–359, esp. pp. 344–345: "[...] a wider circle of writers associated with the Cavendishes did in fact begin to publish. Walter Charleton's justly famous *Physiologica-Epicuro-Gassendo-Charletoniana* (1654) and *Epicurus's Morals* (1656) were substantial attempts to show that Epicurus provided a scheme for understanding the natural world and that he was not necessarily hostile to Christian belief, if the appropriate adjustments were made along Gassendist lines. Moreover, John Evelyn produced in 1656 his edition of Lucretius, *Essay on the First Book of T. Lucretius Carus de Rerum Natura*."

and 1660, the author and translator Thomas Stanley published three volumes of his *History of Philosophy*, giving Epicurus a bigger part than Plato and Aristotle combined. In earlier decades, Lucretius' beautiful poetry had certainly been lauded, but scholars, poets, and other intellectuals had for the most part strictly distanced themselves from atomism, and (sometimes wilfully) misunderstood the Epicurean pursuit of pleasure as chasing common *hedonai*. Now, under Charles II, openly evoking Epicurean and Lucretian images was perfectly acceptable and even fashionable. Halley in his poem even mastered the art of charming the court with his poem on Newton and subtly criticising the superficial treatment of Epicurean philosophy by the aristocracy. He wrote that Newton had done much more for mankind than just provide *commoda miserae vitae* (line 38), distinguished Newton as closest to being godlike – and not the Stuart king – (line 48), and even depicted the biblical Decalogue as inferior to Newton's *Principia* (lines 30–31). Despite all these controversial references, with his poem Halley managed to make Newton's work an even more fashionable talking point at the quite liberal court.[28]

With the Glorious Revolution of 1688, Stuart absolutism came to an end. The following monarchs William of Orange and Queen Mary strongly opposed Epicurean philosophy and Lucretius' *DRN*, especially the refutation of Providence; they specifically justified ending the Stuart monarchy by being preordained to take the throne.[29] As Albury argues, this unfavourable atmosphere towards central Epicurean teachings made it necessary for Bentley to remove or revise passages that could be deemed heretical.[30] I concur with his evaluation of how this historical context formed the background for significant changes in the dedicatory poem of the most influential scientific work in the early eighteenth century. However, as Schliesser argues, this general historical framework is not the full explanation of why the poem was changed to a physico-theological one – it was a personal necessity, too. Newton himself appointed Bentley as assistant to his second editor Roger Cotes,[31] and he did this knowing full well that

---

28 Albury (Footnote 2), pp. 36–37.

29 Schliesser (Footnote 3), p. 424.

30 Albury (Footnote 2), pp. 40–41. Although these main political circumstances had not changed by 1726 when Henry Pemberton published the third edition of Newton's *Principia*, Albury argues that the intellectual disputes from the change of the Stuart Restoration to the period after the Glorious Revolution were so far removed by 1726 that Pemberton could restore almost everything of Halley's original without a Lucretian interpretation being the most evident one.

31 Editor Roger Cotes, in his preface to the *Principia*'s second edition, makes very clear how it should be read: "Extabit igitur Eximium Newtoni Opus adversus Atheorum impetus munitissimum praesidium: neque enim alicunde felicius, quam ex hac pharetra, contra impiam Catervam

this would mean significant changes to the ode of his friend Halley.[32] In a letter exchange from 1692, Bentley had shown himself to be bewildered by the openly Lucretian allusions, now at a perilous time to be an Epicurean. Shortly before, the influential Bentley had prevented Halley from becoming Professor of Astronomy at Oxford in 1691.[33] Newton seems to have had no other choice than to actively make sure, with Bentley as an editor, that an Epicurean reading of the poem, and, much more importantly, hence the *Principia* itself, was made as unlikely as possible.[34]

In the following section, I retrace the complex relationship of Newton himself during these tumultuous times to Lucretius' *DRN* and Epicurean natural philosophy in general within his own writings in the scholia to the *Principia*, the *General Scholium*, and in Query 31 of the *Opticks*. My aim is to show that what occurred in Newton's overall relation to Epicurean sources was not an about-turn from an Epicurean framing under the Stuart monarchy (as the first

---

tela deprompseris. Hoc sensit pridem, & in pereruditis Concionibus Anglice Latineque editis, primus egregie demonstravit Vir in omni Literarum genere praeclarus idemque bonarum Artium fautor eximius Richardus Bentleius, Saeculi sui & Academiae nostrae magnum Ornamentum, Collegii nostri S. Trinitatis Magister dignissimus & integerrimus." – "Therefore Newton's excellent treatise will stand as a mighty fortress against the attacks of atheists; nowhere else will you find more effective ammunition against that impious crowd. This was understood long ago, and was first splendidly demonstrated in learned discourses in English and Latin, by a man of universal learning and at the same time an outstanding patron of the arts, Richard Bentley, a great ornament of his time and our academy, the worthy and upright master of our Trinity College." Transl. Cohen/Whitman (Footnote 9), pp. 44–45.

32 Albury (Footnote 2), pp. 38–39 writes that Bentley "was allowed by Newton to assist Roger Cotes in bringing out a second edition of the *Principia* in 1713". On Newton's strained early acquaintance with the "powerful and dangerous interlocutor" Bentley, see Schliesser (Footnote 3), pp. 424–425.

33 Schliesser (Footnote 3), pp. 419 and 424, particularly 419: "I argue that a considerable number of these changes might have been motivated by Newton's desire to prevent an Epicurean reading. In particular, I argue that Newton would have every reason to be alarmed by Bentley's attribution of Epicureanism to Newton. Bentley was powerful politically and he prevented Halley from obtaining a Professorship at Oxford a year before the correspondence with Newton." And 424: "So, when Newton received letters from Bentley with the repeated suggestion that a central part of the *Principia* sounded like Epicureanism, he would have had every reason for concern. Bentley could be dangerous to him."

34 Ibid., p. 424b, also convincingly challenges a common notion in Newton scholarship: that Newton helped elect Bentley for the Boyle lectureship. "There is no evidence that prior to his exchange with Bentley, Newton had a positive view of Bentley." Albury had, like many others, supposed that Newton was likely involved in Bentley's appointment, see p. 38. I also think it rather implausible, given the treatment of Newton's friend Halley in 1691, that Newton would recommend the man responsible for it to the prestigious Boyle lectureship in 1692.

edition's poem seems to indicate), to, twenty years later, a providentialist framing and strict rejection of Epicurean natural philosophy after the Glorious Revolution (as appointing Bentley to significantly change the poem seems to indicate), but rather a careful separation of Epicurean physics from Epicurean theology.

2 Newton on Lucretian passages and Epicurean themes

The *DRN* was an important text for Newton as for many other influential natural philosophers before and physicists after him.[35] There is very good textual evidence for Newton's direct reception of Epicurean natural philosophy as described in Lucretius' writings – from the same period, the early 1690s, when he became acquainted to Bentley who would later change or, more specifically, "de-Lucretianise" Halley's ode. Several scholia, originally intended as additions to Propositions IV to IX, Book III, in later editions of the *Principia* (but ultimately never published) were collected by David Gregory, a Scottish mathematician and astronomer and a contemporary of Newton.[36] Newton prepared these

---

[35] As Newton writes in the preface to his first edition of the *Principia*, his hope is to come closer to giving a mathematical account of the attractive and repulsive forces between the particles of matter: "Utinam caetera Naturae phaenomena ex principiis Mechanicis eodem argumentandi genere derivare liceret. Nam multa me movent ut nonnihil suspicer ea omnia ex viribus quibusdam pendere posse, quibus corporum particulae per causas nondum cognitas vel in se mutuo impelluntur & secundum figuras regulares cohaerent, vel ab invicem fugantur & recedunt: quibus viribus ignotis, Philosophi hactenus Naturam frustra tentarunt. Spero autem quod vel huic Philosophandi modo, vel veriori alicui, *Principia* haec posita lucem aliquem praebebunt." – "If only we could derive the other phenomena of nature from mechanical principles by the same kind of reasoning! For many things lead me to have a suspicion that all phenomena may depend on certain forces by which the particles of bodies, by causes not yet known, either are impelled toward one another and cohere in regular figures, or are repelled from one another and recede. Since these forces are unknown, philosophers have hitherto made trial of nature in vain. But I hope that the principles set down here will shed some light on either this mode of philosophizing or some truer one." Transl. Cohen/Whitman (Footnote 9), pp. 28–29. See also: Gillespie, Stuart/Hardie, Philip. "Introduction." *The Cambridge Companion to Lucretius*. Cambridge: Cambridge University Press, 2007. 1–15, p. 9.

[36] These scholia have been edited, translated, and extensively commented on in Schüller, Volkmar. "Newton's *Scholia* from David Gregory's Estate on the Propositions IV Through IX Book III of his *Principia*." *Between Leibniz, Newton, and Kant*. Ed. Wolfgang Lefèvre. Dordrecht: Kluwer, 2001. 213–265.

scholia as evidence to show that ancient philosophers already had a concept of universal gravitation[37] – and so as historical support and justification of his own theory. The scholia with references to Lucretian passages are extensive and detailed. They make up a quarter of the entire amount of text in the manuscript and can be found on:

- folio 6r: pag. 408[38] Ad Prop. 5. Scholium. (paraphrase of Democritus, passages quoted directly: *DRN* V 91–98, 104–109).
- folio 6v: Ad Prop: VI Scholium. (paraphrases of Lucretius, passages quoted directly: *DRN* I 358–369, *DRN* II 184–198).
- folio 10r: (above citation continues until *DRN* II 205, paraphrases of Lucretius, other passages quoted directly: *DRN* II 216–244).
- folio 10v: (paraphrases of Lucretius and other ancient philosophers – Aristotle, Plato, Leucippus, Democritus, Thales, Pythagoras).
- folio 11r: Ad Prop. VII adde. (paraphrases of Plutarch and Lucretius, passage quoted directly: *DRN* I 984–994).
- folio 11v: (above citation continues until *DRN* I 997, paraphrase of Lucretius).

The following scholia on Pythagoras or Thales contain variants of preceding folios, and so, as regards actual content, the scholia on Lucretius effectively make up about a third of the entire manuscript. The intensity of Newton's treatment of the *DRN* in the scholia is unparalleled in comparison to the other ancient sources discussed there.

The passages from the *DRN* Newton referred to are descriptions of the gravity of the planets as well as the atoms (as the particles of which entire planets consist). In the scholium on folio 6r, to be added to Prop. V,[39] Newton summarised Democritus' view that the planets of one planetary system are "heavy toward each other", that "their gravity [is] also extended all over toward the other systems", and that "those that fade away are destroyed by falling into each other." He pointed out that, at the beginning of *DRN* V, Lucretius alludes to this, saying that all seas and lands and sky "one single day shall hurl to ruin; and the massive form and fabric of the world, held up for many years, shall fall

---

37 Ibid., pp. 213 and 215.
38 The pagination is that of the first edition of the *Principia*.
39 Prop. V is about the gravitation of Jupiter's and Saturn's satellites toward their respective planets.

headlong." And later: "that all things can fall in with a hideous rending crash."[40] On folio 6v to Prop. VI,[41] Newton noted:

> That all bodies located around the earth, air and fire as well as the others, are heavy toward the earth and that their gravity is proportional to the quantity of matter of which they consist, was known to the ancients. For Lucretius pleaded for the void as follows: '[...] Therefore, we may be sure, that which we are seeking with keen reasoning, does exist mingled in things: that which we call void.'[42] Lucretius attributes the gravity to the "office of the body" or to nature, which differentiates itself from the non-gravitating void, and concludes from this that the weight is always proportional to the body. He includes all bodies in this argumentation, invisible as well as visible. Then he ascribes gravity to even the atoms themselves, of which all else consists: He teaches that fire and the other bodies which are called light bodies do not ascend of their own accord, but as a result of a force driving upwards, just as wood, which is a heavy body, rises in water: but all bodies are carried downward through empty space.[43]   (Schüller 2001, pp. 224–225)

After another lengthy citation of *DRN* II verses 184–205, Newton continued on folio 10r:

> Although the lighter things, which have more difficulty overcoming the resistance of the air or the water, descend in these fluids more slowly, Lucretius nevertheless teaches that in empty space, where there is no resistance, all atoms, both the heavier ones and those which are less heavy, descend at an equal speed because of the gravity proportional to these atom, <and he teaches this> as follows.[44] '[...] But if perchance anyone believes that heavier bodies, because they are carried more quickly straight through the void, can fall from above on the lighter, and so bring about the blows which can give creative motions, he wanders far away from true reason. For all things that fall through the water

---

40 Transl. Schüller (Footnote 36), pp. 222–225. The passages Newton quotes directly from the *DRN* in the scholia are given by Schüller in Cyril Bailey's translation (Footnote 10), also used above in section 1.3.

41 Prop. VI deals with the proportionality of weight to mass (quantity of matter).

42 The complete Lucretian passage quoted here by Newton is *DRN* I 358–369 and is a compelling argument for the existence of the void.

43 "Corpora omnia quae circa terram sunt tam aerem et ignem quam reliqua esse gravia in Terram et eorum gravitatem proportionalem esse quantitati materiae ex qua constant Veteribus etiam innotuit. Nam Lucretius pro vacuo sic disputat '[...] Est igitur nimirum id quod ratione sagaci / Quaerimus, admixtum rebus quod inane vocamus.' Lucretius hic refert gravitatem ad corporis officium seu naturam qua ab inani non gravitante distinguitur et inde concludit pond<us> corpori semper proportionale esse: Quo argumento corpora omnia tam insensibilia quam sensibilia comprehendit. Nam et atomis ipsis ex quibus alia omnia constant gravitatem hanc attribuit: Docet enim ignem et corpora alia quae levia dicuntur non spon<te> sed vi subigente ascendere perinde ut lignum quod corpus grave est ascendit in aqua: corpora autem omnia per spatium inane deorsum ferri."

44 The following passage I have omitted here is a detailed argument on the justification for introducing the swerve, the *clinamen*.

and thin air, these things must needs quicken their fall in proportion to their weights just because the body of water and the thin nature of air cannot check each thing equally, but give place more quickly when overcome by heavier bodies. But, on the other hand, the empty void cannot on any side or at any time support anything, but rather, as its own nature desires, it continues to give place; *Wherefore all things must needs be borne on through the calm void, moving at an equal rate despite unequal weights.*[45] [...]'[46]

(Schüller 2001, pp. 226–229)

Then, he commented on folio 10v:

Lucretius taught this based on the view of Epicurus, Epicurus based on the views of Democritus and older philosophers. For some, who asserted the quality of atoms, thought that the gravity of the bodies was proportional to the number of atoms of which they consist. The others, who believed atoms to be unequal, taught that the gravity <of the bodies> was proportional not to the number of solid <atoms in the bodies>, but to the quantity of the solid <matter in the bodies>. [...]

Thus among the philosophers who would have the body consist of atoms, the view is accepted again that gravity falls to the atoms as well as the constituted bodies and that it is proportional to the quantity of matter in the individual bodies.[47]

(Schüller 2001, pp. 228–229)

---

45 The emphasis on these two lines is written in Newton's hand all in capital letters. Schüller argues on p. 253 n. 38 that this passage confirmed for Newton that already in antiquity some natural philosophers thought that the acceleration of a body would be the same, independent of its weight – a central tenet of Newton's theory of gravitation.

46 "Et quamvis res leviores quae aeris vel aquae resistentiam difficilius vincant in his fluidis descendant tardius, tamen in spatio vacuo ubi nulla est resistentia atomos omnes tam graviores quam minus graves propter gravitatem sibi proportionalem aequali celeritate descendere, sic docet Lucretius '[...] Quod si forte aliquis credit graviora potesse / Corpora, quo citius rectum per Inane feruntur, / Incidere e<x> supero levioribus, atque ita plagas / Gignere, quae possint genitalis reddere motus: / Avius a vera longe ratione recedit. / Nam per aquas quaecumque cadunt atque aera deorsum / Haec pro ponderibus casus celerare necesse est / Propterea, qua corpus aquae, naturaque tenvis / Aeris haud possunt aeque rem quamque morari: / Sed citius cedunt gravioribus exsuperata. / At contra nulli de nulla parte, neque ullo / Tempore Inane potest vacuum subsistere reij, / Quin, sua quod natura petit, concedere pergat. / Omnia quapropter debent per Inane quietum / Aeque ponderibus non aequis concita ferri'."

47 "Haec Lucretius ex mente Epicuri Epicurus ex mente Democriti et antiquiorum docuit nam quidam aeqalitatem atomorum statuentes gravitatem corporum numero atomorum ex quibus constabant proportionalem esse volebant, alij autem quibus atomi inaequales erant, gravitatem non numero solidorum sed q<uan>titati solidi proportionalem esse docebant. [...] Inter philosophos igitur qui corpora ex atomis composuere gravitatem tam atomis quam corporibus compositis competere & quantitati materiae in singulis corporibus proportionalem esse recepta fuit opinio."

On folio 11r and 11v, to be added to Prop. VII,[48] Newton noted:

> Accordingly it is an old view that gravity toward the entire earth originates from this gravity to its individual particles, just as the attractive force of an entire magnet is composed of the attractive forces of the individual particles of which the magnet consists. [...] Therefore Lucretius teaches that there is no center of the universe and no infinite place, but rather infinitely many worlds in infinite space, worlds similar to ours. [...] The strength of the argument is that if the universe were bordered anywhere, then the outermost bodies would not be in equilibrium, because they have no outermost <bodies> toward which they are heavy, but rather strive toward the inner <bodies> through their own gravity. Because they have been flowing together forever, they long since would have accumulated in the center of the whole, so to speak at the lowest point. Accordingly, based on Lucretius' view, each body is heavy toward the matter surrounding it and is carried by the gravity with the superior force to regions where more matter is.[49]
>
> (Schüller 2001, pp. 232–235)

These passages – and the others listed above but not further explicated – show that Newton relied heavily on ancient atomic theory as expounded by Lucretius. He used them as historical precedent for the purpose of justification of his own law of universal gravitation.[50] As planned during this time, these scholia were to accompany future editions of the *Principia* (though ultimately they were never published).[51] Given this fundamental reliance on Lucretius' writings on the gravity of planets and of matter particles, it seems likely that, some years after he wrote the scholia and before publishing the second edition, Newton preferred to

---

48 In Prop. VII Newton says that gravity exists in all bodies universally. Gravity is proportional to mass (quantity of matter).

49 "Igitur quemadmodum vis attractiva Magnetis totius componitur ex viribus attractivis particularem singularum ex quibus Magnes constant sic gravitatem in Terram totam ex gravitate in singulos ejus particulas oriri antiqua fuit opinio. [...] Hinc docet Lucretius nullum esse universi centrum locum infinitum sed infinitos esse in spatio infinito mundos huic nostro similes [...]. [...] Vis argumenti est quod si rerum natura alicubi finiretur, corpora extima, cum nulla haberent exteriora in quae gravia essent non starent in aequilibrio sed per gravitatem suam peterent interiora et undique ex infinito tempore confluendo jamdudum in medio totius quasi in loco imo jacuissent. Igitur corpus unumquodque ex mente Lucretii grave est in materiam circumcirca positam et per gravitatem praepollentem fertur in regionem ubi materia copiosior est [...]."

50 This was not the only central topic of his theory in which he referred to Lucretius. For example, in a fragment on the law of inertia in Newton's unpublished papers he also traced its origins back to ancient natural philosophers and explicitly referred to Lucretius twice. See Johnson, Monte/Wilson, Catherine. "Lucretius and the history of science". *The Cambridge Companion to Lucretius*. Ed. Stuart Gillespie, Philip Hardie. Cambridge: Cambridge University Press, 2007. 131–148, esp. pp. 141–142.

51 Schüller (Footnote 36), p. 213.

have the programmatic references to the *DRN* deleted solely due to political pressure after the Glorious Revolution, and not necessarily of his own conviction. He clearly drew on the authority of Lucretius' poem to substantiate his own mathematised account of phenomena in physics and astronomy. David Gregory put the following statement by Newton on record in his notes after visiting him in 1694: "The philosophy of Epicurus and Lucretius is true and old, but was wrongly interpreted by the ancients as atheism."[52]

One could argue now that these texts from the early 1690s are not all that relevant to the changes in the paratexts of the *Principia*'s second edition that was published two decades later in 1713 – after all, by then Newton could have changed his mind on the importance of ancient sources on atomic theory for his own work. The following section, however – one of the most quoted passages of text in scientific history –, in Query 31 of the *Opticks*' second edition from 1718 shows that the profound influence of Lucretius' *DRN* and of Epicurean atomic theory in general is still, by the mid-1710s, evident in Newton's thought:

All these things being consider'd, it seems probable to me, that God in the Beginning form'd Matter in solid, massy, hard, impenetrable, moveable Particles, of such Sizes and Figures, and with such other Properties, and in such Proportion to Space, as most conduced to the End for which he form'd them; and that these primitive Particles being Solids, are incomparably harder than any porous Bodies compounded of them; even so very hard, as never to wear or break in pieces: No ordinary Power being able to divide what God himself made one in the first Creation. While the Particles continue entire, they may compose Bodies of one and the same Nature and Texture in all Ages: But should they wear away, or break in pieces, *the Nature of Things* depending on them, would be changed. Water and Earth composed of old worn Particles and Fragments of Particles, would not be of the same Nature and Texture now, with Water and Earth composed of entire Particles, in the Beginning. And therefore that Nature may be lasting, the Changes of corporeal Things are to be placed only in the various Separations and new Associations and Motions of these permanent Particles; compound Bodies being apt to break, not in the midst of solid Particles, but where those Particles are laid together, and only touch in a few Points.[53] [Emphasis mine]   (Newton 1718, pp. 375–376)

---

52 Ibid., p. 214, referring to Newton's Correspondence III 334 No. 446.

53 Newton, Isaac. *Opticks: Or, A Treatise of the Reflections, Refractions, Inflexions and Colours of Light. The Second Edition, with Additions*. London 1718. Newton, however, rejected the Epicurean theory of cohesion and conglomeration of atoms: "The Parts of all homogeneal hard Bodies which fully touch one another, stick together very strongly. And for explaining how this may be, some have invented hooked Atoms, which is begging the Question; [...]." Opticks, pp. 363–364.

Also, Newton attempted to mathematise atomic theory in other writings on optics and chemistry during the course of his career.[54] Moreover, the mere fact that Newton in his *General Scholium* on the *Principia* famously rejected "feigning hypotheses" on processes in nature that are in themselves not observable, but thought at the same time that the atomic theory, unprovable by observation, was the most probable,[55] shows his commitment to what he learned from Lucretius' *DRN* and other ancient and early modern texts on atomic theory.

It could be argued as well that mathematics as such, and the application of mathematics in the study of physical phenomena – and so Newton's whole approach – are inherently un-Epicurean.[56] However, as is implied above in the passage from his own preface to the first edition, Newton professed his hope that with scientific progress the mathematisation of the physical world might one day even lead to the proof of atomic theory. In conclusion, it seems implausible that Newton himself, of his own accord, strictly rejected all Lucretian imagery in Halley's ode in general, as the revised version might seem to indicate.

Nevertheless, due to the politically and philosophically hostile atmosphere towards what was perceived as the consequences of all teachings of Epicureanism, Newton needed to keep his work out of a potential conflict in which he could not risk taking sides. Thus, the position he takes in the same Query 31 is clearly opposite to the Epicurean theory of the gods (and its denial of divine providence). If we examine this together with the passages discussed above, we may conclude that Newton considered the insights gained from descriptions of Epicurean physics to be distinctly separate from the theology, arguing for providentialism.

> Now by the help of these Principles, all material Things seem to have been composed of the hard and solid Particles above mention'd, variously associated in the first Creation by the Counsel of an intelligent Agent. For it became him who created them to set them in

---

54 Johnson/Wilson (Footnote 50), p. 142: "[...] first attempts to quantify atomic phenomena. The mathematisation of the atomic theory is notable in some sections of Newton's optical and chemical writings and in his *Principia*, which contain a mathematical derivation of Boyle's gas law: Newton assumed the existence of particles in his derivation, but refrained from mentioning the atomic hypothesis in this essentially mathematical work."

55 See Wilson, Catherine. "Epicureanism in early modern philosophy." *The Cambridge Companion to Epicureanism*. Ed. Stuart Gillespie, Philip Hardie. Cambridge: Cambridge University Press, 2009. 266–286, p. 272: "Though Isaac Newton in turn professed disdain for hypotheses concerning unobservable processes that did not admit of experimental or mathematical demonstration, he followed Gassendi, Descartes and Boyle in giving a stamp of approval to corpuscularianism in Book 3 of his *Principia*, and in the last Query of the first Latin edition of his Opticks (1706)."

56 See footnote 24.

order. And if he did so, it's unphilosophical to seek for any other Origin of the World, or to pretend that it might arise out of a Chaos by the mere Laws of Nature; though being once form'd, it may continue by those Laws for many Ages. [...] Also the first Contrivance of those very artificial Parts of Animals, the Eyes, Ears, Brain, Muscles, Heart, Lungs, Midriff, Glands, Larynx, Hands, Wings, Swimming Bladders, natural Spectacles, and other Organs of Sense and Motion; and the Instinct of Brutes and Insects, can be the effect of nothing else than the Wisdom and Skill of a powerful ever-living Agent, who being in all Places, is more able by his Will to move the Bodies within his boundless uniform Sensorium, and thereby to form and reform the Parts of the Universe, than we are by our Will to move the Parts of our own Bodies.[57]   (Newton 1718, pp. 377–379)

He had already spelled out the same argument a few years earlier in the *General Scholium* that was appended to the second (1713), and later also in the third edition (1726) of the *Principia*:

This most elegant system of the sun, planets, and comets could not have arisen without the design and dominion of an intelligent and powerful being. And if the fixed stars are the centers of similar systems, they will all be constructed according to a similar design and subject to the dominion of *One*, especially since the light of the fixed stars is of the same nature as the light of the sun, and all the systems send light into all the others. And so that the systems of the fixed stars will not fall upon one another as a result of their gravity, he has placed them at immense distances from one another. He rules all things, not as the world soul but as the lord of all. And because of his dominion he is called Lord God *Pantokrator*.[58]   (Cohen/Whitman 1999, p. 940)

He closed this passage on God's works with:

This concludes the discussion of God, and to treat of God from phenomena is certainly a part of natural philosophy.[59]   (Cohen/Whitman 1999, p. 943)

Here, in the treatment of the origin of particles and thus the whole cosmos at the end of the *Principia*, Newton explicitly rejected the theological implications of Epicureanism as described by Lucretius. Thus, here too he separated the theology

---

57 Newton: Opticks (Footnote 53), pp. 377–379.

58 "Consilio et dominio solo Entis intelligentis, elegantissima haecce Solis et Planetarum compages oriri potuit. Et si stellae fixae sint centra similium systematum, haec omnia simili consilio constructa suberunt Vnius dominio: praesertim cum lux fixarum sit ejusdem naturae ac lux solis, & systemata omnia lucem in omnia invicem immittant. Et ne fixarum systemata per gravitatem suam in se mutuo cadant, hic eadem immensam ab invicem distantiam posuerit. Hic omnia regit non ut anima mundi sed ut universorum Dominus et propter dominium suum Dominus Deus παντοκράτωρ dici solet."

59 "Et haec de deo, de quo utique ex phaenomenis disserere, ad philosophiam naturalem pertinet."

of Epicurean atomic theory from its physics, by which he was influenced – and which he had once even planned to use as justification for his own theory of gravitation, as shown above in the section on the scholia.

3 Conclusion

In the present study I have argued that, to explain the changes to Halley's ode to Newton's *Principia*, the historical context is certainly an important aspect, but this approach lacks an account of Newton's own relation to Lucretius' *DRN*. This is provided by the present paper. It has shown that Newton's own treatment of Epicurean philosophy is more complex than an interpretation that directly ascribes the different versions of the ode, and thus the paratextual framing of the *Principia*, solely to external circumstances: i. e., ascribing the openly Lucretian ode to the Stuart monarchy, and the physico-theological reading to the tumultuous period after the Glorious Revolution. Newton's own writings – about the *DRN* in the scholia and about general notions and concepts of Epicurean natural philosophy in other works mentioned here – show a careful separation of Epicurean physical theory and theology. They also reflect, in general, an intense engagement with, reliance on, and sympathy for the ancient source.

This sympathy for Lucretius' *DRN* (and Halley's original ode) can be substantiated by the fact that in the *Principia*'s third edition of 1726, almost everything[60] – even the seemingly blasphemous passage starting in line 30 – was changed back to Halley's original by its editor, the scholar and physician Henry Pemberton (whom Newton had called *vir peritissimus*, a man of highest expertise, in his preface to the third edition). By then the ideological turmoil around Epicureanism had settled down; not every slightly suspect theological implication needed to be carefully avoided. This version in all its Lucretian glory would become the highlight of early modern poetry about natural philosophy as the paragon for countless other poems, even forming its own genre,[61] on scientific progress and praise of natural philosophers in the following decades.

---

60 I. e. everything besides the abovementioned line 4, so Pemberton's revision reads: "*quas [...] omniparens leges violare creator / noluit, atque operum quae fundamenta locarit:*" instead of Halley's original: "*quas [...] omniparens Leges violare Creator / Noluit, aeternique operis fundamina fixit.*" The notion that matter is eternal (described here as some sort of pre-divine building parts of the world) seems still to have been too unorthodox, even though it had been possible to change everything else back to the original.

61 See Hopkins (Footnote 11), and Albury (Footnote 2), p. 41.

Johanna Luggin

Claude Griffets *Cerebrum* (1727), ein poetischer Führer durch das Gehirn

Abgesehen von grundlegenden neuzeitlichen Veränderungen, Erfindungen und Entdeckungen auf den Gebieten der Kosmologie, der Physik, Mathematik, Biologie und zahlreicher anderer Disziplinen wurden auch bedeutsame neue Ideen auf dem Gebiet der Anatomie von Mensch und Tier und ihre physiologischen wie philosophischen Konsequenzen in einigen Lehrgedichten thematisiert. So verfasste der Däne Jens Frandsen schon 1556 ein ophthalmologisches Werk,[1] Pierre le Coëdics satirische Traumerzählung über die „Welt René Descartes'" beinhaltete einen Abschnitt über dessen Vorstellungen zur menschlichen Anatomie[2] und der italienische Jesuit und Mitglied der Accademia dell'Arcadia Orazio Borgondio verfasste didaktische Gedichte über den Blutkreislauf, die Atmung sowie die Bewegungsabläufe von Tieren.[3] Ein weiteres Beispiel aus der ersten Hälfte des achtzehnten Jahrhunderts bietet uns das Lehrgedicht, das im Zentrum dieses Beitrages stehen soll, und Anatomie, Ursprung und Funktion des menschlichen Gehirns beleuchtet. Dabei zeigt es eine bemerkenswerte Herangehensweise an das Thema des vorliegenden Bandes, die Poetisierung von Wissenschaft.

Verfasst wurde das Gedicht ebenfalls, wie die oben genannten Beispiele, von einem Mitglied der Societas Jesu, dem Franzosen Claude Griffet (1702–1782). Aus seinem Leben sind uns wenige Details überliefert: Er tritt als Herausgeber mehrerer Tragödien von Charles Porée SJ und Guiseppe Carpani SJ in Erscheinung, unterrichtete in den 1750er Jahren Theologie in Paris, und wirkte in unbestimmtem Ausmaß an den theologischen Großwerken seines Bruders Henri mit.[4] Aus

---

1 Jens Frandsen: De fabricatione et coloribus liber elegiaco carmine conscriptus. Wittenberg 1556, s. Heinz Hofmann: Aristaeus und seine Nachfolger. Bemerkungen zur Rezeption des Aristaeus-Epyllions in der neulateinischen Lehrdichtung. In: Humanistica Lovaniensia 52 (2003), S. 343–398, hier S. 346.

2 In Pierre le Coëdic: Mundus Cartesii. In: Poemata didascalica nunc primum vel edita vel collecta. Hg. von François Oudin. Bd. 1. Paris 1749, S. 43–72, hier S. 51–52.

3 Orazio Borgondio: De motu sanguinis. In: Arcadum carmina. Pars prior. Roma 1721, S. 21–28; Orazio Borgondio: De respiratione. In: Arcadum carmina. Pars altera. Roma 1756, S. 8–15. Jüngere Beispiele aus dem neunzehnten und zwanzigsten Jahrhundert s. Hofmann (Anm. 1), S. 346.

4 Charles Porée: Tragoediae. Hg. von Claude Griffet. Paris 1745; Giuseppe Carpani: Tragoediae. Hg. von Claude Griffet. Augsburg, Dillingen 1746. Cf. Henri Griffet: L'année du chrétien contenant des instructions sur les mystères et les fêtes. Paris 1747. Zudem wurden andere Werke Henris, u. a. ein Lehrgedicht *De arte regnandi*, von einigen Biographen fälschlich

dem Widmungsgedicht des Lehrgedichts können wir schließen, dass Claude in den 1720er Jahren Kontakte zur politischen Elite in und um Rouen hatte, oder zumindest suchte.[5] Dort wurde auch sein Lehrgedicht *Cerebrum* 1727 erstmals gedruckt. Der 349 Hexameter umfassende Text wurde Jahrzehnte später, 1813, in die zweite Ausgabe von François Oudins *Poemata didascalica* aufgenommen.[6] Auf Basis dieses schemenhaften Bildes des Autors können wir mutmaßen, dass, während einige Verfasser naturwissenschaftlicher neulateinischer Lehrgedichte Experten auf dem von ihnen poetisch diskutierten Gebieten waren,[7] dies bei Griffet nicht der Fall war. Er scheint hingegen ein im jesuitischen Kontext ausgebildeter und selbst unterrichtender Gelehrter mit unterschiedlichen Interessen gewesen zu sein.[8]

Um die Frage zu beantworten, wie das Thema des menschlichen Gehirns von einem Laien der Medizin präsentiert wird, lohnt eine knappe Zusammenfassung von Aufbau und Inhalt der 349 Zeilen: Das Lehrgedicht beginnt mit einer Anrede an den Leser[9] (V. 1–10), darauf wird in einer *invocatio* nicht eine Muse, sondern Prometheus als Schöpfer des Menschengeschlechts und mithin auch des Gehirns angerufen (V. 11–15). Der Titan erscheint auch tatsächlich und erläutert dem Dichter in etwa 100 Versen die Anatomie des Gehirns mithilfe eines Wachsmodells des Organs, zunächst von außen nach innen den Schädel, die Hirnhäute, die Blutversorgung durch Arterien und Venen, die sich im Hirn in unzählige Bahnen verästeln, was in einem epischen Simile mit dem Wasserkreislauf verglichen wird; dann das Aussehen der Furchen des Frontallappens und die Funktion der

---

Claude zugeschrieben, s. Augustin de Backer, Aloys de Backer, Carlos Sommervogel: Bibliothèque de la Compagnie de Jésus. Bd. 3. Brüssel 1960, S. 1814.

5 Griffet widmet das Gedicht Geoffroy Macé Camus de Pontcarré, dem Präsidenten des Regionalgerichts in Rouen, des Parlement de Normadie.

6 Claude Griffet: Cerebrum carmen. Rouen 1727 (Zitate aus dem Werk stammen sämtlich aus dieser Ausgabe); François Oudin: Poemata didascalica. Bd. 3. Paris 1813, S. 242–253.

7 Hier wären etwa Carlo Noceti oder Roger Boscovich zu nennen, die beide am Collegium Romanum unterrichteten, in unterschiedlichsten modernen Disziplinen wissenschaftlich tätig waren und Lehrgedichte verfassten, cf. Martin Korenjak: Explaining Natural Science in Hexameters. Scientific Didactic Epic in the Early Modern Era. In: Humanistica Lovaniensia 68.1 (2019), S. 135–175; Irina Tautschnig: Carlo Noceti, Iris. Lehrgedicht über den Regenbogen. Einleitung, Text, Übersetzung und Kommentar (Noctes Neolatinae). Im Druck.

8 Wie Yasmin Haskell: Loyola's Bees. Ideology and Industry in Jesuit Latin Didactic Poetry. Oxford 2003 zeigt, zeichnet dies die französischen jesuitischen Verfasser von Lehrgedichten des siebzehnten und achtzehnten Jahrhunderts insgesamt aus.

9 Da man für ein lateinisches Lehrgedicht aus der Feder eines Jesuiten des frühen achtzehnten Jahrhunderts von einem fast ausschließlich männlichen Publikum ausgehen kann, verzichte ich in diesem Fall auf eine gendergerechte Formulierung. Selbstverständlich soll dies potentielle Leserinnen keineswegs völlig ausschließen.

dortigen Nervenzellen, die Impulse im ganzen Körper verbreiten (V. 16–99). In diesen Erläuterungen bedient sich der Dichter nicht nur epischer Sprache und Motive, sondern auch zeitgenössischer anatomischer Termini, die im Schriftbild zumeist durch Kursiva markiert sind.[10] Daraufhin geht Prometheus ab und der Dichter selbst, göttlich inspiriert, schildert die Funktion und den Sitz des Intellekts, seine Beziehung zur Erinnerung, seine Verbreitung bei unterschiedlichen europäischen Völkern, sowie seine Gefährdung durch die *Phantasia*, die Imagination (V. 104–343). Am Schluss stellt der Dichter noch ein weiteres Werk über psychische Krankheiten in Aussicht, das allerdings nie im Druck erschien (V. 343–349).

1 Zeitgenössisches anatomisches Wissen

Claude Griffet präsentiert in seinem Lehrgedicht zeitgenössisches anatomisches Wissen, das in den knapp zwei Jahrhunderten seit dem Erscheinen von Andreas Vesalius' *De humani corporis fabrica* (Basel 1543) von zahlreichen europäischen Gelehrten zusammengetragen wurde. Auf den ersten Blick scheint ein Einfluss der Ideen René Descartes' auf den jungen Jesuiten Griffet evident. Das Gedicht erwähnt die Blutreinigung in der *glandula*, womit wohl Cartesius' Zirbeldrüse, sein Verbindungsglied zwischen Materiellem und Spirituellem, zwischen *res extensa* und *res cogitans*,[11] gemeint ist (V. 47–58):[12] *En circumfusos obducit plurima rivos / Glandula, quae tenues venienti pandit hiatus.*

Nach Descartes unterscheidet Griffet Körper und Geist, letzteren teilt er noch einmal in Intellekt und Erinnerungsvermögen, die er als Göttinnen Pallas und Mnemosyne personifiziert.[13] Diese beiden, so führt er im zweiten Teil seines Gedichts aus, stritten um die Vorherrschaft im Hirn, mit Prometheus als Schiedsrichter, der schließlich beiden einen Platz dort zuwies. Die größte Gefahr für beide Göttinnen, wie Griffet gegen Ende des Werkes in einer Abwandlung des Mythos der Pandora darstellt, sei eine ebenfalls aus den Schriften des

---

10 Beispiele wären *cranion, meninx, dura mater, pia mater, glandula, corpus callosum, fornix* (V. 26; 30; 31–32; 48; 107; ebd.).

11 René Descartes: Les passions de l'âme. Amsterdam 1649; cf. Rafael Ferber: Philosophische Grundbegriffe 2. Mensch, Bewußtsein, Leib und Seele, Willensfreiheit, Tod. München 2003, S. 104–110; Desmond Clarke: Descartes's Theory of Mind. Oxford 2003; Colin F. Fowler: Descartes on the Human Soul. Philosophy and the Demands of Christian Doctrine. Boston 1999.

12 Versangaben ohne Autor- oder Titelangabe verweisen auf das Cerebrum in der Erstausgabe Rouen 1727 (Anm. 6).

13 Clarke (Anm. 11), S. 78–105.

Cartesius bekannte: *Phantasia*, die Imagination, die den Geist zu umnebeln und den Intellekt mit Chimären zu täuschen vermag. Descartes schrieb dazu in seinem *Traité de l'Homme:*

> Mais si plusieurs diverses figures se trouvent tracées en ce même endroit du cerveau [...], les esprits recevront quelque chose de l'impression de chacune, & ce, plus ou moins, selon la diverse rencontre de leur parties. Et c'est ainsi que se composent les chimères, & les hippogriffes, en l'imagination de ceux qui rêvent étant éveillés, c'est-à-dire qui laissent errer nonchalamment çà & là leur fantaisie [...].[14]

Im Vergleich dazu beschreibt Griffet das Treiben der Phantasia wie folgt (V. 323–325): *Nocte magis (placida Pallas quia nocte diurnis / Fessa ministeriis amat indulgere quieti) / Pascit inutilibus mentem irrequieta chimaeris.*[15] Es mag überraschen, dass ein jesuitischer Autor der ersten Hälfte des achtzehnten Jahrhunderts in einem Lehrgedicht Descartes' Lehre rezipiert, bedenkt man, dass der Philosoph und seine Werke besonders von Seiten des Jesuitenordens während und nach seiner Lebenszeit scharf kritisiert wurden und seine Überzeugungen später aus dem jesuitischen Unterricht verbannt wurden.[16] Dennoch schafften es seine Theorien auf indirektem Wege in die Werke und Köpfe der Zeitgenossen, auch der jesuitischen, wurden heftig und wiederholt diskutiert, bisweilen auch auf ironische Weise. Dies geschah besonders auch in jesuitischen Werken, etwa in Daniel Gabriels *Voyage du monde de Descartes*,[17] das seinerseits das zahlreiche Parallelen aufweisende Lehrgedicht des Pierre le Coëdic, *Mundus Cartesii*, inspirierte.[18]

Neben Descartes' flossen auch die anatomischen Erkenntnisse weiterer Gelehrter des siebzehnten Jahrhunderts, der Nachfolger Andreas Vesalius', in Griffets Lehrgedicht ein. Die Betonung der Neuheit des Stoffes – der Dichter nennt

---

14 René Descartes: Oeuvres de Descartes. Hg. von Charles Adam. Bd. 11. Paris 1909, S. 82; cf. Theodore M. Brown: Descartes, Dualism, and Psychosomatic Medicine. In: The Anatomy Of Madness. Essays in the History of Psychiatry. Hg. von William F. Bynum, Michael Shepherd, Roy Porter. Bd. 1. London, New York 2004, S. 40–62, hier S. 42.

15 Noch eindeutiger sind die Parallelen bei dem Cartesianer Louis de la Forge, der die Lehren Descartes' disseminierte, insbesondere dessen *De homine* herausgab und kommentierte. In dieser Edition spricht er ebenfalls über *imaginatio* in Träumen und Chimären, die den Intellekt und das Erinnerungsvermögen täuschen bzw. trüben können, s. Louis de la Forge: Tractatus de mente humana, eius facultatibus et functionibus. Amsterdam 1669, S. 138; 149.

16 Roger Ariew: Descartes and the First Cartesians. Oxford 2014, S. 15–26; Alfredo Gatto: Descartes and the Jesuits. In: Jesuit Philosophy on the Eve of Modernity. Hg. von Christiano Casalini. Leiden, Boston 2019 (Jesuit Studies 20), S. 405–425.

17 Daniel Gabriel: Voyage du monde de Descartes. Amsterdam 1690; übersetzt ins Lateinische als Iter per mundum Cartesii. Amsterdam 1694.

18 Pierre le Coëdic: Mundus Cartesii. In: Poemata didascalica nunc primum vel edita vel collecta. Hg. von François Oudin. Bd. 1. Paris 1749, S. 43–72.

sich an einer Stelle *attonitus rerum novitate* (V. 84) – ist somit zwar als topisch anzusehen, allerdings werden tatsächlich rezente Überzeugungen rezipiert.

Das Wissen über den menschlichen Blutkreislauf etwa, wie ihn William Harvey 1628 erstmals beschrieben hat, gehörte zur Zeit der Abfassung des Gedichts seit Jahrzehnten zur medizinischen *communis opinio*, auch in Frankreich, wo nicht zuletzt René Descartes Harveys Theorie disseminiert hatte.[19] Griffet zählt aber nicht nur den Weg des Blutes im Körper im Allgemeinen zum Wissen, das er bei seinen Lesern voraussetzen konnte, er beschreibt darüber hinaus neuere Erkenntnisse der anatomischen Forschung, etwa den *Circulus arteriosus cerebri*, der die Blutversorgung des Gehirns durch einen Arterienring aus drei Gefäßen sicherstellte, im Englischen nach einem seiner Entdecker „Circle of Willis" genannt (V. 40–51 s. Abb. 1).[20]

Von Thomas Willis scheint Griffet auch dessen Überzeugung zur Rolle der *spiritus animales* im Gehirn übernommen zu haben, der „Lebensgeister", welche für die Weiterleitung von Nervenimpulsen vom Gehirn in den Körper verantwortlich gemacht und je nach Anatom als gasförmig oder flüssig beschrieben wurden (cf. V. 40–44).[21] Griffet spricht sich für Ersteres aus, wenn er die *spiritus* in einem epischen Simile mit Winden und die Seele mit ihrem Herrn, Äolus, vergleicht (V. 109–118):

> Spiritibus patet hic ingens ludentibus aequor
> Certatim huc volitant, et aperta in sede vagantes
> Expectant animae iussa imperiosa vocantis.
> Hic etenim augustas alto sub fornice sedes
> Occupat, hic parvo regnat sublimis in orbe
> Hic habet ad nutum dociles Regina ministros.
>
>   Aeolus ut vasto ventorum in carcere regnans
> Nunc omnes simul immani concurrere lucta,

---

19 William Harvey: Exercitatio anatomica de motu cordis et sanguinis in animalibus. Frankfurt a.M. 1628; Thomas Fuchs: Die Mechanisierung des Herzens. Harvey und Descartes – der vitale und der mechanische Aspekt des Kreislaufs. Frankfurt a.M. 1992; Roger French: William Harvey's Natural Philosophy. Cambridge 1994, S. 179–226; Geoffrey Gorham: Mind-Body Dualism and the Harvey-Descartes Controversy. In: Journal of the History of Ideas 55 (1994), S. 211–234.

20 Er wurde vom Anatomen Thomas Willis in seinem Werk Cerebri anatome (London 1664) beschrieben. Dieses wurde schon 1666 in Amsterdam erneut gedruckt und erfuhr weite Verbreitung auf dem europäischen Kontinent, s. Kenneth Fitzpatrick Russel: British Anatomy, 1525–1800. A Bibliography of Works published in Britain, America, and on the Continent. Winchester 1987, S. 205–208. Vor Willis hatte schon Johann Vesling, Professor für Anatomie in Padua, den *circulus* in seinem weit verbreiteten Werk Syntagma anatomicum (Padua 1641) erwähnt.

21 Erhard Oeser: Geschichte der Hirnforschung. Von der Antike bis zur Gegenwart. Darmstadt 2002, S. 37–59.

Nunc zephyrum, ventosque leves clementior auris
Pacatum mulcere iubet crispantibus aequor, [...].

Hier klafft eine riesige Ebene als Spielwiese für die Lebensgeister. Sicher fliegen sie hierhin und irren umher in dem offenen Platz, warten darauf, dass die Seele ihnen Befehle
erteilt, die sie zu befolgen haben. Hier nämlich, tief unter dem Bogen, sitzt diese, erhaben
herrscht sie hier in einem kleinen Gebiet, hier hat die Königin unterwürfige Diener auf
Geheiß.

Wie Äolus, der im öden Gefängnis der Winde herrscht, befiehlt sie bald allen zugleich zu einem riesigen Kampf zusammenzukommen, bald milder gestimmt dem besänftigten Zephyr und den leichten Winden die zitternden Lüfte zu beruhigen, [...].

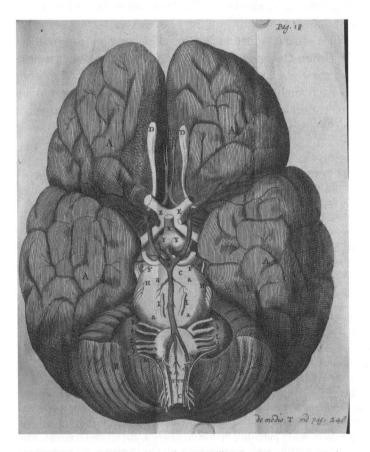

Abb. 1: Zeichnung des Gehirns in Thomas Willis' *Cerebri anatome* mit dem nach ihm
benannten Arterienring rund um den mit E gekennzeichneten Sehnerv.
Thomas Willis, *Cerebri anatome* (Amsterdam 1666, zwischen S. 18 und 19),
Universitätsbibliothek der FAU Erlangen-Nürnberg, Sig. H61/TREW.lx 496.

Griffets Gedicht rezipiert mithin zeitgenössisches anatomisches Wissen, das der Dichter auf kreative Weise in unterschiedlichen Formen in seine Erzählung einbringt. Die komplexe Thematik, die sowohl medizinische als auch philosophische Aspekte beinhaltet, wurde vom Dichter durch verschiedene Strategien auf der einen Seite innovativ dargestellt, um den Leser bei Laune zu halten, auf der anderen Seite bisweilen auch auf einfachere Weise präsentiert, um durch die Komplexität des Themas nicht zu verschrecken. Dies soll im Folgenden näher ausgeführt werden.

2 Das *Cerebrum*: bedeutsam …

Wie sehr viele neulateinische Lehrgedichte nimmt auch das *Cerebrum* die seit Lukrez paradigmatische Dichterklage über die Komplexität des Themas auf wie auch seine Lösungsstrategie, den spröden Inhalt in reizvolle Verse zu kleiden (Lucr. I, V. 931–950) und damit auch den Auftrag des *prodesse et delectare* der *Ars poetica*. Dies geschieht in Griffets Gedicht gleich zu Beginn, und ist in diesem Fall wohl nicht rein topisch, sondern weist auf ein tatsächliches Dilemma hin, das der Dichter auf originelle Weise zu lösen suchte. Das Interesse des Lesers für das komplexe Thema soll gleich zu Beginn geweckt, gleichzeitig seine möglichen Vorbehalte explizit und mehrfach adressiert und ausgeräumt werden. Zugleich präsentiert das zehnzeilige Proömium Griffets poetische Ambitionen. Es stellt das Thema des Gedichts dar und charakterisiert es als völliges Neuland, das es zu betreten gilt (V. 1–10):

> Si qua tui te cura tenet, studioque sagaci
> Si iuvat arcanos naturae accedere fontes
> Huc ades et mecum caecos penetrare recessus
> Ne pigeat. Cerebrum, dominae palatia mentis,
> Ingredior. Si te labyrinthi terret imago
> En adsum, tenuique regens vestigia filo
> Expediam ambagesque viae, erroresque locorum.
> Mira tibi, nec visa prius, spectacula pandam,
> Quas tegis intus opes musa officiosa recludet,
> Ergo adsis, audax dum te tibi pictor adumbrat.

Wenn du dich irgend um dich selbst sorgst, wenn es dich erfreut, an die verborgenen Quellen der Natur in scharfsinnigem Bemühen heranzutreten, komm hierhin, und es soll dich nicht verdrießen, mit mir gemeinsam die verborgenen Schlupfwinkel zu durchforsten. Ich betrete das Gehirn, die Hofstatt der Herrin des Verstandes. Wenn dich das Bild des Labyrinths abschreckt, sieh an, ich bin da und erläutere als Führer mit feinem Faden die Schritte und Abwege und Irrwege der Orte. Ich werde dir wundersame Schauspiele eröffnen, noch nie zuvor gesehene. Die Schätze, die du in dir verbirgst, wird eine geschäftige Muse eröffnen: also sollst du dabei sein, während der wagemutige Maler dich für dich skizziert.

Bereits im ersten Vers (*Si qua tui te cura tenet*) weist der Dichter auf die existenzielle Bedeutung des Sujets für den Leser hin. Alliteration (*tui te cura tenet*; *studioque sagaci*) und Anapher in den ersten zwei Zeilen unterstreichen diese Anrede an den Leser, die weitergeführt wird in Appellen, präsent zu sein, sich auf das Abenteuer einzulassen (V. 3: *huc ades*; V. 10: *ergo adsis*), auf dem der Dichter Wundersames enthüllen wird, das dem Leser gleichzeitig völlig neu ist und doch vertraut sein sollte, gehört es doch zu oder geschieht in seinem eigenen Körper (V. 9: *quas tegis intus opes*; V. 10: *te tibi pictor adumbrat*). Die erste Charakterisierung, die das Sujet im Gedicht erfährt, ist mithin die eines für den Leser höchst bedeutsamen, geradezu existentiellen Themas. Dies ist auch Griffets erste Reaktion auf das Dilemma der Ambivalenz von Komplexität und poetischer Ambition im Lehrgedicht.

3 ... komplex, aber verständlich ...

Schon nach den ersten paar Zeilen folgt eine weitere Reaktion: Die Reise ins Gehirn wird als Abenteuerfahrt stilisiert, die zurecht den ein oder anderen schrecken könnte. Einerseits erhöht der Dichter sein Thema auf diese Weise, andererseits gibt ihm diese Inszenierung die Möglichkeit, sich als vertrauenswürdigen Führer durch das zu erforschende Gehirn anzubieten. Das Thema wird also als komplexes, aber durch die Mühen des Dichters fassbares präsentiert. Diese Bemühungen zeigen sich zum einen in der Verwendung vertrauter sprachlicher, stilistischer sowie motivischer Elemente (3.1), zum anderen in der besonderen Komposition von Anleitung und Instruktion im Werk (3.2).

3.1 Vertraute Sprache, Stil, Motivik

Wenig überraschend für ein neulateinisches Lehrgedicht sind Zitate aus und Übernahmen von Lukrez und den *Georgica* Vergils sowie ihren antiken und neuzeitlichen Nachfolgern – etwa aus René Rapins *Hortorum libri IV* –, gehörten diese doch so selbstverständlich zum Repertoire der Lehrdichtung, dass der Leser diese geradezu erwartete. Griffets Werk enthält ebenso zahlreiche Anspielungen auf, Abwandlungen von und Übernahmen aus den antiken Vertretern des Genres, das Proöm zeigt uns aber wiederum einen besonderen Umgang mit diesen topischen Elementen. Um die Ambivalenz zwischen der Komplexität des Sujets und der Möglichkeit, es durch die Bemühungen des Dichters doch verständlich zu gestalten, aufzuzeigen, versammelt Griffet in den ersten zehn Zeilen eine große Zahl solcher Zitate, Paraphrasen und Anspielungen, die hier nur in den Fußnoten angedeutet werden können (die Hervorhebungen im Text stammen von mir):

> Si qua tui te cura tenet, *studioque sagaci*[22]
> Si *iuvat arcanos naturae accedere fontes*[23]
> *Huc ades*[24] et mecum *caecos penetrare recessus*[25]
> *Ne pigeat.*[26] Cerebrum, dominae palatia mentis,
> Ingredior. Si te *labyrinthi terret imago*[27]
> En adsum, *tenuique regens vestigia filo*[28]
> *Expediam*[29] ambagesque viae, *erroresque locorum*[30].
> *Mira* tibi, *nec visa prius*,[31] *spectacula pandam*,[32]
> Quas tegis intus opes *musa officiosa*[33] recludet,
> Ergo adsis, audax dum te tibi *pictor adumbrat*.[34]

Die wohl deutlichste Parallele ist im zweiten Vers *iuvat arcanos naturae accedere fontes*, das den Leser sofort an Lukrez' Worte *iuvat integros accedere fontis* in seinen Binnenproömien der Bücher eins und vier denken lässt (Lucr. I, V. 926–930 = IV, V. 1–5). Auch die übrigen Anspielungen rekurrieren in der Mehrheit auf *De rerum natura*. Daneben wird gekonnt und spielerisch in den Versen fünf bis sieben der Ariadnemythos herangezogen, um dem Leser seine möglicherweise aufkommende Angst vor der Abenteuerreise zu nehmen (s. u.).

Sprachlich und stilistisch orientiert sich der Dichter in weiten Teilen eng am klassisch-antiken Vorbild. Im Gegensatz zu einigen naturwissenschaftlichen Lehrgedichten der Neuzeit konnte Griffet mit seinem medizinischen Thema, zumindest was weite Teile der Terminologie betrifft, auf bereits in der Antike verwendete, in

---

22 Lucr. I 50–51; I 398–409.
23 Lucr. I 926–30 = IV 1–5.
24 Lucr. I 499.
25 Lucr. III 87–90.
26 Tib. I 6,52.
27 Cat. 64,114.
28 Cat. 64,113; Ov. Pont., IV 3,35; Verg. Aen., VI 30.
29 Lucr. II 66; IV 634; 931; V 77 etc.
30 Verg. Aen., III 181; VII 199.
31 Lucr. I 926–30.
32 Verg. Georg., IV 3; Lucr. V 54.
33 Ov. Pont., I 1,20.
34 Lucr. III 629–30.

der Frühen Neuzeit jedenfalls gebräuchliche lateinische bzw. griechische Fachbegriffe zurückgreifen. Er hält sich deshalb nicht mit Neuschöpfungen auf, bietet auch selten eine erschöpfende Erklärung für Fachtermini, sondern markiert einige, den Lesern wohl weniger bekannte, besonders griechische mit kursivem Druckbild.[35] Andere terminologische Schwierigkeiten, die von Zeitgenossen heftig diskutiert worden waren, umgeht Griffet. So etwa die Frage, was genau jeweils mit *anima, mens* oder *ingenium* gemeint sei. Descartes hatte anders als viele seiner Vorgänger die Begriffe *anima, animus* und *mens* zunächst beinahe synonym benutzt, war in seinen späteren Werken aber dazu übergegangen, das, was er als immaterielle *res cogitans* bezeichnete, konsequent mit *mens* zu benennen.[36] Während andere es ihm gleich taten, zeigt sich bei Griffet im ersten Teil des Gedichts ein Durcheinander der Termini. Dies hängt auch mit seiner Erläuterung der Konzepte Seele, Geist, Intellekt zusammen: Sehr oft nutzt er das Mittel der Personifikation, um diese abstrakten Vorstellungen anschaulich zu beschreiben. So benennt er die Regentin des Gehirns bisweilen als *mens*, dann als *anima* (V. 13; 96; 103; 122; 134 bzw. 105; 111).[37] Daneben werden aber auch die *spiritus animales* als *animae* bezeichnet (V. 119). Im zweiten Teil umgeht Griffet dieses terminologische Problem zum Teil dadurch, dass er die Funktionen des Geistes personifiziert als die Göttinnen Pallas und Mnemosyne, die beide über Teile des Gehirns herrschen (V. 156–343). Dieser Kunstmythos, der vom Kampf der beiden Göttinnen um die Vorrangstellung im Hirn mit Prometheus als Schiedsrichter berichtet, von Minervas Reise über den Erdkreis, auf der sie die Kraft des *ingenium* in unterschiedlichem Ausmaß auf die Völker der Erde verteilte, und vom Auftauchen einer neuen, unkontrollierbaren Bedrohung – Phantasia, einer Schwester der Pandora –, reiht sich ein in die Tradition aitiologisch-mythologischer Epyllien in neulateinischen Lehrgedichten in der Nachfolge Vergils, auch wenn seine Finesse nicht an Erzählungen über Aristaeus, Lynkeus, Ilceus, Syphilus etc. herankommt.[38] Damit erklärt

---

35 Selbstverständlich lässt sich in diesem, wie in so vielen Fällen zum Druckbild, nicht ausschließen, dass nicht der Autor, sondern der Herausgeber bzw. Drucker für die Markierung verantwortlich zeichnet.

36 Fowler (Anm. 11), S. 161–186.

37 Eine solche nicht explizit voneinander abgetrennte Verwendung von *animus, mens* und *anima* findet sich schon bei Lukrez: „sed caput esse quasi et dominari in corpore toto / consilium, quod nos animum mentemque vocamus" (III, V. 138–139); „sic tibi nominis haec expers vis, facta minutis / corporibus, latet atque animae quasi totius ipsa / proporrost anima et dominatur corpore toto" (III, V. 279–281).

38 S. Hofmann (Anm. 1); Martin Korenjak: Short Mythological Epic in Neo-Latin Literature. In: Brill's Companion to Greek and Latin Epyllion and Its Reception. Hg. von Manuel Baumbach, Silvio Bär. Leiden, Boston 2002, S. 519–536.

Griffet das Verhältnis von Intellekt, Erinnerungsvermögen und Imagination, sowie die Tatsache, dass nicht jedem Volk oder jeder Person auf Erden dieselbe Geisteskraft geschenkt wurde.

Griffet nutzt bekannte sprachliche, stilistische und inhaltliche Versatzstücke des antiken Lehrgedichts, aber auch der Epik und anderer Genres ebenso wie bekannter neulateinischer Vorgänger, um ein vertrautes Setting für das fremde Sujet zu erschaffen. Er bedient sich vertrauter literarischer Mittel, um unbekannte Konzepte zu erläutern. Besonders im ersten Teil seines Gedichts, der Instruktion des Dichters durch Prometheus, ist dies etwa mehrmals das epische Simile, das beispielsweise verwendet wird, um die Blutversorgung des Gehirns zu schildern. Hier wird der Kreislauf des Blutes und die Sauerstoffabgabe im Gehirn mit der Wandlung von Salz- zu Süßwasser im Wasserkreislauf verglichen (V. 52–55; 59–65):

> Ac veluti quondam dulces e fontibus undas[39]
> Cum parat Oceanus siccis immittere terris,
> Ingentes tellure lacus effodit in ima
> Quo salsos trudit spumoso vortice fluctus.
> [...]
> Guttula subtiles paulatim illapsa meatus,
> Altius in terris sinuoso volvitur orbe,
> Tum, sale deposito, succosque oblita marinos
> Purior ad montem tractu salit unda perenni,
> Poculaque et gratos latices sitientibus offert.
> Paulatim ascendens ferventi e pectore sanguis
> Haud secus in cerebro succos dediscit inanes.

Und wie wenn Oceanus sich anschickt, Süßwasser aus den Quellen auf die trockenen Fluren zu verteilen, er aus der tiefsten Erde Unmengen an Seen verströmen lässt, woher er Salzwasserströme in schäumendem Strudel vorwärts treibt. [...] Das Tröpfchen rinnt nach und nach in die dünnen Bahnen, wird tiefer in der Erde in gewundenem Kreis herumgeworfen, dann, nachdem es das Salz abgegeben und die Meeressäfte abgelegt hat, steigt die Welle gereinigt den Berg hinauf in ewigem Lauf, und bietet den Dürstenden Trank und willkommenes Nass an: Nicht anders verliert das Blut, das langsam aus der brennenden Brust aufsteigt, im Gehirn seine geleerten Säfte.

Die Parallele eines immerwährenden Kreislaufs, in dessen Verlauf eine Substanzveränderung geschieht, wird heute oft mit umgekehrten Vorzeichen verwendet, um den Wasserkreislauf zu erklären. Schon William Harvey, der Entdecker des Blutkreislaufs, hatte diese Bewegung mit der Verdunstung des Wassers und dessen

---

39 Cf. Verg. Georg., II 243: „[...] dulcesque a fontibus undae".

Wiederkehr zur Erde in Form von Niederschlag in Bezug gesetzt.[40] Und auch René Descartes zog in Kapitel 16 von *De homine* bei seiner Beschreibung des Blutes im Hirn den Vergleich mit Wasser heran und erfreute sich im Folgekapitel an der Ähnlichkeit dieser beiden Phänomene.[41] Im Jahre 1664 erschien in Breslau eine Schrift mit dem Titel *Oceanus macro-microcosmicus*, verfasst von Phillipp Jacob Sachs von Lewenheimb, welche die Parallelen zwischen der Bewegung des Wassers vom und ins Meer und der des Blutes vom und zum Herzen zum Inhalt hatte.[42] Griffet baut diesen Vergleich zwischen Wasser und Blut in ihren Kreisläufen zu einem Simile mit epischem Kolorit aus, wenn er das Meer als Oceanus personifiziert, ebenso wie das Tröpfchen (*guttula*), das sich den Weg nach oben bahnt und vom Salz gereinigt wird. Analog werden auch Bestandteile des Blutes als personifiziert dargestellt, als *spiritus*, die sich ihren Weg mithilfe des Blutes in die hintersten Winkel des Gehirns bahnen können.

Das Beispiel des epischen Simile, das die *spiritus animales*, die auf die Befehle der Seele warten, mit den Winden des Äolus vergleicht, ist bereits genannt worden (V. 109–121; s. o.). Dieses rekurriert zum einen auf die epische Tradition und das erste Buch der *Aeneis* (I, V. 52–91), zum anderen auch auf Lukrez, von dem Vergil die Idee übernommen hatte, dass die Winde in Höhlen hausten (VI, V. 189–203).

Griffet schöpft mithin die Möglichkeiten, die ihm die Tradition des Lehrgedichts bot, aus, um sein komplexes medizinisches Thema mit poetischer Finesse zu behandeln. Er verwendet eine Vielzahl an vertrauten Anspielungen, baut an unterschiedlichen Stellen episches Kolorit ein, arbeitet mit Mythos und Kunstmythos, Personifikation, Allegorese. Dadurch wird bis zu einem gewissen Grad auch die Notwendigkeit vermieden, Funktion, Aufbau und Aussehen des Gehirns detailliert im Einzelnen zu beschreiben, was das Werk sicherlich zu komplex und mit großer Wahrscheinlichkeit für den Leser ermüdend gemacht hätte. Eine besonders innovative Strategie des Dichters, seine Thematik lebhaft und einleuchtend zu beschreiben, ist aber die Instruktion durch den Erzähler.

---

40 Harvey (Anm. 19), cap. III; cf. Walter Pagel: William Harvey and the Purpose of Circulation. In: Isis 42 (1951), S. 22–38, hier S. 23–26.

41 René Descartes: Tractatus de homine et De formatione foetus. Amsterdam 1677, S. 27–29.

42 Phillipp Jacob Sachs von Lewenheimb: Oceanus macro-microcosmicus seu dissertatio epistolica de analogo motu aquarum ex et ad Oceanum, sanguinis ex et ad cor. Breslau 1664; cf. Iva Lelková: The Ebb and Flow of Blood. A Case Study on the Early Modern Analogy of Movement of Seawaters and the Circulation of Blood in the Human Body. In: Acta Comeniana 28 (2014), S. 127–144.

3.2 Instruktion

3.2.1 Das Versprechen des Autors

Die Erzählsituation des Gedichts, die Vermittlung des Dargestellten im *Cerebrum* bietet Überraschendes: Am Beginn des Textes wird der Leser direkt angesprochen, der Dichter als vermeintlicher Vermittler des im Folgenden vorgestellten Wissens präsentiert. Dann aber tritt unerwartet ein anderer Lehrmeister auf, bevor der Erzähler im zweiten Teil des Gedichts tatsächlich über die Geheimnisse des Gehirns unterrichtet. Die Instruktion des Lesers lässt sich wiederum bis zum Lukrez'schen Vorbild zurückverfolgen, der sein Werk Memmius widmete und es diesem als Lehrwerk präsentierte. Analog stellt sich der Dichter im *Cerebrum* als Führer des Lesers durch das Gehirn bereits in den ersten Zeilen vor (V. 1–10; s. o.), er verspricht, an seiner Seite zu bleiben (V. 3: *mecum*; V. 6: *en adsum*) und ihn durch das gesamte Abenteuer der Erforschung des Gehirns hindurch zu führen, gleich dem Ariadnefaden, der Theseus ebenfalls durch ein Labyrinth leitete (V. 5b–7): *Si te labyrinthi terret imago / En adsum, tenuique regens vestigia filo / Expediam ambagesque viae, erroresque locorum.*

Die Metapher des Labyrinths ist hier sicherlich passend, da dieses nicht nur ein Mysterium symbolisiert und ein erhebliches, möglicherweise furchteinflößendes Hindernis darstellt, sondern mit seinen zahllosen Windungen auch das Aussehen des Gehirns abbildet. Gleichzeitig versinnbildlicht der angesprochene Faden sowohl Sicherheit auf der Reise durch das Labyrinth als auch die existenzielle Bedeutung des Themas, wenn wir an die Wendung *pendere tenui filo* denken. Das Ariadnesujet wurde seit der Antike bei der metaphorischen Beschreibung schwieriger Unterfangen bemüht und kam auch im Kontext komplexer naturwissenschaftlicher Darstellungen vor Griffet zur Anwendung: Athanasius Kircher verwendete die Metapher des Ariadnefadens etwa, um seine Sammlung an Artefakten, Schriften und Kuriosa zu beschreiben, die den Neugierigen aus dem Labyrinth der Unwissenheit führten.[43]

3.2.2 Lehrmeister Prometheus

Recht überraschend und unvermittelt tritt nach diesem Statement und Versprechen des Dichters zu Beginn zunächst eine andere Figur als Lehrmeister auf: der Titan Prometheus. Er erklärt im ersten Teil des Gedichts dem Erzähler und

---

43 Haskell (Anm. 8), S. 81.

durch dessen Vermittlung dem Leser die Anatomie des Gehirns. Prometheus übernimmt an dieser Stelle die traditionelle Rolle der Musen oder Apollos als göttliche Inspiration des Dichters. Der Titan ist keine ungewöhnliche Figur in neulateinischen Texten mit naturwissenschaftlichem Sujet. Nachdem das Interesse an diesen Themen in der Neuzeit stetig gestiegen war, wurde Prometheus immer öfter als mutiger Zivilisationsbringer und Vorbild des Wissenschaftlers gepriesen.[44] Aber im *Cerebrum* ist Prometheus noch mehr: Als Schöpfer des menschlichen Körpers und mithin Experte zu dem Thema tritt er als einer der Führer durch das verwirrende Labyrinth des Gehirns auf. Er erklärt dieses mithilfe eines Wachsmodells und erscheint so wie ein Dozent der Anatomie, der die sezierten Teile des menschlichen Körpers seinen Studierenden oder anwesenden Kollegen veranschaulicht (s. Abb. 2).

Mehrere eigentümliche Stellen im Gedicht geben diesem Bild einen – wohl intendierten – kuriosen Charakter:

(1) Während Prometheus die äußeren und inneren Teile des Gehirns referiert, schickt sich der gespannt folgende Dichter an, tausende Fragen zu stellen, wird aber durch seine Unschlüssigkeit daran gehindert, sodass der Lehrmeister mit seinen Ausführungen fort fährt, ohne dem Dichter eine Chance zu geben, auch nur eine Frage an ihn zu richten (V. 82–86):

> Haec mihi divina dum narrat voce Prometheus,
> Quaerere multa velim, sed copia multa morantem
> Obruit. Attonitus rerum novitate silebam,
> Attentisque inhians oculis dicentis ab ore
> Pendebam. [...]

> Während mir dies Prometheus mit göttlicher Stimme erzählt, möchte ich vieles fragen, zögere aber, überwältigt von der schieren Anzahl [möglicher Fragen]. Verblüfft ob der Neuheit dieser Dinge blieb ich stumm, und mit aufmerksamen, weit aufgesperrten Augen hing ich am Mund des Sprechenden.

(2) Als der Dichter sich später endlich für seine brennendste Frage entscheiden kann, nämlich wo im Gehirn der Geist zu verorten sei, hat sein Führer ihn bereits abrupt und überraschend verlassen (V. 102–104): *Dixit, et in tenues evanidus avolat auras. / Quaerere tum volui qua mens dominetur in arce / Unde regat corpus, moderatrix sedula: [...].*

---

44 Ebd., S. 123.

Abb. 2: Frontispiz der zweiten Ausgabe von Thomas Willis' *Cerebri anatome*. Es zeigt den Autor mit Fachkollegen beim Sezieren des Gehirns eines Verstorbenen. Auf der Abbildung stehen sich Empirie durch eigene Anschauung bei der Sektion eines Menschen und Glaube an die antiken Autoritäten, versinnbildlicht durch das Nachschlagen im Buch, gegenüber. Thomas Willis, *Cerebri anatome* (Amsterdam 1666, Bl. A1ʳ), Universitätsbibliothek der FAU Erlangen-Nürnberg, Sig. H61/TREW.Ix 496.

3.2.3 Instruktion durch den Dichter

Nach dem Verschwinden Prometheus' plötzlich auf sich allein gestellt, kann die Erzählinstanz, der Dichter, dank göttlicher Inspiration durch den Titanen allerdings selbst fortfahren, dem Leser das Innerste des Gehirns zu präsentieren. So schafft er es, für die verbleibenden 243 Verse des Gedichts der zuverlässige Führer zu sein, den er der Leserschaft am Beginn seines Textes versprochen hatte. Er schickt sich mithin an, die innersten Teile des *cerebrum* zu erläutern, Informationen, die brandneu oder bis zu diesem Zeitpunkt von den Gelehrten missinterpretiert worden waren, wie er am Beginn seiner Ausführungen klar macht (V. 104b–106): [...] *priscis / Indeprensa sophis animae penetralia vidi / Aut vidi, plenusve Deo vidisse putavi.*

Von diesem Punkt bis zum Ende des Gedichts tritt also der Dichter als Lehrmeister des Lesers und sein Führer auf und führt ihm neues anatomisches Wissen vor Augen.

Diese Konstruktion von Belehrung und Begleitung im Gedicht – mit dem Dichter, der am Beginn des Werkes eine solche verspricht, Prometheus, der dann unmittelbar als erster Lehrmeister auftritt, und der anschließenden Übernahme der Instruktion durch den Dichter selbst – wird wohl nach dem Vorbild des Lukrez modelliert sein, wo der göttliche Epikur den Dichter inspiriert, der dann seinen Adressaten Memmius belehren möchte, sodass dieser die vorliegende Thematik nicht nur verstehe, sondern auch inspiriert werde, sie selbst weiter zu erforschen.[45] Griffet präsentiert hier also eine kreative, neuartige Interpretation dieser Konstellation ‚göttlicher Lehrmeister – Dichter – Schüler'. In seiner Version dieser Beziehung ist eine Entwicklung des Dichters, ein Lernprozess bis zu seiner Emanzipation erkennbar: Durch göttliche Inspiration und sein eigenes Interesse am Thema kann der Dichter vom passiven Zuhörer des Prometheus'schen Monologes, der noch nicht imstande ist, seine Wissbegier in Worte zu fassen und Fragen zu formulieren, plötzlich selbst zum Lehrmeister werden, und zwar zu einem bisher missverstandenen Thema. Seine Ausführungen zum Gehirn sind denn auch bedeutend länger als die des Titanen, etwa zweieinhalb Mal so lang.[46] Und während Prometheus recht allgemeines, seit Jahrzehnten bekanntes Wissen präsentiert, kann der Dichter rezente Erkenntnisse der Anatomie sowie brisante Lehrmeinungen referieren. Damit könnte Griffet auf kreative Weise versucht haben, die Beziehung zwischen der älteren Generation von Lehrmeistern der Anatomie, die sich noch weitgehend auf

---

45 Lucr. III, V. 398–409.
46 Prometheus: V. 16–99; Dichter: V. 103–343.

Autoritäten stützten – antike wie neuzeitliche – und eine solche Autorität auch für ihre Lehren beanspruchten, sowie ihren jungen Schülern zu porträtieren, die sich mit den Ausführungen ihrer Lehrer nicht zufrieden gaben, sondern es wagten, Fragen zu stellen, selbst nachzuforschen, zu experimentieren und auf diese Weise neue Erkenntnisse zu erlangen. Die Kluft zwischen Altem und Neuem betrifft im *Cerebrum* mithin nicht nur das sprachliche Reservoir oder die generischen Charakteristika des antiken bzw. neuzeitlichen Lehrgedichts, sondern auch das „alte" vs. „neue Wissen", Autoritäten und den Umgang mit ihnen.

4 … und doch rätselhaft

Griffet löste also die Diskrepanz zwischen Komplexität und verständlicher Darstellung im Lehrgedicht in seinem *Cerebrum* zum einen durch eine enge sprachliche, motivische und stilistische Anlehnung an die antiken Klassiker, besonders Lukrez, zum anderen durch das kreative Präsentieren der Instruktion im Werk. Betrachtet man den durch das Gedicht vermittelten Inhalt, so offenbaren sich zahlreiche Stellen trotz des Versprechens des Dichters und der Instruktion durch ihn bzw. Prometheus als durchaus knifflig. Das anatomische und allgemein medizinische Wissen, über welches der ideale Leser verfügen sollte, um Anspielungen, Allegorien, Simile und vieles mehr zu verstehen, ist zwar nicht enorm, aber doch nicht zu vernachlässigen: So werden Basiskenntnisse über den Aufbau des menschlichen Schädels ebenso vorausgesetzt wie solche über die Spirituslehre[47] – der *spiritus* als Vermittler zwischen Körper und Geist – und die Beziehung zwischen Körper und Geist generell. Dies passt zum Charakter des (antiken und neuzeitlichen) Lehrgedichts, das zwar durchaus zur Wissensdissemination geschrieben wurde,[48] aber eben an interessierte Gelehrte, die über das nötige Hintergrundwissen verfügten; und das darüber hinaus nicht nur Wissensvermittler sein sollte, sondern eben auch Dichtung. Auch im *Cerebrum* ist ein großer Teil der Komplexität dem poetischen Bemühen Griffets geschuldet, der Kunstmythen und kreative Simile ebenso einbaut wie dunkle Sprache, um brisante Fragen über den Charakter der Seele zu umgehen.

Die dichterische Leichtigkeit zeigt sich etwa beim Spiel mit den Themen Intellekt und Imagination: Griffet charakterisiert dabei nicht nur die *ingenia*

---

47 Gerhard Klier: Die drei Geister des Menschen. Die sogenannte Spiruslehre in der Physiologie der Frühen Neuzeit. Stuttgart 2002.
48 Korenjak (Anm. 7).

verschiedener europäischer Nationen, wenn er sie von Pallas als personifiziertem Intellekt mit solchem ausstatten lässt (V. 218–302), sondern spielt über das gesamte Werk hindurch mit der Rolle der Imagination, die Gewaltiges erschaffen, den Geist aber auch verwirren kann. Phantasia wird als maßgebliche Gefahr des Intellekts dargestellt, sie wird mit Pandora in Zusammenhang gebracht und bringt im Kontrast zu Pallas nicht intellektuelle Fähigkeiten, sondern eine Vielzahl an psychischen Krankheiten (V. 303–343). Wenn sie vom Intellekt gebändigt werden könnte, so meint der Dichter, könnte Phantasia eine nützliche Gefährtin sein, andernfalls werde der Geist durch sie völlig verwirrt (V. 336–440). Diese Einführung der Imagination gegen Ende des Gedichts lässt uns seinen Anfang, den Monolog des Prometheus und die Instruktion durch den Dichter in ganz neuem Licht sehen: Wenn wir das Erscheinen des Titanen nach der *invocatio* näher betrachten, so zeigt sich, dass der Dichter nicht explizit sagt, der Halbgott sei erschienen und habe gesprochen, sondern dass es ihm so erschien (V. 16–17): *Haec ego dum supplex agitarem mente, Prometheus / Visus adesse mihi.*[49] Und, wie wir im Zitat oben schon gesehen haben, heißt es noch an anderer Stelle, als der Dichter die Rolle des Lehrmeisters übernimmt: *Aut vidi, plenusve Deo vidisse putavi.* Hier hat Griffet also ein Spiel mit Realität und Vorstellung, mit der Macht der Imagination in ein Gedicht eingebaut, das nicht nur am Ende vor den Gefahren der Phantasia warnt, sondern auch ein weiteres Werk mit dem Fokus auf Geisteskrankheiten ankündigt. Dieses Spiel nimmt der Darstellung des Dichters etwas an Ernsthaftigkeit, liefert eine heitere Komponente, da es den Leser an den geistigen Fähigkeiten des über Geist, Seele und Hirn dichtenden Poeten zweifeln und ihn die Glaubwürdigkeit des Dargestellten hinterfragen lassen kann. Womöglich war es gar nicht Prometheus, der den Dichter inspirierte und sein Wissen referieren ließ, sondern einzig sein durch Phantasia vernebelter Geist?

5 Fazit

Ganz nach der Tradition des Genres behandelt Griffet in seinem *Cerebrum* ein komplexes und kontroverses Sujet und zeigt ein klares Bewusstsein für die Schwierigkeit seines Stoffes, für die „Herausforderungen der Poetisierung von Wissenschaft". Er begegnet diesen geradeaus, hebelt gleich zu Beginn mögliche Vorbehalte seiner Leser aus, indem er verspricht, ihr zuverlässiger und kundiger

---

49 Cf. Aen., II, V. 270–271, wo Hektor im Traum erscheint: „In somnis, ecce, ante oculos maestissimus Hector / Visus adesse mihi."

Lehrmeister zu sein. Aus Haskells Studie zum Lehrgedicht aus der Feder jesuitischer Autoren wird ersichtlich, dass französische Jesuiten in der Zeit der Abfassung dieses Gedichts ihre Werke stärker am Vorbild Vergils ausrichten als an Lukrez. Im *Cerebrum* finden sich im Gegensatz dazu zahlreiche Zitate und klare Anspielungen auf *De rerum natura*, mehr als auf irgendein anderes antikes oder neuzeitliches Werk. Dies wird besonders aus dem Proömium klar. Was „Neues" und „Altes" im Gedicht betrifft, so findet sich eine topische Betonung der Neuheit des Stoffes – und der Inhalt des Werkes bietet sehr viel Neues, rezentes anatomisches Wissen, das den meisten Lesern wohl nur zum Teil bekannt war –, aber auch zahlreiche bewusste Rückgriffe auf die antike Tradition der Lehrdichtung. Letzteres betrifft Sprache, Motivik, und auch die Erzählsituation des Textes. Aus diesen macht Griffet in den allermeisten Fällen allerdings doch etwas Neues, er interpretiert und präsentiert es auf kreative oder innovative Weise. Dies zeigt sich besonders in der Erzählsituation, die nach dem Vorbild des Lukrez modelliert ist, aber doch neue Wege geht.

Mithilfe solcher Strategien wollte Griffet den Leser unterhalten, aber auch anatomisches Wissen auf geistreiche Weise verbreiten. Bedenkt man, dass Lehrgedichte, insbesondere solche, die in jesuitischem Kontext entstanden, nicht nur in Manuskriptform und Druck zirkulierten, sondern möglicherweise auch bei offiziellen Veranstaltungen rezitiert wurden – insbesondere, wenn sie von einem Lehrer verfasst worden waren –, vor Mitgliedern des Ordens, Lehrern, aber auch Schülern, so drängt sich der Gedanke auf, dass das Gedicht vielleicht noch mehr wollte: eine Inspiration bieten für die junge Generation, ihr Interesse am Thema wecken, ihre Bereitschaft, an wissenschaftlichen Aktivitäten teilzuhaben, zu lernen, aber auch selbst nachzuforschen, Dinge zu hinterfragen und Wissen zu generieren, ganz nach dem Vorbild des Erzählers des *Cerebrum*.[50]

---

50 This project has received funding from the European Research Council (ERC) under the European Union's Horizon 2020 research and innovation programme (grant agreement No. [741374]).

Reinhold F. Glei

Tertius motus: Die Erklärung der Präzession im *Anti-Lucretius* des Melchior de Polignac

Bei der Darstellung naturwissenschaftlicher Sachverhalte im Lehrgedicht[1] sind grundsätzlich zwei Ansätze zu unterscheiden: der phänomenologische und der kausale. Zunächst ist zu fragen, ob der zu erklärende Sachverhalt korrekt (das heißt nach Maßgabe der zeitgenössischen Fachwissenschaft) erfasst und referiert ist; gewisse poetische Lizenzen sind dabei zu konzedieren, aber das Maß der Genauigkeit kann gleichzeitig als Maß für die poetische Qualität des Lehrgedichts dienen, denn für die Poetologie des (antiken wie neuzeitlichen) Lehrgedichts muss prinzipiell von einem Ideal wissenschaftlicher Korrektheit ausgegangen werden. Die Glaubwürdigkeit des Lehrgestus hängt entscheidend von der Verlässlichkeit der Sachinformation ab, auch wenn diese gar nicht das eigentliche didaktische Objekt sein sollte (wie es etwa beim sogenannten transparenten Typ der Fall ist).[2] Hesiod und Vergil wollten gewiss nicht die Bauern über die Landwirtschaft belehren, wie schon Seneca feststellte,[3] aber wenn sie agrarisches Wissen nicht korrekt reproduziert hätten, wäre ihre moralische Botschaft nicht ernstgenommen worden. Arat wurde bekanntlich dafür kritisiert, dass er astronomische Fehler begangen und die Phänomene eben nicht vollständig korrekt beschrieben habe;[4] die alexandrinische *l'art pour l'art*-Hypothese (Arat habe gerade als Nichtfachmann eine ihm fremde Disziplin ,lehren' wollen) trägt deutlich apologetische Züge,[5] und die lateinischen

---

1 Zu grundsätzlichen Fragen vgl. den Artikel von Martin Korenjak: Explaining Natural Science in Hexameters. Scientific Didactic Epic in the Early Modern Era. In: Humanistica Lovaniensia 68.1 (2019), S. 135–175.
2 Vgl. Bernd Effe: Dichtung und Lehre. Untersuchungen zur Typologie des antiken Lehrgedichts. München 1977.
3 Sen. Ep. mor., 86,15: „Vergilius [...], qui non quid verissime sed quid decentissime diceretur aspexit, nec agricolas docere voluit sed legentes delectare."
4 Vgl. Cic. De or., 1,69: „constat inter doctos, hominem ignarum astrologiae ornatissimis atque optimis versibus Aratum de caelo stellisque dixisse."
5 Die anekdotische Überlieferung findet sich in den antiken Viten, die den Ausgaben der Phainomena vorangestellt waren, siehe Georg Knaack: Aratos (6). In: RE 3 (1895), S. 391–399.

Arat-Bearbeitungen zeigen die Tendenz, inhaltliche Fehler des Originals zu verbessern.[6]

Der kausale Ansatz steht auf einem völlig anderen Blatt. Viele Lehrgedichte beschränken sich dezidiert auf das Phänomenologische und nehmen kausale Erklärungen gar nicht in den Blick; dies ist bei landwirtschaftlichem oder generell bei praktischem Alltagswissen durchaus verständlich und naheliegend, da die komplexen Vorgänge hinter den Phänomenen oft undurchschaubar und für den Durchschnittsleser auch nicht relevant sind. Auch in den astronomischen Lehrgedichten kommt es eher auf praktische Himmelsbeobachtung als auf wissenschaftliche Erklärungen an – für den Seemann ist es unerheblich, ob sich die Sonne um die Erde dreht oder umgekehrt. Anders sieht es jedoch bei denjenigen Lehrgedichten aus, die eine bestimmte philosophische Lehre vertreten bzw. verbreiten wollen: Sie nehmen die Phänomene nur als Ausgangspunkt, um ihre Weltsicht zu entwickeln. Zu diesem Zweck müssen sie sich der Begründung der Phänomene widmen, d. h. den Leser in einem rationalen Diskurs von der Wahrheit ihrer Lehre überzeugen. Mit anderen Worten: Sie stellen Hypothesen auf, die mithilfe der Phänomene bzw. phänomenologischer Betrachtungen bewiesen werden sollen; umgekehrt müssen sich aber auch die Hypothesen den Phänomenen ‚stellen', d. h. sie könnten schlimmstenfalls durch die Beobachtung auch falsifiziert werden.

Das Lehrgedicht des Lukrez ist ohne Zweifel das herausragende Beispiel für eine einheitliche kausale Erklärung nahezu sämtlicher Naturphänomene durch die demokritisch-epikureische Atomlehre. Die Naturerkenntnis ist dabei freilich kein Selbstzweck, sondern, Hand in Hand mit der Poetisierung, ein Mittel zur Plausibilisierung ethischer, anthropologischer und (anti-)theologischer Positionen.[7] Dieselbe Intention, nur mit umgekehrtem Vorzeichen, verfolgt dementsprechend der *Anti-Lucretius* des Kardinals Melchior de Polignac (1661–1741): Mithilfe rationaler Deutung von Naturphänomenen (auf der Grundlage zeitgenössischer wissenschaftlicher Erkenntnisse) versucht der Autor, eine anti-lukrezische bzw. anti-epikureische Ethik, Anthropologie und Theologie zu begründen (so programmatisch im ersten Buch, *De voluptate* betitelt).[8] Dabei verselbstständigen

---

6 Das ist schon für Ciceros Übersetzung der Fall, spätere Arat-Bearbeitungen gehen noch weiter. Der Astronom Hipparch verfasste im zweiten Jahrhundert v.Chr. einen kritischen Kommentar zu Arat, in dem er ihm seine Fehler nachwies.

7 Siehe dazu grundlegend: Hans Blumenberg: Schiffbruch mit Zuschauer. Paradigma einer Daseinsmetapher. Frankfurt a.M. 1979; außerdem Verf.: Erkenntnis als Aphrodisiakum. Poetische und philosophische *voluptas* bei Lukrez. In: Antike & Abendland 38 (1992), S. 82–94.

8 Dabei reagiert der Autor insbesondere auf die ‚Rehabilitierung' Epikurs und seiner Ethik durch Pierre Gassendi (1592–1655); vgl. den Überblick von Olivier Bloch: Pierre Gassendi.

sich allerdings oft die naturwissenschaftlichen Erörterungen so weit, dass der Zusammenhang mit der religiösen Grundintention völlig aus dem Blick gerät: Man gewinnt den Eindruck, dass sich der Kardinal meist von der Wissenschaft um ihrer selbst willen begeistern lässt, wie man es für das Zeitalter der wissenschaftlichen Revolution als typisch anzusehen geneigt ist. In den Büchern 2–8 treten daher die moralischen und theologischen Aspekte zugunsten der Naturwissenschaft, die sowohl in den großen Themen als auch in zahlreichen Detailfragen präsent ist, ganz zurück.[9] Wie sein erklärter Feind, der antike Dichter Lukrez, achtet der Kardinal dabei stets auf zweierlei: auf strikte Korrektheit nach Maßgabe des zeitgenössischen Wissensstandes und auf ebenso strikte rationale Plausibilität.

Entscheidend für die Beurteilung der sachlichen ‚Korrektheit' ist die chronologische Verortung: Das Lehrgedicht erschien zwar erst postum 1747, verfasst wurde es aber bereits rund 50 Jahre früher, nämlich nach einer eindrücklichen Begegnung des Autors mit Pierre Bayle 1697 in den Niederlanden, als Polignac, wegen eines diplomatischen Misserfolgs bei Ludwig XIV. in Ungnade gefallen, fünf Jahre in der Abtei Bonport in der Normandie verbringen musste.[10] Das Lehrgedicht ist vermutlich damals im Wesentlichen fertiggestellt worden, denn Spuren späterer Bearbeitung lassen sich kaum finden. Das neunte Buch blieb unvollendet (nur das Proömium ist erhalten),[11] und manche Dubletten, Brüche und Widersprüche zeugen vom Zustand der Unfertigkeit – auch darin ist Polignac ironischerweise seinem ‚Vorbild' Lukrez ähnlich.

In: Die Philosophie des 17. Jahrhunderts. 2: Frankreich und Niederlande. Erster Halbband. Hg. von Jean-Pierre Schobinger. Basel 1993, S. 201–230.

9 Ein Beispiel ist die Diskussion um Urzeugung und Fortpflanzung und die Kontroverse zwischen ‚Ovulisten' und ‚Spermatisten' im 7. Buch; siehe dazu Verf.: *Novus orbis*: Melchior de Polignac über das Mikroskop. In: Acta Conventus Neo-Latini Abulensis. Proceedings of the Tenth International Congress of Neo-Latin Studies, Avila 4–9 August 1997. Hg. von Rhoda Schnur et al. Tempe, Arizona 2000, S. 283–291.

10 Zur Editionsgeschichte, die noch nicht vollständig aufgearbeitet ist, vgl. meinen in Anm. 9 genannten Aufsatz sowie Claudia Schindler: Aeternitatis et immortalitatis desiderio ardere homines. Unsterblichkeitsbeweise in der neulateinischen Lehrdichtung von Palaerio bis Polignac. In: Wolfenbütteler Renaissance-Mitteilungen 35.2 (2014), S. 125–153, insbes. S. 145–146, mit der älteren Literatur.

11 AL 9,1–24a. Danach bricht der Text ab. Die folgende, anstelle des 9. Buches gesetzte *Conclusio totius operis* stammt vermutlich nicht von Polignac selbst, sondern ist eine Kompilation des postumen Herausgebers, des Abbé de Rothelin. Es wurde sogar die These vertreten, die Bücher 6–9 stammten insgesamt von Rothelin: vgl. Wolfgang Bernard Fleischmann: Zum *Anti-Lucretius* des Kardinals de Polignac. In: Romanische Forschungen 77 (1965), S. 42–63. Nähere Untersuchungen dazu fehlen.

Die Spannung zwischen dem phänomenologischen und dem kausalen Ansatz lässt sich gut an der Diskussion um die Newton'sche Gravitationslehre erkennen: Polignac bestreitet nicht, dass sich damit die Phänomene korrekt beschreiben und insbesondere berechnen lassen, aber er kritisiert immer wieder die in seinen Augen irrationale Annahme einer unerklärlichen Fernwirkung durch den (angeblich) leeren Raum.[12] Tatsächlich hat Newton dafür keine Begründung gegeben (vgl. seinen berühmten Ausspruch *hypotheses non fingo*), was Polignac als den entscheidenden Mangel dieser Theorie ansieht, den sie im Übrigen mit der lukrezischen bzw. epikureischen Kinetik teile.[13] Demgegenüber vertritt (und erläutert) Polignac die zwar kompliziertere, aber für ihn kausal eher nachvollziehbare Cartesianische Wirbeltheorie (AL 4,575–932).[14] Man liest immer wieder, Polignac hänge hiermit starrsinnig einer inzwischen obsoleten, durch Newton überholten Lehre an,[15] aber das trifft keineswegs zu: Zum einen wurden beide Theorien bis weit ins achtzehnte Jahrhundert hinein noch als prinzipiell gleichwertig diskutiert;[16] erst aus heutiger Sicht erscheint die Wirbeltheorie als antiquiert und eher naiv. Zum anderen gab es tatsächlich vor Einstein keine rationale Erklärung für die Gravitationstheorie. Erst durch die Allgemeine Relativitätstheorie (zuerst 1915) wurde eine solche möglich, und es sollte noch weitere 100 Jahre dauern, bis sie durch das LIGO-Team experimentell bewiesen wurde.[17] Zum Zeitpunkt der Publikation des *Anti-Lucretius* (1747) setzten zwar nur noch wenige Gelehrte gegen Newton auf Descartes, aber es besteht kein Grund, über Polignacs angeblich anachronistische Verteidigung der Wirbeltheorie, die schon fast 50 Jahre früher entstand, die Nase zu rümpfen. Im

---

12 Vgl. dazu insbesondere den in das 2. Buch eingefügten Exkurs über Newtons Theorie des Vakuums und der Gravitation (AL 2,865–991), die Polignac als „Märchen" (*fabula*) bezeichnet.

13 Darüber handelt das 4. Buch (*De motu*) des *Anti-Lucretius*: vgl. insbesondere AL 4,933–1124 über die Gravitationstheorie.

14 Vgl. René Descartes: Die Prinzipien der Philosophie. Lateinisch-deutsch. Übersetzt und herausgegeben von Christian Wohlers. Hamburg 2005 (darin Teil 3: De mundo adspectabili).

15 Ein Beispiel von vielen: Ernest J. Ament: The *Anti-Lucretius* of Cardinal Polignac. In: TAPhA 101 (1970), S. 29–49: „We could smile, for instance, when he rejects his friend Newton's ‚new theory' of the universal attraction of matter to explain weight [...] and his insistence on void to explain movement, did not this rejection evidence how slow to any age is the prevalence of truth over age-old error" (S. 40).

16 Vgl. dazu ausführlich Tanja Thern: Descartes im Licht der französischen Aufklärung. Studien zum Descartes-Bild Frankreichs im 18. Jahrhundert. Heidelberg 2003, S. 129–219. Thern geht auf Polignac allerdings nur en passant ein.

17 Einsteins Hypothese der Gravitationswellen wurde 2015 mit dem ‚Laser Interferometer Gravitational Wave Observatory' (LIGO) experimentell nachgewiesen, wofür die Wissenschaftler 2017 den Nobelpreis für Physik erhielten.

Kern war die Idee ja durchaus richtig, dass es keine instantane Fernwirkung ohne Übertragungsmedium geben kann.[18]

An einem konkreten Beispiel soll im Folgenden erläutert werden, wie Polignac einen bestimmten naturwissenschaftlichen Sachverhalt und seine Begründung poetisch dargestellt hat. Ausgewählt wurde die sogenannte Präzession der Erdachse, weil sich hieran die jeweiligen Ansätze in ihren unterschiedlichen Zugriffsmodi sehr schön demonstrieren lassen. Zur Erklärung muss (mit Polignac) ein wenig weiter ausgeholt werden.

Die Bewegung der Erde setzt sich nach den Erkenntnissen der zeitgenössischen Astronomie um 1700 aus drei Komponenten zusammen: Die erste Bewegung ist der jährliche Umlauf der Erde um die Sonne, der den Kepler'schen Gesetzen folgt; die zweite Bewegung ist die tägliche Drehung der Erde um ihre Achse, und die dritte ist eben die sogenannte Präzessionsbewegung, bei der die Erdachse wie bei einem Kreisel die Mantelfläche eines Kegels beschreibt.[19] Ein vollständiger Umlauf dauert ca. 26.000 Jahre.[20] Die beiden ersten Bewegungen erfolgen (vom Himmelsnordpol aus gesehen) gegen den Uhrzeigersinn, die dritte Bewegung ist gegenläufig, d. h. im Uhrzeigersinn, so dass die Achse scheinbar ‚vorgeht' (daher der Begriff *praecessio*). Dies schlägt sich in der Differenz zwischen dem sogenannten tropischen Jahr (Erdumlauf relativ zum Frühlingspunkt der Ekliptik) und dem siderischen Jahr (Erdumlauf relativ zur Position am Fixsternhimmel) nieder, die ca. 1/26.000 Jahr (= ca. 20 Minuten) beträgt: Das tropische Jahr ist um diesen Betrag kürzer, die astronomische Uhr geht gewissermaßen vor. Das Phänomen ist mindestens seit Hipparch (um 190–120 v.Chr.) bekannt, der aufgrund von Sternkartenvergleichen die Präzession entdeckte und auf ca. 1° pro Jahrhundert abschätze (der tatsächliche Wert beträgt ca. 1,4° pro Jahrhundert).[21] Kopernikus erkannte, dass die Präzession auf die Kreiselbewegung der Erde zurückzuführen ist;[22] die Ursache dieser Bewegung blieb freilich vorerst unbekannt.

---

18 Nach Einstein ist der (gekrümmte) Raum selbst das Medium, und die Gravitation breitet sich nicht instantan, sondern mit Lichtgeschwindigkeit aus.

19 Die periodischen Schwankungen der Präzessionslinie, die sogenannte Nutation, wurden erst 1728 entdeckt und waren Polignac zum Zeitpunkt der Abfassung des 8. Buches offenbar unbekannt. Daraus ergibt sich ein klares Argument für die Datierung bereits um 1700 wie für die anderen Bücher. Auch eine spätere Berücksichtigung der Nutation ist nicht erfolgt, was gegen eine Überarbeitung und Anpassung, etwa durch Rothelin, spricht.

20 Aufgrund verschiedener Faktoren, z. B. des Einflusses der Planetengravitation, schwankt der exakte Wert und liegt bei etwa 25.700 bis 25.800 Jahren.

21 Hipparchs Erkenntnisse sind im Almagest des Ptolemaios überliefert (Hg. von Johan Ludvig Heiberg. Leipzig 1898), dort Buch 3, Kap. 1, S. 191–192.

22 Nicolaus Copernicus: De revolutionibus orbium caelestium. Nürnberg 1543, lib. 3, cap. 1.

Im späten siebzehnten und frühen achtzehnten Jahrhundert kam es, wie erwähnt, zu heftigen Kontroversen zwischen den Vertretern der Newton'schen Gravitationstheorie und der Cartesianischen Wirbeltheorie, die unterschiedliche Modelle für eine Erklärung der Himmelsbewegungen anboten.[23] Die Ursache der Präzession liegt nach Newton (und nach der heutigen Physik) in der Tatsache, dass die Erde keine vollkommene Kugel, sondern ein an den Polen abgeplattetes Ellipsoid ist (der Poldurchmesser ist um ca. 1/300 kürzer als der Äquatordurchmesser). Die Gravitationskräfte von Sonne und Mond greifen am Äquatorwulst an und zwingen die Erde in eine Kreiselbewegung, die sich mithilfe der klassischen Physik theoretisch berechnen lässt. Die (annähernde) Übereinstimmung mit den Beobachtungsdaten war so beeindruckend, dass sie dem Newton'schen Modell schließlich zum Durchbruch verhalf, obwohl die Kernhypothese, d. h. die Fernwirkung der Gravitation durch den leeren Raum, rational unerklärbar blieb. Was die Cartesianer, und in ihrem Gefolge eben auch Polignac, an den Newtonianern kritisierten, war genau das, was einst Cicero gegen die Mantik ins Feld führte. Gegen die pragmatische Haltung der Mantiker, es komme darauf an, dass die Weissagung funktioniere, und es sei unerheblich, warum sie funktioniere (so etwa Ciceros Bruder Quintus in *De divinatione*), stellte Cicero die (sehr neuzeitlich klingende) Forderung, die Naturphänomene müssten prinzipiell rational erklärbar sein.[24] Auch Polignac bezeichnet Newtons Gravitationstheorie als einen Rückfall in vorneuzeitliche Magie:

> Fisa suis numeris Neutonia secta reciso
> impulsu magicis totum dedit artibus orbem.
>
> (AL 4,933–934)

> Im Vertrauen auf ihre mathematischen Formeln hat die Newton'sche Sekte die Impulstheorie aufgegeben und die ganze Welt magischen Künsten ausgeliefert.

Im Gegensatz zu Newton bot nach Polignac die Cartesianische Wirbeltheorie (hier Impulstheorie genannt) sehr wohl eine kausale Erklärung der Himmelsbewegungen an. Danach ist der Raum nicht leer (dem Streit um das Vakuum ist das gesamte 2. Buch *De inani* des *Anti-Lucretius* gewidmet),[25] sondern vollständig mit einer sehr feinen Materie, dem sogenannten Äther, gefüllt, der sich in

---

23 Siehe oben Anm. 16.

24 Cic. Div., 1,15 (Quintus): „non quaero cur, quoniam, quid eveniat, intellego." Dagegen Div., 2,60 (Marcus): „causam igitur investigato in re nova atque admirabili, si poteris; si nullam reperies, illud tamen exploratum habeto, nihil fieri potuisse sine causa."

25 Es ist nicht zufällig das erste der ‚naturwissenschaftlichen' Bücher. Die Existenz des Leeren ist eine Kernhypothese der epikureischen und neuzeitlichen Physik, die man nach Polignac verachten muss ‚wie Narrheiten und Traumgespinste einer verrückten Sekte' („delirantis uti lusus et somnia sectae": AL 2,1164). Indem Polignac argumentiert, die Annahme eines Raums

ständiger Bewegung befindet und die in ihm befindlichen Körper mit sich reißt.[26] Die Kraft, die die Bewegung der einzelnen Körper verursacht, ist also keine unerklärliche Fernwirkung, sondern eine durch unmittelbare Berührung sich fortpflanzende Stoßkraft. In Bezug auf das Sonnensystem muss man sich das so vorstellen, dass die Planeten von unterschiedlich schnellen ‚Wirbeln‘, d. h. kreis- bzw. ellipsenförmigen Materieströmen mitgeführt werden. Die Geschwindigkeit der Wirbel nimmt dabei von innen nach außen ab, d. h. die inneren Planeten drehen sich schneller um die Sonne als die äußeren. In diesem noch relativ einfachen Modell muss aber nun auch die Bewegung der Erde um sich selbst sowie – als besondere Herausforderung – die Präzession erklärt werden. Dies erweist sich als nicht leicht, und deshalb stellt Polignac, nach dem Vorbild der antiken Lehrdichter,[27] der entsprechenden Passage einen eigenen Musenanruf voran:[28]

> Tu mihi nunc, praeclara novum Sapientia lumen,
> tu mihi coelestes animos infunde roganti,
> Uranie tu vera, tuas dum prosequor artes
> et succensus amore tui raptusque per auras
> ultima siderei motus arcana recludo.
> Duc igitur, qui te tua per vestigia quaerit,
> ne spatio immenso vagus aut incertus aberret.
>
> (AL 8,768–774)

> Du, strahlende Weisheit, flöße mir neue Erkenntnis, flöße mir deinen himmlischen Geist ein, ich bitte dich, du wahre Himmelsmuse (Urania), während ich deine Wissenschaft verfolge und, entflammt von Liebe zu dir und durch die Lüfte getragen, die letzten Geheimnisse der Bewegung der Himmelskörper erschließe. Führe also den, der dich auf deinen Spuren sucht, auf dass er nicht im unermesslichen Raum unstet und unsicher abirre.

Bemerkenswert ist die Betonung der Neuheit der Erkenntnis und der Bezug auf die „letzten Geheimnisse", die es zu lüften gelte. Dass dies mehr als ein bloßer

---

ohne Inhalt sei sinnlos, weil ‚Raum‘ kein Ding, sondern eine bloße Anschauungsform sei, nimmt er Kantische Gedanken vorweg; darüber hoffe ich andernorts genauer zu handeln.

26 Die Existenz des Äthers hatte Polignac bereits im 2. Buch behandelt (AL 2,650–777). Diese sogenannte Ätherhypothese hielt sich hartnäckig und konnte erst Ende des neunzehnten Jahrhunderts durch das Michelson-Morley-Experiment (Konstanz der Lichtgeschwindigkeit im leeren Raum, auch gegen den angeblichen Widerstand des Äthers) widerlegt werden, ein Meilenstein auf dem Weg zur speziellen Relativitätstheorie.

27 So z. B. in Vergils Georgica vor der Behandlung der Bugonie: Georg., 4,315.

28 Zitiert wird nach der Erstausgabe: Anti-Lucretius, sive de Deo et Natura libri novem. Eminentissimi S.R.E. Cardinalis Melchioris de Polignac opus posthumum; Illustrissimi Abbatis Caroli d'Orleans de Rothelin cura et studio editioni mandatum. Paris 1747. Orthographie und Interpunktion wurden leicht modernisiert.

Topos ist, ergibt sich daraus, dass Polignacs Erklärung der Präzession nach der Cartesianischen Wirbeltheorie, soweit mir bekannt ist, die erste (und einzige) ihrer Art ist.[29] Bevor Polignac freilich zu dieser ,dritten Bewegung' kommen kann, muss er zuvor die erste und zweite Bewegung erklären, wobei er teilweise auf frühere Passagen des achten Buches verweist.

Erste Bewegung:

> Sunt duo materiae tamquam tabulata fluentis
> ducentisque globum. Superis quae partibus instat,
> uberior sane, quia maiorem occupat arcum,
> sed properat lente; minor est inferna tenentis
> copia, quandoquidem breviore includitur arcu,
> sed fuga vividior. Prius haec manifesta reliqui.
> Pensatis utrimque modis ac viribus, unum
> fit medium quoddam necnon aequabile momen,
> quo simul omne globi corpus pulsatur ab omni
> flumine: nam solidi partes ac membra cohaerent,
> etsi tanguntur varie, neque flectitur axis.
> Motus hic assiduus (meministi) perficit annum.
>
> (AL 8,775–786)

Es gibt gleichsam zwei Stockwerke fließender Materie, die die (Erd-)Kugel[30] mit sich führen: Die Materie, die auf den oberen Teilen lastet, ist zwar massereicher, weil sie den größeren Bogen umspannt, fließt aber langsam; die Menge (der Materie), die das untere Stockwerk besetzt, ist geringer, da sie von einem kürzeren Bogen eingeschlossen wird, bewegt sich aber lebhafter voran. Das habe ich zuvor ja hinreichend erklärt (vgl. AL 8,559–683). Da die Eigenschaften und Kräfte auf beiden Seiten ausgewogen sind, ergibt sich ein bestimmter mittlerer, und zwar gleichmäßiger Impuls, durch welchen der gesamte Erdkörper vom Gesamtstrom angestoßen wird. Die Teile und Glieder eines festen Körpers hängen ja zusammen, auch wenn sie verschieden berührt werden, und die Achse wird dadurch nicht gebeugt. Diese dauerhafte Bewegung (du erinnerst dich) bewirkt den Jahresumlauf.[31]

Polignac führt hier aus, dass nach der Wirbeltheorie der äußere (d. h. sonnenabgewandte), massereichere Wirbel langsamer fließt als der innere (d. h. sonnenzugewandte), masseärmere; die Erde selbst wird dabei als ganze (da sie ein starrer Körper ist und nicht mehrere verschiedene Impulse aufweisen kann) mit einem mittleren, konstanten Impuls bewegt. Physikalisch lässt sich dies so

---

29 Das Problem war anscheinend zu speziell; auch Descartes selbst war im dritten Teil seiner Principia (1644), in dem er die Wirbeltheorie darlegt, nicht darauf eingegangen (s. oben Anm. 14).

30 Die Ausführungen gelten für alle Planeten; da im Folgenden aber immer speziell die Erde angesprochen ist, wird in der Übersetzung jeweils die Erde stellvertretend für die Planeten genannt, auch wenn die Formulierung bisweilen allgemeiner ist.

31 Gemeint ist also die Bewegung des gesamten Planetensystems gegen den Uhrzeigersinn.

erklären, dass – bei unterschiedlichen Massen und Geschwindigkeiten – der Impuls der beiden Wirbel gleich ist: Es gilt $m_1 > m_2$ und $v_1 < v_2$, und zwar in der Weise, dass bei entsprechenden Werten Impulsgleichheit vorliegt: $m_1 \cdot v_1 = m_2 \cdot v_2$.

Dass die Bahngeschwindigkeit der Erde aufgrund der Elliptizität der Bahn tatsächlich leicht variiert, bleibt hier unberücksichtigt, weil es, wie im unmittelbar vorhergehenden Abschnitt (AL 8,684–767) erläutert, die Darstellung an dieser Stelle unnötig verkomplizieren würde; es kommt Polignac jetzt vielmehr auf die Erklärung der zweiten und dritten Bewegung an. Diese resultieren letztlich aus der erwähnten Differenz der oberen und unteren Wirbelgeschwindigkeit.

Zweite Bewegung:

> Causa vices eadem noctis parit atque diei.
> Nam cum terra natet superis velocior undis,
> segnior infernis, partes lambentibus imas
> obicit illa moram et postica parte resistit.
> Ac veluti magnis ubi molibus agger aquarum
> intercludit iter, gemit amnis et agmine fluctus
> agglomerant sese cumulatim, culmina donec
> ardua transiliunt et largo flumine inundant:
> incurrit sic materies effusa natantem
> in scopulum, quatiens a tergo quidquid in altum
> prominet. At quoniam densum pervadere corpus
> haud potis est neque segnitiem accelerare morantis,
> tantum reprimitur, quanto ipsa citatior illo est.
> Non habet ut refluat, cum posteriore prematur;
> nec subterfugio locus est, inhibetur ab illo
> flumine, quod semper velocius alluit infra;
> quin et centrifugae vires a sole repellunt:
> cogitur in superas ergo conscendere partes,
> lenior est ubi materiae progressus euntis,
> quam concedentem facili conamine vincit.
> Sic valido appulsu molem amplexata rotundam
> desuper adradens ferit inclinatque cacumen.
> Huius descensu liquor interceptus ad ima
> truditur impellitque globum subtusque movendo
> erigit infernas partes. Ea causa vicissim
> dimidio dat dimidium succedere semper.
>
> (AL 8,787–812)

Dieselbe Ursache bewirkt auch den Wechsel von Tag und Nacht. Denn da die Erde schneller als die oberen und langsamer als die unteren Wogen schwimmt, setzt sie letzteren, d. h. den die unteren Teile berührenden Wogen, eine Verzögerung entgegen und bremst mit ihrem hinteren Teil. Und wie ein Fluss, wo ein Deich mit großer Masse den Weg des Wassers versperrt, heftig rauscht und sich die Fluten Zug um Zug immer mehr anstauen, bis sie die Deichkrone überspringen und sich in breitem Strom (ins Land) ergießen: So prallt die strömende Materie gegen den schwimmenden Felsen (= die Erde) und schlägt von hinten gegen alles, was in die Höhe ragt. Da es jedoch nicht möglich ist, den dichten Körper zu durchdringen oder die träge Masse zu beschleunigen, wird sie um so viel zurückgedrängt, um wie viel schneller die Materie als jener Körper ist. Die Erde kann nicht rückwärts fließen, da sie von der hinteren Seite gedrückt wird; sie kann auch nicht nach unten ausweichen, da sie von jenem Strom, der ständig unterhalb fließt und schneller ist, gehindert wird; außerdem treibt die Zentrifugalkraft sie von der Sonne weg: Sie ist also gezwungen, zu den oberen Teilen hin aufzusteigen, wo der Vortrieb der fließenden Materie geringer ist; diese kann sie mit leichter Anstrengung verdrängen, da die Materie zurückweicht. Auf diese Weise trifft (aber) die Materie, die die runde Erdmasse umfasst, diese mit kräftigem Druck von oben, schleift sie mit und beugt den obersten Teil (nach unten). Durch dessen Abstieg wird der Materiefluss abgefangen und nach unten gedrückt, treibt die Kugel weiter an und richtet die unteren Teile durch die Abwärtsbewegung auf. Diese Ursache bewirkt, dass die eine Hälfte der anderen in stetem Wechsel folgt.

Die tägliche Drehung der Erde um ihre Achse wird also dadurch verursacht, dass sie dem unteren, schnelleren Wirbel einen Widerstand entgegensetzt, was durch ein (nur teilweise passendes) Deich-Gleichnis veranschaulicht wird: Die Fluten stauen sich von hinten auf und überspülen schließlich den Deich, während die Erde jedoch dadurch in eine zusätzliche Drehbewegung versetzt wird. Sie kann ihre Bahn nicht verlassen; daher weicht diejenige Seite der Erde, die dem stärkeren Fließdruck unterliegt, nach ‚oben', also in Richtung des langsameren Wirbels, aus, von dem sie wiederum erfasst und nach unten gedrückt wird. Ein sachliches Problem der obigen Beschreibung liegt darin, dass nicht klar gesagt wird, in welche Richtung die Drehung vonstattengeht: Ging Polignac davon aus, dass es nicht eigens erwähnt werden musste, da natürlich bekannt war, dass die Erddrehung von West nach Ost, d. h. ebenfalls gegen den Uhrzeigersinn, erfolgt? Oder ließ er die Darstellung bewusst vage, um eine Schwachstelle in der Argumentation zu kaschieren? Jedenfalls liegt hierin eine gewisse Unklarheit auf der phänomenologischen Seite. Darüber hinaus fragt sich allerdings auch, ob die Erklärung überhaupt sachlich korrekt ist: Müsste sich nicht, intuitiv betrachtet, die Kugel in die andere Richtung drehen, weil der untere Wirbel schneller ist? Das Problem sah offenbar Polignac selbst, denn er fügt zur weiteren Erklärung noch folgenden Passus hinzu, in dem er bereits die dritte Bewegung andeutet:

Vincitur idcirco superi ubertate fluenti
inferius, quamquam citiori vincere motu
posse videbatur totamque invertere terram
semper ad occasum, sinerent obstantia. Verum
non ita concedit, quin vires explicet omnes.
Et quia ter novies millena parte (parum deest)
ocius incurrit, momen telluris in ortum
ter novies etiam millena parte retardat.

Inde fit, ut rediens expleto denique terra
curriculo stellas iam non offendat eodem
in puncto coeli, nec eo se dirigat axis,
quo directus erat, quando prior exiit annus:
Ast ignara rei stellas tantisper ab ortu
descivisse putat, quamvis desciverit ipsa.

(AL 8,813–826)

Durch die größere Masse der oberen Strömung wird also die untere besiegt, obwohl es schien, als könne diese durch ihre schnellere Bewegung jene übertreffen und die ganze Erde ständig nach Westen drehen, ließe deren Widerstand es zu. Tatsächlich aber erlaubt (jene obere) es nicht, dass (die untere) all ihre Kräfte entfaltet. Und weil diese (d. h. die untere Strömung) um den 27.000sten Teil – es fehlt nur wenig daran – schneller läuft, verzögert sie die Antriebskraft der Erde nach Osten ebenfalls um den 27.000sten Teil. Daher geschieht es, dass die Erde, wenn sie ihren Umlauf schließlich beendet hat, bei ihrer Rückkehr die Sterne nicht mehr an demselben Punkt des Himmels antrifft und sich die Achse nicht mehr dahin ausrichtet, wohin sie gerichtet war, als das vorherige Jahr endete: Vielmehr glaubt sie, in Unkenntnis der Sachlage, dass die Sterne ein klein wenig von Osten abgewichen seien, obwohl (tatsächlich) sie selbst abgewichen ist.

Polignac räumt also ein, dass die Strömungsmechanik der Wirbel eigentlich eine Drehung der Erde nach Westen (im Uhrzeigersinn) verursachen müsste; allein der Widerstand der Erde lasse dies nicht zu (*sinerent obstantia*: der Plural deutet eine Summe vieler einzelner Widerstände an): Dieser entstehe durch die Unregelmäßigkeit der Erdoberfläche (*quidquid in altum prominet*: V. 796–797), bei der sich die größere Masse des oberen Wirbels stärker auswirke. Physikalisch kann dies nicht mehr plausibel gemacht werden; es ist der Versuch, unter Beibehaltung der Wirbeltheorie die Phänomene zu retten. Indem er aus der Not eine Tugend macht, will Polignac allerdings nun die höhere Geschwindigkeit des unteren Wirbels zur Erklärung der ‚dritten Bewegung' nutzen: Danach bremst der untere Wirbel die Drehung der Erdachse um 1/27.000 pro Jahr ab (nach Polignac ein Näherungswert: tatsächlich ca. 1/26.000, siehe unten) und verursacht so das Phänomen der Präzession, das diesmal sehr anschaulich durch eine personifizierte Erde, die sich über die veränderte Position der Fixsterne wundert, beschrieben wird. Weitere Erklärungen folgen:

Dritte Bewegung:

Tertius hic motus geminis contrarius esse
debuit, ut constans terrae positura maneret
in fluido, vi cuius eunt annusque diesque.
Nempe aliud cum sit centrum gravitatis in orbe
terreno molisque aliud, pars altera terrae
quae gravior, pars quae levior, non sicut oportet
motum dividerent, ex uno fine minorem,

maiorem ex alio conum describeret axis.
Ergo, quod nimium superest, mora facta recidit,
temperat exaequans motus et corrigit axem.
Is cum aequatorem, quo ecliptica linea distat,
ut dictum est, gradibus prope quatuor et viginti
ad perpendiculum scindat; sic distat ab illa
sexaginta et sex gradibus prope: qui status axi
perpetuus, quocumque modo se terra revolvat,
sive diem faciens sive annum aut saecla ducenta
cum sexaginta; quibus actis terra revertens
huc unde exierat primum, tunc reddita priscis
astra locis credet, cernens ea rursus ibidem.

(AL 8,827–845)

Diese dritte Bewegung musste zu den beiden anderen gegenläufig sein, damit die Position der Erde im Fließmedium, das Jahres- und Tageslauf mit seiner Kraft bestimmt, konstant blieb. Obwohl nämlich das Zentrum der Schwere in der Erdumlaufbahn (= die Sonne) und das der Erdmasse selbst verschieden sind, heißt das nicht, dass der (sonnennähere) Teil der Erde, der schwerer ist, und der (sonnenfernere), der leichter ist, deshalb verschiedene Bewegungen aufweisen und dass die Achse am einen Ende einen kleineren, am anderen einen größeren Kegel beschreiben würde. Folglich beseitigt die eingetretene Verzögerung das, was überschüssig ist, gleicht die Bewegung mäßigend aus und korrigiert die Achse. Da diese den Äquator, von dem die Ekliptik, wie dargelegt wurde, um etwa 24 Grad abweicht, senkrecht schneidet, ist die Achse von der Ekliptik etwa 66 Grad entfernt: Dieser Abstand bleibt für die Achse konstant, wie auch immer sich die Erde bewegt – sei es dass sie einen Tages-, einen Jahres- oder einen Lauf von 260 Jahrhunderten zurücklegt. Wenn die Erde nach diesem Zeitraum wieder dahin zurückkehrt, von wo sie anfangs ausgegangen war, wird sie glauben, die Sterne stünden wieder an der alten Stelle, da sie dieselben ebendort wiedersieht.

Das Phänomen der Präzession als solches ist vollkommen korrekt dargestellt, sieht man von etwas unpräzisen Zahlenwerten ab (Neigung der Erdachse gegen die Ekliptik um 66° statt exakt 66,5°; Präzessionszyklus einmal mit 26.000 Jahren angegeben, einmal mit 27.000 Jahren). Die Erklärung erfolgt aber nun – völlig überraschend – nicht mithilfe der Wirbeltheorie, sondern mithilfe der Schwerkraft, die auf die sonnennäheren und -ferneren Teile des Erdkörpers unterschiedlich einwirke! Das kommt der tatsächlichen Ursache der Präzession, nämlich der ‚Gezeitenwirkung' von Sonne und Mond auf den Äquatorwulst, schon sehr nahe. Gewiss, im Lehrgedicht können traditionell verschiedene Erklärungsansätze durchaus nebeneinander stehen, aber es ist schon merkwürdig, dass Polignac hier anscheinend ohne Bedenken das Newton'sche Modell, das er sonst ablehnt, zur Erklärung heranzieht. Möglicherweise liegt hier aber auch eine Passage vor, die mit dem Vorherigen nicht harmonisiert wurde (auffällig ist auch die abweichende genauere Zeitangabe von 26.000 gegenüber

27.000 Jahren):[32] Dem Lehrgedicht fehlt ja die letzte Redaktion durch den Autor, und der Herausgeber fügte häufig nur ‚fliegende Blätter' zusammen.[33] Auch der Anschluss der folgenden Passage ist verdächtig:

> Iamque vides uno quam belle ac simplice motu
> magna planetarum magno volvantur in orbe
> corpora perpetuoque in se conversa rotentur.
> Nec te is detineat nodus (quem solvere primo
> conatu promptum est, Newtoni industria quamvis
> nexuerit) fluidam crassis obsistere molem
> corporibus, motum hinc minui tandemque futurum,
> ut pereat. Verum hoc esset, si torpida moles
> stagnaret fluidi aut adverso concita motu
> obluctaretur contra venientibus astris:
> At nemo alterutrum dicat. Fluit incitus aether,
> quo sphaerae currunt; simul uno more feruntur
> una vi solis pulsuque moventur eodem.
> Sic non est, aether sphaeris ut mole resistat.
> Aiunt praeterea transversos ire cometas
> aethera per medium neque concordare planetis.
> (AL 8,846–861)

Schon erkennst du jetzt, wie schön und mit wie einziger und einfacher Bewegung die gro-ßen Körper der Planeten sich auf ihrer großen Bahn bewegen und sich (dazu) ständig um sich selbst drehen. Es soll dich aber nicht der ‚Knoten' abhalten (der auf einen Schlag zu lösen ist, obwohl der scharfsinnige Newton ihn geknüpft hat), dass das Fließmedium kom-pakten Körpern Widerstand leiste, die Bewegung sich dadurch verlangsame und schließ-lich zum Stillstand kommen werde. Dies träfe zu, wenn die Masse des Fließmediums starr wäre und stillstünde oder, durch eine Gegenbewegung angetrieben, den entgegenkommen-den Himmelskörpern gewaltsam Widerstand leistete: Doch niemand behauptet das, weder das eine noch das andere. Der Äther fließt (seinerseits), in die Richtung angetrieben, in die auch die Kugeln rollen; auf ein und dieselbe Weise werden auch sie gleichzeitig dahinge-tragen, zusammen mit der Kraft der Sonne, und von demselben Impuls fortbewegt. So ist es nicht der Fall, dass der Äther den Kugeln aufgrund seiner Masse widersteht. (Außerdem argumentieren sie, dass die Kometen ja schräg mitten durch den Äther gingen und nicht mit den Planeten übereinstimmten.)[34]

---

32 Liegt die Abweichung in der poetischen Ausdrucksweise *ter novies millena parte* gegenüber *saecla ducenta cum sexaginta* begründet? Aber *cum septuaginta* hätte mit einigem guten Wil-len auch ins Metrum gepasst.
33 Dazu äußert sich der ‚Endherausgeber' Charles LeBeau, der nach dem Tod des Abbé de Ro-thelin das doppelt verwaiste Werk zur Publikation brachte, ausführlich im Vorwort. Zur Publi-kationsgeschichte siehe die Angaben oben in Anm. 10.
34 Die letzten beiden Verse beziehen sich auf einen Einwand der Äther-Gegner und bilden den Übergang zum nächsten Thema, den Kometen (AL 8,860–898).

Der Newton'sche Einwand gegen den Äther wird hier mit grundsätzlichen Überlegungen zur Dynamik des Fließmediums entkräftet, die freilich an dieser Stelle fehl am Platz sind: Dass die Kugeln quasi mit dem Strom schwimmen, wie hier gesagt wird, ist zwar im Groben richtig, aber zuvor war ja gerade damit argumentiert worden, dass die Geschwindigkeiten der Wirbel unterschiedlich und diese auf die eine oder andere Weise Widerständen ausgesetzt seien. Zudem ging es in dem besprochenen Abschnitt um drei unterschiedliche Bewegungen der Erde, während hier von der ‚einen, einfachen Bewegung der Planeten' (*unus simplex motus*) gesprochen wird. Das legt den Schluss nahe, dass dieser Passus bei der Redaktion an die falsche Stelle geraten ist.[35]

Fassen wir zusammen. Die drei Bewegungen des Planeten Erde (Umlauf um die Sonne, Drehung um die Achse und Präzession) werden astronomisch korrekt und einigermaßen präzise beschrieben. Die Erklärungen mithilfe der Cartesianischen Wirbeltheorie sind aus heutiger Sicht naturgemäß unzureichend und widersprechen zum Teil physikalischen Tatsachen (etwa der Strömungslehre), wie sie heute bekannt sind. Man muss Polignac aber zugutehalten, dass er die Probleme nicht verschweigt, sondern offen benennt, auch wenn er dadurch den Leser in gewisser Weise unbefriedigt zurücklässt und nicht restlos überzeugen kann. Denn trotz der sachlichen Argumentationsschwierigkeiten verzichtet Polignac darauf, rhetorische Mittel im Übermaß einzusetzen: In der gesamten besprochenen Passage (von immerhin fast 100 Versen) finden wir z. B. nur ein einziges Gleichnis, das über etwas Lokalkolorit hinaus (Deiche hatte Polignac während seines Aufenthaltes in den Niederlanden gesehen) wenig vermittelt, und eine poetisch ansprechende Personifikation der Erde, die sich aber auf einen ganz unstrittigen Sachverhalt (die scheinbar veränderte Position der Fixsterne) bezieht. Anders als im 2. und 4. Buch fehlt jetzt auch jegliche Polemik gegen die „Sekte" Newtons. Der vorangestellte Musenanruf bekräftigt vielmehr die Schwierigkeit des Gegenstands und die Gefahr, sich im unermesslichen Raum zu verirren. Dass die angebotenen Erklärungen heute überholt sind, ist daher nicht entscheidend (auch Newton ist ja längst überholt); entscheidend ist die Unbeirrbarkeit, mit der Polignac eine rationale Erklärung der Naturphänomene verficht. Und das wiederum ist gar nicht anti-lukrezisch.[36]

---

35 Möglicherweise gehört die Passage eher ins 2. Buch (angeblicher Widerstand des Äthers als Argument für die Vakuum-Hypothese) oder ins 4. Buch (angebliche Bremswirkung des Äthers), das im Übrigen einen regelrechten Hymnus an den Äther enthält (AL 4,541–574).
36 Für Beratung in physikalischen Fragen danke ich meiner Tochter Felicia Glei.

Thomas Haye

Das Gedicht *De Solis ac Lunae defectibus* des Roger Boscovich (1711–1787): wissensvermittelnde Poesie in antiker und nachantiker Tradition

1 Einleitung

Als der in Ragusa geborene Universalgelehrte Roger Boscovich (1711–1787)[1] im Jahre 1760 sein Lehrgedicht *De Solis ac Lunae defectibus* in London drucken lässt,[2] kann der Text bereits auf eine 25-jährige Produktions- und Rezeptionsgeschichte zurückblicken.[3] Wie der damalige Leser im Vorwort erfährt, geht das monumentale Werk auf einen aus 300 Versen bestehenden Nucleus zurück, den der Autor zu Beginn des akademischen Jahres 1735 im Collegio Romano rezitiert hat. In den folgenden Jahrzehnten erfuhr der Text eine kontinuierliche Erweiterung, so dass verschiedene Fassungen im akademischen Milieu zirkulierten. Auch mit der 1760 erfolgten typographischen Publikation ist die durch *mouvance* geprägte Geschichte des Gedichts keineswegs abgeschlossen. Im Jahr 1761 wird der Text in Venedig gedruckt, 1765 in Graz, zudem erscheint er 1779 in Paris zusammen mit einer französischen Übersetzung. Dass die erste typographische Fassung gerade 1760 und gerade in London erscheint, versehen mit einem Lob auf Isaac Newton, resultiert aus der damaligen Situation des Autors: Nicht zufällig widmet der zu dieser Zeit für sieben Monate (Mai bis Dezember 1760) als Diplomat in London lebende Boscovich seinen Text der Royal Society, in die er dann folgerichtig kurz darauf, im Januar 1761, aufgenommen wird.

Das in der Londoner Ausgabe insgesamt 5.508 Hexameter umfassende, mithin epische Ausmaße zeigende Lehrgedicht behandelt in fünf Büchern die

---

1 Zu seinem Leben vgl. einleitend Paolo Casini: Boscovich, Ruggero Giuseppe. In: Dizionario Biografico degli Italiani 13 (1971), S. 221–230; Piers Bursill-Hall (Hg.): R. J. Boscovich: Vita e attività scientifica. His Life and Scientific Work. Rom 1993, hierin insbes. Sante Graciotti: Le idee e l'arte del letterato Boscovich, S. 27–39.

2 Rogerius Iosephus Boscovich: De solis ac lunae defectibus libri V. London 1760 (nach dieser Ausgabe wird im Folgenden zitiert).

3 Zur Entstehungs- und Druckgeschichte vgl. Žarko Dadić (Hg.): Edizione Nazionale delle opere e della corrispondenza di Ruggiero Giuseppe Boscovich. De Solis ac Lunae defectibus. Rom 2012, S. 11–21 (Einleitung; die Edition selbst beinhaltet nur einen photomechanischen Nachdruck des frühneuzeitlichen Drucks).

Sonnen- und Mondfinsternis sowie einige weitere Aspekte der Astronomie und Optik.[4] Im ersten Buch führt Boscovich den Leser in die Astronomie ein und erklärt im Rahmen einer Synopse die Bewegung der Sterne (985 Verse sowie ein separat gezähltes Additamentum von 78 Versen). Das zweite Buch (1.426 Verse) beschäftigt sich grundsätzlich mit dem Thema der Sonnen- und Mondfinsternis. Im dritten Buch (1.035 Verse) legt der Dichter einzelne Effekte und Phänomene dar, welche während einer Sonnen- oder Mondfinsternis auftreten. Das vierte Buch (960 Verse) knüpft hieran an und erläutert ausführlich den während der Mondfinsternis zu beobachtenden Erdschatten. Im fünften Buch (1.024 Verse) stellt Boscovich Isaac Newtons Erkenntnisse zur Gravitation und Optik vor.

Dass ein Mann wie Boscovich, der seinen Zeitgenossen als wissenschaftliches Wunderkind gegolten hat und schon mit 29 Jahren zum Professor für Mathematik berufen worden ist, bei der Behandlung aktueller astronomischer Fragen auch die poetische Form für ein in akademischen Kreisen legitimes Ausdrucksmittel hält, ist angesichts seines persönlichen und sozialen Umfeldes nicht überraschend. Wie Yasmin Haskell gezeigt hat, galt das Dichten in lateinischer Sprache in jesuitischen Milieus dieser Zeit und insbesondere in Rom, wo Boscovich lehrte, als eine natürliche Ausdrucksform, die so selbstverständlich war wie das Atmen.[5] In Kombination mit dem jesuitischen Bildungsauftrag musste dieser Umstand dazu führen, dass insbesondere die Gattung des Lehrgedichts intensiv gepflegt wurde.[6] Und schließlich kam hinzu, dass die Astronomie (inklusive der Astrologie) so fest wie keine andere Disziplin seit der

---

4 Zusammenfassung bei Dadić (Anm. 3), S. 12–20.

5 Yasmin Annabel Haskell: Loyola's Bees: Ideology and Industry in Jesuit Latin Didactic Poetry. Oxford 2003, hier insbes. S. 192. Vgl. ferner Diane Bitzel: Bernardo Zamagna, *Navis Aëria*. Eine Metamorphose des Lehrgedichts im Zeichen des technischen Fortschritts. Frankfurt a. M. u. a. 1997 (Studien zur klassischen Philologie 109), S. 12–14. Zum jesuitischen Hintergrund vgl. auch die klugen Überlegungen bei Luca Guzzardi (Hg): Edizione nazionale delle opere e della corrispondenza di Ruggiero Giuseppe Boscovich. Vol. XIII/2: Les Eclipses. Poëme en six chants. Rom 2012, S. 11–16. Zu Boscovichs Gelegenheitsgedichten vgl. zuletzt Nada Savkovic: Occasional Poetry by Roger Boscovich. In: Almagest. International Journal for the History of Science 6,1 (2015), S. 32–47.

6 Zur neulateinischen Lehrdichtung vgl. Yasmin Haskell: The Classification of Neo-Latin Didactic Poetry from the Fifteenth to the Nineteenth Centuries. In: Brills' Encyclopaedia of the Neo-Latin World. Hg. von Philip Ford, Jan Bloemendal, Charles Fantazzi. Bd. 1–2. Leiden, Boston 2014, S. 437–448; Heinz Hofmann: Aristaeus und seine Nachfolger: Bemerkungen zur Rezeption des Aristaeus-Epyllions in der neulateinischen Lehrdichtung. In: Humanistica Lovaniensia 52 (2003), S. 343–398; Yasmin Haskell, Philip Hardie (Hg.): Poets and Teachers: Latin Didactic Poetry and the Didactic Authority of the Latin Poet from the Renaissance to the Present. Bari 1999 (mit Bibliographie S. 15–19). Zu französischen Dichtungen vgl. Isabelle Pantin: La poésie du ciel en France dans la seconde moitié du seizième siècle. Genf 1995.

Antike (durch Hesiod, Arat, Lukrez, Vergil, Manilius u. a.) in der Lehrgedichtstradition etabliert war. Das gesamte Mittelalter und auch die italienische Renaissance (Giovanni Pontano, Basinio da Parma, Lorenzo Bonincontri u. a.)
haben diese Tradition weitergepflegt. Ein literarisch ambitionierter Autor der
Frühen Neuzeit konnte sich der machtvollen und herausfordernden poetischen
Konvention somit kaum verweigern.[7] Im Gegenteil: Der Wunsch, sich mit den
antiken und den zeitgenössischen Gattungsvertretern (Carlo Noceti, Orazio Borgondio, Benedetto Stay) nicht nur wissenschaftlich, sondern auch literarisch zu
messen, dürfte ein wichtiger Ansporn gewesen sein.

2 Die Vorrede des Werkes

Obwohl die moderne Forschung Boscovich nicht nur als bedeutenden Wissenschaftler feiert, sondern auch seine poetischen Fähigkeiten anerkennt, ist das
Gedicht *De Solis ac Lunae defectibus* unter literarischer und texttypologischer
Fragestellung bislang nicht näher untersucht worden. Dabei ist die Quellenlage
zur Analyse seines poetischen Konzeptes recht günstig, da der Autor dem Lehrgedicht eine umfangreiche Prosa-Praefatio voranstellt. Hier heißt es einleitend
(*Ad Lectorem*, S. i):

> Opus inscribitur *De Solis, ac Lunae defectibus*, quod quidem argumentum videtur prima
> fronte maximè aridum, et jejunum; et quidem fuisset ejusmodi, nisi, occasione arrepta,
> plurima, quae aliquem cum eo nexum habent, pertractanda suscepissem.

Der Autor konzediert hier in bester Lehrgedichttradition, dass der behandelte
Stoff auf den ersten Blick trocken und fade erscheinen könne. Er dementiert
dieses grundsätzliche Faktum nicht, verweist aber darauf, dass es durch literarische Gegenmaßnahmen abgefedert sei: Um die sachliche Darstellung aufzulockern, habe er, so Boscovich, an geeigneten Stellen zahlreiche Abschnitte
eingefügt, die zwar eine Beziehung zum Hauptthema aufwiesen, jedoch den

---

7 Zur astronomischen Lehrdichtung in der Frühen Neuzeit vgl. Yasmin Haskell: Renaissance
Latin didactic poetry on the stars: wonder, myth, and science. In: Renaissance Studies 12 (1998),
S. 495–522; Wolfgang Hübner: Die Rezeption des astrologischen Lehrgedichts des Manilius in
der italienischen Renaissance. In: Humanismus und Naturwissenschaften. Hg. von Rudolf
Schmitz, Fritz Krafft. Boppard 1980 (Beiträge zur Humanismusforschung 6), S. 39–67; Walther
Ludwig: Neulateinische Lehrgedichte und Vergils Georgica. In: From Wolfram and Petrarch to
Goethe and Grass: Studies in Literature in Honour to Leonard Forster. Hg. von D. H. Green u. a.
Baden-Baden 1982 (Saecula Spiritalia 5), S. 151–180, hier S. 151 f. u. 155.

auf Dauer ermüdenden Erklärungsmodus unterbrächen. Was hiermit gemeint ist, erklärt der Autor im weiteren Verlauf der Vorrede (*Ad Lectorem*, S. ii):

> Haec ad argumentum pertinent, quibus episodia immiscui sane multa, ad demulcendum animum severiorum contemplatione defatigatum, quorum episodiorum praecipua in omnium librorum fine invenies.

Vor allem am Ende der einzelnen Bücher hat der Dichter somit längere Digressionen eingefügt, die bei der Lektüre eine geringere Konzentration erfordern. Bei diesen *episodia* handelt es sich um weitere astronomische und optische Darlegungen, ferner inseriert Boscovich rhetorische Apostrophen (an Bradley und Newton) und mythologische Elemente. Der Einsatz dieses – immerhin paganen – Mythos wird von dem jesuitischen Autor ausdrücklich gerechtfertigt (*Ad Lectorem*, S. ii):

> Veterum itidem mythologia fere ubique sum usus, cum de astris agerem, quibus et vitam, et vero etiam Divinitatem ii dederant, quod ad amoenitatem carminis opportunum fore censui, nec vero ineptum ad profundiora etiam tanquam mysteria facilius ingerenda, et explicanda.

Boscovich verweist hier erstens auf die antik-pagane Tradition, welche den Planeten eine anthropomorphe Göttlichkeit zugeordnet hat. Zweitens dient ihm der Mythos als poetisches Ornament. – Insbesondere durch das rhetorische Mittel der Personifikation kann die sachliche Darstellung lebendiger und interessanter gestaltet werden. Drittens erscheint die mythologische Überformung auch deshalb gerechtfertigt, weil hier (in der Astronomie) gleichsam göttliche Geheimnisse offenbart und erklärt werden.

Selbstverständlich erläutert der Dichter in der Vorrede auch den Aufbau und Inhalt seines Werkes. So schreibt er bezüglich einer Refraktionstheorie, die er im vierten Buch darlegt (*Ad Lectorem*, S. ii):

> [...] theoriam autem proposui distributionis hujusce refracti luminis per umbram Terrae, quam ad eclipseos Lunaris cognitionem maxime pertinere arbitror, quam quidem alibi nequaquam inveni.

Boscovich weist den Leser somit ausdrücklich darauf hin, dass man die Präsentation bzw. Erläuterung dieser Theorie in keinem anderen Werk, d. h. weder in einem Lehrgedicht noch in einem Prosa-Traktat, finde. Ähnlich heißt es zu einem Thema des fünften Buches (*Ad Lectorem*, S. ii):

> Quinto demum libro illud exposui, cur Luna in totalibus eclipsibus saepe admodum appareat rubro colore affecta, cujus itidem phaenomeni satis uberem explicationem alibi non reperi [...].

Der Autor arbeitet hier keineswegs mit dem klassischen und für das Genre üblichen *primus-inventor*-Motiv: Er ist stolz darauf, dieses Thema nicht etwa als

Erster im Rahmen der Lehrdichtung, sondern als Erster überhaupt behandelt zu haben. Seine Leistung ist daher eine primär wissenschaftliche, und nur zusätzlich auch eine poetische!

Im weiteren Verlauf erzählt Boscovich die lange Geschichte der Genese und Entwicklung seines vielschichtigen Textes. Den Nucleus bildete eine dreihundert Verse umfassende Partie, die er bereits 1735 im Collegium Romanum mündlich vortrug.[8] Doch erst als er sich zwölf Jahre später mit der Lehrdichtung des Carlo Noceti befasst habe, sei die eigene Poesie wieder in den Fokus gerückt.[9] Danach habe er, so der Autor, zwischen 1747 und 1760 an verschiedenen Stellen viele weitere Partien hinzugefügt,[10] eine Drucklegung des gesamten Werkes jedoch immer wieder verschoben.[11] Erst jetzt veröffentliche er das Gedicht zu Ehren der Royal Society (welche als Widmungsnehmer auftritt).[12] Allerdings würden bereits unter den Freunden in Italien, Deutschland und Frankreich handschriftliche Fassungen kursieren, die den Text vollständig oder in Auszügen überlieferten und in Details von der jetzigen Druckversion abwichen.[13] Und wie Boscovich andeutet, ist die Geschichte des Textes auch jetzt

---

8 Vorrede (*Ad Lectorem*), S. iii: „Plures occurrunt in ipso poëmate epochae pertinentes ad ea tempora, quibus certae ejus partes conscriptae sunt, quae non penitus inter se consentiunt. Et quidem fere casu quodam id in opus ordinatum coaluit. Conscripseram, et in solemni studiorum instauratione in Collegio Romano recitaveram jam ab anno 1735 poëmation de Solis, ac Lunae defectibus, quod tunc quidem trecentis circiter versibus continebatur totum: ii fere omnes nunc etiam remanent hac, illac dispersi primo, et secundo libro, et ipsum exordium cum prioribus binis invocationibus, et bina episodia, quae nunc habentur in eorum librorum fine, conservavi integra, paucis adjectis. Diu autem deinde jacuit, cum Theologicis primum, tum Mathematicis distractus studiis poësim fere penitus seposuissem."
9 Vorrede (*Ad Lectorem*), S. iii: „Verum post duodecim circiter annos ad Musarum amorem sum revocatus exemplo hinc P. Caroli Noceti, inde Benedicti Stay, quorum mentionem hìc facio in annotationibus, qui philosophica argumenta versibus latinis elegantissimis persequebantur, quibus ego adnotationes et dissertationes adjeci plures, cum ederentur. Hinc ad ipsum, quod olim pertractaveram, argumentum revocavi animum [...]."
10 Vorrede (*Ad Lectorem*), S. iv: „Sunt autem nonnulla etiam multo posterius adjecta, ut ea, quae post finem libri primi occurrunt in laudem binorum Cardinalium, qui ad Arcadum Romanorum coetum, cum ejus libri initium ibi recitarem, advenerant, et initio ejusdem libri invocatio ad Regiam Societatem Londinensem, quam hìc in Anglia hoc anno elucubravi."
11 Vorrede (*Ad Lectorem*), S. iv: „Editionem, quam plures amici, et Typographi postularent, tamdiu distuli [...]."
12 Vorrede (*Ad Lectorem*), S. v: „[...] et Regiae Societatis nomine insignitum opus emitto: nullam vero nuncupatoriam epistolam addo, cum ipsa invocatio, quae occurrit lib. I. ver. 19, et ejus adnotatio vices ipsius gerant."
13 Vorrede (*Ad Lectorem*), S. v: „Extant apud amicos descripta exempla in Italia, Germania, Gallia vel totius operis, vel libri cujuspiam, a quibus nonnulla hìc identidem occurrent immutata, non quidem fusiora loca, sed plerumque voces, et hemistichia [...]."

keineswegs abgeschlossen: Aus Zeitmangel habe er bei der Vorbereitung der typographischen Ausgabe einiges ausgelassen, was er vielleicht später ergänzen werde.[14] – Aus philologischer Sicht handelt es sich bei diesem Lehrgedicht somit um ein wunderbares Beispiel für die Möglichkeiten medialer, performativer, konzeptioneller, technischer und textueller *mouvance*: Das proteische Gedicht changiert zwischen Mündlichkeit und Schriftlichkeit, zwischen Vortrag und Fachbuch. Neue Textpartien werden hinzugefügt und alte umgestellt, einzelne Verse ändern ihre Gestalt. Es existieren verschiedene Fassungen nebeneinander, und solange der Autor lebt, kann es keine finale Version geben.

Nach dem eigenem Verständnis des Verfassers entspricht die Komposition solcher Lehrgedichte nicht der Arbeitsplatzbeschreibung eines Mathematikprofessors (oder eines Diplomaten). Boscovich betont daher, dass er solche Verse nur in seiner Freizeit (*ocium*)[15] und nur zum eigenen Vergnügen komponiere (*Ad Lectorem*, S. v): *[...] poësim tamen identidem ob animi oblectamentum quoddam tantummodo excoluit, non ex officio exercuit.* Ob man eine solche Bescheidenheitsgeste ernstnehmen oder in den Bereich unaufrichtiger Topik verweisen soll, bleibt dahingestellt.[16]

Eine weitere Information, die für die Lektüre des nachstehenden Gedichts von eminenter Bedeutung ist, erhält der Leser ebenfalls bereits in der Vorrede (*Ad Lectorem*, S. ii):

> Adnotationes adjeci, in quibus soluta oratione exposui dilucidius aliquanto, quae versibus pertractantur, ut ab iis etiam, qui in Astronomia, et universa Mathesi sunt rudes, facilius intelligi possent ipsa carmina.

Der Verfasser selbst hat seinem Text somit zum besseren Verständnis einige Prosa-Anmerkungen beigegeben, in denen der Inhalt der Verse erläutert wird. Diese Annotationen richten sich angeblich an solche Leser, die nicht über hinreichende Kenntnisse der Mathematik und Astronomie verfügen. In der typographischen Ausgabe erscheinen die Anmerkungen als Fußnoten. Ihre Anzahl ist erheblich: Im ersten Buch findet man 54, im zweiten 89, im dritten und vierten jeweils 49 und im fünften 78. Sie sind häufig sehr umfangreich und ziehen

---

14 Vorrede (*Ad Lectorem*), S. ii–iii: „Cogitabam et supplementa quaedam adjicere, in quibus geometria, et calculo in subsidium vocatis, omnia fusius exponerentur, et accuratius definirentur; sed ob tantam argumenti, quod amplexus sum, amplitudinem, nimis in longum abibat res, nec mihi advenae, ac paucis mensibus in Anglia commorato, et plurimis, quae cognoscenda erant, distracto, satis ocii ad id fuit, quod tamen nec omnino necessarium arbitratus sum. Addam id fortasse aliquando, si vita supererit."
15 Vorrede (*Ad Lectorem*), S. iii: „[...] satis ocii ad id fuit [...]."
16 Als Antwort auf die Frage nach der Motivation jesuitischer Lehrdichtung notiert Haskell (Anm. 5), S. 205: „because they could". Zum Aspekt der Freizeitbeschäftigung vgl. ebd., S. 206.

sich über mehrere Seiten hin. Betrachtet man nur die Zahl der Wörter, so machen die Fußnoten wohl knapp die Hälfte des aus Vers und Prosa bestehenden Gesamttextes aus. Über die Fußnotenzeichen sind die beiden Teile zudem fest miteinander verklammert. Vor diesem Hintergrund ist es also eigentlich unzutreffend, das 1760 im Druck erschienene Buch *De Solis ac Lunae defectibus* als Lehrgedicht zu bezeichnen. Es handelt sich vielmehr um einen typologischen Mischtext, welcher aus Sachgedicht und Fachprosa besteht. Boscovich löst die dem Genre inhärente Spannung zwischen *res* und *carmen* zumindest teilweise dadurch auf, dass er die poetische Sprache der Verse durch die Fachsprache der Prosa ergänzt und erläutert.

Als Dichter hegt er literarische Ambitionen: Er beschränkt sich nicht auf eine brutale Metrifizierung des Stoffes und der Fachtermini, sondern bemüht sich um eine echte Poetisierung. Da dieses Verfahren zu Auslassungen sowie inhaltlichen und terminologischen Unschärfen führen muss, bietet Boscovich seinen Lesern zur Kompensation die Fußnoten an. Tatsächlich enthalten seine Anmerkungen umfangreiche Erklärungen in Fachprosa sowie weitere Elemente, die sich einem Metrum verweigern (Listen, Zahlen, mathematische Formeln etc.), ferner einige Stellenbelege und Verweise auf andere Dichter. Der poetische Text wird somit von Prosa-Texten nicht nur flankiert, sondern geradezu eingehegt.[17]

Anders als Boscovich es uns glauben machen will, wenden sich die Fußnoten daher keineswegs nur an fachlich weniger gebildete Leser. Sie sind keineswegs nur ‚subsidiäres Beiwerk‘, sondern halten auch für den *hard-core*-Mathematiker wichtige Informationen bereit. Die Behauptung dient also offenbar nur dazu, die partielle Kapitulation des Dichters vor einer mitunter unlösbaren Aufgabe zu bemänteln. Boscovich könnte die üblichen Ausreden und Eskapismen der Lehrdichter bemühen, doch ist er viel zu sehr Wissenschaftler, als dass er sich erlaubt hätte, die sachlichen Ungenauigkeiten seiner Verse unkommentiert zu lassen. Dass er die mitunter schiefe Poesie durch Prosa begradigt, hängt zweifellos auch mit seiner tatsächlichen Zielgruppe zusammen: Das Buch richtet sich vor allem an Wissenschaftler und wissenschaftlich vorgebildete Personen, nicht etwa an ‚Laien‘.

3 Die poetische und didaktische Umsetzung

Angesichts der Erläuterungen des Vorwortes ist es nicht überraschend, dass der Leser schon gleich am Anfang des Gedichts mit Prosa konfrontiert wird: Im ersten Vers des Textes (I 1: *Cur quondam aetheras Titan sine nube per auras*)

---

17 Zu den sog. Paratexten vgl. ebd., S. 203.

setzt Boscovich bereits beim zweiten Wort (*quondam*) eine Fußnote, in der er die Makrostruktur des Textes erläutert.[18] Eine solche Anmerkung nützt keineswegs nur dem mathematisch weniger gebildeten Rezipienten, wie der Autor im Vorwort behauptet hat, sondern allen Lesern. Im weiteren Verlauf des ersten Buches streift Boscovich das dritte Keplersche Gesetz (*lex*) und notiert hierzu (I 487–493):

> [...]
> Quam tamen ipse quidem culto depromere versu,
> Haud ausim, et Latiis sperem celebrare Camoenis.
> Namque mihi haud animo id subeat, nimis impare nisu
> Vatibus ut vetita, et Musis impervia quaeram
> Ire loca, ad Pindum transcurrere: talia tentet
> Communis patriae decus, atque aeterna Ragusae
> Gloria Stayades [...].

Der Dichter bekundet hier seine Unfähigkeit, dieses und die beiden anderen komplizierten Keplerschen Gesetze in Versen darzustellen. Allenfalls sein berühmter Landsmann Benedetto Stay sei hierzu in der Lage. In einer dazu gehörenden Fußnote unterstreicht Boscovich seine eigene poetische Teilkapitulation (S. 21, Anm. 29): *Hae leges [...] admodum difficulter possunt exprimi nitido Latino versu potissimum hoc stylo amoeniore aliquanto, ac minus rigido, quem adhibere curavi [...].* Der Gegenstand ließe sich möglicherweise durch eine brutale Hexametrisierung in Verse fassen, doch nicht auf dem hohen poetischen Niveau, um das sich Boscovich bemüht. Daher begnügt er sich hier mit einer Auslassung.

Im vierten Buch beklagt der Autor erneut die Grenzen des poetischen Mediums (IV 257–262):

> Sed quoniam nodis, et dura compede vincti
> Heu miseri vates adstringimur, atque notarum
> Usus abest, numeros versu nec possumus omnes
> Exprimere, et rerum mensuras dicere certas;
> Pauca tibi expediam, quae multum oratus Apollo,
> Parnassique sinent leges, et dura Camoena.

Als Dichter unterliegt Boscovich vielen formalen Zwängen (*nodis* und *compede*), zudem kennt die Poesie keine geometrischen Formeln und mathematischen Zeichen (*notarum*), auch lassen sich nicht alle Zahlen (*numeros*) und

---

18 S. 1, Anm. 1: „Innuuntur hìc praecipua capita pertractanda in toto opere: porro in eclipsi totali Solis solent et stellae apparere: Luna autem dum deficit, aliquando ita est nigra, ut etiam ex oculis penitus evanescat, aliquando est admodum rubra."

Maße (*mensuras*) in Hexametern ausdrücken. Aus diesem Grunde kann der Autor das hier behandelte astronomische Phänomen nur unzureichend beschreiben. Entsprechend heißt es in einer dazu gehörenden Fußnote (S. 164, Anm. 13):

> Iterum hìc jure queror de difficultate exprimendi versibus res geometricas, et calculos; conor tamen praestare, quantum per poësim licet, praecipua attingens capita [...].

Die Anmerkung offenbart eine poetische Teilkapitulation: In der mathematischen Spitzenforschung, zu deren Repräsentanten auch der Autor selbst zählt, stößt Dichtung an ihre Grenzen.[19]

Allerdings sind Boscovichs Fußnoten nicht immer wissenschaftlicher Natur. So erwähnt er im zweiten Buch, dass er, im 42. Lebensjahr stehend, darauf hoffe, eine Forschungsreise zu den Irokesen, d. h. nach Nordamerika, unternehmen zu können (II 276–281):

> Fors et ego Irroquiûm sedes, et inhospita regna,
> Si tantum fortuna sinet, si vita superstes,
> (Namque quid hae vires, quid non haec spondeat aetas,
> Dum bis vicenis alter vix additur annus?)
> Transcurram procul, et doctis comes ibo catervis.
> Spero equidem [...].

In einer Anmerkung notiert der Autor dazu (S. 59, Anm. 15):

> Anno 1742 [wohl Druckfehler statt 1752 – Th. H.], quo haec scripsi Octobri mense, inchoaveram tantummodo annum 42, natus 18 Maji anni 1711. Est autem quadragesimus secundus annus is, qui additur alter, sive secundus, bis vicenis, sive 40.

Er erläutert hier, dass diese Textpassage im Jahre 1742 (recte: 1752) entstanden sei. Geradezu umständlich erklärt er zudem, wie die lateinische Umschreibung des zweiundvierzigsten Lebensjahres zu verstehen sei. Ein solcher philologischer Hinweis gehört allerdings eher in den latinistischen Anfangsunterricht. Man sieht hier, dass die Endredaktion des im Jahre 1760 zu druckenden Buches in großer Hast erfolgt ist.

In seinen Versen erweist sich Boscovich als ein eleganter Poet, der mit den Konventionen des Lehrgedichts bestens vertraut ist. Das erste Buch wird durch

---

19 Eine weitere Klage findet man in IV 571–578: „At qua se densam lux aëre flexa per umbram // Distribuat lege, et Phoeben perfundat opacem, // Proh quantus latiis labor est efferre Camoenis! // Cerata rursum tela, calamoque nigranti // Esset opus, mollive inscriptis littore sulcis. // Tentabo tamen, et nervos, plectrumque sonantem // Expediam, duro saltem concludere versu // Si multa, si forte sinat prece victus Apollo.“

einen Prolog (I 1–57) eröffnet, dessen einleitende Verse mehrere gattungstypische Elemente aufweisen (I 1–9):

> Cur quondam aetheras Titan sine nube per auras
> Dum micat, et puro respergit lumine terras,
> Praetexat subita nitidos ferrugine vultus,
> Impatiensque morae fuscis nox prodeat alis
> Atra die medio, stellasque inducat Olympo;
> Cur, sudo dum laeta nitet Latonia Coelo,
> Nunc tenebris condat caput, et nunc sanguine multo
> Inficiat frontem, Latiis memorare Camoenis
> Aggrediar, penitusque imas educere causas.

Der Autor beschreibt hier das Thema seines Werkes mit dem etablierten Instrument der indirekten Frage (*Cur – Cur*),[20] er benennt ferner das gewählte Ausdrucksmedium (*Latiis [...] Camoenis*, in Abgrenzung zur Prosa) und benutzt mit *penitusque imas educere causas* eine Formel, die direkt auf das Genre der (sc. naturwissenschaftlichen) Lehrdichtung verweist. Auch die sich unmittelbar anschließende Invokation folgt den texttypologischen Konventionen (I 10–14):

> Tu mihi, qui Arcadico, aethereo qui summus Olympo,
> Phoebe, nites, naturae aditus tu pande repostos,
> Divinumque immitte jubar; tu suffice venam
> Te dignam: tua res agitur, seu lumina terris
> Ipse neges, solita seu fraudes luce sororem.

Wie in der astronomisch-astrologischen Lehrdichtung üblich, wird Phoebus hier in seiner Doppelfunktion als Musengott, dem Boscovich als Angehöriger der Accademia degli Arcadi verpflichtet ist, und als wichtigster Stern, der eines der beiden zentralen Themen des Gedichts bildet, angerufen.[21] Eine zweite Invokation zielt auf Urania (I 15–18), eine dritte auf George Parker, den Earl of Macclesfield, welcher damals den Vorsitz der Royal Society innehatte.[22] Der poetische Prolog endet mit einer topischen Bitte um wohlwollende Aufnahme des Werkes.[23]

---

20 Daneben finden sich im Text auch zahlreiche direkte Fragen, so z. B. I 788–791: „Unde tamen cursus dubii discrimina tanta, // Erroresque Deae, trepidusque per aethera motus? // Accipe, temporibus quae longum ignota vetustis // Dî dederunt tandem, et nostri labor extudit aevi."

21 Vgl. auch II 1244–1246: „[...] // Accipe, quod facili praesentes numine Musae // Expediunt, Pindique pater de vertice Phoebus // Ipse suo pandit plectro, fidibusque canoris."

22 I 19–21: „Ante tamen Pindi patrem, doctasque sorores // Te primum mea vota vocant, te in carmina poscunt, // Nobile Parkeridum germen [...]."

23 I 55–57: „Ergo opus excipite, atque aures adhibete canenti, // Tuque, et tota cohors, facilemque adjungite mentem, // Ac trepidum assensu vatem firmate secundo."

Hierauf setzt der Hauptteil des Gedichts ein (Vers I 57 ist zur Markierung kursiv gedruckt). In ihm finden sich alle Merkmale, die für das Genre typisch sind. So wird beständig der (potentielle) Informationsbedarf des Publikums erwähnt,[24] ferner durch die Programmwörter *nosse* und *causae* und *latentes* die Tradition naturwissenschaftlicher und naturphilosophischer Poesie evoziert.[25] Boscovich wendet sich immer wieder direkt an den Leser und steuert dessen Konzentration durch Imperative, Adhortative und rhetorische Fragen.[26] Unter den dabei verwendeten Verben ragen *discere* und *docere* deutlich heraus.[27] Der unterweisende Gestus des Lehrdichters zeigt sich etwa in folgendem Beispiel (II 37–38 u. 41–42):

His animadversis, age jam, causasque latentes
Contemplare vigil mecum, resque ordine disce:
[...]
Accipe; nam coeptis praesens aspirat Apollo,
Et faciles ultro veniunt ad carmina Musae.

Innerhalb seiner Poesie nimmt Boscovich keine ausdrückliche Profilierung des angesprochenen Lesers vor. Es bleibt unklar, ob das primäre Zielpublikum aus mathematisch vorgebildeten Wissenschaftlern, aus dichtungsaffinen Intellektuellen oder, wie bei vielen anderen Lehrgedichten, aus jungen Schülern und Studenten bestehen soll. Nur in der an Isaac Newton gerichteten Apostrophe heißt es eindeutiger (V 39–41):

Omnibus haec ignota olim mortalibus, acri
Vidisti ingenio primus: nunc te duce molles
Jam pueri in ludis, primoque docentur ab aevo.

---

24 Als Vorbild vgl. z. B. Ovid, Ars I 1–2: „Si quis in hoc artem populo non novit amandi, // hoc legat [...].“

25 Vgl. z. B. I 58–61: „Defectus Solis varios, Lunaeque labores // Si penitus nosse, et caecas evolvere causas // Est animus; superas scrutari ante omnia sedes // Cura sit, et positus astrorum, et discere motus“; I 862–863: „Haec etiam noscenda prius, si nosse latentes // Est animus rerum causas, Lunaeque labores // [...]“; III 59–60: „Horum principia, et causas si nôsse latentes // Quasque cupis; primum expediam [...].“

26 Vgl. z. B. II 50–51: „Ac tibi ne dubiam teneat sententia mentem, // Perlege [...]“; II 676: „Quid dubitas? [...]“; III 225: „Nonne vides [...]? [...]“; III 317–318: „Quae si perpendas simul omnia, concidet error // Deprensus [...]“; IV 407 u. 409: „Ac tibi ne dubiam teneat sententia mentem, // [...] // Et radii perpende viam [...].“

27 Vgl. z. B. II 839–840: „[...] // Quod superest, tanti pars et quae maxima Divae // Muneris, expediam, et calamo properante docebo“; II 1140–1141: „His animadversis, jam quae memoravimus ante // Prona tibi fient, ac debita tempora disces“; II 1201–1202: „Praeterea, has ipsas si mente revolvere causas // Haud pigeat, disces [...]“; III 501: „[...] ratione docebo“; III 556: „[...] paucis adverte, docebo.“

Man darf bezweifeln, dass Newtons bahnbrechende Erkenntnisse im Bereich der Mathematik, Astronomie und Optik im Jahre 1760 bereits den kleinen Kindern in der Elementarschule vermittelt werden konnten. Boscovich bemüht dieses Bild wohl nur deshalb, um auf die in der Lehrdichtung etablierte Lehrer-Schüler-Konstellation anspielen zu können.

Es entspricht ebenfalls der Gattungstradition, dass der Autor als lehrendes Ich auftritt, um die Authentizität des Gesagten zu erhöhen.[28] So verweist er etwa auf seine eigenen Beobachtungen, die er mit seinem Teleskop angestellt habe (III 581–585):

> Sic ego cum Phoebi radios excluderet omnes
> Arte tubus multa insignis, noctemque foveret
> In gremio, licet in medio sublimis Olympo
> Arderet Titan, sudo nitidissima Coelo
> Saepe olim aspexi, propioraque sydera terris.

Auch mit seiner Beteuerung *Haec ipsa et domina spectabam nuper in urbe* (III 603) folgt Boscovich dem beglaubigenden Prinzip des *experto credite*, das in der lateinischen Lehrdichtung durch Ovid geprägt worden ist (Ars, III 511).

Den Regeln des Genres folgt Boscovich auch bei der Invokation. Immer wieder, d. h. vor allem zu Beginn eines Buches oder neuen Textabschnittes, spricht der Autor die beiden Planetengötter Phoebus und Urania an und bittet sie um weitere Sachinformationen.[29] Die Anrufung hat somit wie üblich eine (makro-oder mikro-)strukturierende Funktion. Gattungstypisch sind auch solche Formeln, in denen der Verfasser die Unmöglichkeit einer vollständigen Aufzählung

---

28 Vgl. z. B. II 168: „Vidi [...]"; II 269: „Credo equidem [...]"; III 648: „Nam memini [...]."
29 Vgl. z. B. I 922–925: „Quis prior, Uranie, rem tantam, hominumve, Deûmve // Protulerit, memorare libet; tu numine Vatem, // Diva, tuo dubium firma; remque ordine pande: // Nôsti etenim [...]"; III 21–22: „Huc ades, et trepidum praesenti numine vatem // Usque rege, atque novas in carmina suffice vires"; III 383–390: „Queis tamen auxiliis, quave hanc satis ubere vena // Naturae aggrediar partem, atque arcana docebo? // Nunc ades, O! nunc, Phoebe pater, diffunde micantem // Fronte comam, et flavos per eburnea colla capillos: // His opus est: nunc ardentes age concute habenas: // Flammivomis nunc urge acres calcaribus armos // Quadrijugum: undantem e patulis fac naribus ignem // Commixtum nebula, et fumis nigrantibus efflent"; IV 1–6 u. 10–12: „Post serta obductam Phoebi cingentia frontem // Candida, fulgentesque comas, radiumque bicornem // Signiferi oppositis protentum finibus orbis, // Et vim divini jubaris, plenumque, latente // Dimidio quanquam ore, diem, te, Diva Triformis, // Te canimus [...] // [...] // Tu digitos mihi, tu plectri resonantia eburni // Fila move, cantumque rege, et non impare versu // Ipsa tuos praesens da pandere, Diva, labores."

artikuliert.[30] Im Übrigen erfolgt die Gliederung des Gedichts mithilfe der janus-
köpfigen, im Genre etablierten *Hactenus-Nunc*-Formel, so etwa in I 282–285:[31]

> Hactenus aetherias teneant quae sydera sedes,
> Queis noscenda tibi signis, quo sparsa per Axem
> Ordine: nunc varios cursus, variosque recursus
> Expediam [...].

Jeweils am Anfang und Ende eines Buches findet man eine Retrospektive auf
das bisher Gesagte sowie eine Vorschau auf das Kommende.[32] Man muss sich
dabei ins Gedächtnis rufen, dass diese Strukturformeln aus der Oralität des
homerischen Zeitalters stammen und in einer Epoche, in welcher längere lateinische Lehrgedichte ausschließlich im Medium der Schriftlichkeit rezipiert
werden, eigentlich redundant sind. Im typographischen Zeitalter wirken sie
vielleicht sogar ein wenig lächerlich, da gedruckte Überschriften der einzelnen Bücher und Kapitel die Funktion solcher Formeln wesentlich besser aus-
gefüllt hätten.

Wie Boscovich schon in der Vorrede erklärt hat, wird die Wissensvermittlung
durch zahlreiche poetische Ornamente,[33] extrathematische Zusätze und umfangreiche Digressionen aufgelockert. So führt er im Rahmen seiner personifizieren-
den Darstellung zahlreiche epische Vergleiche an[34] und flicht mehrfach Passagen
über Ereignisse der antiken Geschichte ein.[35] Ferner mündet das vierte Buch in
einen umfangreichen, persönlich gehaltenen Epilog (IV 832–960), in dem Bosco-

---

30 Vgl. z. B. I 89–90: „Quis tamen et formas omnes, et nomina pandat // Singula connu-
merans, certasque ex ordine sedes?"
31 Vgl. auch I 857–860: „Hactenus immensi lustravimus aetheris oras, // Astrorum et positus,
variosque ex ordine motus // Diximus: unde jubar nunc accipe, quaeque remittant // Affusos
radiorum imbres, ignemque receptum."
32 Vgl. z. B. II 12–17: „Sic ego velati nigrantem lampada Solis, // Atque laborantem dicturus carmine Lunam, // Materiem satis aptam operi, tantoque labori // Congessi primum, teque astra per
ardua vexi, // Nominaque, et positus, variosque per aethera motus // Evolvi enumerans [...]";
V 1–6: „Nunc age cur multo turpatos sanguine vultus // Inficiat, tristem dum Cynthia permeat
umbram; // Quid radios fuco saturet, lucemque coloret // Aëriis deflexam auris, et fila retexat, //
Jam canere, atque operi supremam impendere curam // Aggredior [...]."
33 So gestaltet er die Buchschlüsse topisch-rhetorisch aus; vgl. z. B. II 1423–1426: „Quo tamen
abripior? non hoc mihi Divus Apollo, // Uranie nec movit opus; pars multa laboris // Restat
adhuc: fas interea consistere fessum, // Et vocem reparare, novasque resumere vires."
34 Vgl. z. B. II 120–122: „Non secus ac multa procerum comitante caterva // Per medias si forte
vias insignis in ostro // Ingreditur Princeps, dum fervet in aethere Phoebus"; II 272–273: „Nec
tantas imo nubes alit Aeolus antro, // Ventorumque ciet gens improba [...]."
35 Vgl. z. B. III 611–625 (Caesar vor der Überquerung des Rubikons); IV 234–256 (Tod des Ar-
chimedes bei der Eroberung von Syrakus).

vich Papst Benedikt XIV. (Pontifikat 1740–1758) sowie den aus dem ‚vergilischen'
Mantua[36] stammenden Kardinal Silvio Valenti Gonzaga (1690–1756, Kardinal seit
1738) verherrlicht, dessen Familie angeblich – wie seine eigene – ursprünglich in
Ragusa beheimatet gewesen sei (IV 858). Boscovich berichtet hier zudem über eine
geplante Forschungsreise, welche durch eine Überschwemmung des Tibers verhindert worden sei (IV 880–960). Auch das fünfte Buch stellt nahezu *in toto* eine
Digression dar. Da es dem berühmten Kollegen Isaac Newton gewidmet ist und
dessen Lehren vorstellt, verweigert der Dichter im Prolog eine Anrufung Apolls
und der Musen (V 6–13):

> [...] Non hic Pindi pater, atque sororum
> Docta cohors, non Pegasus aliger, et mendacis
> Numina Parnassi veniant in carmina. Grande
> Tu decus Angligenum, atque humanae gloria gentis,
> Tu majus mihi numen eris, Newtone, repostos
> Cui primo penetrare aditus, penitusque latentes
> Sponte dedit vires Natura, arcanaque jura
> Discere, et attonitum late vulgare per Orbem.

Während die Formel *mendacis // Numina Parnassi* als ein ferner Reflex der spät-
antiken Bibeldichtung verstanden werden kann, die sich den paganen Regeln der
Invokation verweigert,[37] verweist das hier verwendete Schlüsselwort *Numen*, mit
dem ein Zeitgenosse als Gottheit und Inspirationsquelle angesprochen wird,[38] auf
Lucans *Pharsalia* (I 63–66). Dass die gesamte folgende Partie als Hymnus gestaltet
ist, bringt Boscovich in einer dazugehörigen Fußnote explizit zum Ausdruck.[39]

Den digressiven Höhepunkt bildet im fünften Buch eine mehr als hundert
Verse umfassende Partie (V 914–1024), in der die zuvor beschriebenen astrono-
misch-physikalischen Vorgänge in eine mythologische Allegorie gekleidet sind.
Es handelt sich um ein eigenständiges Epyllion, wie es seit Vergil innerhalb der

---

36 In IV 854 findet sich ein knapper Verweis auf die *Aeneis*.
37 Vgl. Paul Klopsch: Einführung in die Dichtungslehren des lateinischen Mittelalters. Darmstadt 1980, S. 7 f., 15, 20–23.
38 Vgl. auch V 89–98: „Ergo novum Coelo delapsum ut Numen ab alto // Te supplex unum
veneratur, Apollonis ara // Posthabita, tua scripta terit noctuque, diuque // Evolvens, te in
vota vocat, te oracula poscit, // Dona tibi, tibi thura parat studiosa juventus, // Altaque mar-
moreis meditatur templa columnis. // Huc ades o igitur, vatemque inventa canentem, //
Magne, tua, atque almae tua tenvia stamina lucis // Tu praesens moderare, incertos tu rege
gressus, // Da facilem venam, et cantum, versusque sonantes."
39 Vgl. S. 199, Anm. 1: „In sequenti velut hymno [...]."

Lehrgedichtstradition häufig begegnet.[40] In einer Anmerkung erläutert Boscovich hierzu (S. 245 f., Anm. 78):

> Postremo hujusce episodii fundamentum omne consistit in Veterum mythologia. Phoebus, Diana, Vesta erant apud ipsos Sol, Luna, et Terra [...]; quo casu pronum est fingere, Dianam sua forma superbientem celebrare festa cum ingenti comitatu [...].

Der Leser erfährt, dass es sich bei der mit paganen Gottheiten operierenden Darstellung lediglich um eine Allegorie, d. h. um eine literarische Fiktion handele, die sich an die mythologischen Erzählungen der antiken Dichter (*fabulae*) anlehne.[41] Die Grenze zwischen dem *facta* vermittelnden Sachgedicht und dem mit *ficta* arbeitenden Epyllion ist somit klar markiert. Letzteres fungiert lediglich als eine poetische Illustration des Ersteren. Boscovich greift hier die rötliche Färbung des Mondes, ein Thema des ersten Buches, auf und erzählt in seiner Geschichte, wie Diana sich aus Wut selbst das Gesicht und die Arme zerkratze, so dass diese von rotem Blut entstellt würden. Mit dem Ende des Epyllions endet auch das gesamte Werk. Einen parathematischen Epilog gibt es nicht.

4 Antike und nachantike Traditionen und Vorbilder

Dass Roger Boscovich als lateinischer Lehrdichter des achtzehnten Jahrhunderts mit den antiken Gattungsvorbildern vertraut ist, bedarf kaum der Erwähnung. Insbesondere der Einfluss der vergilischen *Georgica* ist unübersehbar.[42] Wie bereits Luca Guzzardi betont hat,[43] dürfte die berühmte Passage im zweiten Buch der *Georgica* (II 475–478) die Wahl des Themas motiviert und legitimiert haben:

> Me vero primum dulces ante omnia Musae,
> quarum sacra fero ingenti percussus amore,
> accipiant, caelique uias et sidera monstrent,
> defectus solis uarios lunaeque labores.

---

40 Vgl. hierzu Hofmann (Anm. 6); ders.: Rezension zu: Brills' Encyclopaedia of the Neo-Latin World. Hg. von Philip Ford, Jan Bloemendal, Charles Fantazzi. Bd. 1–2. Leiden, Boston 2014. In: Gnomon 90 (2018), S. 22–48 u. 117–141, hier S. 43.
41 Vgl. bei Boscovich auch S. 248, Anm. 78: „Fabulati sunt Veteres [...]."
42 Vgl. hierzu Guzzardi (Anm. 5), S. 16–20; zum Einfluss Vergils auf die neulateinische Lehrdichtung vgl. Ludwig (Anm. 7).
43 Guzzardi (Anm. 5), S. 17 f.

Auch die meisten der bereits genannten, die Gattungstradition maßgeblich prägenden Formeln und Strukturmerkmale, welche man bei Boscovich finden kann, gehen letztlich auf Vergil zurück: so etwa die *Hactenus-Nunc*-Struktur,[44] der Einstieg über indirekte Fragen[45] und die programmatische Paraphrase *rerum causas (latentes)*[46]. Ferner verarbeitet Boscovich nicht nur einzelne vergilische Junkturen und Klauseln, sondern zitiert sogar ganze Verse.[47] Dass der allegorische Schluss seines Gedichts (V 914–1024) durch das Aristaeus-Epyllion (Georg., IV 315–558) geprägt ist, liegt ebenfalls auf der Hand.[48]

Unter den antiken Dichtern stellt Vergil jedoch nicht das einzige Vorbild dar. Angesichts des astronomischen Themas muss man hier zunächst an die *Phainomena* des Aratos von Soloi und deren lateinische Übersetzungen (Germanicus und Avienus) denken. Es dürfte kein Zufall sein, dass Boscovich in seiner Vorrede mehrfach von *phaenomena* spricht.[49] Nachweisbar ist ferner eine Beeinflussung durch Lukrez. Wie dieser,[50] so will auch Boscovich mithilfe seiner wissenschaftlichen Erklärungen die Menschen von falschen Ansichten befreien und ihnen so die Furcht nehmen (II 1360–1361): *Excutimusque metum monitis, causasque latentes // Pandimus, atque animi motus cohibemus inanes.* Zudem

---

44 Vgl. Vergil, Georg., II 1–2: „Hactenus aruorum cultus et sidera caeli; // nunc te, Bacche, canam [...]"; vgl. hiermit Boscovich III 3–6: „Hactenus in medio cur Sol, cur aurea quondam // Deficiat cursu Phoebe, et ferrugine multa // Involvat nitidos puro vel in aethere vultus: // Nunc age, velati nigrantem lampada Solis // Quae tenuis circum lux ambiat; unde repente // Exiliant toto radiantia sydera Coelo."

45 Vgl. Vergil, Georg., I 1–5: „Quid faciat laetas segetes, quo sidere terram // uertere, Maecenas, ulmisque adiungere uitis // conueniat, quae cura boum, qui cultus habendo // sit pecori, apibus quanta experientia parcis, // hinc canere incipiam [...]." Vgl. auch Boscovichs Vorrede (*Ad Lectorem*), S. i: „Secundo libro ipsam eclipsium naturam aggressus, illud explicavi, unde proveniant primo quidem Solis, tum Lunae defectus, quo ordine, et quibus temporum intervallis [...]."

46 Vgl. Vergil, Georg., II 490: „felix qui potuit rerum cognoscere causas." Vgl. Boscovich, II 1362–1363: „Felices anni, felicia saecula, causas // Tantarum queis posse datum cognoscere rerum?"; III 11–12: „[...] causasque latentes // Protinus evolvam, primaque ab origine pandam."

47 So zitiert er in II 1401–1403 Vergil, Georg., I 466–468.

48 Zur Epyllientradition in neulateinischen Lehrgedichten vgl. Hofmann (Anm. 6); ders. (Anm. 40), S. 43.

49 Vgl. Vorrede (*Ad Lectorem*), S. i: „Tertio libro sum persecutus phaenomena [...]"; S. ii: „Quarto libro pertractavi phaenomena [...]"; S. ii: „Quinto demum libro illud exposui, cur Luna in totalibus eclipsibus saepe admodum appareat rubro colore affecta, cujus itidem phaenomeni satis uberem explicationem alibi non reperi [...]."

50 Vgl. z. B. Lukrez, III 37: „et metus ille foras praeceps Acheruntis agendus."

geht der Autor explizit auf Lukrezens Ausführungen zur Sonnen- und Mondfinsternis (V 751–779) ein. Hier schreibt er (II 1362–1374):

> Felices anni, felicia saecula, causas
> Tantarum queis posse datum cognoscere rerum?
> Ast olim haud vulgi tantum inscia corda, sed illos
> Saepe etiam latuere, quibus mens fervida, et acre
> Ingenium, qui Naturae secreta latentis
> Assueti, caecosque aditus pervadere, et imis
> Eruere è latebris verum: nec defuit, aut qui
> Diceret, occludi spirantia protinus ora,
> Queis emissa solet lux alma erumpere, seu qui,
> Extinctos quondam *dimittere*, diceret, *ignes*
> *Tempore* Titanem *certo, recreareque lumen,*
> *Cum loca praeteriit flammis infesta per auras,*
> *Quae faciunt ignes interstingui, atque perire.*

Boscovich spielt hier auf einige griechische Naturphilosophen an (II 1368–1370)
und zitiert anschließend (auch bei ihm typographisch abgesetzt) einige Verse
aus *De rerum natura* (V 758–761). Ferner schildert er am Ende des vierten Buches die Überschwemmung des Tibers, welche im Jahre 1751 die Stadt Rom
heimgesucht hat (IV 880–960). Die Darstellung dieser Naturkatastrophe erinnert unmittelbar an Lukrezens sechstes Buch, an dessen Ende beschrieben
wird, wie Athen von der Pest verheert wird (VI 1138–1286).

Nicht nur das astronomische Thema, sondern auch die Anzahl der Bücher (5
libri) sowie deren ungefähr vergleichbare Umfänge verweisen zudem auf Manilius. Als sich Boscovich 1760 in London aufhielt, waren die *Astronomica* dort sehr
präsent, da Richard Bentley den Text 1739 kritisch ediert hatte. Boscovichs mehrfache Klagen über die Schwierigkeit bzw. Unmöglichkeit, den Stoff in Versen wie-
derzugeben,[51] sind nicht denkbar ohne die berühmte Passage im dritten Buch der
Astronomica (III 31–42), in der Manilius ähnliche Gedanken formuliert hat.

Man könnte sich mit allen diesen Parallelen begnügen und Boscovich als typischen Vertreter neulateinischer Poesie etikettieren, welcher ganz auf die Antike
fixiert sei. Dennoch lohnt es sich, abschließend einen Blick auf die nachantike
Tradition des Lehrgedichts zu werfen. Dass Boscovich auch zeitgenössische und
insbesondere jesuitische Gattungsvertreter gekannt hat, ist selbstverständlich. In
seinem Poem rühmt er etwa Carlo Noceti, dessen Gedichte *De Aurora Boreali* und
De Iride er selbst zusammen mit eigenen Anmerkungen dreizehn Jahre zuvor

---

51 Vgl. I 487–491 u. IV 257–262 sowie S. 21 (Anm. 29).

veröffentlicht hat.[52] Hingegen dürfte ihm die breite Lehrgedichtstradition des Mittelalters und der frühen Renaissance nicht bekannt gewesen sein.[53] Und doch zeigen sich hier fünf Strukturanalogien:

Als Erstes zu nennen ist die Existenz von Paratexten: Im Gegensatz zu fast allen antiken Lehrgedichten arbeiten die nachantiken Gattungsvertreter zumeist mit Prosa-Einleitungen, in denen über Inhalt, Intention und Publikum des jeweiligen Werkes gesprochen wird. Boscovich folgt dieser nachantiken, erst im Mittelalter aufkommenden Tradition, indem er sein Werk durch eine lange, an den anonymen Leser adressierte Prosa-Praefatio einleitet.

Zweitens fällt die Dominanz des begleitenden Kommentars auf. Boscovichs Text steht auf zwei Beinen, der verdunkelnden Poesie und der sie erhellenden Prosa. Dass Lehrgedichte nicht nur durch einzelne Glossen, sondern sogar durch kohärente Kommentare erklärt werden, lässt sich punktuell bereits in der Antike beobachten (berühmt sind etwa die Scholia zu den *Phainomena* des Arat). Doch erst im Mittelalter entwickelt sich die Praxis, dass die Lehrdichter *selbst* ihre eigenen *Carmina* mit umfangreichen Prosa-Kommentaren versehen. In dieser Tradition steht Boscovich. Es bedeutet lediglich eine *technische* Neuerung des typographischen Zeitalters, dass sein Kommentar nicht, wie im Mittelalter, am Rand oder im Rahmen eines *textus-inclusus*-Schemas, sondern in Fußnoten organisiert ist.

Eine dritte Strukturanalogie zeigt sich in der sozialen bzw. beruflichen Situation des Autors. Die antiken Lehrgedichte werden von Personen geschrieben, deren Alltag nicht durch die Vermittlung der im jeweiligen Gedicht behandelten Inhalte geprägt ist. Manche von ihnen – wie etwa Lukrez und Vergil – besitzen immerhin eine fundierte Sachkompetenz, andere wiederum – wie etwa die hellenistischen Dichter Arat und Nikander – haben sich das gewählte Thema nur oberflächlich angelesen.[54] In beiden Gruppen findet sich allerdings kein professioneller Lehrer. Auch einem Autor wie Vergil, dem man eine große Ernsthaftigkeit bei der

---

52 Vgl. III 433–442: „Dum celebrat plectro Auroram, fidibusque canoris, // Aethereos nuper Nicetas edidit ortus, // Et causas rutili victuro carmine rhombi: // Musarum decus, et nostri clarissima Pindi // Gloria Nicetas, quo non praestantior alter // Aut fuit Arcadicis, aut olim exsurget in arvis // Scrutari Sophiae sedes, atque abdita quaeque // Eruere, et Latiis proferre exculta Camoenis. // Pauca modo expediam: aeternum, si plura requiris, // Perlege opus vigil; haud equidem vigilasse pigebit." Vgl. hierzu auch seine entsprechende Anmerkung (S. 129, Anm. 22).

53 Vgl. Thomas Haye: Das lateinische Lehrgedicht im Mittelalter. Analyse einer Gattung. Köln, Leiden 1997 (Mittellateinische Studien und Texte 22).

54 Vgl. hierzu Haskell (Anm. 5), S. 209 (mit Verweis auf Cicero, De oratore I 16,69).

Vermittlung des landwirtschaftlichen Themas sowie eine erhebliche Sachkompetenz unterstellen darf, hat nie an einer agrarwissenschaftlichen Fakultät unterrichtet. Anders hingegen die berühmten Lehrdichter des Mittelalters: Diese sind – wie der Mathematik-Professor Boscovich – auch außerhalb des literarischen Rahmens didaktisch aktiv. Zwar müssen solche Gedichte nicht immer unmittelbar für den Unterricht geschaffen worden oder aus ihm hervorgegangen sein, doch lässt sich – wie bei Boscovich – stets ein direkter Zusammenhang zwischen der poetischen Rolle des Lehrdichters und der extrapoetischen Existenz des Autors beobachten. Die Frage der fachlichen Kompetenz sowie der Ernsthaftigkeit sachlicher Belehrung beantwortet sich in solchen Fällen von selbst.

Eine vierte Strukturanalogie zur mittelalterlichen Tradition greift man in der Textgeschichte. Die antiken Lehrgedichte sind literarische Produkte, deren Verfasser eine finale und zu ‚publizierende‘ Fassung anstreben. Hingegen arbeiten viele mittelalterliche Lehrdichter über Jahrzehnte an ihren *Carmina*. Gerade aufgrund der Verankerung im Unterricht führen Autor und Text nicht selten ein symbiotisches Dasein. In der Folge kursieren unterschiedliche Fassungen und Redaktionsstufen nebeneinander. Dass ein Lehrgedicht nicht etwa ein finales Produkt, sondern ein ewiger Prozess sein kann, der zudem zwischen den Medien der Oralität und der Skripturalität pendelt, beobachtet man auch im Falle Boscovichs.

Eine fünfte und letzte Analogie zeigt sich in der religiösen Fundierung: Insbesondere im Bereich der Astronomie und Astrologie müssen sich die nachantiken, d. h. per definitionem christlichen Autoren gegenüber dem paganen Mythos positionieren. Die Lehrdichter des Mittelalters und der Renaissance distanzieren sich in der Regel explizit von der heidnischen Götterwelt, halten jedoch unter Hinweis auf die poetische Tradition an den Planetenbezeichnungen und den mit diesen verknüpften Personifikationen und mythischen Erzählungen fest. Beliebt ist zudem die Betonung des allegorischen Charakters: Durch die Allegorie kann der Lehrdichter weiterhin das illustrative Potential der paganen Sagen nutzen und sich gleichzeitig von ihnen ideologisch abgrenzen. Wenn Boscovich am Ende seines Werkes zur Illustration astronomischer Vorgänge ein mythologisches Epyllion präsentiert und in penetranter Deutlichkeit betont, dass es sich dabei lediglich um erfundene Geschichten der heidnischen Antike handle, unterscheidet er sich kaum von dem spätmittelalterlichen Dichter Simon von Couvin, der in seinem um 1350 verfassten Werk *De iudicio Solis in conviviis Saturni* ganz ähnlich agiert.[55]

---

[55] Vgl. Thomas Haye: Simon von Couvin: De iudicio Solis in conviviis Saturni. Einleitung und kritische Edition. In: Wiener Studien 127 (2014), S. 217–313.

Im Ergebnis darf man festhalten, dass Boscovichs Opus *De Solis ac Lunae defectibus* zwar eng (insbesondere auf sprachlicher Ebene) an den antiken Modellen orientiert ist, jedoch zusätzlich einige Merkmale aufweist, die erst die nachantike Gattungsentwicklung hervorgebracht hat. Dass der Autor für seine Beiträge zum aktuellen wissenschaftlichen Diskurs *auch* die altehrwürdige, doch zu seiner Zeit bereits etwas angestaubte Form des Lehrgedichts gewählt hat, ist wohl primär mit dem jesuitischen Milieu sowie dem eigenen literarischen Ehrgeiz zu erklären. – Als Wissenschaftler spielt Boscovich in derselben fachlichen Liga wie Leibniz und Newton, doch haben sich diese beiden eben nicht der Form des Lehrgedichts bedient. Belächelt worden ist Boscovich deshalb nicht, da seine akademische Kompetenz unbestritten war. Im Bereich der Dichtung wollte er sich als *poeta ambidexter* profilieren,[56] und gerade im römischen Milieu hat man diese Doppelleistung auch zu würdigen gewusst. Dennoch dürfte in der Mitte des achtzehnten Jahrhunderts allen Beteiligten, d. h. auch dem Lehrdichter selbst, bewusst gewesen sein, dass die Welt der Wissenschaft längst prosaisch geworden war.

---

56 Vgl. Haskell (Anm. 5), S. 209.

Yasmin Haskell

Latin Scientific Poetry under the Shadow of the Jesuit Suppression

During their "long Suppression" (ca. 1755–1814) Jesuits recorded their emotional responses to the unfolding crisis and its aftermath: anxiety, bewilderment, indignation and dejection as priests and seminarians were expelled from Portugal, France, Spain and their overseas missions; shattering psychic shock as the papal brief "Dominus ac Redemptor" brought the curtain down on the Old Society in 1773; and, ultimately, dogged hope for the resurrection of their order. It is significant that many Jesuits continued to navigate this turbulent history in the Latin language, which seems to have served not just as a professional but also an emotional life-raft for them. The Latin literature of the Suppression, still largely unexplored, includes letters, diaries and histories in prose, devotional poems and allegorical elegies and epics celebrating the Society's heroic past and, in at least one case, prophesying its rebirth. Nikodemus Musnicki's *De Christi ab inferis reditu* [On Christ's return from hell] (1805) is an allegory for the "death" of the Society which looks forward to its "resurrection".[1] The sufferings and survival of the Society are also celebrated in the *Heroum libri iv* by suppressed Portuguese Jesuit, Emanuel de Azevedo, a Virgilian poem about the expulsion of the Jesuits from Ibero-America (the collective heroes of the title) and their journey to Italy. The classical subtext transforms the dishonour of the Suppression (which parallels the Fall of Troy) into a divinely-dictated ordeal; "destination Italy" naturally carries the implicit promise of a new and more glorious empire to come.

Not all Jesuit poetry written in this period was directly or centrally *about* the Suppression, however. I focus here on scientific poetry, *prima facie* an unpromising place to look for Jesuits' affective responses to the crisis. The didactic genre is compelling, nevertheless, because it had become over the course of the eighteenth century, an important medium for advertising the Society's educational wares and proclaiming its (qualified) modernity – in short, its capacity to

---

1 Schaffenrath, Florian. "Das Höllenfahrtsepos *De Christi ab inferis reditu* (1805) des Nikodemus Musnicki SJ." *Acta Conventus Neo-Latini Upsaliensis.* Ed. Astrid Steiner-Weber. Leiden: Brill, 2006. 2:943–953; Schaffenrath, Florian. "Unedierte lateinische Jesuitenepik aus dem Fondo Gesuitico der Biblioteca Nazionale Centrale di Roma." *Neulateinisches Jahrbuch* 9 (2007): 328–42. Musnicki also composed a "History of the Society of Jesus from the time of its abolition", the manuscript of which was once held in Polock (Belarus). See Sommervogel, Carlos S.J. *Bibliothèque de la Compagnie de Jésus.* Paris: Alphonse Picard, 1890–1932. 5:1469.

change with, or at least "accommodate to", the times. Latin didactic poetry exemplified the rigour and humanism of Enlightenment-era Jesuit education in its virtuosic combination of classical Latinity and contemporary science. That said, the roots of Jesuit didactic (philosophical) poetry go back to the earliest years of the Society and indeed to Renaissance humanism.[2] The popularity of the genre grew with the international success of the georgic poems by seventeenth-century French Jesuits René Rapin and Jacques Vanière. It was from the turn of the eighteenth century, however, that *poemata didascalica* came to be recognized by Jesuits as something of a "speciality of the house", and we witness a veritable efflorescence of georgic, but also technical and scientific, poems, especially in France and Italy.[3] In Italy, the didactic poems of two professors at the Collegio Romano, Orazio Borgondio (on animal motion) and Carlo Noceti (on the rainbow and aurora borealis), and of a non-Jesuit prelate, Benedict Stay, inspired a local tradition of technical scientific poetry on subjects from astronomy and meteorology to acoustics and electricity. The 1760s seems to have been the most fruitful decade for the publication of such poems in Italy – the very years in which the prelude to the Suppression was playing in Portugal, France and Spain. (We shall see that some former Jesuits, both within and beyond Italy, continued to produce them even after 1773.[4]) In my discussion of this Roman "microtradition" of Jesuit didactic poetry in *Loyola's Bees*, I was more interested in how it connected with longer Jesuit traditions of writing didactic poetry, that is, how Jesuit didactic poets co-opted the Ignatian values of apostolic spirituality for scientific and literary activity *ad majorem Dei gloriam*, celebrating the ideals of service, diligence and usefulness. But it is also well worth asking whether these poems can tell us anything about (changing) Jesuit attitudes to science, to philosophy and perhaps even to religion itself, under the shadow of the Suppression. At the very least they provide us with a snapshot of Jesuit intellectual and emotional communities in "interesting times".

Having made a name for himself in his native land as a gifted humanist, the Portuguese Jesuit Emmanuel de Azevedo was summoned to Rome in 1740 to work

---

2 See for example Francesco Benci's *Carmen quo quaeritur quae sit optima ratio tranquillioris vitae instituendae* in his *Carminum libri iv* (Rome, 1590), pp. 1–15; Charles Malapert's two books *De ventis* in his *Poemata* (Antwerp, 1616), pp. 61–87.

3 See the review of Lefebvre's poem *Aurum* in the *Memoires de Trévoux* (June, 1703) and the largely Jesuit anthology of François Oudin, *Poemata didascalica* (Paris, 1749), expanded to three volumes in 1813.

4 Haskell, Yasmin. *Loyola's Bees: Ideology and Industry in Jesuit Latin Didactic Poetry*. Oxford: British Academy-Oxford University Press, 2003. 178–244.

on liturgical projects and edit the writings of the Lambertini pope, Benedict XIV. Azevedo's fortunes turned in the years leading up to the Suppression and he was exiled to the Veneto in 1754. In the following decades he published *inter alia* a twelve-book descriptive poem on the city of Venice (1780), a verse life of the St Antony of Padua (Venice, 1786), a book of Latin translations from Italian, Spanish and Portuguese poetry and revisited and expanded a collection of his own poetry from the early part of his career. The abovementioned epic on the return of the expelled American Jesuits to Europe appeared in a volume that also contains a series of verse epistles to Azevedo's Jesuit brothers in exile, dedicated to Catherine the Great's favourite, General Potemkin.[5] It is in this collection taken as a whole, alternating and combining elegiac and heroic modes, that Azevedo most fully indulges his feelings about the Suppression and the sad fate of his Iberian and American compatriots. (In fact, in a preliminary note, he informally dubs the collection his *Tristia*.) While the volume does not contain any didactic verse per se, in the eighteenth epistle, dated 1772, Azevedo extols the consolations of learning – especially scientific learning – in these difficult times. He is writing to a friend who is concerned because their Jesuit brothers are deserting the Society:

> Dulcis amice doles: justa est tibi causa doloris,
> > Quem pietas animi, quem movet intus amore.
> Nempe doles socios eadem vexilla gerentes
> > Saepius indecori terga dedisse fuga.
> Nec satis est magnos dudum superasse labores,
> > Nec satis est primis praevaluisse malis
> Clara triumphali cinxerunt tempora lauro,
> > Victrici numerant parta trophaea manu.
> Vidimus heu! Pulchras sensim marcescere frondes,
> > Et periit clypeis, qui fuit ante, color.
> Carmina collectos laudarunt nostra triumphos,
> > Tristia nunc miseri signa doloris habent.

You grieve, dear friend, and the reason for your suffering is just, moved as it is by a pious spirit and an inward love, for you grieve that your companions under the same standard so often turn their backs in shameful flight. It is not enough to have overcome great trials in the past, nor to have prevailed over the first evils. They have wreathed their brilliant

---

5 See Haskell, Yasmin. "Suppressed Emotions: the Heroic *Tristia* of Portuguese (ex-)Jesuit, Emanuel de Azevedo." *Journal of Jesuit Studies* 3.1 (2016): 42–60 (https://doi.org/10.1163/22141332-00301003). For the historical background, see Pavone, Sabina. *Una strana alleanza. La Compagnia di Gesù in Russia dal 1772 al 1820.* Naples: Bibliopolis, 2008 and Inglot, Marek. *How the Jesuits Survived Their Suppression: The Society of Jesus in the Russian Empire (1773–1814).* Philadelphia: Saint Joseph's University Press, 2015.

temples in triumphant laurels and notch up trophies won by conquering hand. We have seen, alas, the beautiful leaves gradually decay and the lustre on their shields has faded! Our songs have commemorated our collective triumphs; now they bear the sad signs of wretched grief. (p. 210–11)

Azevedo acknowledges the challenges of the suppressed Jesuit life, the dangers of women and worldliness, and advises his friend on how to recognise the tell-tale signs of a brother falling away. Why are we so lazy, he asks, when it comes to fighting for the prize of heaven, when we are willing to undergo any labours for the smallest profit?

Causa mali tanti non me latet; otia mentem
    Enervant, ut non mota putrescit aqua.
Sumite materiam vestris modo viribus aptam,
    Inque suo studio quilibet emineat.

The cause of this great evil doesn't escape me. Idleness enervates the mind, as water that doesn't move becomes stagnant [...] Take up a subject suited to your abilities and let each man shine according to his inclination. (p. 213)

Azevedo confesses that he has personally found comfort in returning to his long-neglected Muses[6] – that is, to poetic composition and translation – activities in which he had already shown promise as a young professor of Rhetoric at Evora. But others' talents fit them for different pursuits, including rhetoric, history, law and theology.

For the remainder of the poem, Azevedo runs through the various branches of knowledge, but the greater part is given over to *scientific* pursuits, starting with mathematics:

Si cupias numerum, mensuram, & pondera rerum
    Noscere, quasque artes docta mathesis amat;
Linea cum puncto, variisque triangula formis,
    Inventa assidui prima laboris erunt.
Dividere in partes discas non sectile punctum,
    Non intellectis scribere sensa notis.
In tenui charta tandem vastissima tellus
    Parebit, numeris subjicienda tuis.
Et liquido oceano, & lato spatiabere caelo,
    Multa scies vulgi vix ea digna fide.
Quaeque scies certa constabunt plurima lege,
    Nec poterit dictis error inesse tuis.

---

6 Cf. the note to the reader in his *Raccolta di sonetti scelti tradotti in versi esametri latini* (Venice, 1780), pp. 5–8.

If you desire to know the numbers, measures and weights of things, and the arts which learned mathematics loves, the first discoveries of your diligent labour will be a line and a point, triangles of various shapes, and you will learn to divide the indivisible point into parts and to write about imperceptible things with signs that are understood. At length the great earth will obey, subdued by your numbers on a flimsy piece of paper, and you will tread the liquid ocean and the wide heavens and know many things, things that the mob would scarcely believe. And the many things you know will be true because of certain laws, nor will there be room for error in your words.   (p. 215)

He proceeds to list topics in natural philosophy and natural history: the origin of the winds, of lightning, earthquakes and volcanoes; why rain comes and why snowflakes assume various shapes; how rivers get their water from the sea and lose their salt; whether the earth draws up pure water in springs or only receives that gift from the rain; whether it comes from mists rising from the internal heat of the earth and falling as droplets; the cause of the tides; what the sea nourishes in its fertile lap; the nature of light; what lies beneath the earth, the metals:

Et juvat aethereos perpendere cominus orbes,
    An prodesse homini, sive nocere queant.
Ut nostris sint visa oculis, quae sidera cernis,
    Volve animo quot sint saecula lapsa prius

It is even pleasing to think about the heavenly bodies and whether they are profitable or harmful for human life. Count in your mind how many centuries have elapsed before the stars are seen by our eyes!   (p. 215)

We may consider the motion of the planets, sun and moon, "why the gloomy comet returns with a long tail" (*Cur tristis longo crine cometa redit*), the laws of attraction and motion.[7] As for botany, "not only the tall tree but the useless grass will provide useful food for your assiduous mind" (*Nec procera arbor tantum, sed inutilis herba, / Utilia assiduae pabula mentis erit*, p. 216),[8] how it grows, its structure, the varieties of flower and foliage. The human mind ranges over ridges and through valleys in search of every kind of wild beast, but it can equally be occupied by the "most subtle crowd of insects, the fly hiding in the oak and the bee, maker of honey" (*tenuissima turba volantum, / Musca latens quercu, mellis & auctor apis*). We can investigate birdsong and animal behaviour. And finally, "if you are unable to know, at least it will be a pleasure to investigate the things which

---

7 Is there a streak of astrological superstition in the adjective *tristis*? Cf. the (rhetorical?) question as to the influence of the stars on human life.
8 Note the baroque paradox and appeal to utility, betraying a somewhat old-school Jesuit orientation to the natural world.

the Creator of things has shown to us" (*Noscere si nequeas, saltem indagare voluptas / Quae rerum nobis conditor exhibuit*, p. 216). Azevedo concludes:

> Crede mihi; doctis superest incumbere libris:
>   Hoc tantum miseris tempora dura sinunt.
> Hoc precor, admoneas, sic otia tollere quaeras,
>   Utilis admonitu sic potes esse tuo.
> Forte aliquis rapidas passus jam corde procellas,
>   Te duce tranquillos exiget inde dies.
> Otia si tollas, socios lucraberis omnes,
>   Et quisque in medio turbine salvus erit.

> Believe me, poring over learned books: this alone is conceded to us by these wretched times! I pray you, caution [your brothers], seek to dispel idleness in this way; you can be useful with your admonishments! Perhaps, with your guidance, someone who has already suffered these violent storms of the heart will, henceforth, live tranquil days. If you take away idleness you will bring great profit to all your companions and each will be saved from the midst of the storm.   (p. 217)

This long passage is tantalising because, from one angle, Azevedo might be adumbrating a program not just for Jesuit scientists and scholars but also for Jesuit scientific *poets* – effectively demonstrating how such materials might be rendered poetic in what is, in essence, a georgic *praeteritio*.[9] Indeed, many of the topics listed *had* already been treated by Jesuit scientific poets (botany, astronomy, comets, winds, springs, the nature of light, earthquakes). It is true that Azevedo does not explicitly exhort his companions to write didactic poems,[10] and when he refers in his notes to celebrity Jesuit physicist, Roger Boscovich, he does not, curiously, mention Boscovich's Latin poem, dedicated to the Royal Society of London, on the eclipses of the sun and moon. Nor, in his brief note on *botanica*, does he mention the *Botanicorum libri iv* (1712) by Neapolitan Jesuit Francesco Eulalio Savastano, which the Theatine Giampietro Bergantini had translated into Italian and published in 1749 as the first in a projected series of Jesuit poems about the arts and sciences.

---

9 Cf. Virgil's tribute to Lucretius at the end of book 2 of the *Georgics*, verses 475–486: "Me uero primum dulces ante omnia Musae, / quarum sacra fero ingenti percussus amore, / accipiant caelique uias et sidera monstrent, / defectus solis uarios lunaeque labores; / unde tremor terris, qua ui maria alta tumescent / obicibus ruptis rursusque in se ipsa residant, / quid tantum Oceano properent se tingere soles / hiberni, uel quae tardis mora noctibus obstet. / sin has ne possim naturae accedere partes / frigidus obstiterit circum praecordia sanguis, / rura mihi et rigui placeant in uallibus amnes, / flumina amem siluasque inglorius."
10 He comes closer to that in another letter (12) where he suggests that the returning Spanish Jesuits might collectively compose a descriptive, natural-historical poem on the River Po.

In other verse epistles, Azevedo sings the praises and describes the nature of the New World, identifying a particular nostalgia afflicting his American comrades-in-exile. In this connection we might mention a handful of didactic poems on American themes published by ex-Jesuits in Italy: José Rodrigues de Melo's four books *De rusticis rebus Brasiliensibus* (Rome, 1781), incorporating the previously published poem on sugar, *De sacchari opificio* (Pesaro, 1780; reprinted Lisbon, 1798) by the Brazilian Prudêncio do Amaral (d. 1751); and the MS "Aurifodinae Brasilienses", on gold-mining in Minas Gerais, attributed to former (and later anti-)Jesuit José Basílio da Gama.[11] But the greatest American didactic poem of the Suppression period was, undoubtedly, Rafael Landívar's fifteen-book blockbuster, *Rusticatio Mexicana* (Modena, 1781; expanded edition, Bologna, 1782).[12] Near the beginning of the first book, on the lakes of Mexico, Landívar, now living in exile in the Papal States, programmatically sublimates his homesickness for his native Guatemala into a truth-telling poetry about the wonders of New Spain:

> Debueram, fateor, maesto praecordia peplo
> Induere, & lacrymis oculos suffundere amaris:
> 20 Nam flores dum prata dabunt, dum sydera lucem,
> Usque animum, pectusque meum dolor altus habebit.
> Sed tantum cogor celare in corde dolorem,
> Corde licet cauto rapiat suspiria luctus.
> Quid tristes ergo gemitus de pectore ducam?
> 25 Ardua praecipitis conscendam culmina pindi,
> Musarumque Ducem supplex in vota vocabo;
> Ambit enim quandoque dolens solatia pectus.
>   Tu, qui concentus plectro moderaris eburno,
> Et sacras cantare doces modulamine Musas,

---

11 On Da Gama's didactic poem see Brito de Mariano, Alexandra. "New World 'Ethiopians': Slavery and Mining in Early Modern Brazil through Latin Eyes." *Latinity and Alterity in the Early Modern Period*. Ed. Yasmin Haskell, Juanita Ruys. Tempe, AZ: MRTS, 2010. 201–20. But see Rocha Rodrigues, Mirtes/Pontara, Celso. "*Brasilienses aurifodinae*: Sua dúbia autoria". *Revista de Letras* 19 (1977): 127–40, on questions as to his authorship of the gold-mining poem. On the *O Uraguay* see Röben De Alencar Xavier, Wiebke. "José Basílio da Gama's Epic Poem *O Uraguay* (1769): An Intellectual Dispute about the Jesuit State of Paraguay". *Jesuit Accounts of the Colonial Americas: Intercultural Transfers Intellectual Disputes, and Textualities*. Ed. Marc André Bernier, Clorinda Donato, Hans-Jürgen Lüsebrink. Toronto: University of Toronto Press, 2014. 189–218.
12 See Laird, Andrew. *The Epic of America: An Introduction to Rafael Landívar and the Rusticatio Mexicana*. London: Duckworth, 2006, which reproduces the text of 1782 and English translation of Graydon W. Regenos.

30   Tu mihi vera quidem, sed certe rara canenti
      Dexter ades, gratumque melos largire vocatus.

> I should have put on the garb of mourning and shed bitter tears, for as long as *the fields put out flowers* and the stars give forth light, deep sorrow will continuously occupy my heart and mind. But I am obliged to conceal this great pain in my breast, though sad lamentation bursts from it by force. But why should I utter mournful groans? I shall climb the steep ascent of Pindus and call suppliantly upon the leader of the Muses, *for the suffering heart sometimes looks for comfort from him.* You that play on the ivory lyre and teach the sacred Muses to sing in rhythmic measure, be propitious to me as I sing of themes true yet strange, and grant me sweet melody as I invoke you.[13]

In many ways Landívar's poem is a Virgilian georgic, doing for the New World what the French Jesuit Jacques Vanière had done for rural France in his evergreen *Praedium rusticum* (final 16-book edition, Toulouse, 1730) – a poem which even furnishes Landívar the epigraph for his titlepage. But Landívar must also have been aware of that outpouring of ambitious scientific poems from the Jesuit Collegio Romano in the 1760s: Roger Boscovich's five, then six books, on eclipses (London, 1760);[14] Bernardo Zamagna's *Echo* (Rome, 1764) and *Navis aëria* (Rome, 1768); Gregorio Landi Vittori's twelve books on philosophy, *Institutiones Philosophicae* (Rome, 1767); Giuseppe Maria Mazzolari's six books of *Electrica* (Rome, 1767); and probably even the post-Suppression poems on the Copernican hypothesis and comets by former Jesuit, Camillo Garulli (Rome, 1777). Like these, the *Rusticatio Mexicana*, for all its Virgilian / Vanierian aspirations, is infused with allusions to the natural-philosophical poem of Lucretius.[15] When Landívar claims to sing "true things but rare" he may well be aligning himself with the Roman Jesuits, who followed Lucretius in professing a poetics of truth and rejecting mythological ornament.[16] But if he eschews the baroque epyllia of earlier French Jesuit georgics, Landívar mixes his science with the marvellous, and his natural sublime with religious awe, in such a way as to evoke, in several places,

---

13 Text and my modified translation of Regenos, in Laird (Footnote 12), p. 124.
14 With translation by former Jesuit, Augustin Barruel, *Les Éclipses, poème en six chants.* Paris, 1779.
15 Indeed, in his prose preface, he quotes from a poem by "Golmarius Marsiglianus", i. e. the Roman Jesuit Girolamo Lagomarsini, on the difficulty of finding words, and words to fit the meter, for novel subjects: "Heu! Quam difficile est voces reperire, modosque / Addere, cum novitas integra rebus inest. / Saepe mihi deerunt (jam nunc praesentio) voces: / Saepe repugnabit vocibus ipse modus." See Lagomarsini, H. "Aleae Genuensis Romam Traductae Ratio, Elegiacon." *Opera edita et inedita.* Genoa, 1842, p. 325.
16 On Lucretius's deconstruction of myth, see Gale, Monica. *Myth and Poetry in Lucretius.* Cambridge: Cambridge University Press, 1994. On the poetics of truth cultivated by the Roman Jesuits, see Haskell (*Loyola's Bees*), chapter 4, *passim*.

the atmosphere of a Renaissance scientific poem and its New World epyllion: Girolamo Fracastoro's *Syphilis* (Verona, 1530).[17]

Returning to Azevedo's letter on the consolations of learning we find that the eighteenth-century poet conforms to time-honoured Jesuit procedure when advising his correspondent to ascertain the individual *ingenia* of his (faltering) flock.[18] The passions for learning in this letter are, moreover, harnessed for a well-defined spiritual end – to keep the crumbling Jesuit community together – and not for their own sake.[19] Moreover, Azevedo's list of *physica* is, on closer inspection, hardly the most up-to-date from the perspective of contemporary, nor even contemporary Jesuit, science. It may also be relevant that he imagines these disciplines being pursued in the abstract – from books and by the individual mind, without reference to the laboratories, instruments, collections, expeditions, correspondence and collaboration that underpinned scientific enquiry in the period. It is instructive to compare a passage from Azevedo's Suppression epic, a summary of the career of Vincenzo à Castro, the young man whose Jesuit training and intellectual gifts fitted him to lead his American brothers in exile:

> [...] quid enim studio incubuisse severo
> Profuit, atque novem sudare audaciter annos?
> Nam tribus occultas naturae inquirere leges,
> Astrorum placuit motus Lunaeque labores,

---

17 See especially sublime descriptions of the lakes of Mexico (book 1), the volcano of Jorullo (book 2) and the cataracts of Guatemala (book 3); the imaginative subterranean journeys into the silver and gold mines (book 7) – cf. Fracastoro's Ilceus epyllion in *Syphilis* 2 – and the invitation to refresh oneself in cavern-framed springs (book 13). Fracastoro exerted a steady influence on poets of the Society of Jesus dealing with New World themes, from (Jesuit alumnus) Giulio Cesare Stella's *Columbeis* (London, 1585; Rome, 1589) through Ubertino Carrara's *Columbus* (Rome, 1715), Tommaso Strozzi's didactic *De mentis potu sive de cocolatis opificio libri iii* (Naples, 1689) to José Manuel Peramás's suppression epic, *De invento novo orbe inductoque illuc Christi sacrificio libri tres* (Faenza, 1777). On the last see Feile Tomes, Maya. "News of a hitherto unknown neo-Latin Columbus epic – part i: José Manuel Peramás's *De invento novo orbe inductoque illuc Christi sacrificio* (1777)." *International Journal of the Classical Tradition* 22.1 (2015): 1–28, and part ii, 22.2 (2015): 223–57.

18 The assessment and exploitation of individual talents was a perennial concern of the Jesuits from Ignatius on. See Casalini, Cristiano. "Disputa sugli ingegni: L'educazione dell'individuo in Huarte, Possevino, Persio e altri." *Educazione: Giornale di pedagogia critica* 1, no. 1 (2012): 29–51.

19 A note to this passage explains: "v. 113. *Causa mali tanti*. Otium est origo spiritualit [sic] dissipationis; cum modo Jesuitis si quasi necessarium, potest in summam animae utilitatem verti, praecipue oratione mentali incumbendo; deinde non negata animo honesta recreatione illis studiis se quisque applicet, quae suo genio magis arrident."

Et varios rerum effectus causasque latentes.
Inde annos totidem per Numen amabile, & altum
Arcanum Triadis Superumque oracula versas,
Et Romana sibi totidem sacra jura reservant.
Haec satis instructum vivacis acumine mentis
Testantur Juvenem; claro se jactat alumno
Sancta Fides; supra humanam nunc exigit Artem
Per brevia & syrtes fragilem deducere navem.

[...] for what use was it to have applied yourself to such difficult studies and to have sweated boldly for nine years? For you resolved to devote three years to inquiry into the secret laws of Nature, the movements of the stars and the labours of the Moon, and the various properties of things and their hidden causes; then you devoted another three to the beloved Godhead and the supreme mystery of the Trinity and Holy Scripture, and as many again to sacred canon law. These things are sufficient testament to your education and the power of your sharp mind. Santa Fé glories in its brilliant pupil. Now it has need of an Art which is beyond the human to steer the fragile ship through sandbanks and shoals. (1. 495–506; pp. 22–3)

The study of the natural world, then, has value more as a heroic ascesis than for the advancement of science, and is in any case topped by the Jesuit's studies in theology, Scripture and canon law. The difficult knowledge of astronomy serves Castro here not for literal but spiritual navigation. It is a guarantee of his strength of character and mental acuity, and it is above all prudence that he will need to guide the fragile ship of his suppressed comrades to the shores of Italy.

Apart from Boscovich, Azevedo does not name any Jesuit scientists in his verse letter on the consolations of science, nor highlight the order's contributions to the fields of electricity, astronomy or aeronautics.[20] It is a moot point whether he was fully aware of the contemporary Latin scientific poetry being produced by his Italian (and Croatian) brothers in Rome. Be that as it may, they were certainly aware of *him*. Giuseppe Maria Mazzolari (1712–1786), professor of Rhetoric at the Roman College, paid tribute to Azevedo's as yet unpublished *Venetae urbis descriptio* in the finale to his "Six books on Electricity", *Electricorum libri vi* (Rome: 1767, 232). In a footnote *ad loc.*, Girolamo Lagomarsini, who

---

20 See e.g. Rabin, Sheila J. "Jesuit Science before 1773: A Historiographical Essay." *Jesuit Historiography Online* (http://dx.doi.org/10.1163/2468-7723_jho_COM_196375). Consulted online on 29 February 2020 (first published online: 2017). On Bernardo Zamagna's airship poem, see Diane Bitzel's edition and commentary, *Navis aëria: eine Metamorphose des Lehrgedichts im Zeichen des technischen Fortschritts*. Frankfurt a.M., Berlin, Bern, New York, Paris, Wien: Peter Lang, 1997.

oversaw the publication of Mazzolari's *Electrica*,[21] explained that Azevedo had employed the conceit of a tour by gondola to present the wonders of Venice to his readers.[22] Lagomarsini's note confirms that at least one manuscript copy of Azevedo's poem – which, it will be recalled, was not published until 1780 – was circulating between Rome and the Veneto in this period.[23] Further questions arise that are beyond the scope of this paper: how connected were the (poetic) communities of the exiled Jesuits? To what extent did they fracture into national groups under the pressure of the Suppression, and what role did Latinity play in binding the Society together at this difficult time?[24]

The potential of didactic poetry as a vehicle for celebrating intellectual forebears and friends is established already in the classical models of Lucretius (who pays tribute to Epicurus, Ennius and Empedocles) and Virgil (who pays tribute to Hesiod and Lucretius). Poets of the Roman Jesuit "school" in the 1760s regularly acknowledged or imitated one another in their verse, as well as the Jesuit-educated Croatian priest, Benedict Stay, who was first to beat a poetic path into the forbidding terrain of Newtonian physics and mathematics with his *Philosophiae recentioris libri x* (Rome, 1755–1792). These writers preached and practised a poetics of difficulty and did not wear the learned labour of versifying science lightly.[25] It is therefore somewhat paradoxical to read from Roger Boscovich, from Boscovich's physics teacher and poet of the Northern Lights and Rainbow, Carlo Noceti,[26] and from electricity poet, Giovanni Maria

---

21 He himself composed an unfinished poem on the origin of springs. See Lagomarsini, H. *Opera edita et inedita*. Genoa, 1842, pp. 317–24.

22 Is it a coincidence that Landívar also uses the device of a boat trip around the lakes of Mexico in the first book of his *Rusticatio Mexicana*?.

23 The title page of Azevedo's poem claims it was composed in 1760 (i. e. after he had left Rome) but only published in 1780. He explains the delay in a prefatory poem: he had first feared to publish it, but joy at the election of the new Doge, Paulo Rainier, persuaded him to offer it as a token of his devotion.

24 In one notorious case, at least, Latinity seems to have opened up a fault line between Jesuits of different nations. Diego Abad, an exiled Mexican Jesuit in Italy, clashed pens with the Bolognese Jesuit Giambattista Roberti after the latter had contended, in a published letter, that only Italians could write Latin well. See Kerson, Arnold L. "Diego José Abad, 'Dissertatio Ludicro-Seria'." *Humanistica Lovaniensia* 40 (1991): 357–74; 376–422.

25 Contrast the Jesuit Giambattista Roberti, himself the composer of Italian didactic poems, who in his urbane *Lettera sopra l'uso della fisica nella poesia* (1765) surveyed various suitable and unsuitable topics (spiders!) and advocated a lighter style.

26 Noceti, for example, "complains about his 'long exile from Mount Pindus', during which time he was detained by 'the many tedious duties of a severe Minerva' (*post longum a vertice Pindi / Exilium, et tetricae multa Minervae*), i. e. teaching (Aristotelian) philosophy. He prays that the Muses will take him back now and purify him, his 'limbs filthy from engagement in

Mazzolari, that the writing of such verse was cultivated by them as a *respite* from the burden of teaching.[27] Exchanging verse, even on such formidably technical subjects, served both as a recreational activity and as a cementer of friendships. We get a sense of the collaborative literary activity that went into such productions, and also of that distinctively Jesuit intertwining of science, erudition and Latin philology, in Lagomarsini's footnotes to Mazzolari's poem – notes which provide not only explanations and supplements to aid comprehension of its more abstruse subject matter, but also descend to the finer points of Latin grammar and style.[28]

Mazzolari devotes the final forty pages of the sixth and final book of his poem on electricity to a digression on his vacations at the Roman college's villa Tusculana at Frascati, describing the ancient history and natural beauty of the place, and the joy he experiences from the freedom to write and read in peace in that *locus amoenus*. The greater portion of his coda, however, is devoted to documenting the writings of his Jesuit colleagues in (what we would now call)

---

the raucous debates of the dusty classroom, and [his mouth] spouting barbarous words' (*pulverei rauca inter bella Lycei / Sordentemque artus, et barbara verba sonantem*)" (Haskell [*Loyola's Bees*], 206).

27 Of his vacations in the Alban hills, Mazzolari writes: "Here there is nothing to distract me, nothing to corrupt the health-giving sky or to disturb my tranquil ease. No bell is heard clanging harshly from the tower, summoning to their wonted tasks both Pallas's youth and their teacher, the wretch who has spent his whole life in this toilsome service" (*Hic nihil est, animum quod carpat, quodque salubre / Inficiat caelum, tranquilla vel otia turbet. / Non aeris sonus ingrate de turre vocantis / Palladiam auditur consueta ad pensa juventam, / Doctoremque una, qui duro in munere totam / Contrivit miser aetatem*, p. 221). Lagomarsini confirms in a note *ad loc.* that the author has devoted the better part of his life to the "most laborious and troublesome service of teaching" (*laboriosissimo atque aerumnosissimo docendi munere*). In his *Hypothesis Copernicana* (1777), Camillo Garulli revisits the Jesuit commonplace in a digression on his *villula*: "leaving the intractable youth and city far behind, my little country house calls me after the unrelenting stress of the obnoxious school, tearing out the bristling swarms of cares that have long been pinching my breast" (*indocile pube & procul urbe relicta / Me vocat ingrati post taedia longa lycei / Villula discerpens acri quae pectora dudum / Horrida curarum pervellunt agmina morsu*, p. 24). The site is said to command a clear view out to the Adriatic, suggesting that Garulli indeed composed this poem after the Suppression, when he was named Professor of Eloquence by the Senate of Fermo (his hometown).

28 In the finale to the second book, for example, Lagomarsini records his uneasiness about a line in which Mazzolari has reversed the natural order of events. Mazzolari has rejected his advice, citing ancient authorities and defending a certain quality of spontaneity in poetry without which it fails to "live". In effect, Lagomarsini is practising peer review in real time!

the humanities, almost all men of his personal acquaintance.[29] He names con-temporary Jesuit producers of poetry, prose, scholarly editions and transla-tions, and a handful of theologians. While there is no direct reference to the recent travails of the Society in Portugal, France, Spain and Ibero-America, it seems likely that Mazzolari could read the writing on the wall and felt an anx-ious urge to conduct a virtual census of his brothers' learned achievements.

Ten years later, in 1777 – that is, four years after the papal brief of Suppression – a former Roman Jesuit, Camillo Garulli, published his astronomical poems *Hypothesis Copernicana* and *Cometae*, together with two long elegies on mod-ern science. The Lucretian rhetoric of resistance to superstition is strong, for example, in the following passage from his *Comets*, refuting the belief that they portend disaster:

Principio auricomos cernens ardere Cometas
Mens hominum quondam variabilis inscia caeli,
Irati laesam metuebat Numinis iram,
Praeliaque horribilemque lucem supremaque Regum
Funera & excidium populis instare canebat.
    At non ista tibi quisquam persuadeat author,
Quamquam illum late per terras didita fama
Sublimem caelo tollat, causisque repertis
Aevo commendet memori veneranda vetustas.
Nam cur non etiam quae passim laeta sequuntur
Insolito referas parili ratione nitori:
Tempore quum nullo terrai in partibus ullis
Non bona sint commixta malis, quae protinus alto
Visa polo horrificae comitentur sidera cometae?

In the beginning, when it saw golden-tailed comets blazing, the mind of man used to fear that it had offended the majesty of God, ignorant as it was in former times of the move-ments of heaven; and it would foretell battles, the end of days, the deaths of the last kings and the destruction of peoples. But let no author persuade you of this, even though his fame has spread through all the lands and elevated him to the heavens, and venerable antiquity commends him to a remembering age for discovering the causes of things. For why do you not also, by the same reasoning, impute to that unusual blaze all the happy events that occur everywhere – since at no time and in no part of the world are good things not mixed in with evil – events that immediately follow the sight of the bodies of the terrible comet in the heavens? (p. 35)

---

29 In his introductory note to this section, Lagomarsini cites "external" as well as in-house Jesuit examples for Mazzolari's poetic tribute, beginning with Ariosto and the fourth book of (Renaissance poet) Pier Angèli da Barga's *Cynegetica* (p. 221).

These verses introduce a catalogue of Lucretian-style rationalisations: why is it that we are visited by so many evils, wars, plagues and natural disasters even when there are no comets in sight? The passage climaxes in a *tour de force* description of the earthquake that destroyed Lisbon in 1755. Now the Lisbon earthquake, as is well known, was a "meteorological" event that notoriously marked the beginning of the end for the Old Society of Jesus. The Jesuit Gabriel Malagrida's characterisation of the disaster as divine punishment for the city's sinfulness was the catalyst for a tsunami of Jesuit persecutions and expulsions beginning with those of Sebastião José de Carvalho de Melo, Count of Oeiras and later Marquis of Pombal. Like Garulli, the scientific poets of the Collegio Romano took an apparently enlightened view of the supernatural significance of natural disasters, sometimes even reprising Lucretius's sarcasm about a Jupiter who strikes down his own temples. While beautiful churches do not escape destruction in Garulli's ekphrasis, his Lucretian description is, however, undermined by elements from the climax of *Georgics* 1, on the ominous comet accompanying the death of Julius Caesar; by activating that intertext, Garulli may hint that the Lisbon earthquake *is* a sign of divine displeasure and heralds evils to come:[30]

> Quin etiam rapidus, qui tectis incubat, ignis
> Obstruit effugium penitus, *magnosque volutans*
> *Flammarumque globos liquefactaque saxa*[31] per ampla
> Atria, perque domos disrupto obstacula textu
> Murorum evellit, solidoque e marmore magnis
> Porticibus stantes, fulcimina firma, columnas
> Disjicit erumpens. Viden? Heic aulaea cremantur,
> Illic Templorum decora, atque insignia gentis,
> Aurataeque trabes veterum monumenta Parentum.

---

30 Later in the poem he refutes the opinion of those who attribute the biblical flood to a comet: "Hence the wise man reveres God, for the avenging anger of the offended deity is able to inflict upon the deserving earth, with justice, whatever we deem to be an evil, in any quarter" (*Hinc sapiens venerare Deum; nam quidquid ubique / Novimus esse mali, jure Ultrix numinis ira / Offensi valuit meritis immittere terris*, p. 81). It is worth noting, too, that in the very period that Garulli was publishing his "rationalising" Lucretian poems, a feverish spate of prophecies was circulating among the suppressed Jesuit communities in Italy, forecasting the imminent rebirth of the Society.

31 My emphasis. Cf. "tempore quamquam illo tellus quoque et aequora ponti, / obscenaeque canes importunaeque volucres / signa dabant. quotiens Cyclopum effervere in agros / vidimus undantem ruptis fornacibus Aetnam, / *flammarumque globos liquefactaque volvere saxa*" (Georg. 1. 469–73).

Nay, indeed, the fire which settled on the rooftops cut off every escape as it rolled great balls of flame and melted stones through all the lofty halls, and through the homes, their structure undermined, it ripped up obstacles of walls and tossed aside columns, the sturdy supports guarding the proud porches. Do you see, here theatres are burned down, there the splendour of churches and the trappings of nobility, the golden robes of state, the memorials of the ancestors? (p. 38)

Interestingly, in an unpublished addendum to the second book of his poem on electricity, Mazzolari had also digressed on the Lisbon earthquake, immediately before turning to the troubles then besetting the Society of Jesus: "But why should I here, giving way to gloomy grief, complain of others' losses, I who am forced to weep for domestic [i. e. Jesuit] ones" (*Sed quid ego hic luctu, tristi indulgensque dolori / Damna externa querar, qui flere domestica cogor*).[32]

It would certainly be an oversimplification to suggest that the writing of Latin scientific poetry by Jesuits in the later eighteenth century was motivated solely or even subliminally by a need for consolation of self and each other. Nevertheless, we have seen that the didactic genre lent itself to the construction of intellectual, poetic and, by extension, emotional communities. Already at the beginning of the *Cometae*, Garulli hints at members of a remnant community of Jesuit Latin poets when he hails the Arcadian Raymund Cunich.[33] Later, after a Lucretian flourish on the difficulty of versifying technical subjects, he praises the "Virgilian" *Electrica* of Mazzolari[34] and the *Echo* and *Navis aëria* of Zamagna before wandering off topic in a wistful reverie on his friendship with another Jesuit scientific poet, Gregorio Landi Vittori:

Nec me non urges, Victori, ad carmina, cujus
Haerebam lateri comes indivisus & altum
Eloquium admirans pendensque loquentis ab ore,
Quum nempe horrisoni post praelia rauca lycei
Aut circum cursare vias & compita Romae,
Aut auras captare leves prope Tibridis undas,
Aut vacuas late silvas, felicia tempe,
Felices villarum umbras, lustrare lubebat.

---

32 ARSI Opp. NN. 162, 120.

33 While not a didactic poet, the Croatian Hellenist Cunich was Zamagna's revered teacher. A selection of Cunich's Latin versions of Greek poetry are published with Zamagna's didactic poem on the echo (*Echo libri duo. Selecta graecorum carmina versa latine a Raymundo Cunichio ex eadem Societate.* Rome, 1764). See also the elegies addressed by Zamagna to Cunich about his own *Echo* and *Navis aëria* in *Septem poetarum e Societate Jesu carmina* (Cremona, 1772), pp. 94–102.

34 The volume as a whole (*Hypothesis copernicana cometae et elegiarum monobiblos*) bears an approbation by Mazzolari, by this stage, of course, also an ex-Jesuit.

Haec olim fuerunt: nunc ah! procul urbe relicta
Eheu disjunctus tanto abstractusque sodali
Moerentis cogor deducere tempora vitae!
Attamen anxifera solvunt se pectora cura,
Adliciuntque tuae quum me rapiuntque Camoenae.

And you also spur me to song, Vittori, to whose side I cleaved, an inseparable companion, admiring your profound eloquence and hanging on your every word – then, to be sure, when after the raucous battles of the cacophonous classroom, we loved to run around the streets and piazzas of Rome, or catch the light breeze on the banks of the Tiber, or wander widely through the woods, those happy Tempes, the happy shade of the villas. This is how it used to be. Now, alas, having left the city far behind, I am forced to live out the remainder of my sad days – separated from, wrenched away from such a companion. And yet my anxious heart loosens itself from care when I am enticed and inspired by your Muses. (p. 43)[35]

Returning to the primary subject of his digression – the challenges of converting science into poetry – Garulli takes flight in a tribute to Vittori's encyclopedic poem on philosophy:[36]

Protinus hae liquidas penna altivolante per auras
Me cupidumque solo tollunt, perque aethera vectant.
Jamque coruscantes ignes, Titaniaque astra.
Et varium Lunae, corpus, motusque, viasque
Inspicio, legesque omnes, queis ducta feruntur.
Jam cerno, ut gravitas late diffusa per omnem
Materiem certos errantia sidera in orbes
Deflectat, stabili ac jungens compagine nectat
Semina materiae, & compage revinciat arcta [...].

Straightway these [Muses] lift me, yearning, on soaring wing, through the liquid breezes, and convey me from the earth to the heavens. And now I see the flashing fires, the Titanian stars, and the changing shape and movements and paths of the moon, and all the laws from which they are deduced. Now I discern how gravity, diffused far and wide through all matter, steers the planets in their fixed paths, and binds all material seeds, uniting them in a stable structure and fastening them in a tight bond [...]. (pp. 43–44)

---

35 On Vittori, see Baldini, Ugo. "Teoria boscovichiana, newtonismo, eliocentrismo: dibattiti nel Collegio Romano e nella Congregazione dell'Indice a metà Settecento." *Saggi sulla cultura della Compagnia di Gesù (secoli XVI–XVIII)*. Padua: CLEUP Editrice, 2000. 281–347; Haskell (*Loyola's Bees*), chapter 4, 190–1 and *passim*.

36 The ekphrasis loosely follows the twelve books of Vittori's poem: I–III on the heavens, stars and gravity; IV–VI on attraction, collisions and repulsion; VII on the earth; VIII on light and sight; IX on colours; X on electricity; XI on the human mind; XII on God.

While Vittori had aspired to be Virgilian in the preface to his *Institutiones Philosophicae*, Garulli has added a Lucretian twist with *semina materiae*, as well as in the following references to the scientific Pierians and the daring ascent of the human mind (cf. Epicurus):

At quid Pierio non claudunt carmine? motus
Hae varii varias leges, momenta, fugasque,
Et secum opposito pugnantia corpora nisu.
Hae pluviam, gelidasque nives, & grandinis imbrem,
Fulguraque, & strepitum, & quidquid mirabile prodit
Duxit ab Electro quae clarum machina nomen.
Nec varios cessant radiorum pandere flexus,
Refractusque docere omnes, variosque reflexus
Versicoloratae nectentes stamina lucis.
Ausae quin etiam humanae penetralia mentis
Scrutari, ac volucri ferri super aethera penna,
Et laudes hominum, & summi decora alta Tonantis
Terrenas resonare docent unde undique silvas.

But what can they not enclose within Pierian song? They [sing of] the various movements, laws, attractions and repulsions, bodies fighting one another with opposing force; of rain, and icy snows, and showers of hail, lightning and thunder, and the wonders produced by the machine that takes its name from Electrum. Nor do they cease to reveal and teach the myriad reflections and refractions of rays, interweaving the multicoloured threads of light. *Nay, they have even dared to assay the inner sanctuaries of the human mind, and to be carried aloft on soaring wing above the ether*, whence they teach the praises of men and the beautiful heights of the sublime Thunderer to resound everywhere through earthly woods! (p. 44)

For Garulli, then, as for Azevedo, the Latin Muses *do* provide some consolation for the grief of the Suppression – and in Garulli's case, at least, these are the "enlightened" Latin Muses of Lucretian scientific didactic poetry. Just over a decade after the unleashing of the papal brief "Dominus ac Redemptor", a Hungarian ex-Jesuit, Michael Paintner, published a new edition of Zamagna's *Navis aëria* (Vienna, 1784), to which he appended a long list of modern didactic poems, mostly by (ex-)Jesuits. A silent homage to his suppressed brethren? Or the tacit expression of a hope that the Society – if not the Jesuit genre of scientific didactic poetry – would fly again?

Personenregister